재무제표로

좋은 주식
고르는 법

한 권으로 끝내는 재무제표 주식투자 활용법!

재무제표로

좋은 주식 고르는 법

이강연 지음

이레미디어

주식투자는
재무제표에서 출발한다!

주식투자는 재무제표 공부에서 출발해야 한다. 기업의 실상에 대한 명쾌한 이해가 전제되어야 하기 때문이다. 기술적 분석도 좋은 기업을 대상으로 적용되어야 한다. 좋은 기업을 좋은 가격에 사는 것이야말로 투자의 정석이다.

이 책은 실전매매에서 재무제표를 어떻게 분석해서 활용할 것인가에 중점을 두었다. 주식을 매매할 때 가장 중요한 일은 주식을 고르는 것이다. 그렇다면 주식을 고르는 기준은 무엇이 되어야 하는가? 무엇보다 가장 중요한 것은 사업보고서이다. 사업보고서를 통해 기업을 읽어낼 수 있어야 한다. 사업보고서는 크게 사업내용, 재무제표, 주석사항으로 구성되어 있다. 여기에 나온 내용만 충분히 이해한다면 좋은 기업을 찾는 것은 어렵지 않다.

물론 증권사 리포트도 읽어야 한다. 하지만 증권사에서 분석하는 종목 수는 한정되어 있다. 정작 내가 관심을 갖고 있는 기업에 대한 리포트가 없을 때는 어떻게 할 것인가? 그리고 증권사 리포트 자체를 읽기 위해서라도 재무제표를 읽을 수 있는 기본적인 소양이 반드시 필요하다. 궁극적으로 나의 관점에 맞는 종목을 발굴하기 위해서는 주식을 고르는 나만의 기준이 있어야 한다. 재무제표를 읽어내고, 이를 투자에 활용할 수 있는 실력을 갖춰야 한다.

그렇다면 투자에 활용하기 위한 재무제표 읽기는 어려운가? 그렇지 않다. 언뜻 보면 재무제표는 난해한 숫자놀음처럼 보일 것이다. 하지만 기본적인 구조만 이해하면 누구나 쉽게 활용할 수 있다. 예컨대 내가 보유한 기업이 설비투자를 진행할 가능성이 높다고 하자. 이때 나는 어떤 투자판단을 내려야 할 것인가? 가장 먼저 자본조달 가능성을 봐야 한다. 내부자금으로 설비투자를 진행할 수 있는지, 유상증자를 할 가능성은 있는지, 부채를 통한 자금조달을 할 경우에 금융비용이 손익에 미칠 영향은 어떠한지, 설비투자 이후에 매출증가 규모와 감가상각비는 어느 정도 될지 등을 스스로 분석할 수 있어야 한다. 이런 분석이 가능하려면 재무상태표, 손익계산서, 현금흐름표의 유기적 연결관계를 알고 있어야 한다. 이 책에서는 실전에서 직접 활용할 수 있도록 공부 목록을 구성했다.

기본적 분석 강의를 하거나 카페를 운영하면서 많은 투자자들을 만나고, 많은 질문을 받았다. 질문하는 사람들이 하는 고민은 하나같이 재무제표를 읽고 싶은데 어디서부터 시작해야 될지 모르겠다는 것이었다. 투자자들이 주식투자에 활용하기 위해 갖춰야 할 지식이 회계사처럼 전문적인 수준인 것은 아니다. 이 책에서는 다루는 내용을 숙지하는 것만으로도 투자에 필요한 재무지식을 충분히 확보할 수 있으며, 어떤 주식이든 스스로 분석하고 투자판단을 내릴 수 있을 것이다.

재무제표를 보고 있으면 머리가 아픈 이유는 그 숫자가 무엇을 의미하는지 모르기 때문이다. 매출액이라는 항목 하나만으로도 우리는 많은 것을 읽어낼 수 있다. 유형자산이 자산으로서 성격과 이연된 비용이라는 측면을 동시에 갖고 있다는 것을 이해하는 것만으로도, 손익계산서에 미칠 영향을 추정할 수 있다. 왜 워런 버핏이 유형자산 투자가 많은 기업을 달갑지 않게 생각했겠는가? 버핏은 주주이익 관점에서 유형자산 투자를 바라본 것이다. 주주이익이라는 개념을 이해하기 위해서는 재무제표의 연결된 관계를 알고 있어야 한다. 현금흐름표 역시 몇 가지만 확실하게 이해하면 된다. 이 책을 읽고 나면 어떤 주식이든 재무상태표, 손익계산서, 현금흐름표만 갖고서도 기업의 상태와 경제적 해자, 장기적인 발전 가능성 등을 읽어낼 수 있을 것이다.

이 책은 4부로 구성되어 있다. 1부는 재무상태표, 2부는 손익계산서, 3부는 현금흐름표, 4부는 가치투자전략을 다루고 있다. 핵심 주제를 중심으로 서술하는 방식을 취했다. 재무상태표는 기업의 자금조달과 운용에 관한 내용을 다룬다. 자금조달 방법과 운용상태에 대한 파악을 통해 기업의 재무건전성을 파악할 수 있다. 손익계산서 공부를 통해 자산의 구성을 통해 만들어낸 기업실적을 분석하는 방법을 배워야 한다. 현금흐름표는 재무제표에서 매우 중요한 부분이다. 손익계산서에서의 이익과 영업현금흐름 관계를 공부하는 것이 중요하다.

이렇게 3가지 재무제표에 대한 공부가 끝나면 기업을 보는 관점이 명쾌하게 확립될 것이다. 재무제표에 대한 이해는 주식투자라는 거친 바다에 나아가는 데 필요한 나침반 역할을 할 것이다.

마지막 4부 가치투자전략 부분은 재무제표 읽기를 통해 확보한 지식을 투자전략에 활용하는 방법론에 대한 이야기다. 가치투자전략을 공부해야 하는 이유는 재무제표를 통해 좋은 주식을 골라내기 위함이다. 가치투자는 2단계로 나뉜다. 첫 번째, 좋은 기업을 찾는 것과 두 번째, 그렇게 발견한 좋은 기업을 좋은 가격에 사는 것이다. 좋은 기업을 나쁜 가격에 사게 되면 투자에서 수익을 내기는 어렵다. 각종 가치투자 지표 분석을 통해 좋은 가격에 대한 판별력을 높일 수 있다.

본문에서는 실전투자에 당장 도움이 될 수 있도록 사업보고서 자료를 많이 인용했다. 주식투자 공부에서 그때그때 필요한 부분을 찾아서 공부하기 쉽도록 섹션별로 구성했다. 매출원가율 분석법을 알고 싶다면 목차에서 매출원가 분석 섹션을 찾아서 그 부분만 읽어도 궁금증이 해소될 것이다. 재무제표가 갖는 이론적 의미와 이를 실전투자에서 어떻게 활용하는지 보여줌으로서 실용성을 강화했다. 재무제표가 실전투자에 연결되는 지점이 중요한 것이다. 당장 실전투자에 활용될 수 있는 지도 역할을 할 수 있도록 책을 구성했다.

주식투자 공부의 최종 목적은 자기만의 투자전략 수립을 통해 지속적 이익을 창출하는 것이다. 아무쪼록 이 책을 읽는 독자들이 원하는 목적지에 닿기를 바란다. 그 여정에서 이 책이 좋은 길잡이가 되었으면 좋겠다.

이강연

제2부 좋은 주식 고르는 법 _ 손익계산서

제 1 부

좋은 주식 고르는 법
_ 재무상태표

재무상태표 :
기업의 현재를 읽는다

💰 재무제표의 구성

기업은 자본을 조달해서 자산을 구성하고, 이를 운용해서 영업을 한다. 재무상태표
는 자본을 조달하고 운용한 내용이고, 손익계산서는 영업결과이다. 현금흐름표는 재
무상태표와 손익계산서를 토대로 일정기간 현금의 유출입을 일목요연하게 기록한 것
이다. 종합하면 재무제표는 자본의 조달과 자산의 운용, 그리고 이에 따른 영업결과인
손익과 현금흐름을 쉽게 알 수 있도록 정리한 것이다. 각각의 재무제표가 말하는 바를
정리하면 다음과 같다.

• **재무상태표** : 자금을 어떤 방식으로 조달했는지 알 수 있다. 다음과 같은 의문이
생긴다면 재무상태표에서 답을 찾을 수 있다. 부채를 많이 사용하는가? 자기
자본비율이 적정수준인가? 조달된 자금을 어디에 사용했는가? 설비투자에 들
어간 비용은 어느 정도이며, 재고자산은 얼마이며, 현재 회사에 현금은 얼마나
남아 있는가?

[도표 1-1] 재무제표는 어떻게 구성되나?

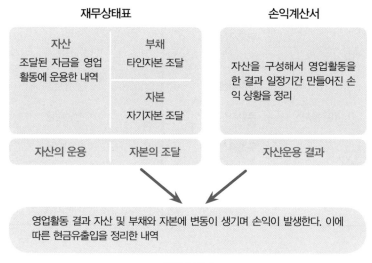

재무상태표

자산 조달된 자금을 영업 활동에 운용한 내역	부채 타인자본 조달
	자본 자기자본 조달
자산의 운용	자본의 조달

손익계산서

자산을 구성해서 영업활동을 한 결과 일정기간 만들어진 손익 상황을 정리

자산운용 결과

영업활동 결과 자산 및 부채와 자본에 변동이 생기며 손익이 발생한다. 이에 따른 현금유출입을 정리한 내역

현금흐름표

• **손익계산서** : 일정기간 영업을 통해 발생된 수익과 비용을 정리한다. 회사가 자본을 조달하고, 자산을 운용하는 것은 이익을 내기 위함이다. 손익계산서는 이러한 수익과 비용을 일목요연하게 정리해놓는다.

• **현금흐름표** : 기업활동은 크게 영업활동, 투자활동, 재무활동으로 구분할 수 있다. 영업활동은 회사 본연의 영업을 말한다. 투자활동은 설비투자를 하거나 금융자산을 운용하는 일이다. 재무활동은 자금의 조달, 상환, 배당금 지급 등을 말한다. 이 3가지 측면에서 현금이 어떻게 유입되고 유출되었는지를 정리한 장부가 현금흐름표이다. 회사는 부도를 내지 않으려면 현금을 넉넉하게 보유할 필요가 있다. 손익계산서에서 당기순이익이 나더라도 회사에 현금이 부족한 경우가 발생할 수 있는데, 현금흐름표를 통해 왜 이런 상황이 발생했는지 파악할 수 있다.

[도표 1-2] **재무상태표 구성**

자산	유동자산	당좌자산	유동부채	부채
		재고자산		
			비유동부채	
	비유동자산	투자자산	자본금	자본
		유형자산	자본잉여금	
		무형자산	이익잉여금	
		기타비유동자산	기타포괄손익 누계액	
			자본조성	

재무상태표의 이해

재무상태표는 자산, 부채, 자본으로 구성되어 있다. 재무상태표를 보면 자산이 왼쪽, 부채와 자본이 오른쪽에 있다. 왼쪽에 있는 자산은 차변, 오른쪽에 있는 부채와 자본은 대변 항목이라고 한다. 왼쪽과 오른쪽 금액은 반드시 일치한다.

대차대조의 원리만 이해하면 재무상태표 공부는 이미 반이나 끝난 것이다. 왼쪽을 차변, 오른쪽을 대변이라고 하는 것에 대해서도 신경쓸 필요는 없다. 그냥 관행적으로 붙인 말이니 의미는 두지 말자. 만약 왼쪽을 갑순, 오른쪽을 갑돌이라고 이름 붙였다면 갑돌갑순대조표가 될 것이다. 최근에는 대차대조표라는 말은 안 쓰고 재무상태표로 표기한다. 기업의 재무상태를 알 수 있는 표라는 의미이다. 왼쪽과 오른쪽이 일치한다는 구성원리보다 기업의 현재 재무상태가 어떤지를 알 수 있다는 것을 강조한다.

기업은 자본을 조달해서 자산을 구성하고 이를 기반으로 영업을 한다. 영업을 통해 이익을 내서 다시 자산과 자본을 재구성한다. 재구성된 자산으로 다시 영업을 해서 이익을 내고, 자산은 또 다시 재구성된다. '자금의 조달 → 자산의 구성 → 영업활동을 통한 이익창출'이라는 순환이 기업의 일생이라고 할 수 있다.

기업의 일생을 재무제표에 적용해보자. 재무상태표는 자본의 조달과 자산의 운용을 기록하고, 손익계산서는 영업활동의 결과를 기록한다. 영업활동 결과는 자산을 다시 재구성하게 된다. 재무상태표와 손익계산서는 영업활동 결과인 손익을 통해 연결된다.

재무상태표 대변에서 자금이 어떻게 조달되었는지 파악하고, 차변에서는 조달된 자금이 영업활동을 위해 어떤 방식으로 운용되며 자산을 구성했는지를 알 수 있다. 손익계산서에서는 자산운용의 결과를 확인할 수 있다. 자금의 조달, 자산의 운용, 자산운용의 결과, 3가지가 재무제표의 전부라고 해도 과언이 아니다. 여기에 추가로 현금흐름표를 봐야 하는데, 현금흐름표는 재무상태표와 손익계산서에서 파생되어 나온 재무제표다. 회사에서 현금이 어떻게 유출되는지는 매우 중요한 사안이다. 그래서 이 부

[도표 1-3] 재무상태표와 손익계산서의 연결

재무상태표		손익계산서
차변	**대변**	**매출액**
자산	부채	매출원가
		판매관리비
	자본	영업이익
	자본금	
	자본잉여금	세전순이익
	이익잉여금	
		당기순이익
자산의 운용	자본의 조달	영업활동 결과

분을 중심으로 재무상태표와 손익계산서를 재구성해 일목요연하게 현금흐름을 보여주는 표가 현금흐름표다. 하지만 무엇보다 가장 근간이 되는 것은 재무상태표와 손익계산서이다.

'자금의 조달 → 자산의 구성 → 영업의 결과' 라는 플로우를 따라가면 이해하기 쉽기 때문에 재무상태표에서 자본의 조달을 먼저 봐야 한다. 그다음에는 자산이 어떻게 구성되는지를 파악해야 하며, 마지막으로 영업활동 결과를 분석해야 한다.

💰 자본조달 유형의 파악

회사를 설립하면서 가장 먼저 해야 할 일은 자본을 조달하는 것이다. 자본조달 방식은 크게 2가지로 나뉜다. 자기자본과 타인자본을 통한 조달이다. 사업을 시작해서 당기순이익이 나면, 주주들에게 배당을 하고 남는 것을 이익잉여금에 누적시킨다.

여기서 이익잉여금 성격을 생각해보자. 매년 그해 발생한 이익을 100% 배당해버리면 이익잉여금은 제로이다. 이익을 배당으로 다 써버릴 것인가, 아니면 일부를 이익잉여금으로 남겨둘 것인가? 이때 이익잉여금을 남겨둔다는 것은 이 자금으로 새로운 사업을 하거나 미래를 대비하기 위한 것이다. 주주가 이익을 회수해가지 않았으니 그만큼 주주가 새롭게 출자한 것이나 마찬가지다. 이익을 주주들 호주머니에 넣어주느냐, 회사 내부에 이익잉여금 호주머니에 넣어두느냐 차이일 뿐, 회사이익은 주주의 몫이다. 이익잉여금은 주주가 출자한 돈이라고 이해하자. 자본조달은 크게 3가지로 나눌 수 있다.

① 부채를 통한 조달(은행차입, 회사채발행)
② 주주들 출자금(자본금+자본잉여금)
③ 영업을 통한 이익의 누적(이익잉여금)

〈도표 1-4〉를 보자. 해당 회사가 설립 이래 조달한 자금은 1,034억 원이다. 부채를 통한 조달은 93억 원, 주주출자금은 118억 원(자본금+주식발행초과금), 영업을 통한 이

[도표 1-4] **자본의 조달 : 티씨케이**

(단위 : 원)

부채	
유동부채	8,697,393,562
당기손익인식금융부채	10,070,158
매입채무	2,013,144,969
기타유동금융부채	4,565,523,535
기타유동부채	474,531,468
당기법인세부채	1,274,650,992
유동충당부채	359,472,440
비유동부채	657,351,746
기타비유동금융부채	168,765,638
이연법인세부채	488,586,108
부채총계	**9,354,745,308**
자본	
자본금	5,837,500,000
주식발행초과금	6,035,001,920
기타자본구성요소	233,168,836
이익잉여금(결손금)	81,943,861,698
자본총계	**94,049,532,454**
자본과부채 총계	103,404,277,762

익 유보는 819억 원이다. 타인자본보다 자기자본을 통해 자금조달을 많이 했다. 여기에서 혼동해서 안 될 것은 이익잉여금이 있다고 그만큼 현금으로 회사 내부에 남아 있다는 의미는 아니라는 것이다. 그동안 회사가 이익을 내서 누적한 금액을 단순하게 기록한 것에 불과하다. '잉여금'이라는 단어 때문에 현금과 혼동하는 경우가 있으니 주의해야 한다.

자본의 조달을 볼 때는 부채와 자본구성 비중을 살펴야 한다. 지나치게 부채를 많이 쓰는 기업보다는 자기자본 비중이 높은 기업이 재무안정성이 높다. 그러나 자본조달 비용^{WACC} 측면에서는 자기자본 비용이 부채조달 비용보다 높기 때문에 적정한 부채를 사용하는 것이 좋다. 자금조달은 부채냐 자본이냐로 나누고, 자본은 주주들이 출자한 것인지 기업이 이익을 내서 조달한 잉여금으로 조성한 것인지 확인해야 한다. 가장 바람직한 것은 잉여금을 통한 자금조달이다.

자기자본 :
재무안정성 판단 기준

💰 자기자본이란 무엇인가?

　자본총계는 자기자본이라고도 하며 4가지 항목으로 구성되어 있다. ① 자본금, ② 자본잉여금, ③ 이익잉여금, ④ 기타자본 항목이다. 여기서 기타자본 항목은 주식할인발행차금, 배당건설이자, 자기주식 ,매도가능금융자산평가손익 등을 말하며 자본에서 차감하는 항목이다. 주식할인발행차금은 액면가에 미달해서 발행할 경우에 액면가와 발행가 차액을 말한다. 배당건설이자는 법인이 사업을 시작했지만 사업초기에 이익이 발생하지 않아 원칙상 배당을 줄 수 없으나, 주주들에게 배당을 한 경우를 말한다. 장래에 지급될 배당을 미리 주는 것과 같기 때문에 자본에서 차감한다. 자사주 취득도 자본차감항목이다. 매도가능금융자산은 회사가 여유자금이 있을 경우 비영업 관련 금융자산 등에 투자할 수 있다. 이때 평가손익이 발생하는데, 평가이익은 자본에 가산하고 평가손실은 차감한다.

　연결재무제표가 주 재무제표이기 때문에 연결대상 기업이 있을 경우 지배기업 소유지분과 비지배기업 지분을 나눠서 표기해준다. 〈도표 1-5〉를 보면 연결기업으로써 삼성전자 자기자본 구성을 알 수 있다. 삼성전자 주주 입장에서자본총계는 지배기업 소유주지분을 의미하기 때문에 178조 원이 아니라 172조 원이라고 해야 한다.

💰 자기자본 구성에서는 무엇을 봐야 하나?

첫째, 자본은 주주들이 출자한 돈이거나 이익을 유보한 것이다. 주주들이 직접 출자한 항목은 자본금과 자본잉여금이다. 이익잉여금은 기업이 거둔 순이익 중에서 배당금을 지급하고 남는 자금을 유보시키는 항목이다. 이익은 배당금 형식으로 주주에게 돌려줘야 마땅하나 계속기업으로서 사업을 영위하기 위해서는 각종 투자를 해야 한다. 그렇기 때문에 이익이 났다고 해서 전액을 배당할 수는 없다. 그렇지만 기업의 이익을 사내에 유보시켰다고 해도 이것은 주주 몫이다.

기업이 자본을 조달할 때는 유상증자를 통해 자본금과 자본잉여금을 늘리는 것보다, 회사 이익을 유보한 이익잉여금을 통해 회사가 자체적으로 조달하는 것이 바람직하다. 자본금을 늘리는 조달방식은 주주들이 회사의 부족한 자금을 메우기 위해 출자하는 것이어서 주주 부담을 가중시킨다. 한번 주주들이 출자한 뒤에 회사에서 이익을 내서 필요한 자금을 조달하는 것이 바람직하다. 따라서 이익잉여금이 매년 지속적으로 증가해서 자본총계가 커지는 기업은 후한 점수를 줘야 한다. 그리고 '잉여금'이라는 단어 때문에 이익잉여금이 현금으로 사내에 유보되어 있다고 생각하는 경향이 있는데, 이는 자본의 조달내역을 적시한 것일 뿐이다. 현금은 유동자산란에 기록되어 있다.

둘째, 유상증자를 자주하는 기업인지 확인해야 한다. 증자는 곧 발행주식수 증가를 의미한다. 증권시장에서 유상증자와 무상증자 효과는 다르게 나타난다. 자본금이 지나치게 작아서 유동성에 문제가 있는 기업이라면 무상증자를 통해 주식수를 증가시키는 것도 무방하고, 이때 무상증자를 시장에서 호의적으로 받아들이는 경향이 있다. 그

[도표 1-5] **자기자본 구성 : 삼성전자**

(단위 : 백만 원)

	제48기 1분기말	제47기말	제46기말
자본			
지배기업 소유주지분	172,130,138	172,876,767	162,181,725
자본금	897,514	897,514	897,514
우선주자본금	119,467	119,467	119,467
보통주자본금	778,047	778,047	778,047
주식발행초과금	4,403,893	4,403,893	4,403,893
이익잉여금(결손금)	183,218,614	185,132,014	169,529,604
기타자본항목	(16,389,883)	(17,580,451)	(12,729,387)
매각예정분류기타자본 항목		23,797	80,101
비지배지분	6,196,048	6,183,038	5,906,463
자본총계	178,326,186	179,059,805	168,088,188

러나 시설투자나 운영자금 마련을 위해 빈번하게 유상증자를 하는 경우라면 주식가치 희석화 효과로 인해 주가에 부정적인 영향을 미친다. 특히 제3자 배정 증자를 하는 기업은 신중하게 접근해야 한다. 대주주가 지분율이 낮고 증자에 참여할 수 있는 자금력이 없거나, 회사 신용으로 회사채나 금융기관 차입을 하기가 힘들 경우 제3자 배정을 하는 경향이 있다. 재무상태가 취약한 부실기업의 전형적인 자금조달 방식이다.

셋째, 자기자본비율(자기자본÷총자산)이 높은 회사가 좋다. 총자산을 구성하기 위해 부채와 자기자본을 똑같이 조달했을 경우 자기자본 비율은 50%이다. 자기자본비율은 재무안정성을 대표하는 지표이다. 부채를 통해 자금조달을 할 경우 금융비용 부담이 높아지기 때문에 부채비율이 100% 미만인 기업이 좋다. 부채비율이 높아지면 이자보상배율(영업이익÷이자)이 낮아지게 된다.

넷째, 자기자본비율이 높을 경우 자본이익률(순이익÷자기자본)이 낮아지는 경향이 있다. 따라서 부채비율을 적정히 가져가는 것이 자기자본이익률을 높게 유지하는 방법이 될 수 있지만, 지나친 재무레버리지를 사용할 경우 불황기에는 좋지 않다. 주주 입장에서는 자기자본이익률이 높은 기업을 선호하기 때문에, 경영자는 주주들 눈치를 보면서 이익률을 높일 방도를 찾는다. 이때 부채비율을 높이는 방법보다 배당을 많이 주거나 자사주 매입 및 소각 등을 통해 자기자본 규모가 지나치게 비대해지는 것을 막는 것이 바람직하다.

다섯째, 자기자본을 통한 조달비용이 타인자본 조달비용보다 더 높다. 언뜻 보기엔 자기자본을 통해 자금을 조달하면 이자도 발생하지 않으며, 배당금 지급은 강제적인 사항이 아니기 때문에 부채를 통한 조달보다 비용이 낮다고 간주하는 경향이 있다. 하지만 재무이론에서는 자기자본 조달비용이 타인자본 비용보다 높은 것으로 간주한다. 이 부분을 가중평균자본비용WACC 섹터에서 자세히 언급하겠다. 사업전망이 밝아서 이익률이 높은 분야에 투자를 할 경우, 가급적 부채를 통한 자금조달을 하고 추후에 이익을 내서 상환하면 된다. 이자비용을 능가하는 이익률을 낼 수 있다면 단기적으로 부채를 늘려도 무방하다.

여섯째, 우선주 발행기업을 조심하자. 우선주는 의결권이 없는 대신 보통주보다 높은 배당률을 부여한다. 우선주 보유자는 배당을 받거나 기업이 해산할 경우, 잔여재산 분배 등에서 보통주보다 우선적 지위를 가진다. 우선주는 상환의무가 없기 때문에 주식 성격을 갖지만, 배당금을 이자처럼 우선적으로 지불해야 한다는 의미에서 부채 성격이 있다. 우선주를 발행하는 기업은 대주주가 경영권 안정을 꾀하면서 자본을 조달하려는 목적을 갖고 있다. 부채를 보유하면서 발생하는 이자는 세전이익에서 비용으로 공제되지만 우선주 배당금은 비용으로 공제되지 않기 때문에 절세효과를 거둘 수 없다.

워런 버핏은 투자지표로 자기자본이익률ROE을 중시했는데, 이는 주주가치 지표로서 적절하다고 봤기 때문이다. 기업은 영업활동을 통해 잉여현금을 창출하고, 이를 재원으로 재투자를 해 이익을 창출한다. 자본이 자본을 창출하는 메커니즘이야말로 '복리의 마법'이라고 할 수 있다. 버핏은 ROE가 높은 기업이 복리의 마법을 부리기 때문에 이익률이 유지되는 한 장기투자해야 한다고 주장했다.

그런데 사업이 신통치 않아서 투자자본수익률이 낮아지면 재투자에 따른 자기자본이익률은 하락하게 된다. 이때는 차라리 주주들에게 배당으로 돌려주는 것이 낫다고 버핏은 말한다. 많은 경영자들이 영업으로 창출된 현금흐름으로 기업 인수합병을 통해 새로운 사업을 시도하는데, 이러한 행위는 주주손실로 이어지기 쉽다. 이익률이 낮은 사업에 무리해서 투자하기보다는 자사주를 매입해서 소각하거나 배당을 통해 주주에게 환원하는 것이 좋다. 투자를 잘못하여 자기자본이익률이 저하되는 것은 경영자의 합리적 판단이 결여된 것으로 봐야 한다.

운전자본 : 기업운영 비용

기업의 영업활동 비용, 운전자본

운전자본^{Working Capital}은 기업이 영업활동을 하는 데 필요한 자금이다. 영업을 할 때는 외상판매를 해야 하고, 적정재고도 갖고 있어야 한다. 만일 매출을 외상없이 오로지 현금으로만 결제한다면, 외상매출 채권이 발생하지 않으니 자금이 묶이지 않는다. 외상매출은 회사가 물건을 사가는 소비자에게 이자를 받지 않고 회사자금을 빌려주는 것과 마찬가지다. 회사에서 외상매출만큼 차입을 할 경우 이자가 발생하게 된다. 따라서 외상매출은 금융비용 증가로 연결된다.

영업에 필요한 적정재고 보유도 불가피하다. 소비자가 갑자기 물건을 주문할 경우에 대비해야 하기 때문이다. 만일 주문생산만 하는 기업이라면 재고를 많이 보유할 필요는 없겠지만, 이 경우에도 원재료와 재공품 등은 회사에서 보유해야 한다. 그렇기 때문에 주문생산이라고 해도 재고는 있기 마련이다. 재고를 많이 보유할수록 회사 자금이 묶이게 된다.

이렇게 회사의 영업정책상 외상매출과 재고자산을 일정하게 유지해야 하기 때문에 여기에 필요한 자금을 운전자본이라고 한다. 운전자본을 파악해야 하는 이유는 운전자본 규모가 금융비용과 관련되어 있기 때문이다. 매출규모가 비슷하다면 운전자본을 적게 사용하는 기업이 좋다. 운전자본을 정의할 때는 일반적으로 재고자산과 매출채권을 합한 금액을 지칭한다.

① 운전자본 = 재고자산+매출채권
② 순운전자본 = 재고자산+매출채권-매입채무

순운전자본은 운전자본에서 매입채무를 차감해서 계산한다. 매입채무는 기업이 외상으로 원재료 등을 구매한 것이다. 현금으로 비용을 지불해야 하는데 결제를 미룬 것이다. 회사 입장에서는 매입채무 지불을 미루는 기간만큼 자금을 비용 없이 사용하는 것으로 볼 수 있다. 매출채권은 기업이 소비자에 대해 을乙 입장임을 의미한다. 물건을 팔아야 하니 외상을 주는 것이다. 반면에 기업이 원재료를 살 때는 갑甲의 입장에 서게 되므로 외상매입이 가능하다.

💰 운전자본 사례분석 : 아미코젠

〈도표 1-6〉 재무상태표에서 운전자본 항목을 확인해보자. 아미코젠의 운전자본은 497억 원이고, 매입채무를 차감한 순운전자본은 273억 원이다. 운전자본을 분석할 때는 3가지 측면을 봐야 한다. ① 전년대비 증감, ② 매출액 대비 운전자본 비율, ③ 경쟁사 대비이다.

전년대비 운전자본이 크게 증가하는 것은 좋지 않다. 물론 매출액이 커지면 자연스럽게 운전자본 규모도 늘어날 수밖에 없다. 하지만 매출증가 속도에 비해 운전자본이 더 빨리 증가하는 것은 재고가 급증하거나 외상매출금 회수가 더딘 것을 의미하기 때

[도표 1-6] 운전자본 : 아미코젠

(단위 : 원)

	제16기	제15기	제14기
자산			
유동자산	81,534,580,902	30,422,704,928	29,039,162,046
현금및현금성자산	19,651,976,741	8,618,918,988	3,783,910,163
단기금융상품	7,685,510,293	42,600,000	15,100,000,000
단기기타금융자산	3,074,372,232	4,948,823,111	
매출채권및기타채권	21,147,413,540	13,442,259,074	8,516,418,399
재고자산	28,655,744,073	2,670,788,368	1,540,828,714
기타유동자산	776,727,808	697,739,291	98,004,770
당기법인세자산	5,428,836,215	1,576,096	
비유동자산	78,309,057,524	23,944,428,301	15,321,872,530
매출채권및기타채권	1,248,468,260	24,047,164	65,675,964
장기기타금융자산	1,057,750,000	357,750,000	
관계기업 투자	4,502,037,279	3,500,010,000	
유형자산	53,851,707,763	17,239,285,724	13,927,063,249
무형자산	17,649,094,222	2,823,335,413	1,329,133,317
자산총계	159,843,638,426	54,367,133,129	44,361,034,576
부채			
유동부채	46,630,719,348	4,029,792,457	2,668,368,943
매입채무및기타채무	22,463,339,953	2,724,976,306	1,544,861,617
단기차입금	23,528,020,730	80,000,000	
기타유동부채	381,043,746	81,040,128	33,996,330
당기법인세부채	204,314,919	1,143,776,023	1,089,508,996
비유동부채	2,967,182,819	317,779,094	302,120,248

문에 바람직하지 않다.

운전자본이 전년대비 증가했다면, 회사는 그만큼 자금이 추가로 필요하게 되었음을 의미한다. 따라서 운전자본 증감액만큼 영업활동에서 자금이 유출이 되는 요인이다. 예컨대 재고자산과 매출채권을 합해 전년대비 100억 원이 증가했다고 하자. 대차대조표 원칙상 자산이 증가하면 부채 혹은 자본이 증가해야 한다. 어디선가 자금을 끌어와야 함을 의미한다. 운전자본은 영업활동에 관계된 것이며, 운전자본 증가는 곧 영업활동현금흐름의 마이너스 요인이다. 현금흐름표에서는 영업활동 자산부채의 증감으로 이를 표시한다.

〈도표 1-7〉에서 '영업활동 자산부채의 증감' 부분을 보자. 만일 재고자산이 증가하면 증가한 금액만큼 영업활동현금흐름이 마이너스다. 반대로 재고가 전년도 100억 원에서 금년도 50억 원으로 줄었다는 것은 50억 원만큼 재고가 현금화되어 회사 내에 들어온 것을 의미한다. 이는 영업활동현금흐름 플러스 요인이다.

영업활동과 관련된 부채인 매입채무도 마찬가지다. 매입채무의 증가(부채의 증가)는

[도표 1-7] **영업활동현금흐름 : 아미코젠**

(단위 : 원)

	제16기	제15기	제14기
영업활동현금흐름	12,342,714,194	4,425,691,463	6,623,420,979
당기순이익	2,538,479,555	7,512,932,986	7,574,696,343
당기순이익에 대한 증감	3,392,739,069	4,095,531,750	3,126,743,663
영업활동 자산부채의 증감	7,999,486,669	(5,979,637,458)	(3,585,639,256)
이자수취	128,533,521	336,827,037	179,712,101
이자지급	(366,852,720)	(39,881,032)	(50,613,702)
법인세 환급(납부)	(1,349,671,900)	(1,681,881,820)	(621,208,170)

회사 내에 돈이 유입된 것과 같다. 2014년에 매입채무가 100억 원이었고 2015년에 150억 원이었다면, 50억 원만큼 외상매입을 더 했다는 것이다. 이만큼 회사에 자금이 유입된 것과 같다. 이처럼 영업활동에 관련된 자산과 부채가 변하면 회사에 현금흐름(자금유출입)도 변하게 된다. 아미코젠은 16기에 자산부채 변동에 의해 79억 원만큼 자금이 사내에 유입되었다.

📊 참고자료

• 주주이익에 대한 워런 버핏의 관점

주주이익이 가장 중요하다. 기업은 주주의 이익을 증가시켜주기 위해 존재한다. 가치투자자 관점에서 좋은 주식은 매년 주주이익을 크게 증가시켜주는 기업이다. 이런 기업의 주가는 장기적으로 상승하게 마련이다. 우선 주주이익owner earnings 개념을 살펴보자.

주당순이익이 주주이익인가? 자기자본 증가가 주주이익인가? 버핏은 주주이익 개념을 다음과 같이 정의했다.

주주이익 = 순이익 + 감가상각비 − 유형자산 투자 − 운전자본 증가

버핏이 순이익을 주주이익이 아니라고 보는 이유는 기업이 성장할 때 반드시 필요한 투자나 운전자금 증가는 비용으로 보는 것이 합리적이라고 판단했다. 때문이다. 그래서 영업현금흐름에서 자본적 지출인 유형자산 투자와 운전자본 증가액을 빼고 나서 주주이익을 계산한다.

유형자산 투자는 기업이 경쟁력을 유지하기 위해서 반드시 필요하며, 투자를 장기간 하지 않으면 경쟁력을 상실하고 도태된다. 이러한 자본적 지출은 기업의 입장에서 볼 때 인건비나 수도광열비처럼 필수적인 비용이라고 봐야 한다. 기업의 영속적인 이익창출을 위해 지불해야 할 돈이라고 보기 때문에 주주이익에서 차감해야한다는 것이 버핏의 논리다. 버핏은 유형자산 투자를 많이 하지 않고도 꾸준히 경쟁력이 유지되는 기업을 선호했다. 이런 기업이 주주가치를 더 크게 증가시켜주기 때문이다.

운전자본은 기업의 매출이 증가하면 이와 비례해 증가하는 경향이 있다. 경쟁력이 있는 기업은 매출채권 회수기간이 짧고, 재고자산도 많지 않기 때문에 운전자본 증가부담을 덜 수 있다. 만약 운전자본 증가가 크게 늘어난다면 기업 경영환경이 악화되었거나 경쟁력이 저하되어 거래관계에서 힘이 약해졌음을 의미한다. 버핏은 운전자본 증가를 설비투자와 마찬가지로 주주이익을 훼손하는 것으로 봤다.

유동비율 :
중요한 재무분석 지표

유동성이 가장 중요하다

이번 섹션에서는 기업이 타인자본을 통해 자금조달을 할 경우 일어나는 일들에 대해 한번 생각해보자.

부채는 주주들 자본보다 먼저 변제를 받는다. 손익계산서를 보면 이자비용은 세전이익을 계산하기 이전에 비용처리한다. 반면에 주주들에 대한 배당은 세금을 납부하고 나서 남은 이익으로 한다. 부도가 나서 기업을 청산을 할 때도 마찬가지다. 부채를 우선 갚고, 그다음 주주들에게 잔여재산에 대한 분배를 한다. 부채는 반드시 갚아야하지만 자기자본은 갚아야 할 의무가 없다. 이것이 부채와 자기자본의 결정적인 차이다. 대신 부채는 자기자본에 비해 조달비용이 저렴하다.

부채는 상환기일이 오면 어김없이 변제해야 하기 때문에 자칫 기업의 유동성 문제가 발생할 수 있다. 예를 들어 일 년 이내에 갚아야 할 빚이 500억 원이라고 하자. 이것을 유동부채라고 한다. 일 년 이후에 갚아도 되는 빚은 비유동부채이다. 회사는 어떻게 해서든 일 년 안에 500억 원을 마련해야 한다. 그렇게 하지 않으면 회사가 부도가

자산		부채	
유동자산	일 년 이내 현금화 가능	유동부채	일 년 이내 갚아야 할 빚
유동비율 = 유동자산 ÷ 유동부채			
비유동자산	일 년 이내 현금화 어려움	비유동부채	일 년 이후에 갚아도 되는 빚
		자본총계	

난다. 재무제표 분석에서 유동비율을 중요하게 점검해야 하는 이유가 바로 여기에 있다.

$$유동비율 = 유동자산 ÷ 유동부채$$

앞에서 예로 들었듯 일 년 내에 갚아야 할 부채가 500억 원이고, 일 년 내에 현금화할 수 있는 유동자산이 1,000억 원이라면 걱정할 이유가 없다. 하지만 만약 유동자산이 300억 원밖에 없다면 나머지 200억 원은 어떻게 마련해야 하는가? 자본조달 방법을 생각해보면 된다. ① 부채를 통한 추가조달은 은행대출, 회사채, BW · CB 발행 등이다. ② 자기자본조달은 유상증자와 회사 이익잉여금이 있다.

상식적으로 생각해보자. 일 년 이내에 갚아야 할 돈이 부족하다는 것은 회사가 매우 심각한 상황에 직면해 있다는 것을 의미한다. 이런 회사는 통상적으로 부채를 통한 추가적인 자금조달에 어려움을 겪고 있을 가능성이 높다. 자금을 빌려주는 쪽에서 신용에 대해 심사를 하기 때문이다. 금융기관들은 재무상태가 취약한 기업에게 변제 위험을 무릅쓰고 돈을 빌려주는 것을 꺼려한다. 회사채를 발행할 경우 회사 신용도에 따라 시장에서 소화되며, 신용이 나쁘면 발행금리가 크게 올라간다. BW · CB 발행은 두고 두고 주주들에게 오버행 이슈로 작용하면서 악재가 되기도 한다. 타인자본 조달이 만만치 않음을 알 수 있다.

자기자본 조달방식으로는 유상증자가 있지만, 경영상태가 좋지 않은 기업은 대주주가 회사 사정을 잘 알기 때문에 유상증자 참여를 꺼릴 것이다. 유상증자는 주주들에게 자금이 부족하다고 손을 내미는 것이어서 주가에 악재다. 회사는 주주에게 손을 내밀지 말고 배당을 통해 투자의 고마움을 표시해야 정상이다. 유상증자 이후 유통물량이 많아지면서 주가가 약세국면으로 빠지는 것을 자주 볼 수 있다. 자기자본 조달 역시 난관이 많다.

유동비율은 유동부채에 대비해 유동자산이 얼마인지를 나타낸다. 유동비율이 100%를 넘어야만 경영진들이 안심하고 경영에 전념할 수 있다. 만약 유동부채가 유동자산보다 더 많을 경우에는 부족한 자금을 마련하기 위해 동분서주해야 한다. 이런 기업에서 경영자들이 경영에 제대로 전념할 수 있겠는가?

가중평균자본비용을 낮춘다는 이유로 자기자본보다 부채를 더 많이 조달하는 경우가 있다. 자금조달 비용을 낮출 수는 있겠지만 잘못될 경우 유동성 문제에 직면할 수 있다. 부채는 반드시 변제해야 할 시간이 정해져 있기 때문이다. 자기자본은 변제할 필요가 없는 자금이다. 조달비용이 높은 자기자본은 그만큼 안심하고 쓸 수 있지만 조달비용이 낮은 부채는 반드시 갚아야 한다. 이 때문에 경영환경이 어려워지면 타인자본을 많이 쓴 기업과 유동비율이 낮은 기업이 문제가 된다.

💰 유동비율로 본 조선업

기업이 자금난에 몰리는 징후는 부채비율과 유동비율 추이만 봐도 알 수 있다. 자금난에 몰리는 기업은 자체 신용을 통해 유상증자 등을 추진할 수 없기 때문에 부채를 끌어들이게 된다. 은행차입이나 회사채 발행을 하게 되면 부채비율이 급속도로 증가하게 된다. 이렇게 끌어들인 자금으로 급한 빚을 갚아야 한다. 빚을 내서 빚을 갚기 때문에 유동비율이 낮아지면서 부채비율은 높아지게 된다.

이런 회사는 구조조정이라는 명목으로 보유 부동산과 계열사 매각을 추진한다. 현금화가 가능한 고정자산이나 유가증권 등을 매각해서 자금을 확보하려는 노력을 한다. 이는 고정자산이나 금융자산을 현금성자산으로 바꾸는 행위이다. 내다 팔아서 현금화가 가능한 자산을 팔아 치우는데, 유동성 위기에 몰린 대부분 기업들은 이미 이러한 자산을 담보로 제공하고 차입을 한 경우가 많다. 따라서 매각을 해도 실질적으로 회사에 들어오는 돈은 많지 않다. 현금을 확보하려고 자산을 매각하는 기업은 스스로 자신이 위험에 처했다고 고지하는 것과 마찬가지다. 구조조정 시기를 놓치고 유동성 위기에 처해서야 채권자들 강압에 의해 구조조정을 추진하는 경우가 많은데, 이는 구조조정을 통한 현금확보가 만만치 않음을 증명하는 것이다.

채권자 압박에 떠밀려서 하는 구조조정보다는 회사에 문제가 없을 때 미래를 보면서 구조조정을 하는 것이 바람직하다. 어려움에 처한 기업이 구조조정을 추진한다는 뉴스는 채권자들조차 회사의 회생 가능성을 믿지 않는 지경에 이르렀음을 반증한다고 이해해야 한다. 자산을 팔아 치우면서도 유동부채를 감당할 수 없는 상황이고 추가적인 차입에 실패하고 유상증자도 불가능하게 되면, 회사는 도산하게 된다.

한국 조선업은 금융위기 이후 글로벌 불황의 직격탄에 봉착하고 있었다. 대우조선해양의 안전성 지표(〈도표 1-9〉)를 통해 확인해보자. 우선 부채비율을 보면 2014년에 갑자기 높아졌다. 2011년 말에 270%였던 부채비율은 2015년 말에 무려 4,265%로 높아졌다. 투자자들은 2014년 부채비율이 200%대에서 500%대로 높아졌을 때, 사태의 심각성을 인식했어야 한다. 경영실적이 나빠지면서 단기간에 부채를 많이 끌어들인 것이다.

유동비율은 이미 2011년부터 100% 미달이다. 일 년 이내에 갚아야 할 빚보다 일년 이내에 현금화할 수 있는 자산이 더 적은 상황이 지속되었다. 부족한 부분은 부채를 끌어들여 메운 것이다. 적자기업이면서 유동비율이 100% 미만인 기업들은 유상증자

[도표 1-9] **안정성 지표 : 대우조선해양**

(단위 : %)

항목	2011/12	2012/12	2013/12	2014/12	2015/12
부채비율	270.05	254	352.19	529.51	4,265.82
유동부채비율	211.45	179.45	243.36	369.8	3,598.60
비유동부채비율	58.6	74.55	108.84	159.7	667.22
순부채비율	84.41	111.68	166.64	254.01	1,833.42
유동비율	80.02	87.62	99.32	96.41	69.55
당좌비율	72.12	72.95	86.72	77.85	56.15
이자보상배율	9.27	3.14	−5.04	−5.47	−30.8
금융비용부담률	0.85	1.1	1.04	0.88	0.64
자본유보율	374.53	385.43	312.16	228.46	−75.92

[도표 1-10] **현금흐름 : 대우조선해양**

(단위 : 억 원)

항목	2011/12	2012/12	2013/12	2014/12	2015/12
영업활동으로인한 현금흐름	22.6	−9,960.50	−11,979.10	−5,602.30	−8,430.00
당기순이익	6,482.50	1,758.50	−6,834.00	−8,630.70	−33,066.80
투자활동으로인한 현금흐름	−6,117.60	−4,134.10	−1,570.40	−1,991.70	1,721.20
재무활동으로인한 현금흐름	5,375.50	11,357.80	14,625.20	5,207.50	17,729.10

를 하거나 흑자전환 없이는 부채비율이 필연적으로 높아지게 된다.

2013년에 유동비율을 보자. 일시적으로 99.32%로 높아진 것은 재무활동에서 부채를 1조 4,625억 원이나 끌어들였기 때문이다. 빚을 내서 유동성을 일시적으로 보강한 것이다. 부채를 통한 자금조달로 유동성 문제를 일시적으로 회피할 수는 있지만, 근본적인 해결책이 되지 않는다. 금융비용은 더욱 증가하고, 부채만기가 되면 차환대출을 받아야 한다. 2013년에도 이익이 2,000억 이상이었지만 2012년부터 영업활동을 통해 현금을 창출하지 못하고 있었다. 현금흐름이 심각함을 알 수 있다.

〈도표 1-10〉을 보자. 2012년까지 당기순이익이 났지만 이미 2011년부터 현금흐름은 문제가 있었다. 2012년에 영업활동에서 현금창출이 22억 6,000만 원에 불과했고, 투자활동에 6,117억 원이 투입되었다. 모자라는 부분은 재무활동으로 부채를 5,375억 원 끌어들였다. 2011년부터 본격적으로 영업활동에서 현금을 창출하지 못하였음에도 불구하고 투자활동에 자금이 계속 투자되었다. 재무활동에서 차입이 조 단위를 넘기기 시작했다. 2012~2015년 기간 동안 4년간 이러한 상황이 이어졌고, 급기야 2015년 하반기부터 본격적인 유동성 위기에 몰렸다.

영업활동에서 현금을 창출하지 못하고 있는 상황에서 차입만 지속적으로 늘리는 기업은 최악의 기업이다. 대우조선해양은 금융위기 이후 영업활동에서 현금흐름을 창출하지 못했다. 고작 2011년에만 22억 원 플러스였을 뿐이다. 현금흐름만 확인했어도 대우조선해양 투자에 선뜻 나서지 못할 것이다. 이러한 최악의 영업현금흐름 창출에 아랑곳 않고 주가는 올랐지만 재무위기에 봉착할 수밖에 없었고, 주가 역시 급락했다.

2008년부터 2015년까지 영업현금흐름은 2011년 22억 원 플러스를 제외하고 모두 마이너스였다. 영업현금흐름을 창출하지 못하는 기업은 결국에는 차입금을 증가시킬 수밖에 없고, 한계에 다다르면 유동성 위기에 봉착하게 된다. 〈도표 1-11〉을 보면 순이익이 나더라도 영업현금흐름이 마이너스일 경우 결국 위기에 몰리게 되는 것을 직관적으로 알 수 있다. 주가는 영업현금흐름과 따로 놀았다. 2010년부터 2011년 상반기까지 단기간에 100% 이상 상승했지만, 결국 2011년에 고점대비 1/10 토막났다.

[도표 1-11] 당기순이익과 영업현금흐름 괴리 : 대우조선해양

(단위 : 억 원)

	2008	2009	2010	2011	2012	2013	2014	2015
당기순이익	4,017	5,775	7,760	6,482	1,758	−6,834	−8,630	−33,067
영업 현금흐름	−3,199	−12,795	−2,097	22	−9,960	−11,979	−5,602	−8,430

[도표 1-12] 10년 주가차트 : 대우조선해양

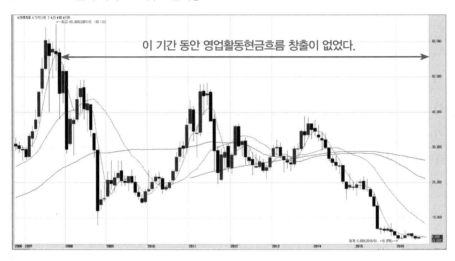

이 기간 동안 영업활동현금흐름 창출이 없었다.

〈도표 1−11〉에서 당기순이익과 영업현금흐름을 비교해보자. 당기순이익이 발생한다고 안심할 일이 아니다. 2008~2012년은 매년 순이익이 났지만 그 기간동안 영업현금흐름은 좋지 않았다. 손익계산서상에는 이익이 났지만 이는 서류상 이익일 뿐이며, 회사 내부에 현금을 유입시키는 이익이 아니었다. 오히려 이익을 내고도 영업활동에서 회사 외부로 자금이 유출되고 있었다. 손익계산서에서는 이익을 내는데 현금을 유입시키지 못하는 회사, 그 원인이 무엇이겠는가? 손익계산서 순이익만 보고 투자할

경우 낭패를 당할 수 있기 때문에 반드시 영업활동현금흐름을 같이 확인해야 한다. 단적으로 말해서 순이익보다 현금흐름이 더 중요하다. 대우조선해양의 최악은 2013년에 시작되었다. 2015년 3조 3,000억 원 분식회계를 실토한 것은 순이익이 전혀 믿을만한 것이 되지 못함을 증명한다. 그런데 현금흐름표를 보면 이미 이러한 분식에 대해 감을 잡을 수 있었다. 2008~2010년에 대규모 이익을 발표했지만, 영업현금흐름추이를 보면 정반대 흐름이었다. 현금흐름표 분석은 쉽지 않다.

가중평균자본비용 :
투자결정의 기준

💰 자본조달 비용은 낮을수록 좋은가?

부채를 타인자본이라고 한다. 쉽게 비유해보자. 자본은 사업 밑천이다. 사업을 하는데 내 돈만 갖고 할 수도 있지만, 부족할 때는 남에게 빌릴 수밖에 없다. 여기서 내 돈은 자기자본, 남의 돈은 타인자본이다. 부채는 '타인에게 빌린' 자본이다. 타인자본과 자기자본은 성격이 다르다. 참고로 자기자본을 그냥 자본이라고도 하고, 순자산(자산-부채)이라고도 한다.

부채는 반드시 상환해야 할 의무가 있다. 회사가 청산을 할 경우 자기자본보다 먼저 부채를 변제해야 한다. 손익계산서 구조를 보면 이자비용을 공제하고 난 뒤에 순이익이 결정된다. 채권자들에게 먼저 이자를 지불한 이후에 남는 이익 중 일부를 주주들이 배당으로 받는다. 부채는 반드시 갚아야 할 자금이고, 자기자본은 갚지 않아도 상관없는 자금이라는 관점에는 몇 가지 고려해야 할 부분이 있다. 상환의무가 없는, 주주들을 통한 자기자본 자금조달만이 최선일까? 이자를 줄 필요가 없고 이익이 나지 않으면 배당금을 주지 않아도 되니까? 이러한 생각의 배경에는 타인자본보다 자기자본이

[도표 1-13] **부채와 자기자본 차이**

구분	부채(타인자본)	자기자본
자금성격	대출금	출자금
만기	약정에 따른 기간	없음
투자에 따른 보상	이자	배당금
자금회수 방법	만기상환	타인에 주식매각
회수 우선순위	주주보다 우선 변제받음	부채상환 후 잔여재산에 대한 청구권

많은 기업이 좋다는 판단이 들어 있다. 부채를 쓰지 않는, 무차입 경영 기업이 언론에서 칭송받기도 한다.

앞서 말한 대로 부채는 남의 자금이니간 떼먹을 수도 없고, 이익이 나든 손실이 나든 상관없이 꼬박꼬박 이자를 내야 하고, 만기가 되면 원금을 갚아야 한다. 반면에 주주들 출자금인 자기자본은 상환의무도 없고, 배당금은 줘도 그만 안 줘도 그만이니 속 편한 자금조달 방식이라고 생각할 수도 있다. 그러나 세상에 공짜는 없는 법이고, 주주들은 바보가 아니다. 결론부터 먼저 말하면, 타인자본 조달비용이 자기자본 조달비용보다 저렴하다. 자금조달방식에 따른 비용을 살펴보자.

- **부채를 통한 조달비용** : 대출 이자율 혹은 회사채 발행 이자율
- **자기자본을 통한 조달비용** : 무위험자산 수익률+위험프리미엄

   (위험프리미엄 = 베타×(시장수익률−무위험자산 수익률))

부채비용을 계산할 때는 절세효과를 감안해야 한다. 부채에 대한 이자를 지불하면 세전이익이 줄어들고, 이에 따라 법인세 절감 효과가 있다. 반면에 주주들의 출자금은 이러한 절세효과가 없다. 세금을 내고 난 뒤에 주주들의 몫이 결정될 뿐이다. 또한

[도표 1-14] **부채의 절세효과**

매출액		
영업이익		
금융비용(이자)	➡	채권자들 몫 챙김
세전순이익		
법인세		
당기순이익	➡	주주들 몫

주주들은 배당금을 받을 때 세금을 낸다. 이는 기업이 당기순이익을 확정할 때 세금을 내고, 배당금에 대해 또 세금을 내기 때문에 이중과세 논란이 있다. 부채에 대한 비용은 다음과 같이 계산해야 한다.

$$부채비용 = 평균\ 이자비용 \times (1 - 법인세율)$$

회사채 발행 금리가 6%라고 하고 법인세율이 20%라고 가정할 경우, 부채비용은 다음과 같다.

$$부채비용 = 6\% \times (1 - 20\%) = 4.8\%$$

다음으로 자기자본 비용을 계산해보자. 국채수익률이 3%, 베타는 1.3, 시장수익률은 종합지수 상승률 8%로 가정해보자.

$$자기자본비용 = 3\% + 1.3 \times (8\% - 3\%) = 9.5\%$$

재무학에서는 주주들이 출자한 자기자본이 공돈이 아니며, 부채보다 비용이 더 많이 든다고 결론 내린다. 그렇다면 자기자본 비용보다 부채비용이 훨씬 싸기 때문에 부채를 많이 사용해서 기업을 경영하면 좋을까? 비용면에서 부채를 사용하는 것이 합리적이다. 그러나 경제가 어려워지고 이익이 나지 않는 상황이 올 수 있다. 경기침체로 적자가 나더라도 이자는 갚아야 한다. 주주들에게 배당을 줄 필요는 없지만, 이자를 갚지 못하면 기업은 신용에 치명적인 상처를 입게 된다. 부채비율이 높은 종목이 경기 변동에 취약한 이유가 여기에 있다. 적정한 부채 사용은 무방하나 이익률을 높이기 위해 부채비중을 크게 확대하는 것은 좋지 않다. 부채와 자기자본의 균형이 잡힌 기업이 좋다.

🅦 가중평균자본비용 사례분석 : 에스원, 아모레퍼시픽

가중평균자본비용WACC, Weighted Average Cost of Capital 계산은 〈도표 1-15〉와 같다.

가중평균자본비용은 회사가 부채와 자본을 조달할 때 드는 비용이다. 만일 가중평균자본비용이 8.09%일 때 회사는 이렇게 조달한 자본을 운용해서 얼마나 이익을 내야

[도표 1-15] **가중평균자본비용의 계산**

자산		부채	300억 원	30%
			(부채조달비용 4.8%)	
		자기자본	700억 원	70%
			(자본조달비용 9.5%)	
총자산	1,000억 원	총자산	1,000억 원	100%

* 가중평균자본비용 = 부채조달비용 × 부채비중 + 자기자본조달비용 × 자본비중
  = 4.8% × 30% + 9.5% × 70% = 8.09%

[도표 1-16] **주주가치 및 재무구조 : 에스원**

(%)	12/14A	12/15A	12/16F	12/17F	12/18F
ROE	13.1	16.4	15.5	14.6	14.1
ROA	9.7	11.1	11.1	10.4	10.3
ROIC	15.3	13.5	23.5	27.7	29.1
WACC	4.8	5.8	5.8	5.8	5.8
ROIC/WACC(배)	3.2	2.3	4.0	4.7	5.0
경제적이익(EP, 십억 원)	91.6	66.8	126.2	145.1	154.7
부채비율	56.9	39.9	45.1	40.6	36.6
순금융부채비율	6.4	순현금	순현금	순현금	순현금
이자보상배율(배)	29.9	129.3	167.7	192.9	223.0

적정한가? 자산운용수익률^{ROA}은 총자산 대비 얼마나 이익을 냈는지 알 수 있는 지표다. 당연히 조달금리보다 자산운용수익률이 높아야 한다.

〈도표 1-16〉을 보면 2015년 말 에스원 가중평균자본비용이 5.8%로 낮다. 그 이유는 무엇일까? 자기자본 비용을 계산할 때 베타와 부채비율 등을 생각해야 한다. 에스원의 베타는 0.3으로 낮다. 〈도표 1-17〉의 아모레퍼시픽과 비교해보라. 아모레퍼시픽은 성장주로서 베타가 무려 1.8배이다. 베타가 크다는 것은 주가변동성이 크다는 것을 의미한다. 이 때문에 위험프리미엄이 높고, 투자자들은 ROE를 높게 요구한다. 거기다 비용이 저렴한 부채를 많이 쓰지 않아서 부채비율이 낮다.

베타는 시장 대비 개별종목의 민감도이다. 베타가 1이라는 것은 시장이 10% 상승할 때 주가가 10% 오른다는 의미다. 물론 시장이 10% 하락하면 개별 주가도 10% 빠진다. 인덱스펀드는 베타값 1을 지향한다. 에스원의 베타는 0.3이다. 시장이 10% 움직일 때

(%)	12/14A	12/15A	12/16F	12/17F	12/18F
ROE	14.0	18.6	21.3	21.1	21.0
ROA	10.7	14.2	16.8	17.8	18.5
ROIC	18.7	26.9	34.1	35.2	41.8
WACC	8.0	17.2	17.3	17.3	17.2
ROIC/WACC(배)	2.3	1.6	2.0	2.0	2.4
경제적이익(EP, 십억 원)	215.1	215.4	425.6	487.8	645.5
부채비율	33.9	31.8	21.8	18.5	16.1
순금융부채비율	순현금	순현금	순현금	순현금	순현금
이자보상배율(배)	270.0	299.9	560.8	675.0	1,006.7

에스원 주가는 3% 밖에 움직이지 않는다. 반면에 아모레퍼시픽은 1.8이다. 주식을 고를 때 자신이 소심한 사람인지 아니면 변동성을 견딜 정도로 공격적인 투자자인지 생각해볼 필요가 있다. 변동성을 감내하지 못하는 소심한 투자자가 높은 베타 종목에 투자할 경우 이를 견디기가 쉽지 않을 것이다.

에스원은 베타가 낮을 뿐더러 가중평균자본비용도 낮다. 자금조달 비용이 낮기 때문에 자산운용 수익률에 대한 부담이 덜하다. 반면에 아모레퍼시픽은 베타도 높고, 자본조달 비용이 높다. 주주들이 아모레퍼시픽에 대해 높은 요구수익률을 주장하는 이유다.

설비투자 :
어떻게 자금조달을 하는가?

💰 투자에 필요한 자금조달 방법

투자는 기업의 영속성을 담보하기 때문에 소홀히 할 수 없다. 그렇다면 기업들은 투자자금 조달을 어떻게 할 수 있을까? 자금조달은 부채와 자본 양쪽을 통해 가능하다.

재무상태표는 회사가 자금을 조달하는 방법(오른쪽 : 대변)과 자산을 운용한 내용(왼쪽 : 차변)을 기록하고 있다. 자금을 조달해서 자산의 운용내역을 표시한 장부라고 생각하면 된다. 자금을 조달해야 운용을 할 수 있으니까 조달을 먼저 봐야 한다. 자금조달을 어떻게 진행했고, 이렇게 조달된 자금을 어떤 자산에 운용했는가 하는 정보를 알려 주는 것이 바로 재무상태표이다. 자금을 조달하는 방법은 2가지다.

① 부채를 통한 조달
② 자본을 통한 조달

부채를 통한 자본조달은 금융기관 차입과 회사가 자체 신용으로 차입하는 회사채 발행이 있다. 특수사채인 BW, CB도 포함된다. 특수사채는 주식으로 전환될 수 있는 특징이 있기 때문에 부채와 자본의 특징을 동시에 갖고 있다.

자본을 통한 조달은 유상증자가 대표적이다. 주주들이 자본을 추가로 출자하는 것이다. 다른 하나는 이익잉여금이다. 기업의 영업활동을 통해 순이익이 발생하면, 이 중에 배당금을 지급하고 난 뒤에 이익잉여금 항목에 계상한다. 순이익은 자본의 증가를 통한 자본조달을 의미하며, 자산운용의 원천이 된다.

그렇다면 부채와 자본, 2가지 자금조달 방식 중 어느 것이 더 비용이 적게 들까? 이 부분은 앞 장의 가중평균자본비용^{WACC}에서 설명했다. 어찌 됐든 회사에서는 가급적 조달비용이 적게 드는 방식을 선택할 것이다. 만일 회사가 현금을 많이 보유하고 있거나 현금흐름 창출 능력이 좋다면 외부에서 추가적인 자금조달을 할 필요가 없다.

신규 시설투자 공시를 볼 때 가장 중요한 부분은 투자금액과 투자기간이다. 투자기간에 따라 자금조달 방식이 달라질 수 있기 때문이다. 〈도표 1–19〉를 보면 티씨케이가 설비투자 계획을 발표했다. 투자자들은 2가지 관점에서 설비투자에 대한 분석이 필요하다.

① 설비투자는 충분이 만족할만한 수익성을 가져다줄 것인가?
② 자금조달을 어떻게 진행할 것인가?

자금조달 문제가 투자자들에게 중요한 것은 유상증자를 하거나 특수사채$^{BW, CB}$를 발행할 경우 주주가치가 희석될 소지가 있기 때문이다. 금융기관 차입이나 회사채 발행도 부채비율을 늘리기 때문에 재무상태에 영향을 미친다. 가장 바람직한 자금조달은 이익잉여금을 투자재원으로 하는 것이다. 이는 기업이 낸 이익이 회사에 현금으로 누적되어 있을 경우 이를 사용해서 투자하는 것이다. 이것을 내부유보를 통한 자금조달이라고 한다. 물론 이익잉여금이 많다고 현금이 많이 있는 것은 아니다. 이익잉여금은 지금까지 이익의 누적을 기록한 것일 뿐이며, 이익잉여금과 현재시점의 회사 현금

[도표 1-18] **재무상태표 구조**

자산운용		자금조달	
유동자산		**부채**	
			(1) 차입
			(2) 회사채 발행
비유동자산		**자본**	
	유형자산		(1) 자본잉여금(유상증자)
(투자)	무형자산		(2) 이익잉여금(순이익 누적)
	M&A		

[도표 1-19] **신규 시설투자 공시 : 티씨케이**

1. 투자구분		시설증설
2. 투자내역	투자금액(원)	22,504,000,000
	자기자본(원)	94,049,532,454
	자기자본대비(%)	23.9
	대규모법인여부	코스닥상장법인
3. 투자목적		고객 요구수량 증가에 따른 제품 생산능력 확대
4. 투자기간	시작일	2016-04-01
	종료일	2017-03-31
5. 이사회결의일		2016-03-30

보유량은 서로 무관하다. 그러나 매년 이익을 많이 내는 기업은 현금흐름이 좋다는 것을 의미하며, 사내유보한 현금이 많을 가능성이 있다.

자본항목의 이익잉여금은 그동안 회사의 영업활동을 통한 자금조달 원천을 기록한 것이다. 이렇게 조달된 자금은 자산운용의 어느 부분에 이미 활용되었음을 의미한다. 잉여금이라고 해서 장부에 기록된 만큼 잉여현금이 있다고 오해해서는 안 된다. 이미 각종 자산운용에 사용되었을 것이고, 나머지 현금이 얼마 있는지는 유동자산 항목의 '현금및현금성자산'에서 알 수 있다. 이익잉여금이 계속 증가하는 기업은 부채를 통한 자금조달이나 유상증자 같은 조달행위를 할 필요가 줄어든다는 것을 의미한다. 티씨케이 설비투자 발표사례를 통해 회사가 투자재원을 어떤 방식으로 조달할 가능성이 있는지 추정해볼 필요가 있다.

💰 유동자산에서 가용 현금성자산 파악하기

투자재원으로 활용할 수 있는 현금성자산이 충분히 확보되어 있는지 확인하려면 '현금및현금성자산'과 '금융자산' 항목을 보면 된다. 티씨케이는 '현금및현금성자산' 90억 원, '기타유동금융자산' 311억 원을 보유중이다. 이 두 항목을 합하면 401억 원, 이를 투자재원으로 활용할 수 있다. 물론 운전자본으로 일정 규모 현금을 보유하고 있어야 하기 때문에 이 자금을 전부 투자에 사용할 수는 없다.

여기서 고려해야 할 것은 투자기간이 일 년이어서 당장 투자금액 225억 원이 전부 지출되는 것이 아니라, 일 년간 단계적으로 지출된다는 점이다. 따라서 일 년간 티씨케이가 영업활동을 통해 창출할 수 있는 현금흐름도 잠재적 투자재원이 될 수 있다. 일 년간 티씨케이가 영업활동을 통해 얼마나 현금흐름을 창출해서 회사에 자금을 유입시켰는지는 현금흐름표를 보면 알 수 있다.

티씨케이는 최근 사업년도에 영업활동을 통해 231억 원을 회사 내부로 유입시켰다.

[도표 1-20] **가용 현금성자산 : 티씨케이**

(단위 : 원)

	제21기	제20기	제19기
자산			
유동자산	57,057,592,392	43,738,723,578	34,441,484,293
현금및현금성자산	9,016,445,609	6,802,815,827	3,228,533,596
당기손익인식금융자산	24,715,434	16,546,947	12,328,000
만기보유금융자산	0	126,272,249	0
매출채권	7,344,665,546	9,747,255,645	6,189,270,346
기타유동금융자산	31,147,228,132	15,263,521,316	11,232,781,519
기타유동자산	196,739,975	485,805,422	264,420,683
재고자산	9,327,797,696	11,296,506,172	13,514,150,149
매각예정비유동자산	0	5,662,552,162	0
비유동자산	46,346,685,370	41,663,802,557	49,651,737,771
기타비유동금융자산	595,138,444	1,589,744,483	1,952,722,203
유형자산	45,060,482,598	39,282,356,440	46,793,796,545
무형자산	691,064,328	791,701,634	905,219,023
자산총계	103,404,277,762	91,065,078,297	84,093,222,064

최근 3년간 평균 영업현금흐름은 약 152억 원이다. 따라서 앞으로 일 년간 티씨케이가 영업활동을 통해 창출가능한 예상 현금흐름은 150억 원에서 200억 원 정도로 추정할 수 있다. 그렇다면 회사가 앞으로 일 년간 설비투자에 가용할 수 있는 현금은 얼마일까? 기존의 현금성자산·금융자산 411억 원, 앞으로 일 년간 창출할 수 있는 현금흐

[도표 1-21] **영업활동현금흐름 : 티씨케이**

(단위 : 원)

	제21기	제20기	제19기
영업활동현금흐름	23,193,470,945	11,860,125,586	10,727,943,670
영업으로부터 창출된 현금흐름	27,437,032,872	12,830,771,456	13,184,255,865
이자수취	537,042,574	458,953,041	197,799,123
배당금수취	100,500	0	0
배당금지급	(1,401,000,000)	(408,625,000)	(1,401,000,000)
법인세납부(환급)	(3,379,705,001)	(1,020,973,911)	(1,253,111,318)

름 150~200억 원을 합한 금액이 된다. 약 561억~611억 가량의 현금을 활용할 수 있음을 알 수 있다. 이 중에 일부는 운전자본으로 남겨두더라도 설비투자재원 225억 원은 회사 내부에서 충분히 조달 가능하다는 것을 알 수 있다. 금융기관 차입이나 유상증자 등을 통해 자금조달을 신규로 할 가능성이 낮다고 판단된다. 따라서 티씨케이는 내부에서 설비투자 재원마련이 충분하기 때문에 주주가치를 훼손시킬 우려가 있는 유상증자나 재무상태에 영향을 미치는 부채증가를 염려할 필요가 없다고 추정하는 것이 합리적이다.

CB, BW :
특수사채 문제점은 무엇인가?

💰 CB와 BW 차이점은 무엇인가?

신주인수권부사채^{BW}와 전환사채^{CB}는 회사채이면서 주식으로 전환할 수 있는 조건이 붙은 회사채이다. 신주로 전환할 권리가 있는 회사채를 보유한 투자자는 신주 전환가격이 주가보다 낮을 때 주식으로 전환해서 시세차익을 확보할 수 있다. 채권발행 후일 년이 경과하면 주식으로 전환할 수 있는 권리가 부여된다. 한편 주가보다 전환가격이 낮을 때는 주식으로 전환을 하지 않고 채권이자만 받을 수도 있다. 주식전환이라는 메리트가 붙어 있는 특수사채는 이자율이 일반 회사채보다 낮은 편이다. 기업 입장에서는 낮은 이자율에 자금을 확보할 수 있고, 회사채가 주식으로 전환될 경우 부채가 자본으로 바뀌기 때문에 재무구조가 좋아지는 장점이 있다. 기존 주주들 입장에서는 지분률이 희석화되는 단점이 있다.

CB, BW 등을 발행하는 이유는 여러 가지가 있다. 예를 들어 회사의 신용도가 낮을 경우 높은 발행금리를 감수해야 하기 때문에 금융비용 부담이 가중되는데, 특수사채를 발행해서 자금조달 비용을 줄일 수 있다. 대주주가 증자대금을 납입할 수 없을 정도로 자금력에 문제가 있을 때 특수사채를 발행하기도 한다. 특수사채는 기업의 인수합병$^{M\&A}$에 활용되기도 한다. 특수사채를 대규모로 인수하는 측이 사채를 주식으로 전환해서 최대주주가 되는 경우 경영권이 자연스럽게 바뀐다.

전환사채나 신주인수권부사채 둘 다 채권형식으로 발행하며, 주식전환 권리가 있다는 점에서 실질적인 내용은 같다. 두 채권의 차이점은 전환사채는 발행 당시 약정된 가격에 주식전환이 이뤄지나, 신주인수권부사채는 전환할 시점에 주가 상황에 따라 전환가격이 달라진다는 점이다. 전환사채는 주식으로 전환될 경우 부채가 전환금액만큼 감소하고 자본이 그만큼 증가하게 된다. 반면에 신주인수권부사채는 주식전환과 무관하게 채권은 그대로 남는다. 신주인수권부 사채는 사채에 신주를 인수할 권리가 붙어 있는 것이고, 전환사채는 사채를 주식으로 전환할 수 있는 권리가 붙어 있다.

- **신주인수권부사채**^{BW} : 특정 가격에 신주를 인수할 수 있는 권리를 붙여서 발행한다. 일정기간이 지나서 신주인수권을 행사할 수 있을 때 전환가격으로 주식을 매입할 수 있다. 이때 기업은 신주를 발행하기 때문에 기업 입장에서 유상증자 효과를 볼 수 있다. 사채는 주식전환과 상관없이 존속된다.
- **전환사채**^{CB} : 발행할 때 약정된 금액에 주식으로 사채를 전환할 수 있는 권리를 갖게 된다. 예를 들어 100억 원 전환사채를 발행하면서 전환가격을 주당 1만 원으로 했다면 CB 보유자는 주당 1만 원에 주식 100만 주를 전환할 수 있다. 이때 사채는 소멸되고, 기업 입장에서는 유상증자 100만 주 효과가 발생한다. 부채가 감소하면서 자본이 증가하기 때문에 재무구조가 개선된다.

전환사채를 보유한 채권자가 주식으로 전환을 청구할 경우, 기업의 재무제표 변화를 보자. 기업은 부채형식으로 회사채를 보유하고 있었는데, 이 금액만큼 주식으로 전환되기 때문에 부채가 줄어들고 그만큼 자기자본이 늘어난다. 재무구조가 좋아지는 효과를 얻게 된다. 신주인수권부사채는 사채가 그대로 존속되는 상황에서 신주인수권을 행사할 경우 자본금 증자와 같은 효과가 있다. 이러한 특수사채는 기존 주주 입장에서는 특수사채가 주식으로 전환될 경우 자본금이 증가하면서 발행주식수가 증가하기 때문에 기존 주주의 주식가치는 희석된다. 일시에 주식으로 전환청구가 일어날 경우 주가는 수급악화로 하락하는 경우가 비일비재하다.

💰 기업들은 왜 CB · BW를 발행하는가?

전환사채나 신주인수권부 사채는 주식으로 전환할 수 있는 권리를 부여하기 때문에 사채발행 이율이 낮은 편이다. 주로 자금사정이 좋지 않은 기업들이 발행한다. 기업 입장에서는 특수사채 발행을 통해 2가지 이익을 취할 수 있다. ① 사채발행 이율을 낮춰서 금융비용 부담을 줄인다. ② 주식으로 전환할 경우 자기자본이 증가하면서 재무구조가 좋아진다.

전환사채와 신주인수권부 사채가 주식으로 전환될 경우 이는 제3자 배정 유상증자 효과와 흡사하다. 제3자 배정 유상증자는 대주주가 유상증자에 참여할 만큼 자금여력이 충분하지 않을 때 한다. 기업의 신용상태가 좋지 않아 금융기관 차입이나 회사채 발행이 여의치 않을 경우에 제3자 배정 유상증자를 하거나, 전환사채나 신주인수권부 사채를 발행해서 자금을 조달한다.

신주인수권은 분리할 수 있는 분리형과 분리할 수 없는 비분리형으로 구분할 수 있다. 분리형 신주인수권의 경우 대주주가 지분율을 높이기 위해서 활용되었다. 다음 기사와 같은 문제점 때문에 정부는 분리형 신주인수권부사채 발행을 금지했다가 현재는 공모에 한해서 분리형 신주인수권부사채 발행을 허용하고 있다.

투자자들은 CB · BW 발행기업에 투자할 때 주의깊게 살펴봐야 한다. 〈도표 1-22〉를 보자. 사업보고서에서 '자본금 변동사항'란을 보면 미상환 전환사채 발행현황이 나온다. 전환가능 주식수, 전환가격 등을 살펴봐야 한다. 언제든지 주식으로 전환되어

정부는 2013년 8월 분리형 신주인수권부사채^{BW} 발행을 금지했다. 대주주가 BW를 발행한 후 워런트를 저가에 매수해 지분율을 늘리는 일을 원천봉쇄하기 위해서다. 분리형 BW 발행이 제한되면서 2012년과 2013년 각각 9,180억 원과 8,440억 원에 달했던 공모 메자닌 발행 금액은 지난해 3,030억 원으로 급감했다. 상장기업과 증권사들은 정부와 금융당국에 공모방식에 한해 분리형 BW 발행을 허용해줄 것을 지속적으로 요구했다. 2015년 6월 '자본시장과 금융투자업에 관한 법률 개정안'이 국회 법제사법위원회에서 가결된 후 2015년 8월부터 공모 분리형 BW 발행이 가능해졌다.

(〈the bell〉, 공모 메자닌, 분리형 BW 허용에도 인기 없다, 2015.11.17)

연초부터 국내 코스닥 상장사들의 전환사채^{CB}와 신주인수권부사채^{BW}의 발행이 줄을 잇고 있다. 국내 경기 둔화로 일반적인 자금조달 수단인 회사채 발행이 녹록지 않기 때문이다. 주로 자금줄이 마른 기업들이 사용하는데 다른 조달방법과 비교해 발행절차가 간편하고 조달시간이 짧다는 점도 한몫하고 있다.

CB는 채권과 주식의 특성을 모두 가지고 있는 채권으로, 특히 기업들은 공모보다 절차가 간단하고 발행이 확실한 사모CB를 선호하고 있다. 사모CB는 증권관리위원회에 신고서를 낼 필요도 없는데다 인수 주선기관도 필요없는 등 발행절차가 복잡하지 않고 보통 사채보다 낮은 이자로 이른 시간내 자금을 조달할 수 있기 때문이다. 특히 발행회사 중 3개 회사가 지난해 당기 순손실을 기록한 만큼 은행에서 대출을 받거나 회사채 발행이 쉽지 않은 점도 한 이유로 꼽는다.

(〈이데일리〉, 돈 구하기 어렵네 …CB · BW 찍는 기업 늘어난다, 2016.01.14)

태평양물산은 전환사채^{CB}와 비분리형 신주인수권부사채^{BW}를 발행키로 했다고 21일 공시했다. 회사채의 발행규모는 전환사채^{CB} 200억 원, 비 분리형 신주인수권부사채^{BW} 30억 원이다. 전환 및 행사가액은 4,808원으로 표면금리 1%, 만기보장수익률 4% 조건에 5년만기 사모형식으로 발행예정으로 모집주선인은 신한금융투자이다.

(〈아시아경제〉, [공시+]태평양물산, CB 200억, BW 30억 각각 발행, 2016.04.21)

[도표 1-22] **미상환 전환사채 발행현황 사례**

(단위 : 원)

구분 \ 종류	발행일	만기일	권면총액	전환대상 주식의 종류	전환청구 가능기간	전환조건		미상환사채	
						전환비율(%)	전환가액	권면총액	전환가능 주식수
제4회 사모전환 사채	2012.11.23	2017.11.23	18,500,000,000	기명식 보통주	2013.11.23 ~2017.10.23	100	6,199	7,400,000,000	1,193,740
합계	–	–	18,500,000,000	기명식 보통주	–	100	6,199	7,400,000,000	1,193,740

• 2015년 12월 31일 기준

매물화될 수 있는, 이른바 오버행 이슈가 존재하기 때문이다. 신주인수권부사채나 전환사채를 발행한다는 것 자체가 금융기관이나 일반 회사채 발행을 통한 자금조달이 여의치 않다는 것을 의미한다. 대주주가 자금력이 없기 때문에 주주배정 일반 유상증자를 통한 조달조차 어려운 기업들이 태반이다.

이런 기업들은 재무상태가 좋지 않을 확률이 높다. 발행 후에 일 년이 지나면 주식으로 전환되어 시장에 유통물량으로 출회되는데, 주식시장은 악재로 받아들이는 경우가 많다. 시도 때도 없이 주식으로 전환되어 물량으로 출회되면서 주가를 짓누르기 때문에, 이런 채권을 발행한 회사에 투자할 때는 신중을 기해야 한다. 사업보고서를 통해 미상환사채 현황을 항상 확인해보는 습관을 들여야 한다. 사업보고서 상에서 '회사의 개요 – 자본금 변동사항' 항목을 보면 특수사채 발행에 따른 미상환사채 내역을 알 수 있다.

SECTION 08 재고자산 : 분식회계를 점검하다

재고자산은 언제 문제가 되나?

재고자산은 기업이 제품을 생산하는 과정에서 판매되지 않고 남아 있는 원재료, 재공품, 완제품 및 상품 등을 말한다. 매출규모가 커질수록 재고자산 규모도 비례해서 커진다. 재고자산은 운전자산에 속하는데 적정 재고자산 비율을 유지하면 문제가 되지 않는다. 사업이 잘되어 원재료를 일시적으로 많이 구매할 경우는 부정적으로 볼 필요는 없다.

재고자산 규모의 변동성이 심한 기업은 경기부침에 영향을 받는 경기순환형 산업에 속한 경우가 많다. 적정 재고자산 이상 보유할 경우 자금이 묶이게 되면서 금융비용 부담이 증가한다. 그러므로 재고자산이 얼마나 빠르게 순환하는지를 알려주는 재고자산회전율(매출액÷재고자산) 추이를 봐야 한다. 매출액 대비 재고자산 비율이 갑자기 높아지는 경우, 그 원인을 파악해야 한다. 경기가 나빠져서 매출이 감소하거나, 거래처의 갑작스런 주문취소, 경기회복에 대비한 재고확대, 원재료 가격상승에 따른 물량확보 등이 재고자산 변동원인에 해당된다.

[도표 1-23] **재고자산 종류**

계정과목	정의
상품	판매를 목적으로 외부에서 구입한 상품, 미착상품, 적송품, 부동산(판매를 목적으로 소유하는 토지, 건물, 기타 이와 유사한 부동산은 상품에 포함) 등
제품	판매를 목적으로 제조한 생산품, 부산물 등
반제품	자가 제조한 중간제품과 부분품 등
재공품	제품 또는 반제품의 제조를 위하여 제조과정에 있는 것
원재료	제품을 만들기 위하여 소요되는 원료, 재료매입 부분품, 미착 원재료 등
저장품	소모품, 소모공구기구비품, 수선용부품 및 기타 저장품

재고자산은 시간이 경과할수록 가치가 떨어진다. 의류업체 재고는 연도가 바뀌면 이월상품이 되어서 헐값으로 처리할 수밖에 없다. 이때 재고자산을 장부가치 그대로 평가할 수는 없다. IT기업 재고도 마찬가지다. IT제품 수명은 날로 짧아지는 경향이 있기 때문에 재고제품 가치감소가 빨라지는 추세이다. 스마트폰은 신제품이 출하하면 이전 모델은 장부가치보다 훨씬 낮게 평가해야 한다. 재고자산은 장부가치와 실제 시장가치 간의 차이를 반영해서 재고자산평가충당금을 적립해야 한다. 유행에 민감한 패션 의류업체나 제품수명 주기가 빠른 IT기업이 보유한 재고자산은 장부가치보다 크게 할인해서 평가해야 한다. 재고자산평가충당금을 충실히 반영하는 기업인지는 사업보고서 주석란을 통해 확인할 수 있다.

재고자산은 매출채권과 마찬가지로 분식회계에 이용되곤 한다. 기업이 생산원가를 낮추기 위해 가동률을 높이면 생산량이 증가한다. 생산량이 증가하면 단위당 생산원가는 낮출 수 있지만, 많은 생산으로 인해 재고가 증가하게 된다. 낮아진 생산원가는 매출원가 하락에 기여하면서 기업이익을 증가시키지만, 재고자산이 증가하기 때문에 운전자본이 커지게 되고 금융비용 부담으로 귀결된다. 매출증가가 수반되지 않고 재고자산이 갑자기 증가할 경우 매출원가를 낮추기 위한 분식회계 가능성이 높기 때문에 면밀하게 분석해야 한다.

재고자산을 통한 분식회계

매출원가를 낮추면 이익이 늘어난다. 경영자는 이익을 증가시킬 목적으로 매출원가를 낮추려는 유혹에 빠지기도 한다. 〈도표 1-24〉에서 보듯이 매출원가를 낮추려면 기말제품 재고를 늘리면 되는데, 재고가 많이 남았다고 서류를 조작할 수도 있다.

공장가동률을 높여서 제품을 많이 만들어내면 단위당 제조원가가 낮아진다. 이때 당기제품제조원가가 하락한다. 매출원가가 낮아지는 대신 팔리지 않는 재고자산은 늘어난다. 재고자산은 자산으로 계상하기 때문에 자산의 증가와 함께 매출원가를 낮춰서 순이익 증가를 동시에 달성할 수 있다. 그러나 순이익을 늘리기 위해 팔리지 않는 재고를 적정수준보다 많이 보유하는 것은 분식의 일종이다.

[도표 1-24] **재고자산과 매출원가 관계**

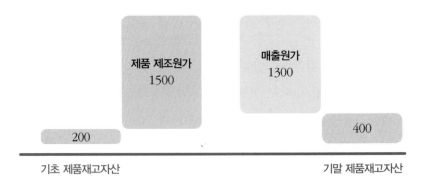

• 매출원가 = 기초 제품재고자산 + 제품제조원가 − 기말 재고자산

재고자산회전율을 통해 회사의 활동성을 분석할 수 있다. 회전율이 높을수록 재고자산을 매출로 바꾸는 기간이 짧다는 것을 의미하기 때문에 투하자본수익률이 높게 나타나며, 재고손실을 막을 수 있어 기업 측에 유리하다. 재고자산은 판매되지 않았지만 이미 자금이 투입된 상태이므로 그만큼 회사의 가용자금이 재고자산에 묶여 있음을 의미한다. 운전자본인 재고자산이 많을수록 금융비용 부담이 가중된다. 재고자산이 매출로 바뀌는 기간이 짧다는 것은 묶인 자금의 회수기간이 짧다는 것이므로, 운전자본 감소로 금융비용 부담을 줄일 수 있다. 재고자산회전율이 갑작스럽게 낮아지면, 회사 영업활동에 문제가 발생한 것이라고 의심해야 한다. 제품수요에 적절하게 대처할 수 있는 적정재고를 유지하는 것이 좋다.

　경기민감 업종의 경우 재고변동성이 큰 편이어서 이를 감안한 투자판단이 필요하다. 재고의 증가는 물건이 팔리지 않는다는 신호로 받아들여야 하며, 매출증가율과 재고자산 증가율을 비교해서 재고자산 증가율이 더 높은 상태가 지속될 경우 경기가 하강하는 상황이 아닌지 점검이 필요하다. 소비재 산업은 꾸준한 수요가 특징이어서 재고변동폭이 크지 않다. 주문생산 비중이 높은 기업도 재고가 문제되지 않는다.

개발비 : 어떻게 자산으로 인식하는가?

무형자산이란 무엇인가?

무형자산intangible asset은 형체가 없는 자산이다. 영업권, 개발비, 특허권, 상표권, 산업재산권, 광업권, 소프트웨어, 임차권리금 등을 말한다. 자산은 미래에 경제적 효익을 가져다줄 수 있어야 한다. 미래의 현금흐름 유입을 증가시키거나 유출을 감소시킬 수 있는 능력을 가질 때 무형자산이 된다.

〈도표 1−25〉를 보자. 무형자산은 식별가능한 무형자산과 영업권으로 나눌 수 있다. 원칙적으로 내부창출된 무형자산은 인정되지 않지만 개발비에 한해서는 예외이다. 영업권에서는 브랜드 가치 등은 영업권으로 인정되지 않고, 기업인수 합병 등을 통해서 취득한 영업권만 인정된다. 개발비와 영업권이 무형자산에서 가장 큰 비중을 차지한다. 무형자산이 성립되려면 다음의 3가지 요건을 충족해야 한다.

① **식별가능성** : 분리해서 측정 가능하고, 양도 및 양수가 가능해야 한다. 기업인수 및 합병M&A을 통해 취득한 영업권은 무형자산이 된다. 브랜드 가치처럼 기

[도표 1-25] **무형자산의 종류**

식별가능 무형자산	내부창출	원칙적 비용처리 (자산성 있는 개발비 제외)	연구비, 경상개발비, 광고비, 교육훈련비
	외부구입	자산처리	산업재산권, 라이선스, 프랜차이즈, 저작권
영업권	내부창출	자산 불인식	경영능력, 고객충성도, 시장점유율
	M&A	자산처리	영업권

업이 스스로 창출한 영업권은 기업과 분리시켜 식별할 수 없기 때문에 무형자
산으로 인정되지 않는다.

② **자원에 대한 통제** : 제3자 접근을 제한할 수 있는 법적권리를 보유해야 하는데,
특허권 등이 여기에 해당된다. 법적권리 보호기간이 끝나면 통제권을 행사할
수 없기 때문에 무형자산 가치가 소멸하며, 신약 특허만료가 그 예이다.

③ **미래 경제적 이익의 존재** : 무형자산을 이용한 수익창출이나 비용절감을 할 수
있어야 한다. 미래 현금유입 증가, 미래 현금유출 감소가 가능해야 한다.

〈도표 1−26〉 더존비즈온 무형자산을 보면, 기업인수로 인해 취득한 영업권이 133
억 원으로 가장 크다. 회원권이 78억 원 계상되어 있는데 골프, 콘도회원권 등도 이를
사용할 경우 경제적 효익을 발생시킬 수 있기 때문에 무형자산으로 처리한다. 개발비
는 클라우드 관련 비용 등을 자산처리한 것이다. 클라우드 사업에 투자를 해서 미래에
현금흐름 창출이 가능하다고 판단했기 때문에 여기에 소요된 비용을 일시에 비용으로
처리하지 않고 무형자산인 개발비에 계상한 뒤에 매년 상각 중이다. 2015년에 26억 원
을 상각했다. 개발비 등 무형자산 상각은 상각금액만큼 영업이익을 줄이는 요소이다.
3년 후에 개발비 상각이 끝나면 그만큼 영업이익 증가에 기여할 것이다.

소프트웨어를 매입했을 경우도 이를 무형자산으로 계상하고 매년 상각한다. 고객

(단위 : 천 원)

구분	기초	취득	처분	손상차손	상각비	기타	당분기말
산업재산권	223,594	9,769	(56,649)	–	(56,291)	–	120,423
회원권	8,027,726	–	–	(149,000)		–	7,878,726
개발비	8,470,483	1,315,923	–	–	(2,640,310)	5,559	7,151,655
소프트웨어	4,074,590	1,188,295	–	–	(1,295,258)	1,696	3,969,323
영업권	15,535,385	–	–	(2,176,000)	–	–	13,359,385
고객관계	3,780,381	–	–	–	(639,034)	–	3,141,347
특허기술	564,879	–	–	–	(123,246)	–	441,633
합계	40,677,038	2,513,987	(56,649)	(2,325,000)	(4,754,139)	7,255	36,062,492

관계 무형자산은 더존비즈온이 영업을 하기 위해 필요한 고객리스트 등을 매입할 수도 있기 때문에 발생했다. 이것을 통해 영업현금흐름을 창출할 수 있기 때문에 무형자산으로 넣고 매년 상각한다. 더존비즈온의 1년간 무형자산 상각비가 47억 원이고, 2015년 영업이익이 290억 원이었다. 무형자산 상각이 끝났을 경우 비용이 그만큼 줄어들기 때문에 영업이익은 16% 증가효과가 예상된다. 개발비 상각이 끝났다고 해도 클라우드 개발에 따른 이익창출은 지속적이다. 유무형자산 감가상각이 끝날 경우 잉여현금흐름FCF 증가속도는 빨라질 것이다.

💰 무형자산의 상각

▪ 내용연수가 유한한 무형자산

상각대상 금액을 내용연수 동안 정액법 등을 선택해서 상각amortization해야 한다. 상각 시점은 무형자산이 사용가능할 때부터이다. 무형자산 상각비는 당기비용으로 인식해야 한다. 더 이상 무형자산으로 가치가 없다고 판단될 경우 장부가액을 조정하고, 차액을 감액손실로 처리해야 한다. 유형자산은 잔존가액이 있으나 무형자산은 잔존가액이 제로이다.

무형자산 중 개발비는 연구개발을 주로 하는 회사에서 신제품 개발에 드는 비용을 일거에 처리할 경우 수익비용 대응 회계원칙에 위배되기 때문에, 자산항목에 개발비로 계상한 후에 매년 감가상각을 통해 비용으로 처리한다. 신제품 개발이 성공했을 경우 개발비를 자산으로 계상할 수 있으며, 신제품 개발에 실패할 경우에는 비용 전액을 즉시 판매관리비로 처리해야 한다. 이러한 판단에는 회사의 자의적인 결정이 개입될 수 있다. 무형자산이 크게 증가했음에도 불구하고 회사에서 뚜렷한 신제품 매출증가를 보여주지 못할 경우 분식회계를 의심해야 한다.

또한 무형자산 규모를 통해 연구개발에 투입된 자금의 규모를 파악할 수도 있다. 사업보고서 주석사항을 보면 감가상각을 하고 난 뒤에 장부가치를 기재하고 있으나, 지금까지 감가상각 누적액도 표시해놓기 때문에 그동안 투입된 연구개발비를 알 수 있다. 매출액 대비 연구개발비 규모는 해당 기업의 경제적 해자를 가늠할 수 있는 지표이기도 하다.

■ 내용연수가 비한정적인 무형자산

영업권은 M&A를 통해 인정되는 무형자산이다. IFRS 회계에서는 영업권은 내용연수를 한정하지 않고 있기 때문에 상각할 필요가 없다. 영업권이 손상을 입었다고 판단될 때 손상차손으로 인식하고 비용처리한다.

영업권은 미래에 경제적 이익을 가져다줄 수 있는 기술에 대한 가치를 의미하는데, 이 가치는 시간이 갈수록 떨어질 수밖에 없다. IT기업이 최신 디스플레이 기술을 가진 기업을 인수하면서 장부가치를 초과하는 프리미엄을 지급했을 경우, 이를 영업권으로 계상할 수 있다. 프리미엄은 미래에 돈을 벌어들일 수 있는 기술에 대한 기대 때문에 지불하는 것이다. 만약 디스플레이 제작에 관한 또 다른 신기술이 속속 등장하게 되면 인수한 기업의 기술적 가치는 쓸모없게 될 수 있다. 이때 영업권의 가치가 감소되었기 때문에 비용으로 상각처리해야 한다. 만약 상각처리를 하지 않으면 부실자산이 된다.

영업권이 크다는 것은 기업인수를 해온 전력이 있다고 추정해볼 수 있는 근거가 된다. 영업권이 신기술 등장으로 진부화되면 이를 정직하게 판단하고 상각해야 하는데, 회사에서 태만하게 회계처리하는 경우가 많다. 이때는 자산이 과대계상되었다고 판단해야 한다.

💰 개발비란 무엇인가?

제약회사나 IT기업들은 기술변화 속도가 빠르기 때문에 연구개발을 통해 제품경쟁력을 강화시키지 않으면 살아남기 어렵다. 매출액에서 연구개발비가 차지하는 비중이 얼마냐에 따라 기업의 미래가 좌우되기도 한다. 연구개발을 하는 이유는 신제품을 만들어서 시장에 판매하기 위함에 있다. 그런데 연구개발에 자금을 투입한다고 해서 신제품 개발이 반드시 성공한다는 보장은 없다. 연구개발비는 일상적인 연구에 투입되기도 하고, 신제품 가능성이 높아진 시점에 투입되기도 한다. 일상적인 연구에 사용되는 자금은 판관비로 비용처리하지만, 신제품 개발 가능성이 높을 경우 개발비로 계상할 수 있다. 이것을 가르는 부분이 애매한 측면이 있어 논란거리가 된다. 일상적인 연구개발 활동에 사용된 비용을 개발비로 자산처리할 경우 결과적으로 분식회계 처리가 된다. 개발비 계상요건은 매우 까다롭다. 다음의 6가지가 전부 충족되어야 한다.

① **기술적 실현 가능성** : 무형자산을 사용 또는 판매하기 위해, 그 자산을 완성시킬 수 있는 기술적 실현 가능성을 제시할 수 있어야 한다.

② **사용 및 판매의도** : 무형자산을 완성해 이를 사용하거나 판매하려는 기업의도

[도표 1-27] 개발비의 무형자산 인식기준

- **연구단계** : 투입된 자금은 판매 및 일반관리비로 당기에 비용처리
- **개발단계** : 상업화 결정 후 시제품 생산 투입비용은 제품 성공 가능성이 높기 때문에 자산으로 인식

가 있어야 한다.

③ **사용 및 판매능력** : 무형자산을 개발한 후에 이를 판매하거나 자체적으로 사용할 수 있는 능력을 제시해야 한다.

④ **자산성 확보** : 무형자산으로 미래에 경제적 이익을 창출할 수 있어야 한다. 무형자산을 통한 산출물이나 무형자산 자체가 거래되는 시장이 존재함을 제시할 수 있어야 하고, 무형자산을 내부적으로 사용할 경우 유용성을 제시할 수 있어야 한다.

⑤ **개발 및 사용자원 확보** : 무형자산 개발을 완료하고 이를 판매 또는 사용하는데 필요한 기술적 · 재정적 자원을 충분히 확보하고 있다는 사실을 제시할 수 있어야 한다.

⑥ **측정 가능성** : 개발과정에서 발생한 무형자산 관련 비용을 신뢰성 있게 측정 가능해야 한다.

🏦 R&D는 기업의 미래다

　기업의 미래를 전망해볼 수 있는 연구개발 능력은 투입된 비용을 통해 가늠해볼 수 있다. 기업은 연구단계와 개발단계에 자금을 투입한다. 연구단계에 투입되는 자금은 당기에 판관비용으로 처리한다. 개발단계에 진입했다고 판단할 경우에는 비용처리하지 않고 자산으로 계상해 매년 감가상각으로 비용처리한다. 신제품을 개발하면 수익이 매년 발생하기 때문에 수익비용 대응의 회계원칙에 따라 비용을 수익에 대응해서 처리한다.

　실질적인 연구개발에 투입된 금액을 보려면 판관비 항목에 속하는 연구비(혹은 경상 개발비라고도 한다)와 무형자산 항목의 개발비를 더해야 한다.

[도표 1-28] **매출액 대비 연구개발비**

(단위 : 천 원)

과목		제21기 분기	제20기	제19기
원재료비		365,476	853,250	762,664
인건비		2,509,304	3,165,650	2,227,983
감가상각비		700,705	1,057,939	1,168,650
위탁용역비		–	–	30,000
기타		1,743,240	2,583,217	1,756,232
연구개발비용 계		5,318,725	7,660,056	5,945,529
회계처리	판매비와 관리비	3,437,083	4,974,215	3,815,588
	개발비(무형자산)	1,881,642	2,685,841	2,129,941
연구개발비/매출액 비율		9.6%	13.1%	11.1%

지속적으로 연구개발비를 지출하면서 성과를 내고 있는 기업은 강력한 경제적 해자를 갖춘 기업으로 볼 수 있다. 후발주자가 시장에 진입하기 위해서는 그동안 선발주자가 투입한 연구개발비 이상을 투입해야 하며, 수많은 시행착오를 거치면서 노하우를 확보해야 한다. 후발주자가 시간과 비용을 투입하는 동안 선발주자는 경제적 해자를 더욱 강고하게 구축할 수 있기 때문에 후발주자의 진입은 쉽지 않다.

무형자산으로 계상되지 않지만 실질적인 무형자산 역할을 하는 브랜드 가치에 대해서는 투자자들의 판단이 중요하다. 코카콜라의 경우 브랜드 가치가 1,000억 달러 이상이라고 한다. 워런 버핏이 코카콜라 지분을 매입할 당시 기업가치보다 높은 가격을 지불했다. 버핏은 코카콜라의 장기적 경쟁우위가 브랜드 가치에 있음을 간파했다. 가치가 주가에 적정하게 반영되지 않았다고 봤기 때문에 과감하게 매수했고, 이후에 큰 이익을 남겼다. 브랜드 가치는 재무상태표에 기록되지 않지만 실질적인 경제적 해자 역할을 한다.

워런 버핏은 지속적으로 연구개발에 돈을 쏟아 넣어야만 생존할 수 있는 기업은 탐탁지 않게 봤다. 연구개발 없이도 해자를 유지할 수 있어야만 더 좋다고 본 것이다. 버핏이 기술주나 신약개발주 투자에 보수적인 입장을 취하는 이유는 이들 기업들은 생존을 위해 지속적으로 연구개발비 지출을 해야 하기 때문이며, 이러한 연구개발비의 지속적인 지출은 낮은 이익률로 귀결될 수밖에 없다고 판단했다. 현실적으로도 신약개발 등이 성공해서 제품화로 이어질 확률은 높지 않다.

🎒 개발비와 분식 논란 사례 : 셀트리온

바이오시밀러 제약기업인 셀트리온의 개발비를 놓고 분식 논란이 있었다. 왜 그런 논란이 발생했는지 재무상태표를 통해 알아보자.

〈도표 1-29〉를 보면 셀트리온 무형자산은 6,399억원으로 유형자산에 버금가는 규

[도표 1-29] **무형자산 규모 : 셀트리온**

(단위 : 원)

	제25기	제24기	제23기
자산			
유동자산	945,520,442,069	697,541,088,843	548,633,793,721
현금및현금성자산	139,618,110,564	105,159,675,191	79,524,135,589
단기금융자산	5,285,720,000	9,745,800,000	15,038,228,357
매출채권	619,156,091,337	338,875,237,112	271,232,536,861
기타수취채권	7,202,924,843	72,509,340,199	21,147,927,354
재고자산	159,133,117,074	146,541,689,186	135,418,381,165
기타유동자산	15,124,478,251	24,709,347,155	26,272,584,395
비유동자산	1,572,197,031,724	1,401,156,159,835	1,423,980,332,006
장기금융자산	145,952,251,601	30,498,028,934	68,583,762,026
장기기타수취채권	7,298,897,743	6,873,109,460	63,687,885,547
종속기업 및 관계기업 투자	101,404,513,198	96,235,913,198	54,126,924,638
유형자산	670,227,976,237	691,753,922,481	711,901,970,559
무형자산	639,928,770,823	567,704,461,594	502,501,161,104
투자부동산	6,546,199,655	6,773,599,747	7,001,467,039
기타비유동자산	838,422,467	1,317,124,421	1,413,187,137
이연법인세자산			14,763,973,956
자산총계	2,517,717,473,793	2,098,697,248,678	1,972,614,125,727

(단위 : 천 원)

구분	2015.1.1	취득	대체	처분	상각비	2015.12.31	상각누계액	손상차손누계액
소프트웨어	968,092	168,582	–	–	375,187	761,487	(2,840,848)	
지적재산사용 승인권	19,253,000	–	–	–	2,418,000	16,835,000	(22,165,000)	
개발비	539,407,283	121,205,784	–	–	45,436,052	615,177,015	(114,579,606)	(1,068,756)
기타무형자산	274,060	–	694,053	–	533,176	434,937	(1,135,117)	
시설이용권	7,802,027	75,435	–	1,157,130	–	6,720,332		
합계	567,704,462	121,449,801	694,053	1,157,130	48,762,415	639,928,771	(140,720,571)	(1,068,756)

모다. 무형자산은 개발비가 대부분을 차지하고 있다. 〈도표 1-30〉을 보면 셀트리온은 창사 이래 개발비로 자산화했던 금액이 총 7,308억 원이다. 그동안 감가상각액이 1,145억 원, 손상차손이 10억 원이었고, 현재 6,151억 원이 개발비로 계상되어 있다. 2015년에 454억 원 상각을 진행했다. 이와 별도로 연구비에 얼마를 썼는지를 알기 위해서는 판관비에서 경상연구개발비를 봐야 한다.

셀트리온은 2015년 한 해동안 경상연구비로 366억 원을 사용했다(〈도표 1-32〉). 개발비로는 1,212억 원을 자산으로 계상했다. 셀트리온은 2015년에 연구개발비로 총 1,578억 원을 투입한 것이다. 매출액 5,287억 원 대비 R&D 비용이 약 29.8%이다. 기술개발에 투입된 비용이 매우 큰 편이다.

셀트리온은 연구비보다 개발비에 훨씬 많은 비용을 계상했다. 신약개발에 성공할 가능성이 높고, 판매도 가능하다고 보기 때문에 개발비 요건이 충족되었다고 판단한 것이다. 그런데 몇 년 전에 분식회계가 거론된 배경은 개발한 제품의 판매가 미진했고, 재고자산이 엄청나게 쌓여 있었기 때문이다. 개발비를 자산으로 계상했지만 매출이 미미하자 분식회계 문제가 불거진 것이다. 2015년 말 기준으로 셀트리온 매출채권은 6,191억 원이며, 재고자산은 1,591억 원이다. 매출채권은 제품판매를 했지만 대금

[도표 1-31] 현금흐름표 : 셀트리온

(단위 : 원)

	제25기	제24기	제23기
영업활동현금흐름	59,435,735,839	135,372,089,142	137,441,209,769
영업활동으로 인한 현금흐름	68,993,406,803	162,234,369,918	165,343,090,932
법인세납부(환급)	(9,557,670,964)	(26,862,280,776)	(27,901,881,163)
투자활동현금흐름	(105,027,051,192)	(80,711,924,163)	(225,804,603,039)
투자활동으로 인한 현금유입액	43,928,568,285	55,435,411,430	40,696,808,489
이자의 수취	3,981,100,692	6,973,907,922	4,529,988,581
배당의 수취	770,212,300	20,290,820	
기타수취채권의 감소	21,884,449,173	19,176,482,139	9,203,034,176
단기금융자산의 처분	9,725,100,000	17,321,226,617	21,031,432,180
장기금융자산의 처분	644,647,887	267,869,124	
장기기타수취채권의 감소	845,000,000	6,395,847,444	5,929,453,552
종속기업 및 관계기업 투자의 감소	2,421,400,000	700,000,000	
유형자산의 처분	4,000,000	194,100,000	2,900,000
무형자산의 처분	514,135,457		
기타보조금의 수취	3,138,522,776	4,385,687,364	
투자활동으로 인한 현금유출액	(148,955,619,477)	(136,147,335,593)	(266,501,411,528)
단기금융자산의 취득	(4,891,705,043)	(11,094,827,480)	(16,772,408)
기타수취채권의 증가	(10,000,000,000)	(15,673,517,715)	(14,305,694,847)
장기금융자산의 취득	(3,000,000,000)	(795,691,260)	(1,349,999,500)
장기기타수취채권의 증가	(1,881,000,000)	(1,717,715,700)	(112,458,857,350)
종속기업 및 관계기업 투자의 증가	(7,590,000,000)	(2,000,000,000)	(51,626,530,060)
유형자산의 취득	(7,790,137,558)	(8,999,742,795)	(6,926,597,624)
무형자산의 증가	(113,802,776,876)	(95,865,840,643)	(79,816,959,739)
재무활동현금흐름	80,064,535,693	(29,024,539,513)	116,909,804,405

(단위 : 천 원)

구분	2015년	2014년
급여, 상여 및 퇴직급여	9,457,405	9,147,227
복리후생비	751,884	1,239,747
감가상각비	449,582	506,243
무형자산상각비	2,970,048	2,692,705
지급임차료	260,037	578,261
여비교통비	448,572	374,314
지급수수료	5,380,767	9,625,901
용역비	1,052,149	1,127,045
대손상각비	2,294,959	2,847,110
접대비	1,044,759	979,272
광고선전비	687,076	768,539
주식보상비용	1,286,597	1,246,750
경상연구개발비	36,690,176	68,822,391
교육훈련비	138,765	192,330
기타판매관리비	4,115,864	3,379,628
합계	67,028,640	103,527,463

은 회수하지 못한 것인데, 매출액 대비 지나치게 많은 편이다. 운전자본으로 묶인 재고자산과 매출채권의 합계가 무려 7,782억 원이다. 기술개발을 통해 제품화에 성공했음에도 불구하고 신제품의 본격적인 매출이 일어나지 않자 일각에서 분식회계 가능성을 거론한 것이다.

개발비 계상 요건을 상기해볼 때 셀트리온은 기술개발에 성공한 것이 분명하다. 한국, 유럽, 미국 등에서 판매 중이다. 따라서 단순하게 개발비 과대계상을 이유로 분식이라고 볼 수는 없다. 다만 운전자본으로 묶인 금액이 워낙 크기 때문에 현금흐름에 문제가 생길 수 있다. 그렇기 때문에 매출채권 회수를 통한 현금확보 추이에 주목해야 한다. 현금흐름표를 보면 셀트리온 자금사정을 가늠해볼 수 있다. 2015년 영업활동현금흐름보다 유무형자산 투자가 더 많았다. 투자활동에 드는 비용을 줄이기 어렵다면 영업활동을 통한 현금창출을 해야 하기 때문에 신제품 판매량 증가와 매출채권 회수가 필요하다.

영업권 :
이익을 창출하는 무형자산

💰 영업권의 가치와 손상

음식점을 운영하다가 점포를 내놓는 경우를 생각해보자. 그 음식점은 손님이 많아서 장사가 잘된다. 그렇다면 음식점 주인은 임차보증금만 받고 점포를 넘길까? 권리금을 요구할 것이다. 그렇다면 권리금을 요구하는 근거는 무엇인가? 장사가 잘되어 이익을 많이 낼 수 있게 해주는 무형의 가치에 대한 보상을 요구하는 것으로 볼 수 있다. 장사가 잘되지 않는 곳이라면 권리금이 없을 것이다. 권리금은 미래에 경제적 이익을 가져다줄 수 있는 무형자산에 대한 프리미엄이다.

영업권goodwill은 기업을 인수하거나 합병할 때 발생한다. 물론 영업권은 내부적으로도 창출된다. 브랜드 가치가 바로 영업권이다. 코카콜라의 브랜드 가치는 수백억 달러를 호가한다. 코카콜라가 긴 시간 쌓아 올린 브랜드 파워는 강력한 영업권이다.

이처럼 브랜드 가치는 기업의 영업활동에 막대한 실적을 가져오는 자산가치인 것은 분명하지만, 브랜드 가치를 자산에 계상할 수는 없다. 하지만 코카콜라가 회사를 매각할 때는 브랜드 가치를 영업권으로 요구할 수 있다. 영업권은 인수나 합병할 때 발생하는 것만 인정하고, 내부적으로 창출된 영업권은 인정하지 않는다.

워런 버핏은 코카콜라에 투자할 당시 자산가치보다 훨씬 높은 가격에 거래되고 있음에도 불구하고 대규모 투자를 단행했다. 내부적으로 창출된 코카콜라의 영업권(브랜드 가치)이 자산가치로서 장부가격에 계상되어 있지는 않지만, 실제로는 자산가치에 넣고 계산을 해야 한다는 것이 버핏의 논리였다. 코카콜라 장기투자로 큰 수익을 벌어들임으로써 버핏은 자신의 결정이 옳았음을 증명한 셈이다. 회계적 영업권에는 계상되어 있지 않지만 경제적 영업권을 꿰뚫어 본 버핏의 혜안이 빛나는 부분이다.

💰 영업권의 손상

A기업이 B기업을 인수할 때 가장 먼저 B기업의 순자산가치를 계산해볼 것이다. 〈도표 1-33〉 기업의 순자산가치는 300억 원이다. 총자산에서 부채를 제외한 금액이다. 여기에 경영권 프리미엄을 100억 원을 더 요구해 400억 원을 매도가격으로 결정했다고 가정해보자. 순자산가치 이상을 요구하는 근거는 무엇인가? 앞에서 얘기한 음식점이 권리금을 요구하는 근거와 동일하다. B기업은 그동안 꾸준히 이익을 내왔고, 이익의 원천이 경쟁기업을 압도하는 기술력이라고 생각하기 때문에 그만큼 권리금을 받겠다는 것이다.

A기업 입장에서는 400억 원에 B기업을 인수하게 되는데, 이때 순자산가치를 초과해서 지불한 100억 원이 바로 영업권이다. 100억 원을 프리미엄으로 주고 기업을 인수하더라도 가치가 있다고 보는 것이다. 즉 미래에 현금흐름을 창출할 수 있는 자산으로서 가치가 있다고 보기 때문에 이를 영업권이라는 자산으로 넣어도 무방하다고 판단하는 것이다.

영업권에 대한 판단은 자의적인 측면이 있다. 예를 들어보자. 실적이 좋은 IT기업이 있고, 영업권을 높게 쳐주고 이 기업을 인수했다고 가정하자. 그런데 IT 기술은 하루

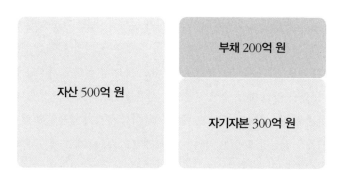

가 다르게 신기술이 등장하는 편이고, 이전의 기술은 진부화되면서 가치가 떨어지게 되며, 급기야 제품이 폐기되는 상황에 처한다. 현재는 돈을 버는 기술이지만 금세 다른 신기술로 대체된다. 그런데 자산은 미래에 현금흐름을 창출할 수 있어야 자산으로서 가치가 있다. 기술이 진부화되어서 현금흐름을 창출하지 못할 때 자산으로서 가치가 손상을 입고 폐기될 수밖에 없다. 인수한 IT기업의 영업권은 부실자산이 되었을 경우 비용처리해야 한다.

영업권은 한국채택국제회계기준K-IFRS에서는 감가상각 대상이 아니고, 손상을 입었다고 판단할 때만 손상차손으로 비용처리한다. 기업 입장에서는 비싼 프리미엄을 주고 다른 기업을 인수했기 때문에 설령 영업권 가치가 손상을 입었다고 해도 쉽게 인정하지 않는 경우가 많다. 손상차손은 비용으로 처리되기 때문에 순이익을 감소시키는 요인이다. 미래에 현금흐름을 창출하지 못해 자산으로서 가치가 없어졌음에도 불구하고 그대로 자산항목에 기재해놓을 경우, 이는 실질적인 분식회계나 마찬가지다. 돈을 벌지 못하면 자산성이 없는 것이나 마찬가지이며, 비용처리를 하지 않으면 부실자산을 껴안고 있는 것이 된다. 영업권이 많은 기업에 투자할 때 이러한 부분을 의심해 봐야 한다.

전자부품소재 전문업체인 일진디스플레이 김하철 대표(47)는 17일 서울 마포 본사에서 "터치스크린을 신성장동력으로 삼아 제2의 도약을 이루겠다"며 이같이 말했다. 김 대표는 "터치스크린은 4~5년 내 20배 이상 성장도 가능한 꿈의 부품소재"라며 "한발 앞선 제품 출시 전략으로 시장을 선점하겠다"고 밝혔다. 터치스크린은 현재 휴대폰 화면용 등으로 매년 50% 이상 수요가 급증하고 있지만 안정적으로 제품을 공급할 수 있는 기업이 전 세계적으로 7~8개 사에 불과하다. 지금까지 백라이트유닛BLU과 LED조명용 소재인 사파이어 웨이퍼를 주로 생산해온 일진디스플레이는 지난달 자사 매출(54억 원)의 3배 규모인 에이터치(165억 원)를 270억 원에 흡수 합병, 터치스크린 시장에 새로 진출했다.

《한국경제》, 일진디스플레이 김하철 대표 "터치스크린 패널 세계 1위 하겠다",
2008.06.17)

영업권 상각 사례 : 일진디스플레이

일진디스플레이는 2015년에 영업권 43억 원을 상각처리했다. 2008년 6월 터치스크린 업체인 에이터치를 270억 원에 흡수합병하면서 영업권을 대규모로 자산에 계상했었는데, 이를 최종적으로 상각처리한 것이다. 2008년 당시 일진디스플레이는 터치스크린 시장이 유망하다고 보면서 이 사업에 진출했다.

합병 당시 에이터치의 순자산가치는 90억 원에 불과했으나, 영업권 180억 원을 추가로 지불하고 인수했다(〈도표 1-35〉). 에이터치 합병 후 일진디스플레이 무형자산은 크게 증가했다(〈도표 1-36〉). 에이터치의 터치스크린 기술이 미래의 영업이익 창출에 기여할 것으로 판단하고 대규모 프리미엄을 지불한 것이다. 인수합병 이후 터치스크

[도표 1-34] 영업권 상각 : 일진디스플레이(2015)

(단위 : 천 원)

구분	기초	취득	상각	손상	대체(*1)	기말
산업재산권	38,811	–	(7,192)	–	21,410	53,029
소프트웨어	2,313,113	–	(827,342)	–	130,219	1,615,990
회원권	548,507	–	–	–	–	548,507
영업권	4,304,708	–	–	(4,304,708)	–	–
합계	7,205,139	–	(834,534)	(4,304,708)	151,629	2,217,526

[도표 1-35] 합병 상대회사 공시 : 일진디스플레이

6. 합병 상대회사	회사명	(주)에이터치			
	주요사업	Film Glass 터치스크린			
	회사와의 관계	기타			
	최근 사업연도 재무내용 (백만 원)	자산총계	14,800	자본금	9,846
		부채총계	5,756	매출액	16,512
		자본총계	9,045	당기순이익	1,825

[도표 1-36] 인수합병 후 무형자산 변화 : 일진디스플레이

(단위 : 원)

과목	제15기(2008)	제14기(2007)	제13기(2006)
자산			
무형자산	19,974,797,950	2,708,834	464,250,805
개발비	293,383,880		
영업권	19,650,667,775	2,708,834	464,250,805

(단위 : 억 원)

	2010	2011	2012	2013	2014	2015
무형자산상각	0	0	−33	−46	−61	−43
영업이익	144	363	645	598	226	−131

- 2008년 인수 후에 터치스크린 사업은 호조를 보였고, 2011년까지 영업권 손상이 없다고 봤다.
- 터치스크린 사업이 악화되는 2012년부터 상각을 진행에 4년에 걸쳐 183억 원 상각을 끝냈다.

린 시장은 급성장을 하면서 대규모 경영권 프리미엄 지급에 수긍하는 시각도 있었다.

하지만 이후 터치스크린 시장에 많은 기업들이 진출하는 바람에 생산능력이 급격히 증가하면서 수익성이 급락했고, 일진디스플레이가 합병한 에이터치 기술은 적자를 내기 시작했다. 터치스크린 기술에 대한 영업권이 자산가치를 상실한 것이다. 〈도표 1-37〉을 보면 알 수 있듯이 일진디스플레이는 지속적인 무형자산 상각을 통해 영업권을 제로로 만들었는데, 그 기간 동안 무형자산 상각비 때문에 실적악화에 시달려야 했다.

SECTION 11

자사주 매입 : 기업의 금융행위

📊 자사주 매입은 호재인가?

자사주란 기업이 보유한 현금으로 자기 주식을 사는 것을 말한다. 매입한도는 당기 배당가능이익이다. 배당가능이익은 순자산에서 자본금, 법정준비금, 해당 결산기에 적립할 이익준비금을 제외한 것이다. 자사주는 취득 후 6개월 내에 처분할 수 없다. 자사주 매입은 시장에서 주주 친화적 정책으로 받아들여진다. 자사주를 매입하면 그만 큼 시중유통 물량이 줄어들게 된다. 주당순이익을 계산할 때 자사주 물량은 제외되기 때문에 주당순이익은 증가하게 된다. 또한 자본에서 차감항목이기 때문에 자기자본이 익률^{ROE}이 높아진다.

미국에서는 자사주를 매입하는 이유가 주주가치 제고를 목표로 하는 경우가 많아서 매입 후 소각이 일반적이다. 그런데 한국에서는 대주주 지분율이 낮아 경영권이 취약할 때 우호지분 확보차원에서 매입하거나, 주가가 지나치게 하락할 때 주가방어 차원에서 매입하는 경우가 많다. 자사주 매입 후 주가가 오르면 시장에 자사주를 매각할 수 있기 때문에, 미국처럼 자사주 소각을 통한 주주가치 제고효과를 기대하기는 어렵다.

[도표 1-38] 주식의 총수

구분	주식의 종류		
	보통주	-	합계
Ⅰ. 발행할 주식의 총수	20,000,000	-	20,000,000
Ⅱ. 현재까지 발행한 주식의 총수	9,400,000	-	9,400,000
Ⅲ. 현재까지 감소한 주식의 총수	-	-	-
1. 감자	-	-	-
2. 이익소각	-	-	-
3. 상환주식의 상환	-	-	-
4. 기타	-	-	-
Ⅳ. 발행주식의 총수 (Ⅱ-Ⅲ)	9,400,000	-	9,400,000
Ⅴ. 자기주식수	1,680,000	-	1,680,000
Ⅵ. 유통주식수 (Ⅳ-Ⅴ)	7,720,000	-	7,720,000

한국에서 자사주는 주가가 하락해서 주주들의 원성이 높을 때 매입하는 경향이 많다. 분석에 의하면 자사주 매입이 주가에 긍정적 영향을 미치는 것으로 나타나고 있다. 낮은 가격에 자사주를 매입하고 보유한 자사주 가치가 높아지면 이를 처분할 경우, 이때 발생한 자사주 처분이익은 자기자본 계정에 계상된다. 사업보고서에 자사주 규모와 매입단가가 나오기 때문에 자사주 평가손익을 파악할 수 있다.

자사주 매입은 주주가치를 높이는 수단이 될 수 있지만, 기업의 보유현금과 자기자본이 줄어들면서 부채비율이 높아지게 된다. 잉여현금으로 자사주를 매입하는 경우는 큰 문제가 되지 않지만, 자금차입을 통해 자사주를 살 경우 부채비율 상승과 이자비용이 발생한다. 경영자가 주당순이익을 증가시키기 위해 무리하게 자사주를 매입하는 사례도 있는데, 이는 바람직하지 않다. 따라서 자사주 매입에 대한 평가는 4가지 측면을 고려해서 판단해야 한다. ① 주가가 저평가되었을 때 자사주를 매입하는가? ② 경영진이 자사주를 사는 동기는 무엇인가? ③ 자사주 매입을 위해 차입을 하는가? ④ 회사 자금을 자사주 매입이 아닌 더 나은 용도로 활용할 수 있는가?

자사주는 자본계정에서 차감항목이기 때문에 많이 사들이면 자본이 줄어들면서 부채비율이 높아진다. 미국 신용평가사 무디스처럼 자사주를 많이 매입해서 자본이 마이너스 상태까지 간 경우도 있다. 그러나 자사주를 많이 매입해서 부채비율이 높아진 기업에 대해서는 염려할 필요가 없다. 자본총계에 자사주 시가총액을 더해서 부채비율을 다시 계산해봐야 한다. 사업보고서 주석란을 통해 자기주식 매입금액을 알 수 있고, 현재 시가와 비교해보면 자사주의 평가손익을 계산할 수 있다. 만일 평가이익이 났을 경우 자기자본은 장부가치보다 저평가되어 있는 것으로 볼 수 있다.

주가가 장부가치보다 고평가되었을 때 자사주를 매입할 경우 자사주가 기업실적에 악영향을 주기도 한다. 코카콜라의 경우 1998년부터 2004년까지 60억 주를 주당 50.4 달러에 매입했다. 당시 코카콜라의 PER는 50배로 거래될 때였다. 자사주를 기업가치보다 고가에 매입했기 때문에 회사는 큰 손실을 입었다. 자사주 매입 역시 경영진의 판단에 따라 결정되지만 이들도 일반투자자처럼 판단착오를 일으킨다.

워런 버핏은 자사주 매입을 통해 주주들이 얻는 이익을 2가지 측면에서 보라고 했다. 첫째, 회사의 주가가 내재가치 이하로 거래되고 있다면, 자사주를 매입하는 일 자체가 높은 수익성을 제공할 수 있다. 어떤 회사의 내재가치가 주당 1만 원인데 주식 거래가격이 5천 원이라면 5천 원의 자사주를 매입함으로써 1만 원의 내재가치를 획득하게 된다. 둘째, 경영자가 자사주를 매입하면 쓸데없는 곳에 투자해서 회사를 확장시키기보다 주주이익을 극대화하기 위해 노력하는 것을 보여주게 된다. 주주가치를 극대화시키려는 경영진의 노력은 이러한 것에 가치를 두고 높이 평가하는 투자자들의 관심을 유발하면서 주가가 오르는 경향이 있다.

💰 자사주 시가 평가방법 : 쎌바이오텍

〈도표 1-39〉 쎌바이오텍 자사주 내역을 보자. 168만 주를 52억 6,000만 원에 취득했으니 주당 취득단가는 3,131원이다. 2016년 6월 1일 기준으로 주가가 64,200원이며, 자사주 시가는 1,078억 5,000만 원이다. 자사주 평가이익이 약 1,025억 9,000만 원이다. 자사주를 시장가격에 매각할 경우 자사주 평가이익 1,025억 9,000만 원은 자본잉여금으로 계상된다. 자사주 매입가격만큼 자본이 차감되었던 것이 원상복구되기 때문에 매입금액만큼 자본이 증가한다.

따라서 자사주 매각에 따른 자본증가액은 처분액 1,078억 5,000만 원이다. 2015년 말 기준으로 쎌바이오텍 자기자본이 705억 3,000만 원이다. 그런데 자사주를 처분했다고 가정할 경우 자기주식처분이익이 1,025억 9,000만 원과 취득원가 52억 6,000만 원이 자본에 계상되기 때문에 실질적인 자기자본은 약 1,783억 8,000만 원이 된다. 자사주 처분으로 현금은 1,078억 5,000만 원이 증가하여 기존 현금성자산 603억 1,000만 원과 합산할 경우 회사의 총 현금성자산은 2,334억 3,000만 원이 된다.

쎌바이오텍은 낮은 가격에 자사주를 대량 취득했기 때문에 미실현 자사주 평가이익을 감안할 경우 자기자본의 실질가치는 장부가치에 비해 크게 높은 편이다. 이러한 내

[도표 1-39] **자사주 내역(주석사항) : 쎌바이오텍**

22. 자본조정
당분기말 현재 지배기업의 발행주식 중 법령에 의하여 의결권이 제한되어 있는 주식의 내역은 다음과 같습니다.

주식소유자	소유주식수	지분율	의결권제한근거
지배기업(자기주식)	1,680,000주	17.87%	상법 제369조 제2항

당분기말 현재 자사주식의 가격안정화를 위하여 자기주식을 취득하여 자본조정으로 계상하고 있습니다.

[도표 1-40] **재무상태표 : 쎌바이오텍**

(단위 : 원)

	제22기 1분기말	제21기말	제20기말
자본			
Ⅰ. 지배기업의 소유주에게 귀속되는 자본	70,535,581,482	68,757,251,946	52,360,554,271
Ⅱ. 납입자본	17,459,754,094	17,459,754,094	17,459,754,094
(1) 자본금	4,700,000,000	4,700,000,000	4,700,000,000
(2) 주식발행초과금	12,759,754,094	12,759,754,094	12,759,754,094
Ⅲ. 기타자본구성요소	(5,231,597,075)	(5,212,058,412)	(5,261,615,823)
(1) 자기주식	(5,260,426,445)	(5,260,426,445)	(5,260,426,445)
(2) 기타포괄손익누계액	28,829,370	48,368,033	(1,189,378)
Ⅳ. 이익잉여금(결손금)	58,307,424,463	56,509,556,264	40,162,416,000
자본총계	70,535,581,482	68,757,251,946	52,360,554,271

• 재무상태표를 보면 자기주식이 52억 6천만 원 있다. 취득 당시 가액이며, 보유수량은 주석사항에 나온다.

용은 공식적으로 발표되는 주당순자산가치^{BPS}에 반영되어 있지 않다. 재무제표에 나와 있는 수치보다 훨씬 내실 있는 기업임을 알 수 있다.

🅦 자사주 매입 사례 : 무디스

세계 3대 신용평가사 중 하나인 무디스사는 전형적인 자사주 매입을 통한 주주환원에 충실한 기업이다. 2015년 말 기준 자사주 매입내역을 보자. 〈도표 1-41〉을 보면 무디스는 매출액 25억 달러, 영업이익 14억 7,000만 달러, 순이익 9억 4,000만 달러이다.

[도표 1-41] 손익계산서 : 무디스

All numbers in thousands			
Revenue	12 / 31 / 2015	12 / 31 / 2014	12 / 31 / 2013
Total Revenue	3,484,500	3,334,300	2,972,500
Cost of Revenue	976,300	930,300	822,400
Gross Profit	2,508,200	2,404,000	2,150,100
Operating Expenses			
Research Development	—	—	—
Selling General and Administrative	921,300	869,300	822,100
Non Recurring	—	—	—
Others	113,500	95,600	93,400
Total Operating Expenses	—	—	—
Operating Income or Loss	1,473,400	1,439,100	1,234,600
Income from Continuing Operations			
Total Other Income/Expenses Net	21,300	138,700	26,500
Earnings Before Interest and Taxes	1,494,700	1,577,800	1,261,100
Interest Expense	115,100	116,800	91,800
Income Before Tax	1,379,600	1,461,000	1,169,300
Income Tax Expense	430,000	455,000	353,400
Minority Interest	232,000	230,700	10,900
Net Income From Continuing Ops	941,300	988,700	804,500
Non-recurring Events			
Discontinued Operations	—	—	—
Extraordinary Items	—	—	—
Effect Of Accounting Changes	—	—	—
Other Items	—	—	—
Net Income	941,300	1,439,100	1,234,600
Preferred Stock And Other Adjustments	—	—	—
Net Income Applicable To Common Shares	941,300	988,700	804,500

[도표 1-42] 재무상태표 : 무디스

All numbers in thousands			
Period Ending	12 / 31 / 2015	12 / 31 / 2014	12 / 31 / 2013
Current Assets			
Research Development	1,757,400	1,219,500	1,919,500
Short Term Investments	474,800	458,100	186,800
Net Receivables	831,300	836,300	748,100
Inventory	–	–	–
Other Current Assets	179,600	172,500	2,968,800
Total Current Assets	3,243,100	2,686,400	2,968,800
Long Term Investments	–	–	–
Property Plant and Equipment	306,400	302,300	278,700
Goodwill	976,300	1,021,100	665,200
Intangible Assets	299,100	345,500	221,600
Accumulated Amortization	–	–	–
Other Assets	160,800	145,900	112,100
Deferred Long Term Asset Charges	137,700	167,800	148,700
Total Assets	5,123,400	4,669,000	4,395,100
Current Liabilities			
Accounts Payable	583,300	575,100	542,900
Short/Current Long Term Debt	–	–	–
Other Current Liabilities	635,200	624,600	598,400
Total Current Liabilities	1,218,500	1,199,700	1,141,300
Long Term Debt	3,401,000	2,547,300	2,101,800
Other Liabilities	620,600	651,200	555,800
Deferred Long Term Liability Charges	216,300	227,900	168,300
Minority Interest	232,000	230,700	10,900
Negative Goodwill	–	–	–
Total Liabilities	5,688,400	4,856,800	3,978,100

Stockholders' Equity			
Misc. Stocks Options Warrants	−	−	80,000
Redeemable Preferred Stock	−	−	−
Preferred Stock	−	−	−
Common Stock	3,400	3,400	3,400
Retained Earnings	6,709,000	6,044,300	5,302,100
Treasury Stock	−7,389,200	−6,384,200	−5,319,700
Capital Surplus	451,300	383,900	405,800
Other Stockholder Equity	−339,500	−235,200	−54,600
Total Stockholder Equity	−565,000	−187,800	337,000

순이익률이 37%로 높고, 매년 이익변동성이 크지 않고 안정적인 편이다. 총자산은 51억 2,000만 달러, 총부채는 56억 8,000만 달러이다. 매년 순이익률이 37% 수준인 초우량 기업임에도 불구하고 자산보다 부채가 더 많다. 이는 과다한 자사주 매입으로 자기자본이 마이너스 상태이기 때문이다.

자본을 보면 이익잉여금이 67억 달러인데 자사주를 73억 8,000만 달러나 매입했다. 그동안 이익을 내서 잉여금으로 누적한 금액을 넘어서는 자사주를 매입했고, 이것도 부족했던지 차입을 통해 자사주를 사들였다. 결국 부채비율이 마이너스가 되었다.

〈도표 1-43〉을 보면 무디스는 2015년 순이익 9억 4,000만 달러였는데 순차입이 8억 달러였다. 자사주 매입에 10억 6,000만 달러, 배당금 지출에 2억 7,000만 달러를 사용했다. 주주환원 차원에서 자사주 매입과 배당금 지급에 13억 3,000만 달러를 사용하면서 순이익보다 더 많은 주주환원을 실시한 것이다. 비단 무디스뿐만이 아니다. 미국기업들이 배당을 실시하고 자사주를 매입하는데 순이익보다 더 많은 지출을 하는 것이 일반적인 상황이다. 미국 기업의 주가상승에 자사주 매입이 기여하는 효과가 크다.

〈도표 1-44〉는 미국 기업들의 배당과 자사주 매입을 합해서 순이익과 비교한 것이

[도표 1-43] 현금흐름표 : 무디스

All numbers in thousands			
Period Ending	12 / 31 / 2015	12 / 31 / 2014	12 / 31 / 2013
Net Income	941,300	988,700	804,500
Operating Activities, Cash Flows Provided By or Used In			
Depreciation	113,500	95,600	93,400
Adjustments To Net Income	54,400	−57,600	−18,100
Changes In Accounts Receivables	−25,400	−98,300	−67,000
Changes In Liabilities	103,500	115,600	125,000
Changes In Inventories	−	−	−
Changes In Other Operating Activities	−42,000	−42,700	−22,400
Total Cash Flow From Operating Activities	1,153,600	1,018,600	926,800
Investing Activities, Cash Flows Provided By or Used In			
Capital Expenditures	−89,000	−74,600	−42,300
Investments	4,600	−250,600	−168,900
Other Cash flows from Investing Activities	−7,600	−239,700	−50,700
Total Cash Flows From Investing Activities	−92,000	−564,900	−261,900
Financing Activities, Cash Flows Provided By or Used In			
Dividends Paid	−278,900	−247,800	−209,500
Sale Purchase of Stock	−1,068,400	−1,306,300	−757,100
Net Borrowings	852,800	447,700	433,400
Other Cash Flows from Financing Activities	−1,500	−10,300	−300
Total Cash Flow From Operating Activities	−461,000	−1,064,500	−498,800
Effect Of Exchange Rate Changes	−62,700	−89,200	−2,000
Change In Cash and Cash Equivalents	537,900	−700,000	164,100

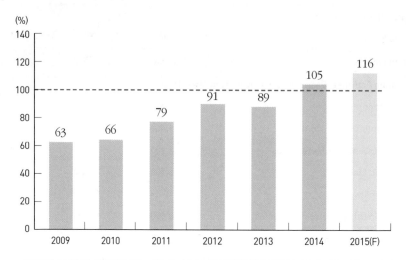

- 3,297개 비금융업 상장기업 분석, 2015년 수치는 주주환원정책을 발표한 613개 기업 기준
- 자료 : Thomson Reuters

다. 2014년 비율이 105%로 높아지면서 순이익보다 더 많은 주주환원 차원의 지출이 발생했다. 미국 기업 주가상승은 배당과 자사주 매입 효과에 기인한 부분이 크다고 할 수 있다.

한국의 자사주 소각

미국에서 자사주 매입은 곧 주주가치 배려정책으로 시장에서 받아들인다. 반면에 한국에서는 반드시 그렇지 않다. 미국은 자사주를 매입할 경우 기업이 매입한 자사주 절반 정도를 소각해버리면서 발행주식수를 줄인다.

한국에서 자사주를 소각하는 기업은 거의 없다. 자사주 매입은 주주환원 수단이 아

[도표 1-45] **S&P500 기준 자사주 매입 후 소각 여부**

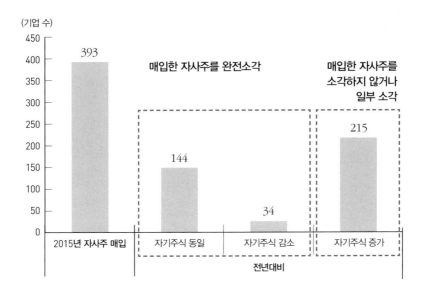

닌 것이다. 한국에서 자사주 매입은 대주주 지분율이 낮을 경우 우호지분 확보차원에서 활용하는 경우가 많다. 또한 자사주를 보유하고 있다가 주가가 오르거나 자금사정이 여의치 않을 때, 자사주를 시장에 팔아서 현금화해버린다. 기업이 자사주 매입을 자산운용의 형태로 활용하는 것이다. 따라서 한국에서 자사주를 매입할 경우 단기적으로 주가안정에 기여할 수는 있겠지만, 소각이 전제되지 않는 이상 진정한 의미의 주주환원 정책은 아니며, 단기적으로 수급안정에 기여할 뿐이다.

기업분할 :
인적분할 VS 물적분할

💰 기업은 어떻게 분할하는가?

기업분할은 한 개의 기업을 두 개 혹은 그 이상으로 쪼개는 것이다. 회사의 사업부를 분리해서 자본과 부채를 나눈 후 기업을 신설한다. 기업분할 방식에는 물적분할과 인적분할이 있다. 물적분할은 신설된 법인의 주식을 모회사가 전부 소유하는 형태이며, 인적분할은 존속회사 기존 주주들이 소유 비율대로 신설법인 주식을 갖는 것이다. 물적분할 기업의 실적과 자산가치는 존속회사에 연결실적으로 잡히게 된다.

기업분할을 하는 이유는 사업구조, 경영구조, 지배구조를 개편하기 위한 목적 때문이다. 기업이 성장해서 비대해지면 수익성과 성장성에 저해하는 요인이 발생하는데, 이때 사업부를 나눠서 몸집을 가볍게 하고 의사결정을 신속하게 할 수 있는 효율적인 경영체제를 확보할 수 있다. 또한 부실사업부를 분할해서 매각하면 사업구조가 건실화될 수도 있으며, 물적분할로 지배구조를 재편해서 경영효율성을 꾀할 수 있다.

핵심 사업에 자원을 집중해서 경쟁력을 확보해야 할 경우, 혹은 부실사업부의 제거를 통해 매력적인 기업으로 재탄생시켜 투자자금을 유치할 목적으로 분할을 할 수도 있다. 대체적으로 기업분할은 사업부 내에서 부실하거나 이익률이 낮은 부분을 정리하는 차원으로 진행되는 경우가 많기 때문에 시장에서 기업분할을 호재로 받아들이는 경향이 있다. 순환출자 금지가 시행되면서 정부는 지주회사 체제전환을 유도하고 있는데, 이 역시 지배구조 투명성을 강화해 투자자들의 신뢰를 얻으면서 효율적인 경영전략을 추진하기 위한 정부정책의 일환으로 볼 수 있다.

■ 물적분할

건설과 화학 사업부로 구성된 어떤 기업이 있다고 가정하고 기업의 물적분할 사례를 검토해보자. 먼저 2개 사업부별로 분할하는 경우를 보자. 건설사업부를 존속회사로 두고, 화학사업부를 쪼개서 존속회사의 100% 자회사로 화학회사를 만든다. 이때 존속회사인 건설회사는 신설회사인 화학회사 지분을 100% 보유하게 된다. 물적분할로 기업이 새로 생길 때 기존 주주들은 주식매수청구권을 행사할 수 없다. 이러한 물적분할로 지주회사 체제가 구축되기도 한다. 건설회사가 사업지주회사가 되어 화학회사를 자회사로 두는 격이다(〈도표 1-46〉).

■ 인적분할

인적분할은 수평적인 분할이다. 물적분할에서는 건설회사가 화학회사를 100% 자회사로 두었던 반면에 인적분할에서는 건설회사와 화학회사가 수평적 관계가 된다. 기존 주주는 분할된 2개 회사에 지분을 보유하게 된다(〈도표 1-47〉). 인적분할은 주식매수청구권 행사가 없기 때문에 기업의 자금부담이 없다. 분할 후에 법적으로 독립된 회사가 되기 때문에 인적분할 후에 곧바로 주식시장 상장이 가능하다.

마법의 공식을 만든 조엘 그린블라트에 따르면 기업분할을 잘 연구하면 큰 수익을 낼 수 있는 투자기회를 얻을 수 있다고 했다. 기업분할의 이점은 다음과 같다.

[도표 1-46] **기업의 물적분할**

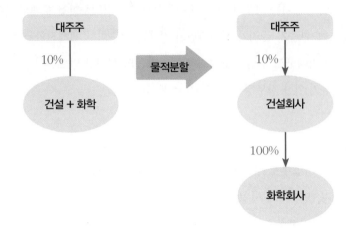

[도표 1-47] **기업의 인적분할**

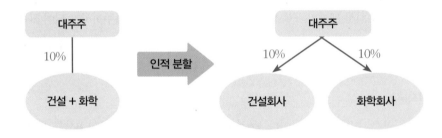

① 수익성이 낮은 사업을 분사해서 잘나가고 있는 '수익성' 높은 사업을 더욱 매력적인 투자처로 만들기 위해 기업분할을 실시한다.

② 비핵심 사업을 분사시키면 분사기업이 시장에서 제대로 평가를 받을 수 있다.

③ 매각이 쉽지 않은 사업을 분사시켜 주주가치를 높일 수 있다.

④ 세금문제 때문에 매각보다는 분사를 택하기도 한다.

⑤ 기업분할로 전략적 · 반독점 혹은 규제문제를 해결해 합병과 같은 기업 간 거래를 성사시키고 특정 목적을 달성할 수 있다.

기업분할과 기업공개IPO 차이는 투자은행이나 증권사 관여 여부에 있다. IPO의 경우 증권사들이 수수료를 벌기 위해 강력한 판촉활동을 전개하면서 가격을 높이게 된다. 이로 인해 IPO 기업의 주가는 매력적인 경우가 드물다. 반면에 기업분할 주식은 기관투자자 입장에서 볼 때 관리에 필요한 시간이나 인력이 많이 들기 때문에 분할 종목을 매도하는 경향이 있다. 이 때문에 주가가 낮게 형성되는 경우가 많다. 기관투자자들이 기업의 가치를 따져 보지도 않고 시장에 팔 때야말로 개인투자자들이 수익을 낼 기회가 될 수 있다.

💰 월스트리트에서 기업분할을 무시하는 이유

크리스토퍼 마이어의 《딜메이커처럼 투자하라》를 보면 기업분할에 대한 월가의 시각을 볼 수 있는 대목이 나온다.

"기관투자자들이나 일반 투자자들은 기업분할을 원치 않는다. 기업분할로 얻을 수 있는 수익은 그들의 입장에서는 너무 작아서 큰 차이가 없다. 예를 들어 당신이 대기업의 지분을 보유하고 있으며, 회사에서 기업분할이 이루어지면서 분리된 회사의 주식을 소규모로 배정받는다고 하자. 그러면 당신의 입장에서는 소규모 지분을 관리하고 운용할 직원을 새롭게 지정하느니 차라리 그 주식을 팔아버리는 편이 낫다.

예를 들어보자. 당신이 보험회사 주식을 샀는데 갑자기 보험회사에서 기업분할을 한다고 공시해 신용카드 사업부문을 떼어낸다고 한다. 이 뉴스를 듣고 당신은 기대감에 부풀어 흥분하겠는가? 그렇지는 않을 것이다. 당신은 보험회사에 관심이 있어 투자했을 뿐 신용카드 사업에 관심이 있는 것은 아니었다. 그린블라트는 '일반적으로 기업분할로 만들어지는 새로운 회사의 주식은 시장에 매각되지 않고 기존의 모회사에 투자한 주주들에게 배정된다. 따라서 기존 모회사 주주들은 기업분할로 새로운 주식을 배정받은 즉시 시장에서 팔아버리는 경향이 대단히 높다'고 했다."

이처럼 기관투자자들이 기업분할에 따른 새로운 주식을 시장에 팔아버리므로 기업분할 주식에 대해서는 매도압력으로 작용한다. 또 대부분의 기업분할은 규모가 작아 애널리스트의 관심을 얻기 어렵고, 방금 분할된 탓에 월스트리트의 서비스를 받지 못한다. 이는 다른 말로 한다면 새로운 기업은 월스트리트의 투자은행을 이용할만한 수요가 없고, 이 때문에 투자은행의 입장에서도 기업분할된 주식의 주가를 끌어올리거나 대중에게 선전할 필요를 느끼지 않는 것이다. 신규로 발행된 주식에 대한 과대선전이 없는 대신, 오히려 기업분할된 회사의 경영진은 주가를 떨어뜨리고 싶을 것이다. 왜냐하면 그들의 스톡옵션은 기업분할이 실시될 당시의 시장가격을 기준으로 하기 때문이다. 따라서 경영진은 스톡옵션의 기준가격이 되는 시초가격은 낮게 하고, 그 이후에 점차 주가를 끌어올리는 것이 최선이다.

📊 **참고자료**

• 세스 클라만이 보는 인적분할

기업분할은 수익률이 낮은 사업부분을 떼어내서 주가하락을 막는 방편으로 사용하기도 한다. 분할해서 자회사를 시장에 팔아버리면 된다. 회사가 하나, 혹은 그 이상의 소송에 연관되어 있는 사업을 보유하고 있을 경우에 불안정성이 높아지며 재정상황도 극도로 복잡해지기 때문에 주가도 낮아진다. 기업분할 목적은 이런 악화된 사업부문을 떼어내고 현재보다 기업가치를 높게 만들어내자는 것이다.

모회사 주주들은 기업분할된 주식을 받으면 재빨리 팔아 치우는데, 이는 모회사가 왜 기업분할을 통해 사업부를 떼어냈는지를 생각하면 간단하다. 해당 사업이 별로 돈을 벌지 못했기 때문이다. 또 다른 이유도 있다. 기업분할된 사업에 대해 아무 것도 모르고 파는 것이 공부하는 것보다 낫다고 생각한다. 대형 기관투자자들은 새로 만들어진 회사가 너무 작아서 별 의미가 없다고 생각한다. 인덱스 종목에 포함되지 않는 주식은 가격에 상관없이 팔아 치운다. 이러한 이유로 기업분할된 주식은 가치보다 낮은 가격에 거래될 가능성이 매우 높고, 가치투자자들의 관심을 불러일으키게 된다. 더욱이 다른 증권과 다르게 기업분할 주식은 투자자들이 매수자들보다 더 많은 것을 알고 있어서 파는 것이 아니다. 사실 매도자들이 더 모르는 경우가 많다.

월가 분석가들은 보통 기업분할을 다루지 않는다. 이는 기업분할 주식 대부분이 소형주이며, 거래량이 많지 않아 분석해봤자 큰 소득이 없기 때문이다. 또한 기업분할 기업은 모회사와 다른 종류의 사업을 할 확률이 높기 때문에, 모회사를 분석하는 분석가들은 기업분할을 굳이 다루지 않게 된다. 대부분 분석가들은 모기업만 분석하려 해도 일이 벅차기 때문에 추가적으로 업무를 할 생각이 없다.

일부 기업분할 회사들은 자기들 기업의 매력을 굳이 공개하지 않기도 한다. 이는 이들이 일시적으로 낮은 시장가격을 원하기 때문이다. 경영진이 종종 스톡옵션을 초기 거래가격으로 받기 위해서이다. 스톡옵션이 주어질 때까지 주가를 낮춰놓는 것이 보상을 유리하게 한다. 결과적으로 많은 기업분할 회사들이 기업가치가 주가에 반영되게 하려는 노력을 거의 하지 않는다. 낮은 주가를 가진 기업의 경영진들은 기업사냥꾼들의 공격에 대비한 조치를 취해 놓기 때문에 적대적 인수를 두려워하지 않는다.

분할기업이 할인된 가격에 거래되는 다른 이유로는 정보가 컴퓨터 데이터베이스에 도달하는데 서너 달이 걸리기 때문이기도 하다. 기업분할로 거래되는 개시일에는 할인가격이 될 수 있으나 컴퓨터에 의존하는 투자자들은 이를 쉽게 인지할 수 없다. 기업분할 주식은 보통 기관투자자들 제한규정에 들어가지 않는 종목이라서 이들은 재빨리 팔아 치워버린다.

🏦 인적분할 기업 사례와 지주회사 성립요건

〈도표 1-48〉과 〈도표 1-49〉를 보자. 휴온스는 자사를 휴온스글로벌과 휴온스로 기업분할했다. 이때 휴온스글로벌이 분할존속회사이고, 휴온스가 신설회사이다. 기업분할 전에 최대주주는 휴온스를 중심으로 기업집단을 장악해왔다. 그러나 분할을 통해 휴온스는 의약품 제조, 휴온스글로벌은 실질적인 지배회사 역할을 맡게 되었다. 분할을 할 경우 분할존속회사는 예전처럼 상장이 유지되지만 신설회사는 신규상장을 해야 한다. 휴온스는 신규상장을 했다. 분할승인을 위한 주주총회를 한 후에 신규상장까지는 약 3개월 정도 걸린다. 기업분할 비율은 순자산가치 비율로 결정한다. 분할 전 휴온스 순자산가치에 자기주식을 합산해서 나온 금액으로 신설되는 회사의 순자산가치를 나눈다. 신설되는 휴온스 분할비율은 0.5173205이다.

분할 전 휴온스 100주를 소유한 주주들은 분할 후에 휴온스글로벌 48.3주, 휴온스 51.7주를 보유하게 된다.

기업분할에서 중요한 것은 분할 후에 어느 주식을 처분하고 어느 주식을 보유하느냐에 있을 것이다. 이는 존속기업과 신설기업의 사업내용과 전망에 따라 결정해야 한다. 휴온스는 의약품 제조를 특화하면서 북경 휴온랜드를 지분법 관계회사로 보유하고 있다. 존속회사인 휴온스글로벌은 지주회사로 전환할 예정이다. 보톡스 사업도 추가했기 때문에 사업형 지주회사이며, 자회사를 보유하게 된다.

휴온스글로벌이 지주회사로 전환하기 위해서는 몇 가지 요건이 충족되어야 한다. 지주회사는 자본총액의 2배를 초과하는 부채를 보유해서는 안 되며, 자회사의 지분을 상장자회사는 20% 이상, 비상장자회사는 40% 이상을 보유해야 한다. 또한 계열회사가 아닌 국내회사의 주식을 당해 회사 발행주식총수의 5%를 초과하여 소유(다만, 소유하고 있는 계열회사가 아닌 국내회사 주식가액의 합계액이 자회사 주식가액 합계액의 15% 미만인 지주회사에 대하여는 적용하지 아니함)할 수 없으며, 자회사 외 국내계열회사의 주식이 금융업 또는 보험업을 영위하는 국내회사의 주식을 소유할 수 없다. 공정거래법상 지

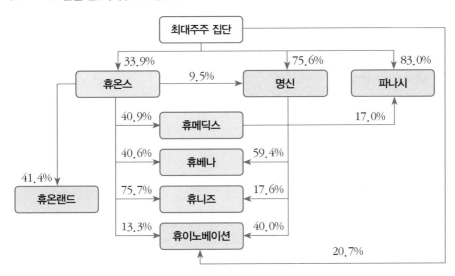

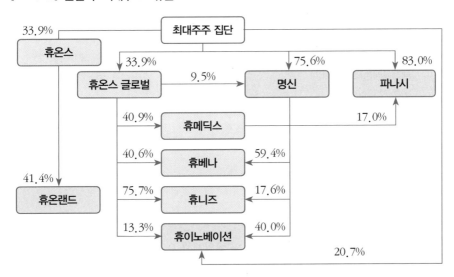

[도표 1-50] **기업분할을 위한 주주총회 일정 : 휴온스**

구분	일 자
이사회결의일	2015.11.24
분할계획서 작성일	2015.11.24
주요사항보고서 제출일	2015.11.24
분할 주주총회를 위한 주주확정일	2015.12.31
증권신고서 제출일(예정일)	2016.01.29
분할계획서 승인을 위한 주주총회일(예정일)	2016.03.25
분할기일(예정일)	2016.05.01
분할보고총회일 및 창립총회일(예정일)	2016.05.02
분할등기일(예정일)	2016.05.03
기타일정	
주주확정을 위한 주주명부폐쇄 공고일	2015.12.07
주식명의개서 정지기간	2016.01.01~2016.01.15
주주총회 소집통지서 발송 및 소집공고(예정)	2016.03.10
구주권 제출 공고일(예정)	2016.03.28
구주권 제출 기간(예정)	2016.03.29~2016.04.29
매매거래정지기간(예정)	2016.04.28~변경상장
신주교부일(예정일)	2016.06.02
변경상장(예정일)	2016.06.03
재상장(예정일)	2016.06.03

주회사는 자산총액이 1,000억이 넘고, 자회사 가액이 50% 이상인 경우 요건을 충족하게 된다. 분할존속회사의 지주회사 요건 및 행위제한 요건을 충족해야 한다.

(단위 : 원)

구분	분할전	분할후	
	㈜휴온스	㈜휴온스글로벌 (가칭) (분할되는회사)	㈜휴온스 (가칭) (분할신설회사)
자산			
I.유동자산	100,564,681,464	7,548,934,181	93,015,747,283
II.비유동자산	106,177,509,324	67,060,669,449	44,249,719,742
장기금융자산	1,351,038,244	1,188,526,752	162,511,492
자산총계	206,742,190,788	74,609,603,630	137,265,467,025
부채			
부채총계	61,735,637,231	4,617,907,570	57,117,729,661
자본			
자본금	5,698,077,000	2,750,345,000	2,947,732,000
자본잉여금	48,931,730,350	26,557,389,803	75,749,181,789
자본조정	−	(53,374,841,242)	−
자기주식	(9,922,050,000)	(4,789,170,133)	−
기타포괄손익누계액	1,213,914,696	(236,908,879)	1,450,823,575
이익잉여금	99,084,881,511	99,084,881,511	−
자본총계	145,006,553,557	69,991,696,060	80,147,737,364
부채와자본총계	206,742,190,788	74,609,603,630	137,265,467,025

SECTION 13 부채비율과 ROE : 비중을 따져라

💰 부채가 항상 부정적인 것은 아니다

　부채의 확실한 특징은 반드시 갚아야 한다는 것이다. 재무구조가 튼튼한 기업이 좋다는 것은 논란의 여지가 없는 사실이다. 부채는 고정비용을 발생시키기 때문에 기업의 경영환경이 나빠져 매출변동성이 심해지는 상황에서는 경영 위험요인이 된다. 안정되고 예측 가능한 현금흐름을 보유한 회사가 적절한 부채를 사용하는 것은 좋지만, 고정자산과 고정비용이 많은 기업이 매출변동성이 심하다면 곤경에 처하게 된다.

　재무상태표에 나오는 부채 중에는 이자를 지급하지 않는 부채도 있고, 충당금 성격의 부채도 있다. 이러한 무이자 부채도 상환의무가 있지만 이자비용 없이 자금을 사용한다는 측면에서 볼 때는 부채라는 이유만으로 부정적으로 볼 필요는 없다. 유동부채 중 가장 대표적인 무이자 부채인 매입채무는 외상으로 원재료나 상품을 매입할 때 발생하는 부채이다. 현금거래일 경우 매입한 금액만큼 자금이 지출되어야 하지만, 외상매입 거래이기 때문에 그에 해당하는 만큼 회사에서 이자 없는 자금을 사용하는 것과 같다. 매입채무는 자산항목에서 매출채권과 반대되는 개념이다. 매출채권은 외상

[도표 1-52] **부채구성 : 현대자동차**

(단위 : 백만 원)

부채	2015
유동부채	41,213,520
매입채무	7,081,124
미지급금	4,711,494
단기차입금	9,384,165
유동성장기부채	10,788,049
당기법인세부채	1,000,763
충당부채	1,710,342
기타금융부채	675,437
기타부채	5,862,146
비유동부채	57,273,025
장기성미지급금	2,054
사채	36,207,504
장기차입금	8,552,622
순확정급여부채	604,433
충당부채	5,031,558
기타금융부채	145,282
기타부채	2,471,738
이연법인세부채	4,257,834
부채총계	98,486,545

· 부채비율 : 147%, 유이자 부채 비중 : 67%
· 순부채비율은 유이자 부채에서 현금성자산을 차감한 후에 자기자본으로 나눈 비율을 말한다.

으로 판매하는 것이기 때문에 회사가 제품 구매자들에게 신용을 공여하는 것과 같다. 회사는 소비자에게 물건을 팔 때는 을의 입장이고, 원재료를 구매할 때는 갑의 입장이 된다. 매입채무는 갑의 입장인 원재료 구매회사가 금융비용 없이 자금을 사용하는 것이다. 이 때문에 순운전자본 계산에서는 매입채무를 차감하여 계산한다.

충당금 계정으로는 퇴직급여충당금(직원이 일시에 퇴직한다고 가정하고 대비), 정리해고충당금(정리해고 대비), 상여충당금(상여금 대비), 하자보수충당금(제품 하자보수 대비) 등이 있다. 이러한 충당금은 앞으로 발생할 일에 대비하기 위해 손익계산서에서 비용처리를 통해 일정액을 자산으로 축적해놓는 계정이다. 미래에 다가올 지급의무를 이행하기 위해 정해진 원칙에 따라 충당금을 적립하는 것이다. 이러한 충당금은 지출이 예정되어 있기 때문에 충분히 적립해놓는 기업이 좋다.

💰 부채비율과 ROE

자본조달 방식에는 부채와 자기자본을 통한, 2가지 조달방법이 있는데 조달비용이 각각 다르다. 재무학에서는 자기자본보다 부채가 조달비용이 저렴하다고 보며, 2가지 방식을 가중평균해서 조달비용을 계산한다. 자기자본만으로 자본을 조달할 경우 비용이 비싸기 때문에 2가지를 적절한 비중으로 가져가는 것이 좋다.

자기자본비율이 높은 것이 재무안정성에 좋다. 평균적으로 50% 이상이면 안정성이 높다고 볼 수 있다. 경영자 입장에서는 자본조달 금리가 낮은 부채를 사용하는 것이 유리하다고 판단해서 부채를 통한 자산증가를 꾀하는 경우가 있다. 부채가 증가하면 자기자본비율이 낮아지고 자기자본이익률^{ROE}이 높아지는 경향이 있다. 같은 규모의 자산을 갖고 사업을 한다고 할 때 부채비율이 높은 기업이 자기자본이익률 면에서 유리하다. 그러나 경영환경이 악화될 경우 기업안정성이 크게 떨어지면서 위기에 처할 수도 있으므로 적정 부채비율을 유지하는 것이 바람직하다.

[도표 1-53] **자기자본비율과 부채비율 관계**

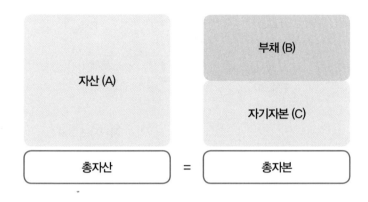

- 자기자본비율 = 자기자본 ÷ 총자산
- 부채비율 = 부채 ÷ 자기자본

부채비율을 높이면 ROE가 높아지는데 주주 입장에서 이러한 현상을 어떻게 받아들여야 할까? 주주들은 자신들이 투자한 몫인 자기자본이 매년 얼마나 증가하는지에 관심이 많다. ROE는 주주들이 투자한 자금을 회사가 매년 불려주는 개념으로 생각하면 된다. ROE를 높게 만들어주는 기업을 주주들은 좋아한다. 이 때문에 경영자들은 부채를 많이 사용해 자산을 구성할 유혹을 느끼게 된다. 부채를 통한 자본조달을 선호하면서 ROE를 높일 경우 재무안정성이 훼손될 가능성이 높아진다.

〈도표 1-54〉를 보면 총자산 300으로 똑같이 순이익 50을 냈지만 ROE는 다르다. 주주들이 중요하게 생각하는 ROE가 높은 회사는 A사이다. 그런데 A사는 부채비율이 높아서 경기가 침체될 때 재무적 곤경에 처할 가능성이 높다. B사는 ROE 측면에서는 A사보다 낮지만, 부채비율은 50%에 불과해 경기 침체기에도 비교적 안전하게 버틸 수 있다. 어느 회사가 더 좋은 회사일까?

경기가 침체되어 매출이 감소하고 영업이익이 줄어드는 상황이 오면 시중 자금사정

A사

부채 200
자기자본 100
순이익 50

ROE 50%

B사

부채 100
자기자본 200
순이익 50

ROE 25%

- A사 : 부채비율이 200%로 높지만 ROE도 50%로 높다.
- B사 : 부채비율이 50%로 낮고 ROE도 25%로 낮다.

이 빠듯해지기 때문에 금리가 오르게 된다. A사는 부채비율이 높기 때문에 금융비용 부담이 가중되어 수익성이 나빠지게 된다. 반면에 B사는 금융비용 부담이 크지 않다.

결론적으로 ROE는 부채비율과 밀접한 관련이 있다. ROE가 높은 기업이라도 경기 침체기에 위험에 처할 수 있는 상황을 감안해야 하기 때문에 부채비율도 고려해야 한다. 부채비율이 낮으면서 ROE가 높은 기업이야말로 정말 좋은 회사이다. 경기가 좋을 때는 부채를 통한 자금조달비중을 높이면 부채레버리지 효과로 이익률이 크게 높아지지만, 경기침체기에 과도한 부채비율은 금융비용 부담증가라는 부메랑이 되어 돌아온다. 주주가치 측면에서 ROE가 높은 기업이 좋지만 부채비율이 높은 상태에서 ROE를 높게 유지하는 기업은 주의가 필요하다.

SECTION 14

매도가능금융자산 : 회계 처리 방법

💰 매도가능금융자산이란 무엇인가?

기업의 투자활동은 영업관련 설비투자, 무형자산투자, 비영업관련 투자로 나눌 수 있다. 매도가능금융자산은 비영업관련 투자이며 주로 상장, 비상장사 주식, 국공채, 회사채, 수익증권 등에 대한 투자가 해당된다. 성숙기업은 영업현금흐름이 좋은 기업이면서 설비투자 등에 많은 자금이 투입되지 않기 때문에 잉여현금흐름이 좋은 편이다. 이러한 잉여자금을 투자목적으로 금융자산 매입에 활용하게 된다.

국공채, 회사채, 수익증권 등 채무증권 등의 경우 만기가 1년 미만이면 단기매도금융자산으로 분류한다. 만기가 1년 이상이거나 지분증권일 경우는 장기매도금융자산으로 분류한다. 단기금융상품은 만기가 3개월 미만인 금융상품으로 단기매도금융자산과 구분된다. 구체적인 내역은 재무제표 주석사항에 나온다(〈도표 1-58〉).

[도표 1-55] 매도가능금융자산 : 삼성전자

(단위 : 백만 원)

구분	제48기 1분기말	제47기말
자산		
유동자산	126,587,169	124,814,725
현금및현금성자산	24,769,756	22,636,744
단기금융상품	42,013,517	44,228,800
단기매도가능금융자산	5,829,204	4,627,530
매출채권	25,505,630	25,168,026
미수금	2,980,401	3,352,663
선급금	1,669,858	1,706,003
선급비용	4,137,221	3,170,632
재고자산	18,749,882	18,811,794
기타유동자산	931,700	1,035,460
매각예정분류자산		77,073
비유동자산	114,652,620	117,364,796
장기매도가능금융자산	8,441,533	8,332,480
관계기업 및 공동기업 투자	3,942,349	5,276,348
유형자산	85,565,347	86,477,110
무형자산	5,375,031	5,396,311
장기선급비용	4,693,939	4,294,401
이연법인세자산	4,846,762	5,589,108
기타비유동자산	1,787,659	1,999,038
자산총계	241,239,789	242,179,521

[도표 1-56] **지분투자의 종류**

지분율	회계처리	비고
20% 이하	매도가능금융자산	시세차익을 목적으로 투자
20~50%	지분법 회계	관계기업, 유의적 영향력 행사
50% 이상	연결회계	종속기업, 중요한 영향력 행사

• 지분율이 50% 미만이더라도 회사에 중대한 영향력을 행사할 경우 종속기업으로 분류, 연결회계 대상

[도표 1-57] **장기매도금융자산 중 상장주식 : 삼성전자**

(단위 : 백만 원)

기업명	당분기말				전기말
	보유주식수(주)	지분율(%)	취득원가	장부가액 (시장가치)	장부가액 (시장가치)
삼성SDI(*)	13,462,673	19.6	2,180,953	1,332,805	1,534,745
삼성중공업	40,675,641	17.6	258,299	449,466	441,331
호텔신라	2,004,717	5.1	13,957	133,314	154,965
제일기획	14,498,725	12.6	223,941	246,478	300,124
아이마켓코리아	647,320	1.8	324	12,267	16,377
에스에프에이	1,822,000	10.2	38,262	110,595	90,098
원익아이피에스	7,220,216	9.0	63,249	80,144	81,949
ASML	12,595,575	2.9	726,024	1,470,248	1,331,450
Rambus	4,788,125	4.4	92,682	75,943	65,039
Seagate Technology	12,539,490	4.2	218,544	498,295	538,766
Sharp(*)	35,804,000	2.1	122,535	47,389	43,502
Wacom(*)	8,398,400	5.1	62,013	41,127	39,330
기타(*)			45,607	33,405	37,077
계			4,046,390	4,531,476	4,674,753

[도표 1-58] 단기매도가능금융자산 주석사항

(단위 : 백만 원)

구분	당분기말	전기말
지분증권 – 상장주식	4,531,476	4,674,753
지분증권 – 비상장주식	3,788,280	3,498,655
채무증권	121,777	159,072
계	8,441,533	8,332,480

[도표 1-59] 연결 포괄손익계산서 : 삼성전자

(단위 : 백만 원)

	제47기	제46기
당기순이익(손실)	19,060,144	23,394,358
기타포괄손익	76,071	(1,993,414)
후속적으로 당기손익으로 재분류되지 않는 포괄손익	263,978	(710,318)
순확정급여부채 재측정요소	263,978	(710,318)
후속적으로 당기손익으로 재분류되는 포괄손익	(187,907)	(1,283,096)
매도가능금융자산평가손익	(414,961)	(232,105)
관계기업 및 공동기업의 기타포괄손익에 대한 지분	(41,261)	(128,932)
해외사업장환산외환차이	268,315	(922,059)
총포괄손익	19,136,215	21,400,944
포괄손익의 귀속		
지배기업 소유주지분	18,804,189	20,990,732
비지배지분	332,026	410,212

매도가능금융자산 회계처리는 다음과 같다.

① 재무상태표상에서 매도금융가능자산 기말금액은 공정가액으로 표시한다.

② 장부가치와 공정가액 차이는 기타포괄손익으로 인식한다(〈도표 1–59〉).

③ 매도가능금융자산 평가이익이나 평가손실은 당기손익으로 인식하지 않기 때문에
  주당순이익에 영향을 주지 않는다.

④ 매도가능금융자산을 처분할 경우 기타손익으로 계상한다.

사채할인발행차금 : 차금은 왜 발생하는가?

💰 자산과 부채의 현재가치

재무제표에서 자산과 부채를 평가해서 기재할 때 측정기준은 현재가치이다. 자산은 미래에 현금흐름을 창출할 가치가 있는 것을 말한다. 현재가치는 미래의 현금흐름을 적절한 할인율로 할인한 가치이다. 예를 들어보자. 기업이 은행에 정기예금 100억 원을 갖고 있고, 예금 이자율은 연 5%이다. 기업이 예금자산을 보유함으로써 일 년 후에 이자에 해당하는 현금흐름이 5억 원 발생한다. 일 년 후 기업이 손에 쥐게 될 이자 5억 원은 현재가치로 얼마일까?

현재의 1만 원과 일 년 후의 1만 원의 가치를 생각해보자. 누가 여러분에게 와서 1만 원을 빌려달라면서, 일 년 후에 갚겠다고 한다. 여러분이라면 돈을 빌려줄 것인가? 빌려주지 않을 것이다. 왜 그럴까? 왜냐하면 현재 1만 원은 일 년 후 1만 원보다 가치가 있다고 생각하기 때문이다. 은행에 예금해서 이자를 받을 수 있기 때문에 빌려주지 않을 것이다.

이자의 성격에 대해 생각해보자. 왜 돈을 빌려주면서 이자를 받는가? 첫째는 인내에 대한 보상이라는 시각이다. 지금 소비하고 싶은 욕망을 참고 타인에게 돈을 빌려주고 일 년 후에 소비를 하겠다고 하면, 일 년간 소비를 참아야 한다. 그래서 그 인내의 대가를 차입자에게 요구하는 것이라는 시각이다. 둘째는 인플레이션 때문에 이자를 요구한다는 시각이다. 인플레이션이 오면 물가가 상승한다. 일 년간 물가상승율이 3%라고 하자. 현재 1만 원으로 1만 원짜리 수박 한 덩이를 살 수 있다. 그런데 일 년 후에 물가가 3% 오르면 수박은 10,300원이 된다. 일 년 후에는 1만 원으로 수박 한 덩이를 살 수 없다. 1만 원의 화폐가치를 수박이라는 현물로 환산할 경우 화폐가치가 하락한 것이다. 돈을 빌려주는 사람 입장에서는 일 년 후에도 수박 한 덩이를 살 수 있을 만큼 이자를 요구할 수 있다.

기업이 100억 원을 예금하면 5% 이자를 일 년 후에 받는다고 할 때, 현재가치는 얼마일까? 일 년 후 현금흐름은 원금 100억 원＋이자 5억 원으로 총 105억 원이다. 105억 원은 일 년 후 미래가치이고, 이것을 현재의 자산가치로 볼 수 없다. 왜냐하면 미래의 현금흐름을 현재가치로 환산해서 재무상태표에 계상하기 때문이다. 할인율은 미래의 자산가치를 현재가치로 환산해주는 변수이다. 현재 시장이자율이 5%라고 할 때, 이를 할인율로 사용할 경우 일 년 후 105억 원의 현재가치는 100억 원이다.

$$105억 원 \div (1+5\%) = 100억 원$$

즉 일 년 후에 105억 원은 현재가치로는 100억 원이라는 것이다. 그런데 은행이자율이 5%인데 현재 시장이자율은 7%라고 한다. 그렇다면 할인율이 7%로 높아졌기 때문에 105억 원의 현재가치는 98억 1,300만 원이다[105÷(1+7%)]. 시장이자율이 7%인 상황에서는 은행에 예금해서 5% 이자를 받으면 실질적으로 손해를 보게 된다. 시장이자율과 같은 7% 이자를 주는 곳을 찾아야 한다. 만일 아무 것도 안하고 장롱 속에 100억 원을 넣어둘 경우 이자가 불어나지 않으니 일 년 후에도 100억 원이다. 시장이자율 7%로 100억 원을 할인할 경우 현재가치는 93억 4,500만 원이다. 인플레이션이 7% 인 상황에서 현금을 보유하고 있을 때 그 가치는 일 년 동안에 6억 5,400만 원 줄어들게 된다. 인플레이션 시기에 현금을 들고 있으면 손해이다.

💰 디플레이션 시기의 현재가치

인플레이션의 반대개념인 디플레이션은 물가가 하락하는 것을 의미한다. 올해 수박 한 덩이가 1만 원이었는데 디플레이션이 왔고, 일 년 후에 수박 한 덩이는 9,500원에 거래된다. 지금은 1만 원이 있어야 수박 한 덩이를 사 먹을 수 있는데, 일 년이 지나고 보니 9,500원만 있으면 수박을 한 덩이를 살 수 있다. 1만 원의 화폐가치를 수박이라는 실물자산으로 평가했을 때 화폐가치가 상승한 것이다. 물가가 하락하는 디플레이션 상황에서는 수박이라는 실물을 보유하는 것보다 화폐를 보유하는 것이 더 낫다. 예를 들어 물가가 1년에 3% 하락했다. 일 년 후에 1만 원의 현재가치는 얼마일까? 마이너스 금리 시대인만큼 시장이자율이 −3%라고 가정해보자.

$$1만 원 ÷ (1-3\%) = 10,309원$$

앞의 계산처럼 미래에 예상되는 가치를 특정 할인율을 적용해서 현재가치로 평가해야 적정한 자산가치를 드러낸다. 또한 자산뿐만 아니라 부채도 동일하게 적용해서 평가해야 한다. 기업이 일 년 후에 갚아야 할 차입금 100억 원이 있다. 현재 시장이자율은 5%이다. 부채의 현재가치는 얼마인가?

$$100억 원 ÷ (1+5\%) = 95억 2,380만 원$$

이것은 기업이 돈을 빌려서 시장이자율로 운영하면 일 년 후에 약 5억 원을 벌 수 있다는 의미로 이해할 수 있다. 따라서 부채 100억 원은 현재가치로 95억 2,380만 원이다. 인플레이션 시기엔 기업이 금융부채를 갖고 있으면 유리하다는 것을 알 수 있다. 부채의 실질가치가 하락하기 때문이다. 반대로 디플레이션이 올 때는 부채가 많은 기업이 큰 타격을 받게 된다. 제품가격이 하락해서 매출액이 줄어들기 때문에 이익률도 하락하게 된다. 부채는 장부가치대로 상환해야 하기 때문에 부담이 줄어들지 않고, 오히려 부채의 실질적인 가치는 더욱 커지게 된다.

이처럼 재무제표 요소를 측정할 때, 자산과 부채를 통해 미래에 현금창출과 현금유출이 발생할 경우 이를 현재가치로 할인해서 평가해야 한다. 이를 사채할인발행차금을 통해 구체적으로 확인해보자.

🅦 사채할인발행차금이란 무엇인가?

사채할인발행차금은 회사채 할인발행과 관련된 계정과목이다. 회사채 발행조건이 다음과 같다. 액면금액 1억 원, 만기 2년, 액면이자율 4%, 매년 말에 이자를 지급하는 조건이다. 회사채 발행을 통해서 〈도표 1-60〉과 같은 현금흐름이 발생한다.

회사채를 발행할 때 액면이자율과 시장이자율이 같기도 하지만 다른 경우도 많다. 시장이자율이 7%일 때, 발행기업은 회사채를 시장이자율로 팔아야 한다. 투자자들이

[도표 1-60] **회사채 1억 원 발행시 현금유출**

발행일자	이자	원금	현금유출
2015. 01. 01			0
2015. 12. 31	400만 원		400만 원
2016. 12. 31	400만 원	1억 원	1억 400만 원

[도표 1-61] **회사채 1억 발행시 회계처리**

발행일자	기초장부금액	유효이자	액면이자	상각액	기말장부금액
2015. 01. 01					94,575,945
2015. 12. 31	94,575,945	6,620,316	4,000,000	2,620,316	97,196,261
2016. 12. 31	97,196,261	6,803,738	4,000,000	2,803,738	100,000,000

• 액면이자율 4%, 시장이자율 7%, 2년 만기
• 유효이자는 7%로 시장이자율로 보면 된다. 액면이자는 회사채 발행 시 이자율이 4%이다. 상각액은 '유효이자-액면이자'이며, 기말장부금액은 '기초장부금액+상각액'이다.

시장이자율을 원하기 때문이다. 따라서 발행가격은 7%로 할인해서 결정된다.

$$회사채\ 발행가격 = 400만\ 원 \div (1+7\%) + 1억\ 400만\ 원 \div (1+7\%)^2$$
$$= 94,575,945원$$

앞의 계산에 따르면 1억 원의 회사채를 발행할 경우 회사에 유입되는 현금은 94,575,945원이다. 그리고 회사는 1년 후에 이자 400만 원, 2년 후에 원금 1억 원과 이자 400만 원을 지급해야 한다. 액면이자율이 시장이자율보다 낮게 발행되었기 때문에 회사채 액면금액 1억 원과 발행가액 94,575,945원 사이에 차액이 발생하게 된다. 할인발행이 된 것이다. 여기서 발생하는 차액인 5,424,055원이 사채할인발행차금이다. 여기서 차금差金은 차이가 나는 금액이라는 뜻이다. 사채할인발행차금은 사채액면금액에 대한 차감계정이며, 사채만기일까지 상각처리해야 한다.

충당부채 : 미래의 비용화

💰 충당부채 성격과 회계처리

부채는 과거 사건에서 발생하며, 경제적 효익을 갖는 기업의 자원이 미래에 유출될 것으로 예정되어 있는 것이다. 부채의 상환시기와 금액, 지급 상대방이 확정되어 있는 지 여부에 따라 확정부채와 추정부채로 나뉜다.

- **확정부채** : 매입채무, 차입금, 미지급금, 미지급비용
- **추정부채** : 퇴직급여충당부채, 제품보증충당부채, 하자보수충당부채, 복구충
  당부채 등

충당부채가 되기 위해서는 다음과 같은 조건을 충족해야 한다. ① 과거사건의 결과로 인한 현재의무가 존재해야 한다. ② 당해 의무를 이행하기 위해 경제적 효익을 갖는 자원이 유출될 가능성이 높아야 한다. ③ 당해 의무의 이행에 소요되는 금액을 신뢰성 있게 추정할 수 있어야 한다.

손익계산서		재무상태표
매출액	자산	부채
		유동부채
영업이익		퇴직급여충당부채 100
판관비		
퇴직급여 100		**자본**
		자본금
		자본잉여금
당기순이익 −100		이익잉여금 −100

〈도표 1-62〉를 보자. 종업원 퇴직을 감안해 100에 해당하는 비용을 판관비에 계상하면 당기순이익은 −100이다. 이는 재무상태표에 이익잉여금에 −100으로 연결된다. 한편 부채계정에서는 퇴직급여충당부채 100을 계상해야 한다. 재무상태표 차변과 대변이 같다. 자산에는 변동이 없고, 현금유출이 없다. 미래에 종업원 퇴직을 예상해서 미리 비용처리를 하는 것이다.

퇴직금이 대표적인 충당부채이다. 일 년 이상 근무한 직원들이 일시에 퇴직할 경우를 가정해서 기업은 퇴직금에 상당하는 금액을 당해연도에 비용으로 계상하고, 부채에 퇴직급여충당부채를 동시에 계상한다. '비용의 증가＝부채의 증가'이다. 수익비용 대응의 원칙에 따라 매년 직원들 근무연수에 따른 비용을 추정해 제조원가와 판관비에 계상한다. 비용으로 계상하지만 실제로 비용이 회사 밖으로 유출되지 않고, 퇴직할 때 현금이 유출된다.

퇴직급여충당부채를 쌓아 놓은 상태에서 직원이 퇴직했을 때 재무제표에는 어떤 변

[도표 1-63] **손익계산서와 재무상태표 변화 : 퇴직금을 50 지급했을 경우**

손익계산서		재무상태표	
매출액		**자산**	**부채**
			유동부채
영업이익		현금 − 50	퇴직급여충당부채 50
판관비			
퇴직급여			**자본**
			자본금
			자본잉여금
당기순이익 − 100			이익잉여금 − 100

화가 있는지 살펴보자. 직원이 퇴직해서 퇴직금으로 50을 지급했을 경우에 손익계산서와 재무상태표가 〈도표 1-63〉이다. 도표를 보면 직원이 퇴직해서 퇴직금 50을 현금으로 지급했으니 자산에서는 현금이 50 감소한다. 부채항목인 대변에서는 퇴직급여충당부채가 50만큼 감소했다. 손익계산서에서는 변화가 없다. 재무상태표 차변과 대변도 일치한다. 현금이 회사 밖으로 유출되었으니 현금흐름표에서는 50만큼 영업활동현금흐름이 마이너스이다.

하자보수충당부채는 제품이나 상품을 판매한 후에 하자가 생겼을 때 보수해줘야 하는데, 이때 드는 비용을 말한다. 제품판매 시에 하자보수를 예상해서 일정금액을 비용으로 계상하고 부채계정에 충당금으로 설정하는 것이다. 제품보증충당금, 복구충당금 등도 비슷한 성격을 갖는다.

충당금은 미래에 발생할 것으로 추정되는 비용을 미리 떨어내는 것이다. '충당'이라는 단어가 무엇을 적립한다는 뉘앙스를 주기도 하지만, 실제로는 그렇지 않다. 미래에

[도표 1-64] **충당부채 : 삼성전자**

(단위 : 백만 원)

부채	2015	2014	2013
유동부채	50,502,909	52,013,913	51,315,409
매입채무	6,187,291	7,914,704	8,437,139
단기차입금	11,155,425	8,029,299	6,438,517
미지급금	8,864,378	10,318,407	9,196,566
선수금	1,343,432	1,427,230	1,706,313
예수금	992,733	1,161,635	1,176,046
미지급비용	11,628,739	12,876,777	11,344,530
미지급법인세	3,401,625	2,161,109	3,386,018
유동성장기부채	221,548	1,778,667	2,425,831
충당부채	6,420,603	5,991,510	6,736,476
기타유동부채	287,135	326,259	467,973
매각예정분류부채		28,316	
비유동부채	12,616,807	10,320,857	12,743,599
사채	1,230,448	1,355,882	1,311,068
장기차입금	266,542	101,671	985,117
장기미지급금	3,041,687	2,562,271	1,053,756
순확정급여부채	358,820	201,342	1,854,902
이연법인세부채	5,154,792	4,097,811	6,012,371
장기충당부채	522,378	499,290	460,924
기타비유동부채	2,042,140	1,502,590	1,065,461
부채총계	63,119,716	62,334,770	64,059,008

[도표 1-65] **충당부채 세부내역 : 삼성전자**

(단위 : 백만 원)

구분	판매보증 (가)	기술사용료 (나)	장기성과급 (다)	기타충당부채 (라)	합계
기초	1,829,068	3,917,792	730,464	13,476	6,490,800
순전입액	1,805,253	1,403,793	233,598	90,680	3,533,324
사용액	(1,918,849)	(980,274)	(210,509)	(24,135)	(3,133,767)
기타(*)	(50,946)	102,438	–	1,132	52,624
기말	1,664,526	4,443,749	753,553	81,153	6,942,981

• (*) 기타는 환율변동에 의한 증감액 등을 포함하고 있다.

지출이 예상되는 비용을 당겨서 비용처리하는 것이다. 앞으로 일어날 가능성이 있는 사태에 대비해 금액을 미리 비용처리하기 때문에 당기순이익과 이익잉여금이 줄어든다. 이러한 충당금 설정은 세금과 배당을 줄이는 효과가 있어서 현금의 사외유출이 그만큼 줄어들게 된다.

삼성전자의 충당부채(〈도표 1-64〉)를 보자. 순확정급여부채를 제외한 나머지 충당부채는 판매보증, 기술사용료, 온실가스 관련 충당부채이다. 〈도표 1-65〉를 보면 삼성전자는 한 해 동안 충당부채를 추가로 3조 5,333억 원 적립했고, 3조 1,337억 원 사용했다. 충당부채 잔액은 6조 9,429억 원이다.

SECTION 17 미청구공사와 초과청구공사 : 왜 문제가 되나?

수주산업 회계처리의 특징

건설이나 조선업 같은 수주산업은 공사진행율에 따라 수익을 인식한다. 이 과정에서 미청구공사나 초과청구공사라는 계정과목이 발생한다. 수주산업의 수익인식 특성상 분식 등 회계적인 문제점들이 발생하는 경우가 많기 때문에 이 부분을 이해해야 한다. 조선업의 예를 들어 보자.

배를 수주했을 때 착공시 20%를 공사대금을 청구할 수 있고, 공사가 50% 진행됐을 때 50% 추가청구할 수 있으며, 완공시 나머지 30%를 청구하는 계약을 했다고 하자. 조선사는 자체적으로 공사진행 현황에 따라 수익을 인식해서 매출로 계상한다. 예컨대 100억 원짜리 수주공사에서 30% 공사가 진행되면, 그 해에 30억 원을 매출로 인식하는 것이다. 하지만 공사는 50%가 진행되지 않아서 발주자로부터 20%만 청구해서 받을 수 있다. 공사는 30% 진행되었지만 20%만 받았기 때문에 미청구공사 10%를 수익으로 인식하는 것이다. 공사는 진행되었는데 아직 받지 못한 것이라고 회계처리하는 것이다. 제조업에서 매출을 했는데 돈을 받지 못할 경우 외상매출금이 되는데, 미청구

[도표 1-66] 미청구공사 회계처리

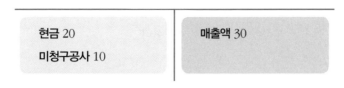

| 현금 20 | 매출액 30 |
| 미청구공사 10 | |

[도표 1-67] 초과청구공사 회계처리

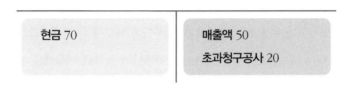

| 현금 70 | 매출액 50 |
| | 초과청구공사 20 |

공사도 이와 비슷한 개념으로 이해하면 된다. 미청구공사는 받아야 할 돈을 아직 수령하지 못했으므로 자산으로 잡히게 된다. 외상매출과 같은 성격이니 매출채권이라고 간주하면 된다.

〈도표 1-66〉을 통해 회계처리를 보자. 공사진행율이 30%이기 때문에 회사 입장에서는 매출액을 30으로 계상했다. 발주처로부터 20을 현금으로 수령했기 때문에 나머지 10을 미청구공사로 계상했다. 공사를 진행한 만큼 대금을 수령하지 못한 것이니 자산 성격이다.

초과청구공사는 미청구공사와 반대 개념이다. 공사가 50% 진행되었다고 가정하자. 회사는 착수금 20%와 50% 공사진행에 따라 추가로 50% 공사대금을 청구할 수 있다. 총 공사대금의 70%를 수령한 것이다. 그런데 공사진행율은 50%에 불과하다. 따라서 공사진행율보다 20%를 초과해서 청구한 것이 된다. 초과청구공사는 선수금과 같은 성격이다. 아직 용역을 제공하지 않았는데 미리 돈을 받은 것이나 마찬가지다. 따라서 이는 부채 성격을 갖게 된다.

〈도표 1-67〉을 보자. 공사가 50% 진행되었기 때문에 착수금 20%와 50%를 추가로

받아서 총 70을 현금으로 받았다. 그런데 공사는 50% 밖에 진행되지 않았기 때문에 수익을 50만 계상해야 한다. 20%는 공사진행율을 초과해서 받은 것이다. 따라서 초과청구공사 20은 선수금 성격이어서 부채로 계상한다.

🛍️ 미청구공사의 부실 가능성

초과청구공사는 발주처로부터 미리 돈을 받았기 때문에 큰 문제가 없다. 앞으로 공사를 완공하면 부채는 해소된다. 반면 미청구공사는 공사를 했음에도 불구하고 아직 돈을 받지 못한 상황이 발생했음을 의미한다. 발주처에서 공사에 대한 트집을 잡아서 돈을 주지 않을 수도 있고, 자금난 때문에 대금지급을 지연할 수 있기 때문에 부실채권이 될 가능성이 많다. 미청구공사 금액이 커질수록 잠재적 부실규모는 커진다.

제조업에서 매출채권이 갑작스럽게 증가하면 부실가능성을 우려해서 대손충당금 설정을 늘리게 된다. 건설이나 조선사 역시 미청구공사 금액이 커지면 이 중에서 회수하지 못하는 금액 역시 커질 개연성이 높다. 그런데 미청구공사에 대해서는 대손충당금을 설정하지 않기 때문에 미청구공사 부실이 현실화되면 어닝쇼크가 발생하는 경우가 비일비재하다.

[도표 1-68] **예정원가율과 실제원가율 차이로 발생하는 적자**

	공사낙찰액	예정원가	이익
수주시	100	80	20
	매출액	**실제원가**	**이익**
실제공사 결과	100	110	−10
차이		30	−30

[도표 1-69] 미청구공사와 초과청구공사 : 현대중공업

자산		부채	
유동자산	27,176,013,471	**유동부채**	23,060,645,568
현금및현금성자산	3,105,303,361	단기금융부채	9,502,483,275
단기금융자산	4,627,226,992	매입채무 및 기타채무	5,874,330,417
매출채권 및 기타채권	5,340,950,322	선수금	532,641,433
미청구공사	6,599,947,481	초과청구공사	6,394,046,502
재고자산	4,492,239,892	파생상품부채	571,856,159
파생상품자산	41,755,610	확정계약부채	9,147,694
확정계약자산	361,396,671	미지급법인세	117,913,382
당기법인세자산	59,476,191	유동충당부채	4,104,690
기타유동자산	2,547,716,951	기타유동부채	54,122,016
비유동자산	22,556,822,517	**비유동부채**	11,173,228,891
관계기업 및 공동기업투자	270,052,006	장기금융부채	9,205,874,590
장기금융자산	1,189,482,706	장기매입채무 및 기타채무	98,727,876
장기매출채권 및 기타채권	589,099,760	확정급여부채	546,242,180
투자부동산	347,868,346	비유동충당부채	715,803,496
유형자산	16,320,002,213	파생상품부채	303,487,526
무형자산	2,140,184,872	확정계약부채	9,032,154
파생상품자산	9,374,626	이연법인세부채	260,665,827
확정계약자산	294,765,973		
이연법인세자산	1,350,103,038	기타비유동부채	33,395,242
기타비유동자산	45,888,977		
자산총계	49,732,835,988	**부채총계**	34,233,874,459

미청구공사는 회계처리에서 봤듯이 매출로 계상된다. 이때 수익비용 대응이라는 회계원칙으로 비용도 같이 계상된다. 수주할 때는 예정원가율을 감안해서 입찰을 한다. 그런데 실제 공사에서 투입되는 원가율이 높아질 수 있다. 만일 공기가 늦어지거나 원자재 투입비용이 증가할 경우 실제 투입원가는 크게 높아지게 된다. 공사가 끝나고 실제원가율을 적용하면서 미청구공사는 큰 폭의 적자를 현실화시킨다. 〈도표 1-68〉을 보면 수주 당시 예정원가를 80으로 예상하고 100에 낙찰을 받았는데, 실제 공사를 진행한 결과 원가가 110이 들었기 때문에 적자가 발생한 사례이다.

수주산업에서 적자가 발생하는 원인은 크게 2가지다. 첫째, 예정원가를 잘못 계산할 경우이다. 공사기간 중에 원자재 가격상승이나 공사기간이 지연되면서 원가율이 높아질 경우이다. 둘째, 입찰할 때 현금흐름을 우선해서 저가수주를 할 경우이다.

미청구공사 규모가 클수록 비용이 증가할 가능성이 높다. 공사가 다 끝나서 미청구공사 대금을 전부 수령하고, 실제 투입된 원가를 대조할 때 비로소 그 사업의 손익이 결정된다. 2015년 건설 및 조선사들의 빅베스Big Bath 현실화는 이러한 정황을 반영하는 것이다. 미청구공사가 증가하는 기업은 잠재적인 부실 가능성이 높아진다고 판단하고 투자에 신중을 기해야 한다.

대우조선해양에 이어 삼성엔지니어링이 끔찍한 '어닝쇼크'를 냈다. 신용평가사에 의하면 삼성엔지니어링을 뺀 7개 대형사만 해도 13조 원에 이르는 시한폭탄을 안고 있다. 바로 공사했으면서도 받지 못한 미청구공사대금이다.

전문가들은 "저가수주와 미청구공사에 대한 우려가 부담으로 작용했다"면서도 "미청구공사를 보면 부실 가능성을 미리 알 수 있다"고 조언했다. 건설업이나 조선업과 같은 수주산업 회계는 진행기준을 통해 계산된다. 공사를 수주하거나 완료됐을 경우가 아니라 공사진행률과 계약에 맞춰 매출로 인식한다.

이 과정에서 나오는 것이 미청구공사다. 미청구공사는 발주처로부터 받아야 하지만 시공사가 아직 요구하지 못한 돈이다. 통상 시공사가 추정한 공사진행률과 발주처가 인정한 진행률의 차이에서 발생한다. 특히 대손충당금을 쌓지 않기 때문에 돈을 떼일 경우, 전액 손실 처리돼 충격이 크다.

실제 건설사와 조선사의 대규모 손실이 발생하기 전 미청구공사가 크게 확대됐다. 이경자 한국투자증권 연구원은 "2013년 GS건설과 삼성엔지니어링, 2015년 대우조선해양과 이번 삼성엔지니어링 어닝쇼크의 공통점은 1~2년간 지속적인 미청구공사 증가했다"며 "이는 2013년부터 이어진 수주산업 어닝쇼크의 주 요인"이라고 설명했다.

미청구공사는 예정원가율 상승에 따라 손실로 이어지는 사례가 빈번하고, 발주처와 건설사 간 진행률에 대한 이견을 통해 발생한다는 점에서 본질적으로 불확실성이 존재한다.

비정상적 미청구공사가 발생하는 원인은 진행기준 매출 인식의 근거가 되는 예정원가가 정확하지 않기 때문이다. 설계나 공정계획의 오류 등을 원인으로 예정원가가 과소 설정돼 있거나 수주 단계에서 예측하지 못한 요인이 발생해 기존 예정원가를 초과하게 되는 경우, 공기 연장과 재시공으로 추가 원가가 투입되는 경우 등에는 비정상적 미청구공사가 누적될 수 있다. 누적된 미청구공사 금액은 예정원가를 실제 원가 수준으로 조정하는 시점에 손실로 전이된다.

모 회계사는 "미청구공사 자금이 회수가 안 되면서 현금흐름이 악화되고, 모자란 돈은 빌릴 수밖에 없게 됐다"며 "미청구공사 해결이 핵심 포인트"라고 설명했다.

(〈news 1〉, 건설·조선 끔찍한 '어닝쇼크'…진원지는 '미청구공사', 2015.10.26)

유보율 : 잉여금은 현금이 아니다

유보율에 대한 오해

유보留保는 일정한 권리나 의무 등을 뒷날로 미루거나 보존하는 것을 의미한다. 재무상태표에서 사내유보 혹은 유보율이라는 개념이 나온다. 예컨대 이익잉여금은 기업의 영업활동에서 생긴 순이익을 근간으로 배당이나 상여賞與 등을 통해 사외로 유출시키지 않고 사내에 유보한 것이다. 기업이 영업활동을 통해 순이익을 만들어내면 순이익은 전적으로 주주들 몫이다. 그렇다면 순이익을 어떻게 처리할 것인가? 가장 먼저 주주들에게 배당을 하게 된다. 법적으로 이익의 100%를 배당할 수 없으며, 이익의 일정 비율을 사내에 유보하도록 명시해놓고 있다.

그렇지만 사내에 유보된 이익조차 주주의 몫이다. 법적규정이 없다면 이익의 100%를 주주들이 배당으로 가져갈 수 있는데, 회사의 미래를 위해 필요한 자금을 일정액 유보시켜놓은 것일 뿐이다.

유보율 = 자본총계 ÷ 자본금 × 100

자본잉여금은 주주들이 출자한 금액을 표시한다. 따라서 자본잉여금도 주주 몫이다. 자본총계는 자본금+자본잉여금+이익잉여금으로 구성된다. 주주들이 출자한 돈과 기업이 영업활동을 통해 벌어들인 이익의 합계이다. 자본총계는 기업이 청산될 경우 주주들에게 돌아가는 금액이다.

종종 '유보'라는 단어 때문에 유보금액만큼 현금이 사내에 쌓여 있다고 오해하는 경우가 생긴다. 신문에서 "상장사 곳간에 쌓아둔 유보금 100조 늘어"라고 쓴 기사를 보고 상장사가 유보금을 현찰로 보유하는 것으로 착각할 수도 있다. 이익이 나서 배당을 하고 남은 돈이 유보금이라고 하니 그런 오해가 생긴다.

〈도표 1-70〉의 삼성전자의 재무상태표를 보자. 삼성전자의 유보율은 2015년 말 기준으로 21,117%이다. 삼성전자 이익잉여금이 185조 원인데, 이 금액을 현금으로 보유하고 있는 것일까? 도표를 보면 삼성전자 현금성자산은 22조 원이다.

재무상태표 오른쪽은 단순하게 자본을 조달한 내역일 뿐이다. 타인자본(부채)과 자기자본을 통해 조달된 자본의 내역이다. 사업을 하기 위해 돈을 마련해야 하는데 어디서 마련했는지를 알려주는 것일 뿐이다. 부채와 자본항목은 현재 회사에 돈이 얼마나 있는지와는 무관하다.

삼성전자는 사업을 하기 위해 부채로 63조 원, 주주들에게 179조 원을 조달해 총 자금조달액이 242조 원이다. 이 자금이 삼성전자의 사업 밑천이다. 삼성전자는 부채보다는 자기자본을 통해 더 많은 자금을 조달했으며, 자기자본 중에서도 주주들에게 유상증자 등 출자를 통해 조달하기보다 영업이익을 통한 조달비중이 크다. 이익이 나면 배당으로 많이 가져가기보다 회사 발전을 위해 지속적으로 재투자한 것이다.

이렇게 자금을 조달해서 삼성전자는 사업을 위해 땅도 사고, 기계도 들여놓는다. 종업원 월급도 주고, 부품도 사고, 원재료도 구매해야 하기 때문에 현금을 일정액 보유해야 한다. 재고도 보유하고, 외상판매도 한다. 그러고도 남는 자금이 있으면 일부는 채권이나 주식 같은 자산에 운용하기도 하며, 계열사에 투자하기도 한다.

정부 입장에서는 기업이 임금도 올려주고, 배당도 많이 주면 경기를 부양하는데 도

[도표 1-70] **재무상태표 : 삼성전자**

자산		부채 63조 원	
유동자산 125조 원		**유동부채 51조 원**	
현금성자산 22조 원			
단기금융자산 44조 원			
		비유동부채 12조 원	
		자본 179조 원	
		자본금 8,975억 원	
		자본잉여금 4조 4,000억 원	
비유동자산 117조 원		**이익잉여금 185조 원**	
		기타(자사주 등) −13조 원	
자산총계 242조 원		부채와 자본총계 242조 원	

• 2015년 말 기준

움이 될 것이라고 생각한다. 하지만 기업 입장은 다르다. 배당을 많이 주면 이익잉여금을 통한 자금조달이 축소되기 때문에 자산운용에 필요한 자금을 부채를 통해 조달해야 한다. 이렇게 되면 부채비율이 높아질 수 있다. 실제로 미국에서는 이러한 현상이 벌어지고 있다. 미국 기업들은 이익을 주주들에게 환원하는 비율이 매우 높다. 배당성향도 높고, 자사주도 공격적으로 매입한다. 자사주를 사기 위해 은행차입이나 회사채를 발행하기도 한다.

기업의 자본조달 목적은 영업을 하기 위해 필요한 자산을 구성하기 위함이다. 그런데 영업활동에 불필요할 정도로 자산을 많이 갖고 있다면 자산으로 얻는 수익률이 저하될 것이다. 이럴 바엔 차라리 배당을 통해 주주들에게 환원하는 것이 바람직하다. 주주들이 자신들의 몫인 이익을 배당으로 가져가지 않고 이익잉여금에 유보해서 기업이 재투자하도록 하는 이유는 자산을 운용해서 높은 이익률을 내줄 것이라는 믿음 때문이다. 주주들의 자본을 얼마나 효율적으로 운용하는지는 자기자본이익률^{ROE}로 알 수 있다. 워런 버핏은 기업이 적정한 이윤을 창출할 자신이 없으면 배당을 늘리라고 했다. 배당을 늘리면 이익잉여금이 줄어들고, 자본총계가 감소하면서 ROE가 개선된다.

삼성전자는 현금성자산과 단기금융상품을 합하면 약 66조 원을 보유중이다. 이 정도 현금성자산 보유가 적정한지에 대해 여러 가지 의견이 있을 수 있다. 정부는 단순하게 유보율만 보고 세금을 높게 부과하는 정책을 추진하고 있다. 유보율은 높지만 현금이 많지 않은 기업이 배당을 높일 수 없게 되면 벌칙성 세금을 낼 수밖에 없다. 이익잉여금이 곧 현금이라고 오해해서는 안 된다. 이익잉여금은 자산의 어느 항목에 분산되어 있다.

ROA :
얼마나 이익을 낼 것인가?

💰 투자자 VS 경영자

투자자들이 주식보유를 통해 갖는 권리는 2가지다. 첫째는 배당을 받을 수 있는 권리다. 둘째는 잔여재산청구권이 있다. 물론 시세차익을 낼 수도 있지만 엄연히 말해서 이것은 권리가 아니다. 회사가 이익을 내면 배당금을 준다. 배당금을 주지 않더라도 이익은 누적되어 주주들 몫이 증가한다. 회사가 청산할 경우 잔여재산에 대한 청구권리가 있다.

주주 입장에서 투자수익률을 따져볼 때, 회사가 내는 이익과 주주가 투자한 금액을 비교할 것이다. 주주들이 투자한 돈이 1,000만 원이고, 회사가 일 년간 영업을 해서 100만 원의 이익을 냈다면 주주들의 투자수익률은 10%이다. 은행에 예금을 하면 약정한 이율로 이자를 주지만, 주식에 투자하면 기업은 이익을 내서 주주들에게 보답한다. 주주 입장에서 보면 자신들이 투자한 돈으로 기업이 얼마나 이익을 낼 수 있는가 하는 문제는 중요하다.

한편 경영자 입장을 보자. 경영자는 주주들이 투자한 돈인 자기자본과 차입금인 부

재무상태표				손익계산서	
자산		부채	400	매출액	700
		(타인자본)			
				영업이익	220
		자기자본	600	(이자비용)	20
				자기자본이익률 (ROE)	
자산총계	1,000	총자본	1,000	순이익(배당원천)	150

총자산이익률ROA

• 경영자 관점 : ROA(순이익 ÷ 총자산)
• 주주 관점 : ROE(순이익 ÷ 자기자본)

채를 합해서 자산을 구성하고 경영을 한다. 경영자 입장에서는 총자산(부채+자기자본)을 어떻게 운용해서 이익을 낼 것인지가 관심사다. 경영자는 부채를 끌어들였기 때문에 채권자들에게 이자를 줘야 하고, 주주들에게는 배당금을 줘야 한다. 경영자는 타인자본과 자기자본 모두를 만족시키는 경영을 해야 하는 것이다.

경영자는 회사를 운영해서 얻은 이익으로 부채에 대한 이자와 원리금을 상환하는데 지장이 없어야 한다. 그렇지 못할 경우 회사는 위기에 처하게 된다. 한편 주주 눈치도 봐야 한다. 이익을 내야만 배당금을 줄 수 있고, 주가가 올라가서 기업 공신력이 높아지기 때문이다. 만일 배당을 주지 못하거나 적자가 날 경우 주주들은 주식을 팔게되고 주가는 하락한다. 회사의 공신력은 떨어지고, 신용도 하락에 따른 차입금리 상승 등으로 경영이 악화될 것이다. 경영자 입장에서는 두 주체가 투자한 자금 모두에 대한 수익률 관점을 갖게 될 수밖에 없다.

주주들은 자신들이 투자한 돈을 회사가 어떻게 불려주는지에 관심을 갖는다. 타인 자본에 대한 비용을 공제하고 난 뒤에 자신들에게 돌아올 몫이 얼마인지가 주주들의 관심사다. 그렇기 때문에 경영자 입장에서는 총자산이익률^{ROA}을 중요시하며, 주주들은 자기자본이익률^{ROE}을 중요시한다.

💰 ROA가 높아지기 위한 조건

ROA는 총자산(=총자본)에 대한 이익률이다. 부채와 자본을 망라해 구성된 자산으로 얼마나 이익을 만들어내느냐를 나타낸다. 경영자 입장에서는 ROA를 높이는 것이 최대 관건이다. ROA가 어떤 지표의 결합인지 확인해보자. 〈도표 1-72〉를 보면 ROA는 총자산회전율과 매출액이익률로 구성된다. 따라서 총자산회전율을 높이거나 매출액이익률을 높여야만 ROA가 높아진다. 먼저 회전율을 보자. A사는 자산이 1,000억 원인

[도표 1-72] **ROA를 어떻게 높일 수 있을까?**

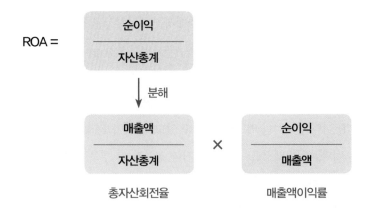

$$ROA = \frac{\text{순이익}}{\text{자산총계}}$$

분해 ↓

$$\frac{\text{매출액}}{\text{자산총계}} \times \frac{\text{순이익}}{\text{매출액}}$$

총자산회전율　　　　　　　　매출액이익률

• ROA = 총자산회전율 × 매출액이익률

[도표 1-73] **ROA, 매출액이익률, 총자산회전율의 관계**

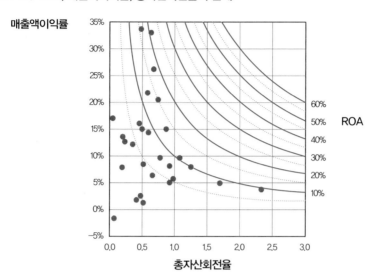

[도표 1-74] **ROA 추이 : 삼성전자**

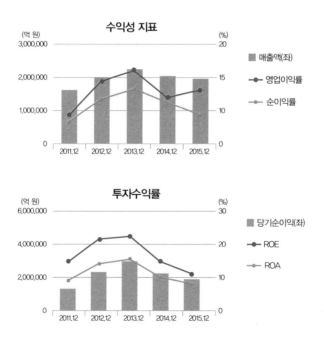

[도표 1-75] 회전율 : 삼성전자

(단위 : %)

항목	2011/12	2012/12	2013/12	2014/12	2015/12
총자산회전율	1.14	1.19	1.16	0.93	0.85
자기자본회전율	1.73	1.81	1.68	1.3	1.16
순운전자본회전율	13.22	13.02	12.06	10.95	10.64
유형자산회전율	2.87	3.08	3.18	2.64	2.4
매출채권회전율	8.03	8.78	9.35	8.29	8.04
재고자산회전율	11.35	12.02	12.4	11.31	11.11

데 연간매출이 1,000억을 달성했을 경우 총자산회전율이 1이다. 경쟁사인 B사는 매출액이 1,000억으로 A사와 동일하지만 총자산은 500억 원이다. B사는 A사 대비 회전율이 2배이다. 자산을 2배나 효율적으로 사용한 것이다. A사가 회전율을 높이려면 비효율적인 자산을 과감히 버리는 군살빼기를 해야 한다.

ROA와 총자산회전율, 매출액이익률 사이에 관계를 그래프로 그려보면 〈도표 1-73〉과 같다. 도표에서 볼 수 있듯이 ROA가 높게 유지되려면 총자산회전율과 매출액순이익율이 동시에 높아야 한다. 〈도표 1-74〉의 삼성전자 ROA 추이를 살펴보자. 삼성전자는 2013년에 ROA가 정점을 찍은 이후 2년 연속 하락세에 있다. 순이익률과 회전율 모두 악화되었기 때문이다.

〈도표 1-75〉를 보면 각종 회전율 지표가 높을수록 기업의 수익률 향상에 좋다. 회전율이 낮다는 것은 단위당 총자산이나 운전자본, 매출채권 등이 매출액을 만들어내는 데 걸리는 시간이 길어진다는 것을 의미한다. 무차입 경영을 상정해보자. '부채=0'이기 때문에 '총자산=자기자본'이다. 따라서 ROA=ROE가 된다. 이런 기업은 부채가 없어서 경기침체가 오더라도 금융비용 부담에서 자유롭기 때문에 안정성 면에서 걱

정할 필요가 없다. 다만 타인자본 비용이 자기자본 비용에 비해 조달비용 면에서 싸기 때문에 부채레버리지 효과를 얻을 수 없다.

PBR : 최악을 대비하는 지표

💰 주당순자산가치BPS에 대하여

BPS$^{Book\ value\ Per\ Share}$는 주당장부가치로 번역된다. 이를 주당순자산가치, 주당자본가치라고 부르기도 한다. book-value는 자기자본 가치를 말하는데, 이는 주주들 몫을 의미하며 자산에서 부채를 차감하여 계산한다. 항상 타인자본을 먼저 변제하고 난 뒤에 주주들의 몫이 남는다. 자본의 정의는 '자산-부채=자본', 자산에서 부채를 빼고 남은 것이다. 자산이나 부채는 바로 정의가 가능하다. 하지만 자본은 자산이나 부채처럼 정의하기가 쉽지 않다. 그 존재가 손에 쉽게 잡히지 않으며, 자산과 부채의 차액으로 정의될 뿐이다.

주당자본가치BPS를 계산할 때 생각해볼 것은 자본은 자산에서 부채를 차감한 금액이라는 점이다. 부채는 장부에 적힌대로 반드시 갚아야 할 빚이다. 차입금이나 회사채, 매입채무 등은 장부에 기재되면 변하지 않는다. 그런데 자산은 변한다. 재고자산 가치는 시간이 갈수록 낮아지고 이는 기계설비 등도 마찬가지다. 그래서 자본(자산-부채)도 자산의 변화에 따라 변하게 된다.

자산

부채

자기자본 = 자산 − 부채

BPS = 자본총계 ÷ 발행주식수

부채는 장부에 기재된 대로 정확히 상환되어야 한다. 주주 몫은 부채를 상환하고 남은 자산이다. BPS는 자본총계를 자본금으로 나눈다.

- BPS = 자기자본 ÷ 발행주식수
- PBR = 주가 ÷ BPS
     = 시가총액 ÷ 자기자본

PBR의 신뢰성은 BPS에 달려 있다. 주당순자산가치 계산에 신뢰성이 떨어진다면 PBR을 투자에 활용할 때 난처한 경우가 발생한다. 장부가치대로 자산가치가 나올 수 있는지 여부가 중요하다. 그래야만 부채를 변제하고도 주주 몫인 자본가치가 장부가치대로 남기 때문이다. 그러나 자산가치를 청산을 전제로 계산할 때는 장부가치를 밑도는 경우가 많다. PBR 혹은 BPS를 따지는 이유는 기업이 청산되었을 경우에 주주들에게 돌아가는 자산가치라는 점을 상기하자. 주주들은 무의식적으로 회사가 청산되었을 때 주당자산가치가 얼마나 될 것인가를 계산해보는데, 그 이유는 최악의 상황을 대비하는 것이다. 회사가 망하게 되면 주주들이 챙길 수 있는 몫은 과연 얼마일까? 이것이 PBR이나 BPS 지표를 보는 이유이다.

가치투자자들은 PER 못지않게 PBR을 따진다. 이는 기업 자산가치보다 훨씬 밑도는 기업을 사라는, 가치투자의 아버지 벤저민 그레이엄의 주장 때문이다. 그레이엄은 대공황 이후 《증권분석》이라는 책을 쓰면서 자산가치에 주목하라고 말했다. 그 시절은 기업도산이 속출했기 때문에 청산가치를 따지는 일이 투자자로서 자신을 보호할 방어막이었다. 하지만 지금은 대공황 때처럼 부도율이 높지 않다. 상장사들 중에 우량주만을 선택하는 매매를 할 경우에는 BPS나 PBR 지표가 과거처럼 유용성을 갖는다고 보기 어렵다.

💰 장부가치와 청산가치의 차이

개인의 자산을 생각해보자. 부동산, 금융기관 예금, 주식, 채권, 자동차, 컴퓨터, 냉장고, 세탁기 등이 자산이다. 개인이 파산하는 경우를 생각해보자. 이 단계에서는 자산을 팔아서 현금으로 계산해야 할 때 장부에 적힌 대로 팔 수 있는가가 문제가 된다. 반면에 부채는 장부에 적힌대로 상환해야 한다. 은행 등에서 빌린 돈을 상환하고 난 뒤에 개인에게 남는 자산이 바로 순자산이다. 자산은 장부가치로 파는 게 아니라 현재가치로 팔아야 한다. 장부가치와 현재가치의 괴리, 이것이 문제인 것이다.

청산을 전제로 하고 기업의 자산가치를 다시 계산해보자. 〈도표 1−77〉에서 보듯 대우조선 자산가치는 18조 5,000억 원이고 부채는 15조 5,000억 원이다. 순자산(자본총계)은 약 3조 원이다. 매각을 전제로 할 경우 자산가치는 18조 5,000억 원의 가치가 있을까? 자산항목을 하나씩 살펴봐야 한다. 큰 자산항목부터 보자. 미청구공사 5조 6,000억 원, 재고자산 2조 원, 유형자산 6조 2,000억 원, 기타자산 2조 원 등이다.

[도표 1-77] **재무상태표 : 대우조선해양**

(단위 : 백만 원)

구분		제15기	제14기	제13기
유동자산		10,488,291	9,315,307	7,160,492
현금및현금성자산		138,783	382,929	266,708
매출채권및기타채권		618,047	606,482	539,567
미청구공사		5,664,504	5,120,130	3,355,443
재고자산		2,019,225	1,181,813	1,198,199
기타		2,047,732	2,023,953	1,800,575
비유동자산		8,030,823	8,112,542	8,961,736
매도가능금융자산		193,821	262,424	283,546
관계기업및공동기업투자		69,232	91,574	60,637
장기매출채권및기타채권		618,640	934,161	1,820,553
유형자산		6,232,975	6,211,056	6,218,617
기타		916,155	613,327	578,383
	자산총계	18,519,114	17,427,849	16,122,228
유동부채		10,879,085	9,379,119	8,172,671
비유동부채		4,698,174	4,194,654	3,395,299
	부채총계	15,577,259	13,573,773	11,567,970

- **미청구공사** : 공사 후에 돈을 받지 못한 것으로, 건설과 조선 같은 수주산업 회계항목이다. 제조업으로 치면 외상매출금이라 생각하면 된다. 회사가 도산했을 경우 공사대금을 받아내기가 더욱 어려워진다. 따라서 미청구공사 대금 5조

[도표 1-78] 유형자산 현황 : 대우조선해양

(단위 : 백만 원)

구분	토 지	건 물	구축물	기계장치	차량 운반구	선박 항공기	공구와 기구	비품	건설중인 자산	합계
취득원가	1,876,305	1,583,932	1,451,272	1,344,298	251,771	902,902	329,250	279,757	575,619	8,595,106
정부보조금	–	(5,259)	–	(246)	–	–	(4)	(61)	–	(5,570)
감가상각누계액	–	(450,270)	(392,127)	(672,576)	(143,900)	(174,975)	(215,941)	(162,157)	–	(2,211,946)
손상차손누계액	–	–	(11,778)	(1,813)	–	(127,898)	–	(250)	(2,876)	(144,615)
장부금액	1,876,305	1,128,403	1,047,367	669,663	107,871	600,029	113,305	117,289	572,743	6,232,975

[도표 1-79] 그레이엄의 자산가치 할인방식

자산의 종류	장부가격 청산비율
현금 및 주식	100%
외상매출금	80%
재고자산	66%
고정자산 및 기타자산	15%

원은 악성 부실자산이 될 가능성이 높다. 장부가치만큼 자산가치가 있다고 보기 힘들다.

- **재고자산** : 조선업의 재고자산은 배를 만드는 데 필요한 것들이다. 제조공정 중에 있는 것도 있다. 이러한 재고자산은 나중에 고철로 싸게 팔아야 할 것이다.
- **유형자산** : 토지, 건물, 도크 등 구축물도 청산할 때는 자산가치가 크게 저하될 것이다.

대우조선해양이 청산할 경우 유형자산을 어느 정도 현금화할 수 있을까? 건물과 도크 같은 구축물은 큰 폭의 가치할인이 불가피하다. 마찬가지로 조선소 토지도 큰 쓸모가 없을 것이다. 무형자산은 가치가 없으며, 매출채권은 대규모 대손상각 처리를 해야 한다. 결론적으로 현금과 금융자산 외에는 건질만한 것이 많지 않다.

따라서 BPS가 2015년 말 기준으로 3,096원으로 계산된 수치는 현실적인 자산가치로 볼 수 없다. 현금성자산, 금융자산 등을 제외하면 약 15조 원 정도가 되는데, 이것을 후하게 쳐서 절반 정도 건질 수 있다고 하자. 그러면 자산총계는 약 11조 원 정도가 되고, 부채총계가 15조 5,000억 원이기 때문에 부채청산조차 할 수 없다. 이런 방식으로 계산하면 주주들에게 돌아오는 몫이 없다. 단순하게 장부상에 기록된 자산가치만 보고 BPS와 PBR을 계산하는 것은 별 의미가 없다. 벤저민 그레이엄이 청산가치를 계산할 때 자산별로 할인해서 재계산하는 방식은 지금도 여전히 유효하다.

제 2 부

좋은 주식 고르는 법
_ 손익계산서

SECTION 21 손익계산서 : 발생주의와 현금주의

💰 발생주의 VS 현금주의

손익계산서는 일정기간 기업이 벌어들인 이익 혹은 손실을 기록한 것이다. 기업은 자본을 조달해서 영업을 위해 각종 자산에 투입하고, 영업활동을 한 결과가 손익계산서로 나타난다. 재무상태표가 특정 시점을 기준으로 한 자산의 구성을 보여주기 때문에 스톡stock이라고 한다면, 손익계산서는 일정기간 동안 영업활동 결과를 기록하기 때문에 플로우flow라고 한다.

손익계산서 형식은 맨 위에 매출액부터 시작해서 총포괄손익까지 수익과 비용, 이익 항목을 나열한다. 주 재무제표가 연결재무제표이기 때문에 지배기업 지분손익을 별도로 표시한다. K-IFRS에서는 연결포괄손익계산서가 주 재무제표이다. 손익계산서 작성에는 몇 가지 원칙이 있다.

손익계산서에서 매출을 어느 시점에 인식하느냐는 매우 중요하다. 발생주의 회계 원칙으로 작성되는 손익계산서에서는 현금의 수입과 지출이 다른 회계기간에 일어나더라도 사건이 발생했을 때 회계처리를 한다. 반면에 현금주의 회계처리에서는 현금

[도표 2-1] 손익계산서 형식

	제39기
매출액	157,733,505,694
매출원가	68,759,907,219
매출총이익	88,973,598,475
판매비와관리비	59,984,293,160
영업이익(손실)	28,989,305,315
기타수익	161,398,531
기타비용	3,977,052,422
금융수익	839,395,345
금융비용	1,770,703,360
법인세비용차감전순이익(손실)	24,242,343,409
법인세비용	2,561,462,291
당기순이익(손실)	21,680,881,118
기타포괄손익	(640,177,554)
총포괄손익	21,040,703,564
당기순이익(손실)의 귀속	
지배기업의 소유주에게 귀속되는 당기순이익(손실)	21,374,147,169
비지배지분에 귀속되는 당기순이익(손실)	306,733,949
포괄손익의 귀속	
포괄손익, 지배기업의 소유주에게 귀속되는 지분	20,706,349,592
포괄손익, 비지배지분	334,353,972

• 기타포괄손익 : 미실현이익 당기 변동분. 매도가능증권 평가손익 등

의 유입이나 유출이 발생할 때 회계처리를 한다. 현금흐름표의 경우 현금주의적 관점에서 거래를 본다.

외상매출의 경우, 손익계산서에서는 발생주의 관점에서 회계처리를 하기 때문에 외상매출이 이루어진 시점에 매출로 잡는다. 단지 현금을 받지 않았을 뿐이며, 거래라는 사건이 발생했기에 매출로 계상할 요건이 된다. 반면에 현금주의 관점인 현금흐름표에서는 현금의 유출입 시점에 거래관계를 보기 때문에 현금유입이 없는 거래인 외상매출은 자금흐름에 마이너스 요인으로 기재한다.

🅦 수익비용 발생원천별 분류

수익과 비용은 발생원천에 따라 분류한다. 수익과 비용이 영업활동에서 발생했는가, 영업외 활동에서 발생했는가? 매출액은 영업활동에서 발생한 가장 대표적인 수익이고, 비용은 매출원가, 판매 및 일반관리비이다. 영업외 활동에서 발생한 수익과 비용은 이자수입, 배당금 수입, 이자비용 등이다.

〈도표 2-2〉에서 상단의 수익, 매출원가, 매출총이익, 판매비와관리비, 영업이익(손실)은 영업활동에 관련된 수익과 비용을 분류한 것이다. 영업 관련 비용은 생산을 담당하는 공장에서 발생한 매출원가와 본사에서 발생한 판매비와 일반관리비로 나눈다. 이렇게 나누는 이유는 비용이 어느 쪽에서 더 많이 들어갔는지에 대한 정보를 제공하기 위함이다.

도표에서 기타이익, 기타손실, 금융수익, 금융원가, 지분법손익은 영업외활동에서 발생된 수익과 비용을 분류한 것이다. 투자활동과 재무활동에 관련된 수익과 비용인 것이다. 이처럼 영업활동과 영업외활동을 구분해서 손익계산서를 작성하기 때문에 어느 부분에서 문제가 발생했는지 쉽게 파악된다. 영업이 잘못되었는지, 투자활동이 과대했는지, 재무상태가 부실해서 실적이 나빠졌는지 일목요연하게 파악이 가능하다.

[도표 2-2] **발생원천에 따른 수익과 비용의 분류**

(단위 : 원)

		제 17 기
수익(매출액)		45,065,875,065
매출원가		36,660,647,600
매출총이익	영업활동	8,405,227,465
판매비와관리비		7,792,205,433
영업이익(손실)		613,022,032
기타이익		1,464,757,298
기타손실		781,117,688
금융수익	영업외활동	166,765,178
금융원가		2,741,075,320
지분법손익		349,810,375
법인세비용차감전순이익(손실)		(1,627,458,875)
법인세비용		(757,430,766)
당기순이익(손실)		(870,028,109)

🟤 수익비용 대응의 원칙

수익은 발생시점에 기록하는데 큰 문제가 없다. 하지만 비용은 발생시점 확정이 다소 복잡하다. 예를 들어 현금 100억 원을 주고 기계장비를 구입했다고 하자. 기계가 입고될 때 대금을 현금으로 지불했다. 이때 재무상태표에는 자산항목에 현금이 100억 원 감소하고, 기계장치 항목에 100억 원이 계상된다. 기계장비 내용연수가 10년이다. 그렇다면 손익계산서에는 기계장치 구입비용으로 얼마를 기록해야 하는가?

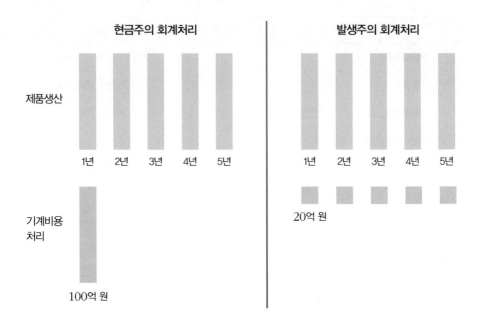

[도표 2-3] 발생주의와 현금주의 수익비용 대응

현금주의 회계처리

제품생산

1년 2년 3년 4년 5년

기계비용
처리

100억 원

발생주의 회계처리

1년 2년 3년 4년 5년

20억 원

　기계장치는 영업활동에 관련된 비용이기에 매출액과 대응하는 비용이다. 그렇다면 회사가 기계를 산 시점에 100억 원 전부를 손익계산서에 비용으로 처리하면 되는가? 그렇지 않다. 기계는 5년간 가동되면서 회사의 수익발생에 기여할 것이다. 따라서 비용도 5년에 걸쳐서 매출에 대응해서 처리해야 한다. 이를 '수익비용 대응의 원칙'이라고 한다. 기계를 5년간 사용하는데 첫해에 전액을 비용으로 계상하고 나머지 4년간 비용이 들지 않았다고 처리할 경우 이익이 들쑥날쑥하게 되기 때문이다.

　이자수입이 50만 원이고, 이자비용이 30만 원이면 각각을 계상해야 한다. 이자수입에서 이자비용을 차감해 이자수입 20만 원이라고 계상하지는 않는 것이다. 다만 영업외수익과 비용은 대응해서 처리하지 않는다. 예컨대 이자수익과 이자비용을 생각해보자. 이자수입은 예금규모에 따라 결정되며, 이자비용은 기업의 차입금 규모에 따라 정해진다. 이자수입을 얻기 위해 이자비용이 지출되는 것은 아니다. 따라서 매출에 대한 비용은 매출원가와 판매관리비를 대응시키지만 영업외수익과 비용은 독립적인 항목으로 처리한다.

〈도표 2-3〉을 보자. 현금주의 시각에서 회계처리할 경우 기계를 구입한 첫 해에 100억 원을 비용으로 계상하고, 나머지 4년간 기계비용이 없다. 그렇다면 둘째 해부터는 제품을 생산하는데 비용이 없는 것일까? 아니다, 그것은 이치에 맞지 않다. 그래서 매출(=수익)과 비용을 합리적으로 대응시키는 회계처리를 한다. 발생주의 시각으로 보면 비용이 발생하는 것은 기계를 사용했기 때문이다. 기계구입비용을 합리적으로 수익에 대응해서 처리하는 것이다.

SECTION 22

현금의 순환 : 현금을 어디서 확인하는가?

💰 이익과 현금의 차이

투자자들이 재무제표를 볼 때 제일 먼저 관심을 갖는 항목은 무엇일까? 당기순이익이 아닐까? 다음에는 매출액 증가나 부채비율 등을 볼 것이다. 회사가 영업을 해서 이익을 얼마나 내는지는 매우 중요한 문제이다. 기업이 영속성을 갖기 위해서는 꾸준한 이익창출이 필요하다. 그래서 투자자들이 순이익을 중요하게 생각하는 것이다.

손익계산서에 나오는 순이익이 많이 증가했으면 그만큼 회사의 현금보유도 증가했을 것으로 생각하기 쉽다. 그러나 손익계산서의 이익은 계산상의 이익일 뿐이다. 외상으로 매출을 했을 경우 수익이 발생한 것으로 손익계산서에 회계처리를 하지만 회사에 현금이 들어온 것은 아니다. 손익계산서에서 이익을 많이 냈더라도 회사의 현금사정이 좋지 않을 수 있다는 뜻이다. 먼저 손익계산서를 보자.

일반적으로 투자자들은 손익계산서에서 매출액을 점검하고, 그다음에 당기순이익을 확인할 것이다. 〈도표 2-4〉에서 39기와 38기의 당기순이익을 보자. 전년도보다 이익이 2배 이상 증가했으니 실적이 좋아졌다고 결론을 내릴 것이다. 그렇다면 순이익

[도표 2-4] 손익계산서

(단위 : 원)

	제39기	제38기	제37기
매출액	157,733,505,694	136,381,212,452	129,601,816,295
매출원가	68,759,907,219	66,877,686,925	63,042,620,260
매출총이익	88,973,598,475	69,503,525,527	66,559,196,035
판매비와관리비	59,984,293,160	48,977,060,469	48,202,545,619
영업이익(손실)	28,989,305,315	20,526,465,058	18,356,650,416
기타수익	161,398,531	925,033,587	248,720,332
기타비용	3,977,052,422	6,912,833,150	3,504,769,048
금융수익	839,395,345	739,475,250	780,290,521
금융비용	1,770,703,360	3,230,119,542	3,636,515,395
법인세비용차감전순이익(손실)	24,242,343,409	12,048,021,203	12,244,376,826
법인세비용	2,561,462,291	1,107,451,456	(1,459,073,135)
당기순이익(손실)	21,680,881,118	10,940,569,747	13,703,449,961

이 100억 원 이상 증가했으니 일 년간 회사에 현금이 이만큼 유입되었을까? 회사의 목적을 단순화시키면 자금을 조달해서 제품을 만들고 이것을 현금으로 바꾸는 것이며, 이렇게 바꾼 현금으로 다시 원재료를 사고 종업원을 고용해서 제품을 만들고 판매를 통해 현금을 확보하는 행위의 반복이다.

자금조달 → 제품생산 → 판매 → 현금확보 → 제품생산 → 판매 → 현금확보

간단하게 정의하면 회사가 이익을 낸다는 것은 현금을 확보하기 위한 행위라고 봐

도 무방하다. 회사에 이익이 나도 현금이 제대로 확보되지 않는 경우가 발생할 수 있으며, 이때 회사는 증자나 차입으로 자금조달을 해야 한다. 다음으로 손익계산서 구조의 핵심인 수익과 비용에 대해 파악해보자.

💰 수익−비용=이익

매출은 수익이다. 매출액에서 여러 가지 비용을 차감하면 이익이 된다. 손익계산서를 수익과 비용으로 재분류해보면 〈도표 2-5〉와 같다.

A라는 회사가 영업을 해서 첫해에 수익과 비용이 〈도표 2-6〉과 같이 발생했다고 하자. 편의상 외상매출은 전혀 없었고, 원재료 구입 등 모든 비용을 현금으로 지불했다고 가정하자. 〈도표 2-6〉을 보면 A사는 240억 원 이익이 났다. 그리고 이 이익은 전부 현금이다. 일 년간 회사에 유입된 현금은 240억 원이다.

[도표 2-5] **손익계산서 구조**

수익	매출액
	기타수익
	금융수익
비용	매출원가
	판매비와관리비
	기타비용
	금융비용
	법인세비용
이익	수익 − 비용

(단위 : 억 원)

수익	매출액	1,000
	기타수익	
	금융수익	
비용	매출원가	500
	판매비와관리비	200
	기타비용	
	금융비용	
	법인세비용	60
이익	수익 − 비용	240

• 법인세율은 20%로 가정

[도표 2-7] 수익과 비용의 발생 Ⅱ : 외상매출이 있는 경우

(단위 : 억 원)

			현금유출입
수익	매출액	1,000	700
	기타수익		
	금융수익		
비용	매출원가	500	500
	판매비와관리비	200	200
	기타비용		
	금융비용		
	법인세비용	60	60
이익	수익 − 비용	240	−60

• 법인세율은 20%로 가정

다음으로 외상매출이 있을 경우를 생각해보자. 〈도표 2-7〉을 보면 1,000억 매출 중에서 300억 원을 외상으로 매출했다. 비용은 모두 현금으로 지불했다고 가정하고 이익과 현금유입을 보자.

〈도표 2-6〉을 보면 모든 매출을 현금을 받고 팔았을 경우에 240억 원 이익이 났고, 이만큼 현금이 유입되었다. 그런데 매출액 중에서 300억 원을 외상매출했을 경우엔 손익계산서 상에서 이익은 그대로 240억 원이나 실제로 60억 원의 현금이 유출되었다(〈도표 2-7〉). 이익이 났음에도 불구하고 회사에 현금이 들어오지 않고 오히려 유출되었다.

외상매출을 해도 손익계산서 상에는 이익이 발생하지만 현금의 유입과는 별개의 문제임을 알 수 있다. 현금유입이 없는 외상매출금을 예로 들었지만 현금유출이 수반되지 않는 비용도 있다. 매출원가에서 감가상각비나 판매관리비에서 대손상각비, 퇴직급여 충당금 등이 현금 유출입이 없는 항목이다. 이런 항목은 손익계산서에서 비용으로 계상했지만 실제로 돈이 회사 외부로 유출된 것은 아니다. 따라서 감가상각비나 각종 충당금이 비용으로 많이 계상될 경우 손익계산서의 이익과 상관없이 회사의 자금 사정에 긍정적인 효과가 있다.

실제로 창출된 현금

매출이 크게 증가하고 이익도 동시에 증가한 회사가 자금사정이 악화되는 경우가 있다. 이런 회사의 손익계산서 이익만 보고 좋다고 판단할 수 없기 때문에 영업실적을 현금유출입 관점에서 살펴볼 필요가 있다. 현금흐름표가 회사의 실질적인 현금 유출입 상황을 알려 주기 때문에 손익계산서에 나타난 이익과 함께 참고해야 한다.

손익계산서의 당기순이익과 현금흐름표의 영업현금흐름을 비교해보자. 영업현금흐름은 영업활동을 통해 회사로 유입된 현금을 의미한다. 〈도표 2-8〉은 간접법으로 계산된 영업현금흐름표인데 당기순이익에서부터 계산이 시작된다. 당기순이익은 현금유입이 없는 수익과 현금유출이 없는 비용을 모두 포함한 이익개념이다. 따라서 당기순이익에 현금유입이 없는 수익을 빼주고, 현금유출이 없는 비용을 더해주면 실제로 회사에 유입된 현금을 계산할 수 있다. 당기순이익 조정을 위한 가감이 바로 그것이다. 간접법 현금흐름표 작성 원칙상 그렇다.

예를 들어 감가상각비 111억 원이 영업활동현금흐름에서 현금유입으로 계산된 이유를 알아보자. 손익계산서에서 감가상각비는 비용항목이다. 이 금액만큼 이익은 감소한다. 감가상각비는 회사 밖으로 유출되는 비용이 아니기 때문에 현금흐름을 계산할 때 당기순이익에 감가상각비를 더해준다. 퇴직급여도 마찬가지다. 직원의 퇴직을 대비해 충당금을 설정해놓는 비용이다. 영업비용으로 계상되기 때문에 순이익을 줄이는 항목이지만 비용이 회사 밖으로 유출되지 않는다. 따라서 이 금액만큼 현금흐름에 가산해야 한다. 이렇게 각각 항목을 더하거나 빼주면 영업활동을 통해 실제로 회사에 유입된 현금을 파악할 수 있다.

더존비즈온 39기 영업활동현금흐름은 약 425억 원이다. 당기순이익은 약 216억 원이다. 당기순이익보다 훨씬 많은 현금이 영업활동을 통해 유입되었다. 이는 유무형자산 감가상각비가 컸기 때문이다. 수년 전에 설비투자를 많이 했기 때문에 이를 상각하는 중인데 이 비용은 현금유출이 없는 비용이다. 그만큼 회사의 현금흐름에 기여하는 것이다. 회사의 자금사정이 당기순이익에서 표시된 것보다 훨씬 더 좋은 것이다. 제조업은 설비투자에 따른 감가상각비가 존재하기 때문에 당기순이익보다 영업활동현금흐름이 크게 나타나는 것이 일반적이다. 만일 당기순이익보다 영업활동현금흐름 수치가 작다면 운전자본 증가 가능성이 높기 때문에 원인을 파악해야 한다.

회사는 영업활동을 통해 벌어들인 현금으로 투자활동을 진행한다. 투자활동현금흐름은 마이너스일 경우가 많다. 설비투자를 지속해야 하기 때문이다. 〈도표 2-9〉에서 더존비즈온의 투자활동현금흐름을 보자. 더존비즈온은 39기 일 년간 투자활동으로 현금이 약 138억 원이 유출되었다. 주된 사용처는 유형자산투자 98억 원, 무형자산투자

(단위 : 원)

	제39기	제38기	제37기
영업활동현금흐름	42,594,045,360	37,610,030,851	31,720,733,824
당기순이익(손실)	21,680,881,118	10,940,569,747	13,703,449,961
당기순이익조정을 위한 가감	25,280,850,495	29,240,286,168	20,384,362,248
무형자산처분손실(이익)	(3,350,736)		19,090,910
무형자산손상차손(환입)	2,325,000,000	3,850,370,030	73,070,000
영업권손상차손			
영업권손상차손	19,997,491		
감가상각비	11,123,000,137	10,733,490,098	9,557,520,883
무형자산상각비	4,754,138,741	4,261,405,695	3,829,626,145
매도가능증권처분손실		507,476,689	
퇴직급여	4,225,248,434	3,390,106,935	2,295,362,669
재고자산평가손실	(508,436,554)		178,000,000
대손상각비	2,276,634,423	2,556,764,551	589,229,422
기타의대손상각비			10,889,510
기타의대손충당금환입			(115,594,861)
외화환산이익	(85,018,281)	(208,536,329)	
유형자산처분이익	(15,903,092)	(1,137,282)	(146,200)
매도가능금융자산처분이익	(4,930,000)	(362,501)	
배당금수익	(1,691,550)		
이자수익	(623,092,657)	(530,576,420)	(780,290,521)

이자비용	1,747,558,087	2,722,642,853	3,636,515,395
법인세비용	2,561,462,291	1,107,451,456	(1,459,073,135)
매도가능증권손상차손			2,099,750,000
매출채권의 감소(증가)	745,854,644	670,295,184	(1,013,903,227)
기타채권의 감소(증가)	404,986,979	(153,831,106)	2,457,457,189
기타 금융자산의 감소(증가)	(3,900,000,000)	5,953,616,054	(16,869,736)
기타유동자산의 감소(증가)	1,661,187,480	(3,130,304,441)	(629,337,879)
재고자산의 감소(증가)	1,227,760,481	72,718,974	375,196,293
매입채무의 증가(감소)	197,192,771	1,283,724,565	(617,645,973)
기타채무의 증가(감소)	(16,685,820)	(392,695,638)	479,051,751
기타유동부채의 증가(감소)	1,946,700,335	1,345,342,147	1,021,499,160
기타금융부채의 증가(감소)	(56,463,266)	(687,325,253)	32,565,675
사외적립자산불입액	(4,534,969,270)	(3,300,000,000)	(1,600,000,000)
퇴직금의 지급	(185,330,573)	(810,350,093)	(37,601,222)
법인세납부(환급)	(2,998,237,055)	(533,174,899)	751,210,880
이자수취	376,742,407	715,493,090	524,278,746
이자지급	(1,747,883,155)	(2,753,143,255)	(3,642,568,011)
배당금수취	1,691,550		

(단위 : 원)

	제39기	제38기	제37기
투자활동현금흐름	(13,861,583,344)	(10,513,541,281)	(21,096,359,437)
기타금융자산의 처분	2,727,421,477	3,599,152,228	1,207,859,071
기타금융자산의 취득	(4,463,037,508)	(4,534,058,306)	(10,328,801,982)
기타금융부채의 감소	(11,100,000)	(47,500,000)	
기타금융부채의 증가	185,010,000		
매도가능금융자산의 취득	(2,541,780)	(215,864,532)	(500,000,000)
매도가능금융자산의 처분	20,357,500	209,927,057	
유형자산의 취득	(9,879,615,302)	(6,254,761,857)	(5,851,006,178)
유형자산의 처분	15,909,092	2,363,636	147,200
무형자산의 취득	(2,513,986,823)	(4,572,799,507)	(5,815,466,638)
무형자산의 처분	60,000,000	1,300,000,000	190,909,090

25억 원이다. 금융자산은 44억 원을 취득했다. 투자활동은 영업활동에 관련된 투자와 비영업활동투자로 나뉜다. 재무활동현금흐름은 회사에 자금이 부족할 때 자금을 조달하거나, 빚을 갚거나 배당금을 지출하는 등 재무적 활동에 관련된다.

회사는 영업활동, 투자활동, 재무활동을 동시에 수행한다. 이 3가지 활동의 현금흐름을 종합하면 연말에 최종적으로 남는 현금이 기말현금 및 현금성자산이다. 더존비즈온은 38기 말에 현금이 153억 원이 있었고, 39기 말에는 225억 원으로 증가했다. 회사는 일 년간 경영을 통해 현금을 225억 원 보유하고 있다. 기말 현금 및 현금성자산은 재무상태표 자산항목에 있는 현금과 일치한다.

〈도표 2-11〉을 보면 더존비즈온은 38기말에 현금성자산 153억 원을 보유하고 있었

(단위 : 원)

	제39기	제38기	제37기
재무활동현금흐름	(21,527,478,786)	(23,710,968,981)	(19,621,390,443)
유동성장기차입금의 상환	(10,000,000,000)	(10,000,000,000)	(7,500,000,000)
장기차입금의 차입			3,000,000,000
장기차입금의 상환		(1,500,000,000)	
단기차입금의 상환	(329,670,556)	(1,230,071,948)	(2,565,699,200)
금융리스부채의 증가	(5,284,104,501)	(6,962,271,533)	(7,404,789,243)
기타금융부채의 증가		64,931,000	
국고보조금 수령	20,812,271		293,840,000
배당금지급	(5,934,516,000)	(4,083,556,500)	(5,444,742,000)
연결범위의 변동		1,444,962,867	
현금및현금성자산에 대한 환율변동효과	(19,997,452)		
현금및현금성자산의순증가(감소)	7,184,985,778	4,830,483,456	(8,997,016,056)
기초현금및현금성자산	15,364,681,880	10,534,198,424	19,531,214,480
기말현금및현금성자산	22,549,667,658	15,364,681,880	10,534,198,424

다. 39기에 영업을 통해 당기순이익을 냈고, 당기순이익을 중심으로 창출된 현금으로 투자활동과 재무활동을 하고, 최종적으로 남는 현금성자산이 225억 원이 되었다. 이렇듯 손익계산서와 현금흐름표, 그리고 재무상태표는 현금과 당기순이익을 통해 연결되어 있다.

〈도표 2-12〉를 보자. 재무제표의 이해는 현금이 창출되는 과정으로 이해할 수 있

다. 재무상태표에 보유한 현금을 갖고 영업활동을 시작하여 그 결과를 기록한 것이 손익계산서이다. 현금흐름표는 손익계산서를 바탕으로 실제 현금이 얼마나 창출되었는지를 보는 것이다. 이렇게 창출된 현금은 다음 회계연도 영업활동에 사용되어 손익계산서를 만들어간다. 현금은 이렇게 순환하면서 재무제표를 만들고, 이들은 현금과 이익으로 서로 연결되어 있다.

[도표 2-11] **재무상태표 : 더존비즈온**

(단위 : 원)

	제39기	제38기	제37기
자산			
유동자산	79,333,641,070	72,425,777,340	72,525,051,947
현금및현금성자산	22,549,667,658	15,364,681,880	10,534,198,424
기타금융자산	9,100,000,000	5,200,000,000	11,153,616,054
매출채권 및 기타유동채권	44,188,081,183	46,882,390,062	44,230,429,581
기타유동자산	2,718,494,367	3,479,483,609	4,575,923,741
재고자산	777,397,862	1,499,221,789	2,030,884,147
비유동자산	134,200,361,096	138,145,164,544	120,848,273,162
매도가능금융자산	4,158,009,496	4,183,187,716	4,289,135,703
유형자산	79,433,366,670	82,579,479,242	78,527,960,103
투자부동산	4,400,536,226	2,517,667,993	8,224,443,256
무형자산	36,062,492,133	40,677,039,552	24,001,077,943
기타금융자산	6,644,834,126	6,300,056,422	5,028,818,306
이연법인세자산	3,501,122,445	1,887,733,619	776,837,851
자산총계	213,534,002,166	210,570,941,884	193,373,325,109

[도표 2-12] **재무제표의 상호 연결지점**

손익계산서		현금흐름표		재무상태표	
매출액	1,000	영업활동현금흐름	250	유동자산	
		당기순이익	200	**현금**	100
		투자활동현금흐름	−100	비유동자산	
		재무활동현금흐름	−50		
당기순이익	200	기말현금	100	자산총계	

매출액 : 손익의 출발점

매출액은 순이익의 수원지

손익계산서는 일정 기간 기업의 수익과 비용을 정리한 표이다. 손익계산서를 받아들면 가장 먼저 매출액과 영업이익, 순이익을 살피게 되는데, 이는 이들 항목이 중요하기 때문이다. 매출액은 손익계산서의 가장 위쪽에 있기 때문에 탑라인Top Line이라고 한다. 그래서 매출액 성장을 탑라인 성장이라고도 한다. 순이익은 가장 밑에 자리하기 때문에 바텀라인Bottom Line이다. 그렇다면 가장 위에 있는 매출액과 가장 밑에 있는 순이익 중에서 어느 것이 더 중요할까? 투자자 입장에서는 주당순이익 계산에 사용되는 순이익이 중요하다고 할 수도 있을 것이다.

손익계산서를 〈도표 2-13〉처럼 도식화해볼 수 있다. 손익계산서는 매출액이라는 저수지에 물이 흘러내리면서 비용이 유출되고 남는 순이익이 만들어지는 흐름Flow이라고 볼 수 있다. 커다란 연못에서 물이 수로를 따라 흘러내리는 장면을 연상해보자. 물은 도중에 어디론가 스며들고 유실된다. 그렇게 유실되는 부분을 비용이라고 하자. 유실된 후에 최종적으로 남은 물을 순이익이라고 비유할 수 있다.

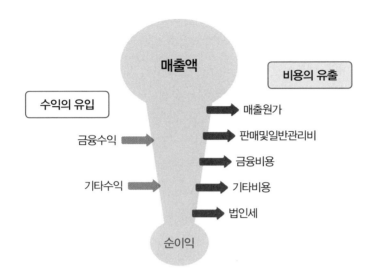

그렇다면 매출액이라는 수원지에서 순이익이라는 수조에 이르는 물의 양을 결정하는 것은 무엇일까? 매출액 수원지에 물이 많을수록 순이익으로 도달하는 물의 양이 많을 것이다. 그런데 가뭄으로 매출액이 줄어든다고 상상해보라. 순이익으로 가는 물줄기는 말라버릴 것이다. 비용으로 빠져나가는 물의 양도 순이익과 관련이 있다. 비용으로 유출되는 물이 많을수록 순이익은 줄어든다. 매출과 비용이 이익을 결정한다.

비용은 고정비와 변동비로 나눌 수 있다. 고정비는 매출액의 크기와 상관없이 항상 일정액이 유출된다. 변동비는 매출액과 연동된다. 매출액이 커지면 변동비도 커진다. 고정비라는 수문은 항상 열려 있고, 변동비 수문은 유동적이다. 물론 비용으로 유출되는 물의 양을 최소화하는 것도 중요한 일이지만, 고정비는 매출과 무관하게 일정하게 유출되며 변동비도 환율, 임금상승, 원자재가격 변동의 영향을 받기 때문에 기업에서 통제하기가 쉽지 않다. 따라서 비용통제보다 매출액 수원지에 물이 많이 불어나게 하는 일이 더 중요하다. 수원지에 물이 많아야만 순이익에 도달할 때까지 물의 흐름이 좋기 때문이다.

수원지에 물이 말라간다고 생각해보라. 고정적으로 나가는 물의 양은 매출액 수위와 상관없이 정해져 있다. 따라서 순이익 흐름은 더욱 줄어들 것이다. 그러므로 중요한 것은 매출이다. 매출이 순이익을 좌우하는 것이다. 비용보다는 탑라인이 바텀라인을 결정한다. 투자자들은 매출액과 순이익 둘 중에 순이익을 중시하는 경향이 있지만, 주가상승에 장기적인 영향력은 매출액이 더 크다.

💰 매출액 성장성이 낮은 기업을 조심하라

〈도표 2-14〉는 다우30 지수(금융섹터 제외)에 해당하는 기업 중 2001년 이후 연간 기준으로 매출증가율 상위 5개 기업과 순이익증가율 상위 5개 기업(흑자전환 기업 포함)의 연평균 누적수익률 추이를 나타낸 것이다. 매출증가율 상위 5개 기업 수익률이 가장 높게 나타난다. 이는 장기투자자 관점에서 매출액의 중요성을 보여준 것으로 이해할 수 있다.

경기침체 국면에서는 매출액증가율이 높은 종목들이 많지 않다. 이 시기에는 마진

[도표 2-14] 미국 기업의 매출액증가율과 순이익증가율

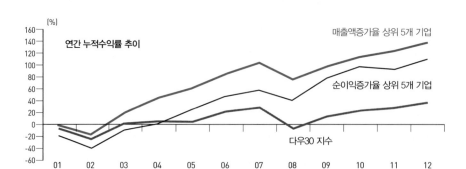

율이 높은 기업이나 구조조정을 통해 순이익증가율이 높게 나타나는 턴어라운드 기업들이 주가상승 면에서 두각을 나타내기도 한다. 한편 저성장 국면에서 성장성은 더욱 돋보인다. 매출액증가율이 높아지기 어려운 시기에 높은 성장성은 시장에서 관심의 초점이 되며, 이러한 성장주가 PER 배수를 높게 받는다.

〈도표 2-15〉를 보자. 기업의 매출액 성장이 정체되었을 때 퇴출될 확률을 보여주고 있다. 매출성장성이 중요함을 단적으로 보여주는 예라고 할 수 있다. 매출액이 3년 연속 정체될 때까지는 큰 문제가 없을 것으로 보이나, 4년 연속으로 매출성장세가 미미할 경우에는 5년 내에 퇴출될 확률이 40%로 급격하게 높아진다. 매출을 성장시키지 못하는 기업은 많은 문제가 누적되고 있음을 보여준다. 그렇다면 매출액을 변동시키는 요인은 무엇일까?

$$매출액 = 가격(P) \times 물량(Q)$$

① 가격을 기업 스스로 결정할 수 있는가? 완전경쟁시장에서 참여기업들은 가격

[도표 2-15] **성장 정체기간과 퇴출 확률 추이**

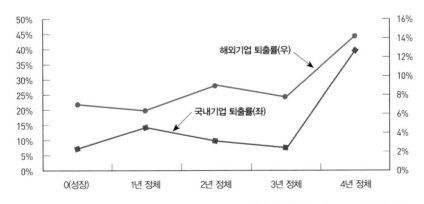

• 자료 : KIS Value, Thomson One Banker

순응자여서 가격결정권이 없다. 원가경쟁력이 있는 기업은 시장가격에 팔더라도 이익률이 높다. 만약 원가경쟁력이 있는 기업이 가격을 낮추게 되면 한계기업은 적자가 나기 때문에 시장에서 퇴출될 것이고, 한계기업의 시장점유율을 경쟁력 있는 기업이 빼앗아 오게 된다. 독과점적 시장점유자일 경우 가격결정권이 강력하다. 그렇기 때문에 경기의 호불황에 상관없이 높은 이익률을 지속적으로 향유할 수 있다.

② 경기가 좋아지면 제품에 대한 수요가 증가하기 때문에 기업들의 매출이 증가한다. 이는 원가경쟁력과 무관하며 경기사이클에 따른 수요증가일 뿐이다. 매출이 증가했을 때 경기변화에 따른 수요 증가 때문인지, 경쟁력 강화에서 오는 시장점유율 상승 때문인지 확인해야 한다.

③ 수출 비중이 높은 기업은 환율변동에 따라 매출이 변동한다. 자국 환율이 상승할 경우 같은 물량을 수출하더라도 환율 상승분만큼 매출이 증가한다. 환율은 대외경쟁력 결정요인이다. 내수기업이면서 원재료 수입 비중이 높을 경우, 환율상승으로 수입 원재료 가격이 상승하면서 마진율이 하락하게 된다.

매출액이 증가했거나 감소했을 경우 앞에서 설명한 3가지 요인 중 어느 요인이 가장 큰 요인이었는지 파악하는 것이 중요하다. 기업이 본질적으로 경쟁력을 잃어 가는지, 아니면 경기 사이클이나 환율 등 외부 환경의 변화에 의한 부진인지 파악해야 한다.

💰 켄 피셔의 주가매출액비율

매출액과 시가총액 관계에 주목한 켄 피셔는 주가매출액비율PSR; Price per Sales Ratio이라는 지표의 유용성을 이야기한다. 통상적으로 매출액에 비해 시가총액 규모가 상대적으로 크거나 작다는 이야기를 하는데, 이때 매출액보다 시가총액이 지나치게 큰 기업은 조심해야 한다. 경쟁사 대비해서 PSR 지표를 활용하는 것이 좋다. PSR은 다음과 같이 계산한다.

$$PSR = 시가총액 \div 매출액$$

PSR은 매출액에 비해 시가총액이 어느 정도 수준인지 나타낸다. 켄 피셔는 왜 매출액 대비 시가총액을 비교하는 지표를 중시했을까? 순이익을 지표로 삼는 PER와 자산가치 지표인 PBR이 있는데, 이 지표들은 각각 이익이나 자산에 근거를 둔 가치평가 지표이다. PSR은 매출액을 기반으로 계산한다. 순이익이나 자산가치는 궁극적으로 매출액에서 나온다. 켄 피셔는 매출액이 순이익과 자산가치를 만들어내는 원천이라고 해석한 것이다. 매출액은 순이익의 원천이 되고, 순이익은 다시 기업의 자산가치를 만드는 이익잉여금 증가로 연결된다. 매출액이 줄어들어서 순이익이 감소하면, PER 배수가 높아지고 자산가치도 감소하기 때문에 PBR도 높아진다. 켄 피셔는 매출액이야말로 기업의 생존에서 매우 중요한 지표라고 생각했으며, 투자자들이 PSR을 통해 좋은 기업을 찾아낼 수 있다고 말했다.

켄 피셔는 《슈퍼 스톡스》에서 PSR 지표로 성장성이 높은 최고 주식을 찾는 방법에 대해 이야기한다. 그는 책에서 초우량 기업을 슈퍼 컴퍼니라고 했는데, 이들 종목 중에서 주가가 폭발적으로 오르는 스타가 탄생하게 된다고 주장했다. 이른바 슈퍼 스톡Supper stock이다. 하지만 초우량기업이 모두 슈퍼스톡이 되는 것이 아니다. 피셔의 연구에 의하면 PSR 지표가 1배 이하인 종목을 골라서 투자해야 하며, 0.5배 수준에서 최고 주식이 나올 가능성이 높다고 한다. 예를 들어 PSR이 0.5 라는 말은 매출액이 5,000억 원인 회사의 시가총액이 2,500억 원이라는 의미이다. 피셔가 말하는 PSR을 투자에 활용하는 절차를 보면 다음과 같다.

① 시가총액이 매출액에 비해 턱없이 낮은 회사를 골라야 한다.

② 그 회사가 독점적 경쟁력을 갖춘 회사인지 파악하라.

③ 독점적 회사는 매출액이익률이 높다.

④ 선정된 회사의 PSR이 0.5배 이하가 될 때 주식을 매입한다.

⑤ PSR이 3배를 넘으면 매도한다.

모든 투자지표는 제각각 장단점이 있다. 각종 기본적·기술적 지표를 사용할 때는 그 지표의 한계 역시 분명히 알고 있어야 한다. PSR 지표를 사용할 때 기업의 자본구조나 이익률 등을 감안하지 않을 경우 문제가 발생한다. 피셔는 독점적 경쟁력의 확보 여부를 통해 불량 기업을 골라내라고 주문한다. 매출액이 크다고 해도 이익률이 낮은 기업이라면 수익성이 낮고 PER가 높을 가능성이 많다.

또한 타인자본을 많이 사용해서 매출확대를 도모하는 기업의 경우, 경기가 침체할 때 금융비용 부담 때문에 실적이 크게 악화될 소지가 있다. PSR로는 기업의 자본구성을 알 수 없다. 피셔는 PSR을 활용할 때는 이러한 단점을 보완하기 위해 독점적 경쟁력을 갖춘 초우량 기업에 한정해서 적용하라고 했다. 초우량기업이라는 말 속에는 자본구조가 탄탄하다는 의미가 내포되어 있다. 영업이익률이나 시장점유율, 부채비율 등을 동시에 살펴보면서 PSR이 낮은 기업을 찾아야 한다.

증수증익 : 가장 바람직한 조합

💰 수익과 이익의 관계

투자자들이 기업이익을 중요시하는 것은 당연하다. 자본을 투자했기 때문에 투자수익률에 관심을 가질 수밖에 없으며, 이익을 많이 내는 기업이야말로 주가상승 요인이 있다고 말할 수 있다. 손익계산서에서 이익이 도출되는 공식을 보자.

수익－비용 ＝ 이익

기업의 대표적인 수익은 매출액이다. 영업외수익에서 이자수입이나 배당금수입도 있지만 비중이 작기 때문에 매출이 가장 중요한 수익이다. 매출이 증가할 때 비용도 증가한다. 고정비는 매출증가에 비례하지는 않지만 변동비는 매출증가에 비례해서 증가한다. 매출증가는 대체적으로 이익증가로 연결되며, 이를 증수증익^{增收增益}이라고 한다. 수익과 이익이 동시에 증가한다는 개념이다. 매출이 증가하는데도 불구하고 이익이 감소할 경우는 증수감익^{增收減益}이다. 매출이 감소하고 이익도 감소하면 감수감익滅收減益이고, 매출은 감소했지만 이익이 증가했을 때는 감수증익滅收增益이다. 각 유형을 살펴보자.

① **증수증익(매출증가, 이익증가)** : 매출액이 100억 원 증가했고, 이익도 20억 원이 증가한 것처럼 두 항목이 동시에 증가한 것이다. 이때는 이익률 변화를 살펴야 한다. 매출증가율이 10%이고 이익증가율이 20%라면 영업이익률이 높아진다. 그러나 매출증가율이 이익증가율보다 높을 경우에는 영업이익률이 낮아진다. 증수증익 기업 중에서도 영업이익률이 증가하는 기업이 좋다. 매출증가에도 불구하고 이익률이 낮아졌을 경우에는 원가율 상승인지, 고정비 부담이 증가했는지 파악해야 한다.

② **감수감익(매출감소, 이익감소)** : 매출이 감소한다는 것은 이익의 원천인 수원지에 수량이 줄어들었다는 것을 의미한다. 이익감소도 당연하다. 이 경우 투자에 신중을 기해야 한다.

③ **증수감익(매출증가, 이익감소)** : 이 경우는 매출이 증가했지만 이익증가를 이끌어내지 못한 것이다. 덩치는 커졌지만 실속이 없는 경영을 한 것이다. 매출증가는 바람직한 일이지만 이익관리에 실패했다. 덤핑판매를 생각해보자. 매출은 증가하겠지만 매출원가율이 높아지기 때문에 판매마진율은 낮아진다. 더불어 고정성 경비인 판관비는 그대로이다. 시장점유율 확대전략을 펴는 기업에서 나타나는 현상이다. 설비투자를 막 끝내고 제품을 만들기 시작하는 기업에서 이런 조합이 발생하기도 한다. 신제품 매출은 증가하지만 감가상각비 등 고정비가 크기 때문이다. 이런 기업은 매출성장 가능성을 담보하고 있기 때문에 신규설비 가동률이 높아지는 시점을 주목해야 한다.

④ **감수증익(매출감소, 이익증가)** : 매출이 감소한다는 것은 바람직하지 못한 현상이다. 경쟁사에게 시장을 잠식당했거나, 경기침체로 인한 수요감소가 발생할 경우에 해당한다. 외형감소에도 불구하고 이익이 증가한다는 것은 비용통제를

잘했다는 의미이다. 원가율이 개선되었는지, 아니면 판관비를 낮췄는지 확인해야 한다. 이런 유형은 영업이익률이 상승한다고 좋게 볼 것이 아니라 매출이 감소한 이유를 파악하는 것이 중요하다.

4가지 유형 중 가장 바람직한 조합은 증수증익 기업이다. 이 중에서도 수익증가율보다 이익증가율이 높아서 이익률이 상승하는 기업이라면 금상첨화다. 감수감익 기업은 투자대상에서 배제해야 한다. 증수감익, 감수증익 기업은 투자판단에 좀 더 세심한 노력을 기울여야 한다.

💰 증수증익 기업 사례분석

매출(수익)이 증가하면서 이익이 증가하는 기업이 가치투자 대상으로서 적합하다. 보통 매출이 증가하면 고정비 효과 때문에 이익률이 상승한다. 증수증익이면서 이익증가율이 큰 종목을 주목해야 한다. 티씨케이 사례를 통해 확인해보자.

〈도표 2-16〉을 보자. 티씨케이는 매출액에 따라 이익이 민감하게 반응하는 기

[도표 2-16] **투자지표 : 티씨케이**

(단위 : %)

	2011	2012	2013	2014	2015
매출액증가율	16.3	−17.9	−28.2	29.0	36.9
영업이익증가율	27.4	−49.9	−56.5	102.7	128.2
매출원가율	62.0	68.5	71.3	68.8	60.4
판관비율	11.2	15.1	18.8	15.6	13.6
영업이익률	26.8	16.4	9.9	15.6	26.0

[도표 2-17] **비용의 성격별 분류**

(단위 : 천 원)

구분	당기	전기
재고자산의 변동	(2,065,319)	(555,449)
원재료와 상품 등의 매입액	8,231,289	8,271,756
종업원급여(주석27)	10,149,012	7,618,861
복리후생비	960,355	725,788
감가상각비, 무형자산상각비(*)	5,242,015	5,015,077
소모품비	8,631,401	5,453,909
지급수수료	2,786,010	2,767,308
수도광열비	2,494,480	2,255,320
기타비용	9,410,831	6,618,866
매출원가와 판매비와 관리비 합계	45,840,074	38,171,436

업이다. 매출액이 증가함에 따라 이익증가율은 폭발적으로 반응한다. 감수감익 기간이었던 2012~2013년은 이익률이 크게 하락했다. 반면에 증수증익으로 돌아섰던 2014~2015년 이익률 상승은 원가율 개선 때문이다. 매출액이 30% 수준으로 증가할 경우 이익증가율은 100%가 넘고 있다. 이로 인해 영업이익률도 급상승하고 있다. 티씨케이가 고정비형 기업임을 알 수 있다. 고정비형 기업은 손익분기점만 넘어서면 이익증가율이 높은 특성이 있다. 비용구조를 살펴보자.

〈도표 2-17〉을 보면 다음과 같은 사실을 알 수 있다. 첫째, 종업원급여가 고정비임에도 크게 증가한 것은 1년간 직원수가 144명에서 198명으로 38% 증가했기 때문이다. 설비증설 등에 따른 생산직 충원이 대부분이다. 둘째, 기타비용이 비교적 큰 금액이나 분류되지 않았다. 운휴자산 상각비 등이 들어 있어 고정비도 포함되어 있다. 법인세도 기타비용에 포함되었다. 셋째, 고정비가 비용에서 차지하는 비중은 2014년 35%, 2015

(단위 : 억 원)

매출원가	373
(고정비)	124
판관비	84.4
(고정비)	35.3

[도표 2-19] **고정비 추이 : 티씨케이**

(단위 : 억원)

	2011	2012	2013	2014	2015
고정비	128	130	126	133	183
매출액	594	488	350	452	619
고정비 ÷ 매출액	21.5%	26.6%	36.0%	29.4%	29.6%

• 2015년 고정비의 상승은 인력확충 때문이다.

년에 35.7%이다.

　분류되지 않은 비용 속에 고정비가 있다고 판단되기 때문에 티씨케이 고정비율은 약 40% 정도로 추정된다. 변동비형 업종의 도소매업 기업들은 변동비율이 80%가 넘는다. 매출원가와 판관비에 고정비가 섞여 있다. 매출원가보다 판관비가 고정비 비중이 높기 때문에 판관비를 고정비로 분류한다.

　〈도표 2-18〉을 보자. 매출원가에 고정비의 절대규모가 크기 때문에 매출액 증가에 따른 고정비 효과는 판관비보다 매출원가에서 더 크게 나타난다. 2016년에야 대규모 증설효과가 본격적으로 나타나기 시작할 것이다. 고수익성 제품인 Sic – Ring 매출비중이 증가하기 때문에 마진율도 높아진다. 고정비인 인건비도 매출증가에 따라 전년보다 낮아질 것이다. 매출원가율과 판관비율이 동시에 낮아지는 기업이다.

증수증익이면서 이익률이 높아지기 위해서는 고정비 효과를 볼 수 있어야 한다. 고정비는 양날의 칼이나 마찬가지다. 경기가 호황이어서 매출이 성장할 때는 고정비 효과로 인해 이익률이 높아지지만, 경기가 불황일 때는 대규모 장치산업에서 볼 수 있듯 높은 고정비 때문에 적자가 발생하게 된다.

👛 감수증익 기업 사례분석

[도표 2-20] **손익계산서 : KCI**

(단위 : 원)

	제25기	제24기
수익(매출액)	38,679,755,135	39,165,387,319
매출원가	25,084,271,387	28,084,850,713
매출총이익	13,595,483,748	11,080,536,606
판매비와관리비	7,169,737,209	7,770,090,513
물류비	97,780,957	93,300,866
판매비	2,180,461,761	2,405,194,029
관리비	4,891,494,491	5,271,595,618
영업이익(손실)	6,425,746,539	3,310,446,093
기타이익	1,525,833,168	1,634,920,128
기타손실	969,221,765	862,907,309
금융수익	190,220,445	89,499,019
금융원가	340,975,968	508,271,135
법인세비용차감전순이익(손실)	6,831,602,419	3,663,686,796
법인세비용	1,373,259,015	356,710,581
당기순이익(손실)	5,458,343,404	3,306,976,215

[도표 2-21] **매출액 분석 : KCI**

① 매출유형

(단위 : 천 원)

구분	제25기	제24기
상품매출	3,344,803	2,997,559
제품매출	35,334,952	36,167,828
합계	38,679,755	39,165,387

② 지역별 매출

(단위 : 천 원)

구분	제25기	제24기
국내매출	9,088,037	8,437,094
해외매출	29,591,718	30,728,293
합계	38,679,755	39,165,387

〈도표 2-20〉 KCI의 손익계산서를 보자. 수익은 1.2% 감소했지만 영업이익은 94.1% 증가했다. 이때는 어떤 투자판단을 내려야 하는가? 〈도표 2-21〉을 보자. 상품매출은 외부에서 사다가 일정마진을 붙여서 파는 것이고, 제품매출은 자체 생산제품 매출이다. 해외매출 비중이 76.5%로 높기 때문에 환율 영향을 분석할 필요가 있다. 판매량이 증가했다고 해도 환율이 하락했을 경우 매출이 감소할 수도 있기 때문이다. 25기 해외매출 비중이 78.5%였다. 국내매출은 증가했는데 해외매출이 감소했다. 매출액은 '판매량×판매단가'이다. 판매량이 줄었는지 판매단가가 하락했는지 살펴봐야 한다. 재무제표 주석란을 보면 이와 관련된 정보를 얻을 수 있다.

〈도표 2-23〉을 보자. 사업보고서에서 '사업의 내용' 부분을 읽어보면 생산량이 나온다. 최근 3년간 생산량 추이를 보면 전년에 비해 감소했음을 알 수 있다. 이어서〈도

[도표 2-22] **2가지 규모**

매출액
(−) 매출원가
(−) 판매및일반관리비
영업이익

[도표 2-23] **사업보고서 '사업의 내용' 부분 : KCI**

라. 생산실적 및 가동률

(1) 생산실적

(단위 : 톤)

구분	제25기	제24기	제23기
생산량	5,100	5,800	4,600

[도표 2-24] **2013~2015년 원달러 환율 추이**

표 2-24)를 보자. 전기(2014년)에 평균환율이 1,050원으로 추정된다. 당기(2015년)는 환율이 상승해서 1,140원이었다. 환율이 약 90원 절하되었고, 절하율이 8.6%였다. 2014년에는 100원 매출을 일으켰다면, 2015년에는 같은 물량을 수출했더라도 108.6원으로 매출이 증가하게 된다. 환율은 회사매출에 우호적으로 작용했다. 가격(P)의 문제가 아니라 물량(Q) 문제임을 알 수 있다.

KCI는 해외매출이 76%를 차지하는 수출형 기업이고, 환율도 상승해서 수출마진율이 높아지는 영업환경을 영위했다. 그런데 해외매출이 줄었다면 이는 수출단가 하락이 아닌 물량감소 요인으로 판단할 수 있다. 같은 물량을 수출했다면 환율효과로 인해 8% 정도 매출이 증가했어야 한다.

해외에서 수요가 감소한 이유는 무엇일까? 사업보고서 정보로는 확인할 수 없기 때문에 회사탐방을 통해 확인해보거나, 계면활성제 시장상황을 분석해야 한다. 사업보고서 분석을 통해서는 매출감소가 수출단가 문제라기보다는 물량감소라고 추정해야 한다. 물론 수입업체가 단가를 하락시켰을 경우도 배제할 수 없다. 이 부분 역시 해당 기업을 통해서 밖에 알 수 없다. 다만 생산량이 12% 줄어들었고, 재고자산도 7% 감소했기 때문에 단가인하 문제가 아니라는 추정이 가능하다. 결론적으로 매출감소가 해외거래처 수요부진 때문이었음을 사업보고서를 통해 확인할 수 있었다.

〈도표 2-22〉를 보면 영업이익은 매출액에서 2가지 비용을 차감해서 나온다. 영업이익이 증가했다면 어느 비용이 줄었는지 확인해야 한다.

💰 매출원가 분석

비용은 매출원가와 판관비로 나눌 수 있다. 이들 각각 비용에는 고정비와 변동비가 포함되어 있다. 고정비는 매출액과 상관없이 일정하게 지출되는 비용이고, 변동비는 매출액과 연동된다. 매출원가에서 고정비와 변동비 비중을 추정해보자. 비용구조에

[도표 2-25] **매출원가 구성**

1. 재료비 (변동비)
2. 노무비 (변동비)
3. 제조경비
· 감가상각비
· 전기, 가스, 수도 (변동비)
· 수선비
· 보험료

[도표 2-26] **최근 5년간 매출원가율과 판관비율 : KCI**

	2011	2012	2013	2014	2015
매출액증가율	−6.7	11.9	10.7	17.8	−1.2
매출원가율(A)	70.9	70.4	71.4	71.7	64.9
판관비율(B)	23.9	22.2	21.3	19.8	18.5
합산비율(A+B)	94.8	92.6	92.8	91.6	83.4
영업이익률	5.2	7.4	7.2	8.4	16.6

서 가장 특징적인 점은 2015년에 원가율이 크게 하락해서 영업이익률이 전년 대비 2배로 높아졌다는 점이다.

〈도표 2-25〉를 보자. 매출원가에서 고정비 항목으로는 감가상각비가 가장 큰 비중을 차지한다. 감가상각비는 매출원가와 판관비에 모두 들어 있기 때문에, 판관비에 해당하는 감가상각비를 제외하고 계산해야 한다. KCI 매출원가에 계상된 감가상각비는 23억 6,000만 원이었다. 매출원가 250억 원에서 고정비가 차지하는 비중이 약 10%, 변동비가 90%라고 추정할 수 있다. 고정비는 5억 원 감소했기 때문에 전체 원가 감소액

30억 원의 17%가 설명되었다. 나머지 원가 감소 83%는 변동비 때문이다.

변동비 중에서 원재료비가 63%를 차지한다. 매출 주력 제품인 양이온 계면활성제의 원재료인 3급 아민을 전량수입에 의존해왔었는데, KCI가 3급 아민 개발에 성공하면서 2015년에는 원료의 50%를 자체조달한 것으로 보인다. 원가율 하락의 핵심은 수입에 의존하던 원료를 자체생산으로 충당했다는 점이다. 2015년 원가율을 크게 낮춘 요인도 바로 원재료 내재화에 있다.

종합해보자. KCI는 2015년 해외에서 수요감소로 매출이 소폭 줄어들었다. 그러나 원재료 자체조달에 성공함으로 원가율을 획기적으로 낮췄고, 이로 인해 이익이 대폭 증가했다. 원가율은 경제적 해자와 관련되며, 원가경쟁력을 확보한다는 것은 곧 마진율 상승을 의미한다. 앞에서 본 대로 매출원가에서 변동비가 차지하는 비중이 높기 때문에 원가율을 낮추기는 쉽지 않다. 궁극적으로 변동비 비중을 낮춰야만 매출증가에 따른 이익증가율을 높일 수 있다.

판관비는 고정비 성격이 대부분이라서 절대규모를 감소시키기는 쉽지 않지만, 매출이 증가하면 고정비율 감소효과를 볼 수 있다. KCI 판관비율은 매출증가에 따라 꾸준히 하락했음을 알 수 있다. 비록 감수증익 기업이기는 하지만 원가율을 낮추는데 성공했기 때문에 긍정적인 측면이 있다.

매출원가 : 제조원가 확정이 우선이다

💰 매출원가는 어떻게 계산되는가?

매출원가를 이해할 때 중요한 것은 제조원가와 관계이다. 공장에서 제품을 생산하는데 드는 비용이 제조원가이다. 한 해에 생산에 투입된 제조원가는 전년도 말 재공품 work in process, 在工品 에서 당기에 제조경비로 투입된 비용을 더하고, 기말 재공품을 차감해서 계산한다. 당기에 제품을 제조하기 위해서 투입된 비용을 확정해야 한다. 단위당 제품을 생산하기 위해 투입된 제조원가가 확정되어야 매출원가를 계산할 수 있다. 다음은 제조원가 계산법이다.

제조원가 = 기초 재공품 + 당기 총 제조비용 − 기말 재공품

계산식에서 기초재공품이란 회계연도가 시작될 때 제조공정 중에 있는 것을 말한다. 여기에 당기에 투입된 제조비용을 더해야 한다. 투입비용은 크게 원재료, 노무비, 제조경비로 나뉜다. 마지막으로 기말에 남은 재공품을 차감하면 당해연도에 제조원가

[도표 2-27] **제조원가와 매출원가**

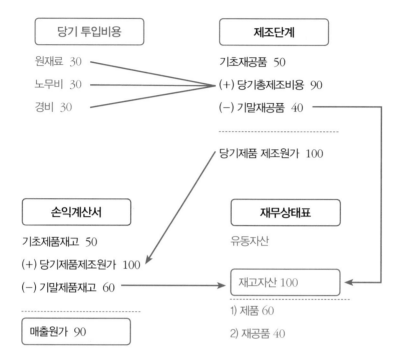

가 계산된다. 제조원가 대부분은 매출에 따라 변동되는 비용이라고 할 수 있다.

　매출원가는 당기에 매출이 발생할 때 이에 부응하는 원가다. 올해 매출이 일어난 부분만큼 매출원가로 계상하는 것이다. 기초재고에 당기제품 제조원가를 더해서 기말제품재고를 빼면 당기 매출원가가 계산된다. 다음은 매출원가 계산법이다.

매출원가 = 기초제품 재고액＋제품 제조원가−기말제품 재고액

　재고자산은 기말재공품과 팔리지 않은 완제품 재고를 합한 것이다. 〈도표 2−27〉 제조단계의 기말재공품 40과 손익계산서의 기말제품재고 60을 합하면 재무상태표의 재

고자산이 된다.

제조원가는 당기에 단위당 제품을 생산할 때 든 비용이며, 매출원가는 제품이 실제로 팔릴 때 들어간 원가이다. 제조원가는 원재료비, 노무비, 제조경비 등으로 구성된다. 매출원가는 완제품으로 만들어진 물건 중에서 매출된 제품에 해당하는 원가이다. 팔리지 않은 제품은 재고자산으로 회계처리한다.

재고자산을 통한 분식회계의 가능성

재무제표에서 제조원가나 재고자산을 부풀리는 수법으로 분식회계를 하는 경우가 있다. 대량생산을 할 경우 제조원가를 낮출 수 있다는 점을 이용한 분식회계이다. 장치산업의 경우 고정비 효과를 볼 수 있기 때문에 가동률이 높아지면 제조원가는 낮아진다. 예를 들어 1,000개를 생산할 때보다 10,000개를 생산할 때 단위당 제조원가가 낮아진다. 이렇게 제조원가를 낮추면 매출원가가 낮아진다.

그러나 매출원가를 낮추기 위해 예상되는 판매량보다 많은 제품을 생산할 경우 물건이 팔리지 않게 되고, 재고자산이 증가한다. 손익계산서에는 매출원가 하락에 따라 이익은 늘어나지만, 재고자산 증가로 운전자본이 증가하여 기업 자금 사정에 부담을 준다. 영업현금흐름도 재고자산이 증가한 부분만큼 나빠진다. 경기가 부진함에도 불구하고 일정 수준의 가동률을 유지시키기 위해 재고를 증가시키는 경우가 종종 있다. 매출원가를 낮추기 위한 경영전략으로 이해할 수 있지만 재고자산이 증가하여 현금흐름을 악화시킨다.

매출원가율 = 매출원가 ÷ 매출액 × 100

매출원가율은 마진율인 매출총이익률을 확정한다. 기업의 마진율이 좋다는 것은 원가율이 낮다는 것을 말한다. 매출총이익에서 판매관리비를 빼면 영업이익이 나온다. 영업이익률이 높은 기업이 경쟁력이 있다고 한다면, 낮은 매출원가율은 높은 영업이익률을 위한 결정적 요인이다. 매출원가율이 낮지 않으면 영업이익률을 높이는데 한계가 있다. 판매관리비는 고정비 성격이 있어서 판관비율을 낮추기는 쉽지 않다. 경제적 해자를 갖는 기업이 영업이익률이 높은 이유는 원가율이 경쟁업체에 비해 낮기 때문이다. 경제적 해자는 낮은 매출원가율에 있다고 해도 과언이 아니다. 모든 제조업체들이 원가경쟁력을 강화시키려고 하는 이유는 경제적 해자를 확보하기 위해서이다. 그러므로 매출원가율 추이를 반드시 살펴야 하며, 원가율이 높아지는 기업은 경제적 해자가 무너지고 있는 기업이라고 간주해야 한다.

　제조업체의 경우 매출원가율이 높아지거나 낮아지는지를 파악하면서, 동시에 재고자산 증감여부도 같이 살펴봐야 한다. 재고를 부풀리는 방식으로 매출원가를 낮출 수 있기 때문이다. 이런 기업은 매출원가가 낮아졌다고 좋아할 일이 아니다. 매출액 대비 재고자산 비율의 변동성이 클 때는 요인이 무엇인지 분석해야 한다.

고정비와 변동비 : 비용의 분류

손익계산서 구조와 비용의 분류

손익계산서를 통해 일정기간 동안 수익과 비용이 얼마나 발생했는지 알 수 있다. 수익과 비용구조를 보면 수익 항목 중에서 가장 큰 것은 매출액이다. 그 외 수익으로는 기타수익과 금융수익이 있다.

비용은 공장에서 제품생산과 관련된 매출원가, 본사의 비용인 판매 및 일반관리비, 영업외비용에 해당되는 기타비용과 금융비용이 있다. 그렇다면 손익계산서에서 중요하고 비중 있는 항목은 무엇일까? 바로 영업이익을 결정하는 매출액, 매출원가, 판관비이다. 금융수익은 투자자산, 금융비용은 차입금과 관련된다. 기타수익과 비용은 비경상적이고 불특정하게 발생되는 제반수익과 비용이다. 손익계산서 구조는 '수익– 비용 = 이익'이다. 이익은 수익과 비용에 의해 결정된다. 이익을 늘리기 위해서는 수익을 늘리거나 비용을 줄여야 한다.

수익을 모두 더하고, 비용을 모두 더해서 둘을 빼면 당기순이익이 나온다. 비용은 고정비와 변동비로 구분된다. 사업보고서 주석란에 비용을 성적별로 분류해놓고 있는

[도표 2-28] 손익계산서 구조

(단위 : 원)

	제39기	
매출액	157,733,505,694	— 수익
매출원가	68,759,907,219	— 비용
매출총이익	88,973,598,475	
판매비와관리비	59,984,293,160	— 비용
영업이익(손실)	28,989,305,315	
기타수익	161,398,531	— 수익
기타비용	3,977,052,422	— 비용
금융수익	839,395,345	— 수익
금융비용	1,770,703,360	— 비용
법인세비용차감전순이익(손실)	24,242,343,409	
법인세비용	2,561,462,291	— 비용
당기순이익(손실)	21,680,881,118	

[도표 2-29] 비용의 성격별 분류

(단위 : 천 원)

구분	당기	전기
재고자산의 변동 및 사용액	4,384,586	6,789,141
종업원급여	54,998,564	47,580,760
지급수수료	27,057,388	23,083,568
유무형자산 상각비	15,877,139	14,994,896
판매수수료	514,760	1,034,665
외주용역비	4,514,773	4,278,464
기타	21,396,990	18,093,253
합계	128,744,200	115,854,747

데, 〈도표 2-29〉를 보면 구체적인 비용지출 내역을 알 수 있다. 재고자산 사용액은 매출원가에 상당하는 변동비이다. 종업원급여는 고정비성 비용이고, 지급수수료는 변동비, 유무형자산 상각비는 고정비, 판매수수료는 변동비, 외주용역비는 변동비, 기타는 소소한 비용을 뭉뚱그려놨다. 고정비는 종업원급여 같은 인건비와 유무형자산 상각비이다. 좀 더 구체적으로 비용에 대해 파악해보자.

- **재고자산 변동 및 사용액** : 재고자산은 매출원가와 관련이 있다. 재고자산 변동 및 사용액은 곧 매출에 관련된 비용이기 때문에 변동비이다. 매출이 증가하거나 감소하면 재고자산 사용도 변동한다.
- **종업원급여** : 공장과 본사에서 근무하는 임직원들의 급여이다. 매출이 일시적으로 증가하거나 감소한다고 해서 종업원들을 늘리거나 줄이기는 어렵다. 임시로 채용한 직원급여는 변동성 경비이고, 종업원급여는 고정비이다.
- **유무형자산 감가상각비** : 매출액과 상관없이 정액법으로 상각해서 비용으로 처리하기 때문에 고정비이다.
- **지급수수료, 판매수수료, 외주용역비** : 지급수수료와 판매수수료는 매출과 관련된 비용이다. 대리점이나 홈쇼핑에 판매를 위탁하고 매출에 상응해서 지출되는 비용이 지급수수료이다. 외주용역비는 기업이 외부에 용역을 맡길 때 발생하는 비용이다. 이러한 비용들은 매출액에 연동해서 변동된다.

고정비형 VS 변동비형

변동비는 매출증감에 따라 변동되는 비용이고, 고정비는 매출액 증감에 상관없이 일정하게 나가는 비용이다. 대규모 장치산업의 경우 감가상각비 비중이 크기 때문에 고정비형 산업에 속하고, 이런 기업은 손익분기점이 변동비형 산업에 비해 높은 편이

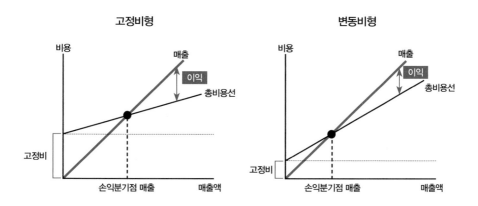

다. 경기가 활황이 될 때는 고정비형 기업이 고정비 효과를 볼 수 있기 때문에 비용곡
선이 완만하고, 이 때문에 이익증가 속도가 변동비형 기업에 비해 가파르다. 변동비형
기업은 비용곡선이 가파르지만 손익분기점은 낮아서 불황에 잘 견디는 편이다. 변동
비와 고정비 비중에 따라 실적 안정성에서 차이가 있다.

〈도표 2-30〉을 보면 다음과 같은 사실을 알 수 있다.

첫째, 고정비 높이가 다르다. 고정비형 기업은 애초부터 고정비를 많이 깔고 간다.
반면에 변동비형 기업은 고정비가 낮다.

둘째, 고정비형 기업은 변동비 비중이 낮기 때문에 총비용선 기울기가 완만하지만,
변동비형 기업은 변동비 비중이 높아서 기울기가 가파르다.

셋째, 매출액과 총비용선이 만나는 지점이 손익분기점 매출이다. 고정비형 기업은
손익분기점 매출이 변동비형 기업에 비해 크다. 많은 고정비를 커버해야 하기 때문이
다. 매출액과 총비용 차이가 기업의 이익이다. 고정비형 기업은 손익분기점을 달성하
기 전까지는 손실을 본다. 그러나 손익분기점을 넘어설 경우 이익증가 폭은 변동비형
기업보다 훨씬 크다. 이것이 경기가 호황일 때 고정비형 기업에 투자해야 하는 이유
다. 반면에 변동비형 기업은 손익분기점 매출이 작지만 경기가 호황이 와서 매출이 크

게 증가해도 변동비 비중이 크기 때문에 이익증가 속도가 낮다.

🪙 고정비 효과

매출원가율은 매출액에서 매출원가가 차지하는 비율이다. 매출원가는 변동성 비용이 많다. 원재료, 노무비, 기타제조경비가 대부분 변동비이다. 공장시설 등에 대한 감가상각비와 무형자산 상각비 같은 고정비도 들어 있다. 매출원가를 낮출 수 있는 방법은 제조공법에 관련되기 때문에 단위당 제조원가를 낮출 수 있는지 여부가 중요하다. 경제적 해자를 가진 기업은 매출원가 경쟁력에서 발군인 기업이라고 할 수 있다.

A사와 B사의 원가율이 10% 차이가 난다고 생각해보자. A사가 시장점유율 싸움을 선언하고 판매가격을 B사보다 10% 낮춰버리면, B사도 물건을 팔기 위해서는 A사처럼 판매가격을 낮춰야 한다. 그런데 B사는 낮아진 가격에 물건을 지속적으로 판매하기 어렵다. 마진율이 10% 하락할 경우 손실이 발생하는 가격이라면 더욱 그렇다. 결국 원가경쟁으로 경쟁사 시장을 빼앗아 올 능력이 있느냐 여부가 중요하다. 시장점유율이 높은 기업은 대부분 원가경쟁력이 탁월하다. 시장점유율 자체가 곧 원가경쟁력이며, 이는 곧 경제적 해자를 갖춘 기업이라는 등식이 성립한다.

판관비율은 경영자의 몫이며 본사에서 발생하는 비용이다. 후선부서 비용이라고 할 수 있는데, 이들 대부분은 고정비이다. 판관비에도 지급수수료처럼 영업실적에 연동되는 변동비가 들어 있지만 대부분은 고정성 비용이다. 경기가 나빠져도 고정비는 지속적으로 들어가기 마련이다. 고정비는 경기가 좋아져서 매출이 급격이 늘더라도 크게 증가하지 않는다. 물론 매출이 증가하면 직원도 충원하고 여타 경비도 증가하지만 매출액이 30% 증가한다고 판관비도 30%나 증가하지는 않는 것이다. 따라서 매출증가에 따라 판관비율은 낮아진다. 이것이 바로 고정비 효과다.

고정비를 낮추는 것은 경영자가 할 일이다. 경비를 효율적으로 집행해서 판관비를

(단위 : 억 원)

	2011	2012	2013	2014	2015
매출액	121	117	235	292	421
매출원가	52	78	117	150	204
(매출원가율)	43%	67%	50%	51%	48%
판관비	64	29	43	62	76
(판관비율)	53%	25%	18%	21%	18%
영업이익	4.9	9.2	75.3	80.1	140.5
(영업이익률)	4%	8%	32%	27%	33%

• 매출액 증가는 제조단가를 하락시키기 때문에 매출원가율은 낮아진다.
• 매출액이 증가하면 고정비 효과가 발생하기 때문에 판관비율은 지속적으로 하락한다.

낮춰야 한다. 그러나 마른 수건을 쥐어짜는 것도 한계가 있다. 비용을 줄여서 판관비율을 낮추는 데는 한계가 있기 때문에, 매출액을 증가시켜서 판관비율을 낮추는 것이 바람직하다. 경기가 나빠져서 매출이 감소하고 적자가 날 때 고정비를 낮추려고 하지만, 보통 경영자는 고정비 중에서 감가상각비는 인위적으로 낮출 수가 없다. 인건비도 큰 비중을 차지하는데, 이를 줄이기 위해서는 직원을 해고해야만 한다. 쉽지 않은 것이다.

〈도표 2-31〉 휴메딕스 비용구조를 통해 고정비 효과를 살펴보자. 2011년 매출액이 121억 원일 때 원가율이 43%였는데, 2015년에 421억 원으로 증가해도 48%이다. 원가율 개선이 쉽지 않다. 그러나 판관비는 고정비 성격이 있어서 매출액증가율보다 증가 속도는 높지 않다. 고정비 효과로 인해 판관비율이 53%에서 18%로 지속적으로 낮아지면서 영업이익률 상승에 기여했다. 매출원가에 포함된 감가상각비와 고정비 성격을 갖는 판관비가 고정비 효과를 만들어낸 것이다. 앞으로 매출이 증가할수록 고정비 효

과를 볼 수 있기 때문에 영업이익률은 더욱 높아질 소지가 있다. 결론적으로 원가율이 낮은 기업이 가장 좋다. 판관비율은 매출증가에 따라 자연스럽게 낮아지지만 원가율이 애초부터 높은 기업은 매출증가에도 불구하고 개선이 쉽지 않기 때문이다.

SECTION 27
손익분기점 : 비용구조가 결정한다

🏦 손익분기점 매출액 의미

손익분기점은 매출액과 총비용이 일치하는 지점이다. 고정비와 변동비 비중에 따라 손익분기점이 다르다. 비용구조를 통해 손익분기점의 의미를 알아보자. 우선 알아둬야 할 것은 '수익 – 비용 = 이익'에서 이익이 제로가 되는 지점이 손익분기점이라는 것이다.

고정비가 많은 기업을 생각해보자. 〈도표 2–32〉를 보면 고정비 높이가 올라가면 총비용선이 위로 올라간다. 손익분기점을 달성하기 위해서는 판매량이 증가해야 한다. 고정비형 기업의 경우 손익분기점을 달성하기 위한 매출규모가 변동비형 기업에 비해 크다. 설비투자를 많이 하는 중후장대 산업의 경우 고정비가 큰 비중을 차지한다. 이런 유형의 기업은 매출이 증가하면 이익증가폭이 크고, 매출이 감소하면 이익감소폭도 크다. 경기에 예민하게 반응하는 기업이기 때문에 경기민감주로 분류된다. 고정비형 기업은 경기호황 초기가 투자적기이다. 반면에 저성장기에는 고정비를 감당하기가 쉽지 않기 때문에 적자전환하는 경우가 많다.

[도표 2-32] 손익분기점 구조

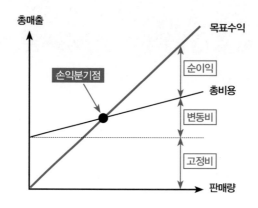

영업레버리지가 높은 고정비형 기업

손익분기점 구하는 공식은 다음과 같다. 매출액과 총비용이 같아지는 지점이다.

매출액 = 고정비+변동비

이 계산식에서 변동비를 왼쪽으로 이동시키자. 그러면 다음과 같다.

매출액−변동비 = 고정비(=공헌이익)

숫자를 대입해서 생각해보자.

매출액 500억 원, 고정비 300억 원, 변동비 200억 원인 기업의 공헌이익은 300억 원이다. 공헌이익이 정확히 고정비를 커버한 규모가 될 때가 손익분기점이다. 그런데 회사가 이익을 내려면 공헌이익이 고정비를 커버하고도 남아야 한다. 공헌이익이 고정비를 넘어설 때부터 이익이 발생하는 것이다. 매출액이 600억 원이 되었다고 하자. 공헌이익은 400억 원이고 순이익은 100억 원이다. 공헌이익이 고정비를 100억 원 이상 능가했기 때문에 이익이 발생한 것이다. 고정비를 커버하고 순이익이 발생하는데 '공헌'한 것이다.

고정비가 많은 기업은 영업레버리지가 큰 기업이라고 말한다. 레버리지는 지렛대를 의미하는데, 영업레버리지라는 말은 영업을 통해 매출이 증가할 때 영업이익에 지렛대 효과가 발생한다는 것이다. 물론 영업이 어려울 때는 부(負)의 지렛대 효과가 나타난다. 고정비가 많은 기업은 매출이 증가할수록 이익증가폭이 크기 때문에 영업레버리지가 높은 기업이다. 이를 계산식으로 나타내면 다음과 같다.

$$영업레버리지 = 영업이익증가율 \div 매출액증가율$$
$$= 공헌이익 \div 영업이익$$

즉 매출액 증가속도와 영업이익 증가속도를 비교한 것이 영업레버리지[DOL, Degree of Operating Leverage]이다. 매출액에 대해 영업이익이 얼마나 예민하게 반응하는지를 나타내는 지표이다. 주식투자에서 시장과 개별기업의 주가반응 정도를 베타(β)라고 하는 것과 비슷하다. 매출액증가율이 10%였는데 영업이익 증가율이 20%였다면 영업레버리지는 2가 된다. 지렛대 효과가 작동했기 때문이다. 반대로 매출이 10% 감소할 경우에는 영업이익이 20% 감소한다. 레버리지가 높은 기업은 경기호황기에는 매출증가율을 크게 상회하는 이익증가율이 나타나지만, 경기불황이 오면 매출감소율을 크게 하회하는 이익감소율이 발생하거나 손실이 발생할 수 있다.

💰 연구개발기업은 고정비형 기업이다

한글과컴퓨터, 씨젠의 사례를 통해 연구개발기업의 고정비 지출을 살펴보자. 연구개발 위주로 하는 기업은 주로 IT, 신약 개발 전문 제약사, 바이오 산업에 많다. 이런 기업의 특성은 고액연봉의 전문연구인력을 고용해서 신기술, 신제품 개발을 통해 성장을 도모한다는 것이다. 연구개발비를 무형자산으로 계상하기 때문에 감가상각비가 많다. 대표적인 고정비인 인건비와 감가상각비가 비용에서 큰 비중을 차지하는 고정비형 기업이다. 통상적으로는 중후장대 산업이 감가상각비가 많은 편이어서 고정비형 기업으로 분류되지만, 연구개발을 중심으로 성장하는 기업도 고정비형 기업으로 분류된다.

〈도표 2-33〉 한글과컴퓨터 비용구조를 보면 기타비용으로 분류된 170억 원에도 고정비성 경비가 많은 편이다. 종업원급여와 감가상각비가 378억 원을 차지한다. 매출원가율이 낮은 대신 판관비율이 높다. 〈도표 2-34〉의 한글과컴퓨터 판관비 내역을 살

[도표 2-33] **비용의 성격별 분류 : 한글과컴퓨터**

(단위 : 천 원)

구분	당기	전기
재고자산의 변동 및 원재료 사용액	549,377	390,407
종업원급여	30,396,076	27,339,099
감가상각비와 무형자산상각비	7,419,530	6,341,121
운반비	82,488	104,254
광고비	1,567,672	1,740,417
기타비용	17,007,122	12,435,251
합계	57,022,265	48,350,549

[도표 2-34] **판매비와 관리비 내역 : 한글과컴퓨터**

(단위 : 천 원)

구분	당기	전기
급여	14,701,412	11,546,343
주식보상비용	913,464	728,919
퇴직급여	1,617,156	1,140,638
복리후생비	2,462,028	2,149,793
교육훈련비	266,862	164,250
여비교통비	1,000,894	648,355
차량유지비	240,637	175,304
통신비	307,998	245,556
소모품비	230,328	284,883
도서인쇄비	44,421	13,233
지급임차료	1,287,080	990,173
감가상각비	520,631	387,598
무형자산상각비	1,256,642	970,532
수선비	111,171	78,865
보험료	110,760	67,783
지급수수료	4,249,984	3,687,779
판매수수료	2,160,161	1,783,192
세금과공과	218,309	198,313
접대비	1,302,358	997,845
광고선전비	1,567,672	1,740,417
판매촉진비	527,251	256,523
대손상각비	160,358	19,822
운반비	81,868	102,591
경상연구비	14,691,795	13,158,166
합계	50,031,240	41,536,873

[도표 2-35] **비용의 성격별 분류 : 씨젠**

(단위 : 천 원)

구분	당기	전기
재료비	4,924,048	4,819,015
상품의 매입액	14,666,622	7,032,394
재고자산의 변동	(4,037,875)	2,632,980
종업원급여	15,426,577	13,929,502
감가상각비	2,145,767	1,992,030
무형자산상각비	2,997,465	2,853,682
광고선전비	1,016,835	1,373,151
지급수수료	3,724,708	3,279,030
경상연구개발비	2,629,871	2,812,020
기타	13,005,927	12,567,316
합계	56,499,945	53,291,120

펴보면 급여, 지급임차료, 경상연구비 등 대부분 고정성 비용으로 구성되어 있다.

〈도표 2-35〉의 진단시약 개발 전문업체인 씨젠 역시 연구개발비 위주의 비용구조를 갖고 있다. 비용항목을 보면 인건비와 감가상각비, 그리고 연구개발비가 크다. 한글과컴퓨터나 씨젠처럼 고정비 비중이 큰 연구개발 기업은 영업레버리지가 큰 편이다. 이런 유형의 기업은 매출이 증가해야만 이익증가폭이 크기 때문에 투자적기는 매출이 급신장하는 시점이다.

[도표 2-36] **고정비 규모 : BGF리테일**

(단위 : 천 원)

구분	제22기	제21기
재고자산의 변동	10,336	(13,522)
재고자산의 매입	3,376,257	2,548,080
급여	135,816	123,328
퇴직급여	10,907	9,423
복리후생비	24,572	28,176
여비교통비	7,343	7,721
수도광열비	6,120	5,838
세금과공과	7,706	7,144
임차료	189,611	172,766
감가상각비, 무형자산상각비	107,789	104,922
수선비	7,957	7,079
소모품비	2,237	2,356
광고선전비	2,654	2,165
판매촉진비	3,848	4,412
지급수수료	195,551	183,297
대손상각비	43	154
교육훈련비	2,228	1,958
행사비	4,776	4,736
회의비	1,924	1,915
조사연구비	2,104	2,027
운반비	32,534	27,842
잡비	4,839	6,871
기타	13,512	5,190
합계	4,150,664	3,243,878

[도표 2-37] 판매관리비율 : BGF리테일

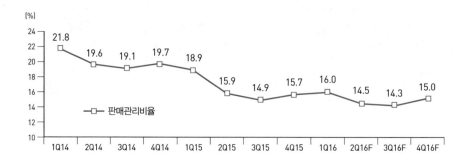

유통업의 비용구조

인건비와 감가상각비는 대표적인 고정비이다. 서비스업이나 연구개발업은 인건비 비중이 높고, 대규모 장치산업은 감가상각비 비중이 큰 편이다. 그렇다면 유통업은 어떨까? 유통업의 경우 대규모 물류시설과 배송차량 등을 보유해야 하며 인력도 많이 필요한 편이다.

편의점에 물건을 공급하는 유통업체 BGF리테일의 비용구조를 통해 고정비형 기업의 특성을 분석해보자. 〈도표 2-36〉을 보면 총비용 중에서 재고자산 매입이 가장 큰 항목이다. 재고자산을 많이 보유해야 하기 때문에 운전자본이 많이 필요한 사업이다. 자금력이 탄탄해야만 이런 사업이 가능하다. 운전자본 다음으로 인건비와 임차료, 감가상각비가 비용의 큰 부분을 차지하고 있다. 지급수수료, 광고비와 판매촉진비도 지속적이고 일정하게 지출되는 고정성 비용이다.

편의점 유통업의 비용구조는 대규모 고정자산 보유 및 운전자본 투입으로 인해서 고정비 비중이 높기 때문에 손익분기점도 높을 수밖에 없다. 규모의 경제를 실현할 수 있는 단계에 이를 경우 고정비 효과를 통한 선순환이 나타나면서 이익규모가 커지게 된다.

이 업종은 편의점에 상품을 조달해줘야 하기 때문에 대규모 재고자산을 보유해야하고, 매출원가 비중이 매우 크다. 고정비인 판관비율은 매출액이 증가할수록 낮아지는 추세에 있다. 그렇기 때문에 편의점 유통업은 점포 숫자가 관건이다. 편의점 유통업의 진입장벽은 물류와 상품소싱을 위한 대규모 고정자산과 운전자산을 확보할 수있는 자금력과 편의점 가맹점 숫자에 있다. 선발주자가 목 좋은 자리를 차지해버리면후발주자는 신규진입이 어렵다. 마진율은 낮지만 손익분기점을 넘어서는 규모의 경제를 확보하게 된다면 경기에 부침이 없는 안정적 사업을 영위할 수 있다.

매출원가 추정 :
비용의 성격별 분류

💰 매출원가 추정

    투자자라면 재무제표를 통해 매출원가를 추정해볼 수 있어야 한다. 매출원가에서 고정비와 변동비 비중이 확인되면 원재료비 상승이나 하락을 통한 수익성 변동을 알 수 있으며, 매출증가에 따른 고정비 효과도 계산된다. 매출액에서 2가지 비용인 매출 원가와 판관비를 제외하면 영업이익이 계산된다. 그렇기 때문에 비용에 대한 성격을 분석하면 영업이익 발생구조에 대한 깊은 이해를 할 수 있다. 사업보고서 주석란을 보면 비용의 성격별 분류에서 2가지 비용을 구분해놓고 있다. 다음의 티씨케이 주석사항을 통해 비용의 성격별 분류를 보자. 이 표를 통해 고정비와 변동비 비중을 파악할 수 있다.

    〈도표 2-39〉를 보면 대표적인 고정비는 인건비와 유무형자산 상각비이다. 도표에서 재고자산 변동이 마이너스인 것은 매출원가 감소효과를 가져왔음을 의미한다. 총비용에서 고정비 비중은 35.7%이다. 티씨케이의 영업이익을 증가시키는 방안에 대해 경영자가 고민한다고 가정하자. 영업이익을 증가시킬 수 있는 방법은 2가지이다.

[도표 2-38] 손익계산서 : 티씨케이

(단위 : 원)

	제21기
수익(매출액)	61,929,727,546
매출원가	37,394,542,072
매출총이익	24,535,185,474
판매비와관리비	8,445,531,809
영업이익(손실)	16,089,653,665
기타이익	827,826,481
기타손실	2,220,546,899
금융수익	624,047,116
금융원가	0
법인세비용차감전순이익(손실)	15,320,980,363
법인세비용	2,154,533,698
당기순이익(손실)	13,166,446,665

[도표 2-39] 비용의 성격별 분류 : 티씨케이

(단위 : 천 원)

구분	당 기	전 기
재고자산의 변동	(2,065,319)	(555,449)
원재료와 상품 등의 매입액	8,231,289	8,271,756
종업원급여	10,149,012	7,618,861
복리후생비	960,355	725,788
감가상각비, 무형자산상각비	5,242,015	5,015,077
소모품비	8,631,401	5,453,909
지급수수료	2,786,010	2,767,308
수도광열비	2,494,480	2,255,320
기타비용	9,410,831	6,618,866
매출원가와 판매비와 관리비 합계	45,840,074	38,171,436

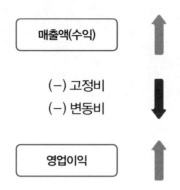

수익확대를 추진하거나 비용을 절감해야 한다(〈도표 2-40〉). 그렇다면 어느 쪽이 쉬울까?

우선 비용을 절감하는 측면을 생각해보자. 고정비는 매출증감에 상관없이 고정적으로 나가는 비용이다. 감가상각비는 정액법으로 매년 상각되며, 인건비 또한 줄이기가 쉽지 않다. 매출이 감소했다고 당장 인건비를 줄일 수는 없다. 반면에 변동비는 매출액에 연동된다. 변동비 중에서 원재료비가 비중이 큰 편인데, 원자재 가격변동이나 환율 등 외부적 요인에 따라 변한다. 그렇기 때문에 변동비는 회사에서 쉽게 줄일 수 없는 항목이다.

결국 영업이익을 늘리기 위해서는 매출을 증가시키는 수밖에 없다. 매출액을 증가시키기 위해서는 경쟁기업의 시장을 빼앗아오거나 경기가 호전되어 산업 전체의 수요가 증가해야 하기 때문에 이것도 결코 쉬운 일은 아니다. 일 년에 매출액이 10% 이상씩만 꾸준히 증가한다고 해도 상당히 좋은 기업이라고 할 수 있다. 하지만 글로벌 경제는 이미 저성장 시대로 접어들었고, 한국의 산업 역시 매년 매출액 증가세가 낮아지고 있는 상황이어서, 기업들이 매년 10% 이상의 매출액 성장률을 유지하기는 결코 쉽지 않다.

[도표 2-41] **기업 규모별 매출증가율 추이**

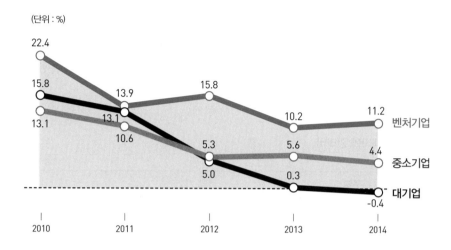

(단위 : %)

22.4
15.8
13.9
15.8
11.2 벤처기업
13.1
13.1
10.6
10.2
5.3
5.6
4.4 중소기업
5.0
0.3
대기업
-0.4

2010 2011 2012 2013 2014

〈도표 2-41〉을 보면, 벤처기업은 매출의 절대규모가 작기 때문에 매출증가율이 비교적 높은 편이지만, 최근 5년간 매출증가율은 지속적으로 낮아져왔다. 한국의 헬스케어 기업들의 경우 매출증가율이 20% 이상이고 영업이익률이 20%를 유지하고 있다. 이를 보면 헬스케어 섹터가 얼마나 좋은 성장성을 확보하고 있는지 미루어 짐작할 수 있다. 높은 성장률을 보이는 기업이 귀해지는 시대가 오고 있는 것이다.

매출액이 증가할 경우에 고정비는 추가로 증가하지 않기 때문에 마진율이 높아지게 된다. 비용에서 고정비가 차지하는 비중이 클수록 고정비 효과는 지렛대 효과를 발휘하게 된다. 대규모 장치산업이 호황기를 맞이했을 때 고정비 효과가 극대화된다. 반면에 변동비는 고정비와 달라서 매출증가에도 불구하고 영업이익 증가에 대한 기여도가 고정비에 비해 낮은 편이다. 비용의 성격별 분류를 통해 고정비형 기업인지, 변동비형 기업인지 확인해야 한다.

💰 매출원가 구조의 추정

사업보고서 주석란에 나오는 비용의 성격 분류에는 모든 비용이 망라되어 있기 때문에 세분해서 매출원가에 해당되는 부분을 추정해야 한다. 비용의 성격별 분류는 매

[도표 2-42] **판매비와 관리비**

(단위 : 천 원)

구분	당 기	전 기
급여	2,268,281	2,206,079
퇴직급여	152,411	125,297
복리후생비	324,906	268,483
여비교통비	185,729	118,377
접대비	126,075	118,325
통신비	35,343	33,777
수도광열비	64,212	81,974
세금과공과	138,789	131,571
감가상각비	259,038	274,752
임차료	35,261	6,928
수선비	6,816	–
보험료	168,873	135,876
차량유지비	185,115	237,211
경상연구개발비	1,523,842	1,078,771
운반비	70,024	74,299
교육훈련비	32,455	46,827

도서인쇄비	4,747	5,621
소모품비	81,212	73,910
지급수수료	2,061,888	1,193,627
광고선전비	21,161	34,315
전산운영비	135,517	129,911
판매수수료	21,946	13,778
무형자산상각비	146,125	143,446
환경관리비	11,660	7,510
대손상각비	71,733	311,248
판매보증비	286,378	143,675
견본비	25,995	62,648
판매비와 관리비의 합계	8,445,532	7,058,236

출원가에 판관비를 더한 수치이다. 따라서 이 자료에서 판관비를 제외하면 매출원가에 해당하는 비용을 뽑아낼 수 있다. 예를 들어 비용의 성격별 분류에서 유무형 감가상각비가 52억 4,200만 원이고, 판관비에서 유무형 감가상각비 4억 500만 원이라면 매출원가 감가상각비 48억 3,700만 원이다. 이렇게 매출원가를 재구성해보면 〈도표 2-43〉과 같다.

원재료비 단위당 얼마의 매출을 일으키는지를 계산할 수도 있다. 2015년에 원재료 단위당 7억 5,200만 원 매출을 일으켰다. 전기에는 5억 4,600만 원이었다. 원재료를 적게 투입하고 많은 매출을 발생시켰다. 원가율 하락에 원재료 투입비용 감소가 크게 기여한 것이다. 신제품 'Sic-Ring'이 고마진으로 판매되었기 때문이다.

제조업의 경우 비용의 성격별 구성을 통해 고정비와 변동비가 차지하는 비중을 확

[도표 2-43] **매출원가 구성 : 티씨케이**

(단위 : 억원)

총비용		458.4		
판관비		84.5		
매출원가		373.9		
				총비용 대비
	원재료비	82.3		18%
	노무비	83.7		18%
	소모품비	85.5		19%
	감가상각비	21.9		5%
	수도광열비	24.3		5%
	지급수수료	7.2		2%
	기타	69.1		15%

인해야 하며, 매출원가 구성을 잘 파악하고 있어야 한다. 원가구조는 기업경쟁력과 관련이 깊기 때문이다. 생산공정을 자동화해 노무비를 줄였는지, 고부가가치 신제품 매출이 기여했는지, 공법을 개선해서 원재료비 투입을 줄였는지, 감가상각비를 통한 고정비 효과가 어느 정도인지 등을 원가분석으로 파악할 수 있다.

영업이익 : 경제적 해자의 근원

영업이익과 경제적 해자

영업이익의 중요성을 많이 이야기하지만, 영업이익은 실체가 있는 개념이라기보다 수익에서 비용을 제외한 것을 지칭하는 용어일 뿐이다. 매출이나 비용은 실체가 있지만, 영업이익 증가와 감소가 구체적으로 무엇을 의미하는지는 매출과 비용분석을 통할 수밖에 없다. 앞에서 영업이익률이 높은 기업은 경제적 해자가 있는 기업이라고 했다. 그렇다면 경제적 해자의 근원은 무엇인가? 매출, 매출원가, 판관비라는 3가지 측면에서 경제적 해자의 근거를 분석해야 한다.

우선 수익의 증가와 비용의 연관성을 살펴보자. 매출원가 경쟁력이 있으면 제품단가를 경쟁사보다 낮게 책정할 수 있고, 이는 곧 매출증가로 연결된다. 평범한 기업이라도 경기호황기가 시작되면 수요가 증가하면서 매출이 자연스럽게 증가한다. 중국의 중산층 인구가 증가하면서 성형인구가 많아지면, 한국 기업의 필러 매출이 증가하는 것과 같은 이치이다. 하지만 시장이 커진다고 해서 곧바로 매출이 증가하는 것은 아니고, 제품경쟁력이 있어야 한다. 그래서 비용구조 파악이 중요하다.

비용은 매출원가와 판관비로 나눌 수 있다.

매출원가는 제품을 얼마나 싸게 만들 수 있느냐 문제이다. 이는 기술 및 공법과 관련된다. 매출원가는 제품마진율을 결정하기 때문이다. 경쟁사보다 싸게 만들수록 마진율은 높아진다. 마진율이 낮은 기업은 경쟁이 치열한 산업에 속해 있는 것이며, 마진율이 높다는 것은 경쟁사를 압도하는 원가경쟁력이 있음을 의미한다. 같은 원재료를 쓰고, 기술인력을 고용하고, 기계설비를 구축해서 제품을 만드는데 왜 어떤 기업은 경쟁사보다 원가를 더 낮출 수 있을까? 이는 기술력과 공법상에서 우월한 면이 있기 때문이다. 그래서 제조업체들은 연구개발비를 투입해 신기술과 신공법을 확보하기 위해 노력한다. 이렇게 해서 확보된 기술격차가 곧 경제적 해자가 되는 것이다.

판관비는 후선부서 비용이다. 공장에서 만든 제품을 판매하고, 연구개발하기 위한 조직을 운영하는 데 드는 비용이다. 판관비는 고정비 성격이 강하기 때문에 이를 줄이기가 쉽지 않다. 결국 원가구조가 기업경쟁력을 좌우한다고 봐도 과언이 아니다. 그래서 경제적 해자의 가장 중요한 결정요인은 원가경쟁력이다. 영업이익률을 분석할 때 매출원가율 동향을 가장 먼저 체크해야 하는 이유가 여기에 있다. 매출원가율이 지속적으로 상승하는 기업은 빨간 신호등이 켜진 것이나 마찬가지여서 투자에 신중을 기해야 한다.

🅦 영업이익과 영업외이익

영업이익은 영업외이익과 다른 성격을 갖고 있다. 영업이익이 영업활동을 통해 창출해내는 이익이어서 본질적이고 지속적인 이익이라면, 영업외이익은 투자활동과 재무활동을 통한 비경상적 이익이다. 부동산이나 유가증권 매각, 환율변동에 따른 이익, 지분법, 이자수입 등이 영업외이익을 구성한다. 영업이익이 영업외이익보다 규모가 당연히 클 수밖에 없다. 바이오기업의 원가 특성을 알아보자.

(단위 : 억 원)

	2011	2012	2013	2014	2015
매출액	217	363	391	759	885
매출원가	27	34	49	69	142
판관비	104	158	175	191	227
영업이익	86	171	167	499	516
기술수출료(매출액에 포함됨)				276	108
매출원가율	12.4%	9.4%	12.5%	9.1%	16.0%
판관비율	47.9%	43.5%	44.8%	25.2%	25.6%
영업이익률	39.6%	47.1%	42.7%	65.7%	58.3%
(기술수출 제외 영업이익률)				46.2%	52.5%

대표적인 바이오기업인 메디톡스의 비용구성과 이익률을 분석해보자. 〈도표 2-44〉를 보면 메디톡스 영업이익률은 2011년 39.6%에서 2015년 58.3%로 높아졌다. 미국 엘러간사에 판매한 기술수출료를 제외한 영업이익률도 52.5%이다. 국내 최고 수준의 이익률이다.

비용면에서 낮은 매출원가율이 특정적이다. 원가율이 20% 이상으로 높아진 적이 없다. 매출원가율이 낮은 이유는 보톨리움 독소 원천기술 보유에서 오는 프리미엄이라고 할 수 있다. 전 세계적으로 보톨리움 독소를 보유한 기업은 손가락으로 꼽을 정도다. 기술력 또한 세계 정상급이기 때문에 원가율이 낮다.

또 하나 주목할만한 부분은 판관비율 추이다. 일반적으로 제조업체들은 원가율이 판관비율보다 높지만 바이오기업이나 제약사의 경우는 원가율이 판관비율보다 낮은 경우가 많다. 도표를 보면 매출액이 증가할수록 판관비율이 급속히 낮아지고 있다. 판관비는 고정성 경비가 큰 비중을 차지하기 때문에, 매출증가에 따른 고정비 효과를 누리고 있다. 메디톡스 판관비율은 200억 원대 매출을 하던 2011년에는 49.9%였지만, 2015년 매출액이 800억 원대로 4배 증가하면서 판관비율이 절반으로 낮아졌다. 영업이익률 상승에 판관비율 감소가 큰 기여를 했다.

SECTION 30 감가상각비 : 가치의 비용화

자산의 가치에 대한 이해

자산이란 무엇인가? 자산은 미래에 경제적 효익效益을 가져다주는 것이다. 여기서 효익이라는 단어의 뜻이 약간은 애매하다. 효效는 효과적이다 혹은 효능이 있다는 뜻이고, 익益은 이익 혹은 이득을 뜻한다. 재무학에서는 미래의 경제적 효익이라는 것은 미래에 현금으로 전환시킬 수 있는 것, 판매될 것으로 기대되는 것, 장래에 기업의 경영활동에 사용될 수 있는 것으로 기대됨을 의미한다. 팔아서 현금화가 가능하거나 사업에 사용할 수 있는 것이 자산인 것이다.

재고도 자산인 이유는 재고를 팔아서 현금화가 가능하기 때문이다. 매출채권도 회수될 때 현금화가 가능하다. 기계장치는 제품을 만드는 데 사용한다. 경영활동에 사용하기 때문에 자산이다. 주식이나 채권 등도 팔면 현금이 생기기 때문에 투자자산이다.

미래에 현금흐름을 창출할 수 있어야만 자산이다. 그러므로 현금흐름을 창출할 수 없다면 자산으로서 가치가 없다. 재고자산을 생각해보자. 옷을 만드는 회사에서 여름 신상품을 만들었는데 예상보다 제품이 팔리지 않았다. 이때 남은 제품이 재고자산이다. 이듬해 여름에 팔 수밖에 없다. 그런데 새해에는 새로운 패션이 유행하게 되고, 지난해에 만든 재고를 매장에 진열해봤자 소비자들은 외면하니 재고자산의 가치는 일 년 전에 비해 떨어질 것이다. 가치가 떨어졌다는 것은 앞으로 현금화했을 때 얻을 수 있는 금액이 줄었다는 것을 의미하며, 이는 자산가치의 감소이다. 그렇다면 이렇게 가치가 진부화되었을 때 재무상태표에 그대로 기재해놓는 것이 정상일까? 아니면 가치가 떨어진 만큼 현실화하는 것이 정상일까?

휴대폰을 만드는 회사도 마찬가지다. 일 년 단위로 성능이 개선되고 디자인이 바뀐 새로운 제품이 쏟아져 나온다. 작년에 만든 구형 휴대폰을 소비자들은 외면한다. 작년보다 싸게 팔지 않을 경우 신형 휴대폰을 찾을 것이다. 구형 휴대폰 재고가치가 감소한 것이다. 그럼에도 불구하고 작년에 만든 휴대폰의 가치를 재무제표에 올해도 그대로 자산가치가 있다고 계상하면 되겠는가? 자산가치가 현금화할 수 있는 것이라고 정의한다면, 가치가 줄어들면 이를 조정해서 다시 장부에 새롭게 기입해야 한다.

공장설비를 보자. 기계장치는 제품을 만들어낼 수 있기 때문에 자산가치가 있다. 제품을 만들어내지 못하는 설비는 자산으로서 수명이 끝난 것이다. 어떤 기계장치를 도입했는데 수명이 5년이다. 5년간 제품을 만들어낼 수 있지만 기한이 끝나면 만들 수 없기 때문에 이 기계장치는 5년 후에는 자산이 아니다. 고철로는 팔 수 있겠지만 자산가치가 크게 떨어지는 것이다. 이처럼 자산가치가 떨어질 때 이를 적정하게 장부에 처리해서 다시 기재해야 한다. 감가상각이란 가치가 감소하는 것, 감가減價된 부분을 비용으로 처리하는償却 일이다.

모든 자산은 미래에 현금흐름을 창출할 수 있는 능력이 있을 때 자산가치가 있다. 만약 현금흐름을 창출할 수 있는 능력이 떨어졌다고 판단될 경우에는 적정하게 그 가치를 다시 계산해서 재무상태표에 기재해야 한다.

💰 유무형자산 감가상각비

유형자산은 손으로 만질 수 있는 자산이다. 기계, 컴퓨터, 건물 등이 유형자산이다. 무형자산은 눈에 보이지 않는 자산이다. 영업권, 특허권, 개발비 등이다. 이러한 무형의 자산도 미래에 현금흐름을 창출할 수 있는 능력이 있기 때문에 자산이다. 특허를 팔 수도 있고, 빌려주고 로열티를 받을 수 있다. 개발비는 신약 등을 만드는 데 투입된 비용을 자산으로 계상한 것이다. 탁월한 신약을 만들어내면 매년 돈을 벌 수 있다. 미래의 현금흐름을 창출하게 되는 것이다. 이렇게 현금흐름 창출을 가능하게 해줬기 때문에 신약을 만드는 데 투입된 비용을 자산으로 계상해놓은 것이다. 이 신약도 처음엔 많이 팔리다가 점차 시간이 지나면 판매금액이 점점 줄어들게 된다. 신약으로 인한 현금흐름이 점점 줄어들면서 개발비의 경제적 효익이 감소한 것이다. 이때 개발비라는 무형자산 가치가 감소되었다고 판단하고 감가상각을 하게 된다. 유형자산과 무형자산 모두 가치가 감소되었다고 판단할 때 감소분만큼 줄여서 자산가치를 새롭게 기재해야 한다.

감가상각비를 좀 더 구체적으로 이해해보자. 기계장치를 도입해서 5년을 사용하는 경우를 상정해보자. 기계장치를 100억 원에 도입해 매년 매출액 200억 원, 이익 50억 원이 발생한다고 가정하자. 이때 감가상각을 할 때와 하지 않을 때 이익의 변동성을 비교해보자.

기계장치 100억 원을 구입할 때 현금을 지급한다. 당해연도에 기계구입비를 전액 비용처리할 경우 100억 원의 비용으로 인해 이익이 −50억 원이 되어서 적자가 난다. 이후엔 50억 원씩 이익이 발생한다. 〈도표 2-45〉를 보면 쉽게 이해할 수 있다. 반면에 일시에 100억 원을 비용처리하지 않고 자산으로 계상해놓고, 내용연수에 따라 균등하게 비용을 처리할 경우 매년 20억 원씩 감가상각비로 나간다. 매년 이익도 30억 원으로 균등하다. 감가상각 유무와 상관없이 이익누계는 같다.

감가상각을 하지 않고 일시에 비용처리할 경우 첫해에 적자폭이 크게 발생한다. 반

[도표 2-45] 감가상각에 따른 이익의 변화

(단위 : 억 원)

		1년차	2년차	3년차	4년차	5년차	누계
매출액		200	200	200	200	200	1,000
이익		50	50	50	50	50	250
기계비용	(감가상각)	20	20	20	20	20	100
	(감가상각 없음)	100	0	0	0	0	100
최종이익	(감가상각)	30	30	30	30	30	150
	(감가상각 없음)	−50	50	50	50	50	150

[도표 2-46] 손익계산서상의 감가상각비 처리

감가상각 없음	
매출액	200
비용	
감가상각비	0
기타비용	150
순이익	50

감가상각 20억 원	
매출액	200
비용	
감가상각비	20
기타비용	150
순이익	30

[도표 2-47] 현금흐름표상의 감각상각비 처리

감가상각 없음	
영업활동현금흐름	
당기순이익	50
감가상각비(+)	
투자활동현금흐름	
재무활동현금흐름	
현금증감	50

감가상각 20억 원	
영업활동현금흐름	
당기순이익	30
감가상각비(+)	20
투자활동현금흐름	
재무활동현금흐름	
현금증감	50

면에 2년차부터는 기계장치 비용이 제로가 된다. 기계장치는 내용연수 동안 수익을 발생시키므로 이에 대응해서 비용처리를 해야 한다. 수익과 비용을 대응시키는 회계처리 원칙에 따라 감가상각으로 유형자산의 가치를 감소시키는 것이다.

감가상각비는 외부에 유출되지 않는 비현금성 비용이다. 손익계산서에서는 이익감소 요인이지만, 현금흐름표에서 영업활동현금흐름에 영향이 없다. 감가상각비가 있을 때와 없을 때의 순이익은 차이가 있다. 감가상각비는 제조원가와 판매및일반관리비에 속한다. 감가상각비는 순이익에 영향을 주지만 현금흐름에는 영향이 없다. 간접법 현금흐름표에서 감가상각비는 현금유출이 없는 비용의 가산항목이기 때문에 감가상각비를 플러스해야 한다. 감가상각을 해서 순이익이 작게 나오기는 하지만, 감가상각을 한다고 해서 기업의 자금사정이 나빠진 것이 아니다. 이 부분은 나중에 현금흐름표에서 자세히 다루겠다.

💰 설비투자 규모와 감가상각비

설비투자는 기업의 미래를 담보하는 일이라서 매년 꾸준히 진행해야 한다. 설비투자를 하지 않을 경우 시설 노후화로 인해 생산성이 떨어지고, 원가율 상승이 되면서 경쟁력을 상실하게 된다. 최신 설비를 도입하고 기술개발을 해야만 살아남는다. 그렇다고 회사의 자금사정을 크게 넘어서는 설비투자는 경영위험을 불러올 수 있기 때문에 적정한 설비투자가 중요하다. 현금흐름표에서 감가상각비와 설비투자 규모를 비교해보는 것이 좋다. 감가상각비와 설비투자가 비슷하면, 영업활동현금흐름으로 창출된 자금으로 설비투자를 집행하고도 잉여현금흐름[FCF]이 플러스가 된다.

〈도표 2-48〉의 더존비즈온 현금흐름표를 보자. 현금흐름의 연도별 추이도 중요하기 때문에 과거 3년간 현금흐름이 증가했는지 확인해야 한다. 현금흐름이 감소했으면 어떤 이유 때문인지 살펴봐야 한다. 39기에 영업활동현금흐름이 425억 원이었다. 감

[도표 2-48] **현금흐름표의 감가상각비와 설비투자 : 더존비즈온**

(단위 : 원)

	제39기	제38기	제37기
영업활동현금흐름	42,594,045,360	37,610,030,851	31,720,733,824
당기순이익(손실)	21,680,881,118	10,940,569,747	13,703,449,961
당기순이익조정을 위한 가감	25,280,850,495	29,240,286,168	20,384,362,248
무형자산처분손실(이익)	(3,350,736)		19,090,910
무형자산손상차손(환입)	2,325,000,000	3,850,370,030	73,070,000
영업권손상차손			
외화환산손실	19,997,491		
감가상각비	11,123,000,137	10,733,490,098	9,557,520,883
무형자산상각비	4,754,138,741	4,261,405,695	3,829,626,145
투자활동현금흐름	(13,861,583,344)	(10,513,541,281)	(21,096,359,437)
기타금융자산의 처분	2,727,421,477	3,599,152,228	1,207,859,071
기타금융자산의 취득	(4,463,037,508)	(4,534,058,306)	(10,328,801,982)
기타금융부채의 감소	(11,100,000)	(47,500,000)	
기타금융부채의 증가	185,010,000		
매도가능금융자산의 취득	(2,541,780)	(215,864,532)	(500,000,000)
매도가능금융자산의 처분	20,357,500	209,927,057	
유형자산의 취득	(9,879,615,302)	(6,254,761,857)	(5,851,006,178)
유형자산의 처분	15,909,092	2,363,636	147,200
무형자산의 취득	(2,513,986,823)	(4,572,799,507)	(5,815,466,638)
무형자산의 처분	60,000,000	1,300,000,000	190,909,090

[도표 2-49] **비용의 성격별 분류 : 휴메딕스**

(단위 : 원)

구분	제13기	제12기
사용된 원재료	5,935,741,752	4,204,498,420
급여	4,370,670,182	3,687,268,678
퇴직급여	315,560,696	243,957,659
복리후생비	701,260,833	469,309,048
감가상각비	1,485,382,139	1,219,712,552
무형자산상각비	16,717,696	19,776,101
임차료	122,546,436	83,764,372
지급수수료	574,140,798	358,031,473
외주가공비	7,755,745,114	6,834,118,191
기타	6,805,622,119	4,046,670,215
합계	28,083,387,765	21,167,106,709

가상각비는 유무형을 포함해서 약 158억 원이었다.

　설비투자와 무형자산 투자규모를 보려면 투자활동현금흐름을 보면 된다. 39기 유무형자산 투자에 약 124억 원이 지출되었다. 감가상각비 158억 원보다 투자비용이 더 작았다. 이렇게 되면 잉여현금흐름이 플러스가 되고, 잉여현금흐름을 재원으로 해서 배당을 주거나 금융자산을 사거나 빚을 갚을 수 있다. 물론 미래에 투자재원으로 활용할 수도 있다. 제조업체 현금흐름표에서 중요한 체크포인트 중 하나는 설비투자 규모와 감가상각비 관계다. 감가상각비가 줄어들면 상대적으로 이익이 증가하기 때문에 손익계산서는 좋아진다. 그러나 설비투자가 지속적으로 감가상각비를 초과할 경우에는 순이익이 증가하더라도 회사의 현금은 부족하게 된다.

감가상각비가 총 비용에서 차지하는 비중도 살펴보는 것이 좋다. 감가상각비가 많다는 것은 설비자산을 대규모로 보유해야만 가능한 사업을 운영하는 기업이라는 뜻이다. 외주가공을 통해 제품을 생산할 경우에는 자체 설비를 많이 갖지 않기 때문에 감가상각비 등의 고정비를 줄일 수 있다. 외주업체에 마진율을 일정 부분 떼어 줘야 하기 때문에 자체적으로 생산할 때보다 이익률이 낮아지지만, 대규모 투자비용을 줄일 수 있고 고정비 비중이 낮기 때문에 경기침체기에 견딜 수 있는 능력을 갖게 된다. 감가상각비와 외주가공비 등은 재무제표 주석항목에서 비용의 성격별 분류에 나온다.

〈도표 2-49〉는 휴메딕스 손익계산서 비용을 성격별로 분류한 것이다. 휴메딕스 비용을 보면 외주가공비가 가장 크다. 자체생산보다 외주생산이 더 많다. 영업이익률을 떨어뜨리는 외주생산을 하고도 영업이익률 30%를 유지한다. 감가상각비는 전체 비용의 5%밖에 되지 않는다. 2016년부터 200억 원 이상을 투입해서 자체 공장을 신설하고 있다. 표를 통해 고정비와 변동비도 알 수 있다. 고정비는 매출에 상관없이 지출되는 비용으로 급여(퇴직급여, 복리후생비 포함), 유무형 감가상각비, 임차료 등이다. 지급수수료는 판매대리점 등에 대한 수수료로 판매금액에 따라 변동되므로 변동비이다. 외주가공비, 원재료도 생산량에 따라 변동된다. 장치산업은 고정비가 많고, 서비스산업은 변동비가 많은 편이다.

💰 유무형자산은 이연된 비용

자산은 미래현금흐름을 창출할 수 있는 가치를 지닌 것이고, 자산 중에서 시간이 경과할수록 가치가 줄어드는 것은 적정하게 평가해줘야 한다. 이때 유형자산의 감가상각이라는 형식으로 비용처리가 필요하다. 토지를 제외한 유형자산은 시간이 흐르면 가치가 줄어든다. 따라서 가치감소분만큼 매년 비용으로 처리해야 한다. 결국 유무형자산은 미래에 비용으로 처리되도록 예정되어 있는 자산이다. 비용을 자산으로 이연移

[도표 2-50] 유형자산 내역 : 삼성전자

(단위 : 백만 원)

	2015
자산	
유동자산	124,814,725
현금및현금성자산	22,636,744
단기금융상품	44,228,800
단기매도가능금융자산	4,627,530
매출채권	25,168,026
미수금	3,352,663
선급금	1,706,003
선급비용	3,170,632
재고자산	18,811,794
기타유동자산	1,035,460
매각예정분류자산	77,073
비유동자산	117,364,796
장기매도가능금융자산	8,332,480
관계기업 및 공동기업 투자	5,276,348
유형자산	86,477,110
무형자산	5,396,311
장기선급비용	4,294,401
이연법인세자산	5,589,108
기타비유동자산	1,999,038
자산총계	242,179,521

延시켜 놓은 것으로 이해하면 된다.

〈도표 2-50〉을 보면 유동자산은 감가상각 대상이 아니다. 재고자산의 경우 가치저하는 평가손실로 계상하면 된다. 비유동자산 중에서 유무형 자산이 많으면 회사의 공신력이 높다고 할 수 있지만, 앞으로 감가상각을 진행해야 하는 이연된 비용이라는 차원으로 볼 수도 있다. '앞으로 비용처리해야 할 자산이 많이 있구나' 정도로 생각해야 한다.

영업이익률 : 어떻게 분석할 것인가?

💰 영업이익률 결정 요인

영업이익률은 3가지 요소에 의해 결정된다.

① 매출액

② 매출원가율

③ 판관비율

매출액은 수요가 증가하거나, 기업경쟁력이 높아져 경쟁사로부터 시장을 빼앗아 올 때 증가한다. 경쟁력이 증가한다는 것은 원가율을 낮추는 것과 관련이 있다. 원가율이 낮아지는 이유도 여러 가지가 있다. 판관비는 고정비 성격이라서 낮추기는 쉽지 않지만, 매출액이 증가하면 판관비율은 낮아진다. 이렇듯 3가지 요소가 서로 맞물려 있다. 구체적인 사례분석을 통해 높은 영업이익률 변동을 가능하게 만드는 조건에 대해 살펴보자.

[도표 2-51] 케어젠, 티씨케이, 더존비즈온 강점

기업명	분야	분석내용
케어젠	헬스케어	펩타이드 기술을 통한 테라피 제품생산
티씨케이	제조업	반도체 소재 분야에서 독보적인 위치
더존비즈온	서비스업	중소기업용 회계 프로그램 강자, 클라우드 사업 확대

[도표 2-52] 비용구조와 영업이익률 추이 : 케어젠

(단위 : 억 원)

	2008	2009	2010	2011	2012	2013	2014	2015
매출액	66	80	108	146	197	212	286	364
매출원가	14	16	23	29	41	61	52	64
판관비	24	35	46	53	65	64	74	95
영업이익	28	29	39	64	91	87	160	205
매출원가율	22%	20%	21%	20%	21%	29%	18%	18%
판관비율	36%	44%	43%	36%	33%	30%	26%	26%
영업이익률	42%	36%	36%	44%	46%	41%	56%	56%

① **시장에서 위상** : 케어젠, 티씨케이, 더존비즈온 3개 종목 모두 자신이 속한 사업분야에서 시장 지배적 위치를 구축하고 있다. 케어젠의 핵심 경쟁력은 펩타이드 기술이다. 펩타이드는 2개 이상의 아미노산이 결합해서 만들어내는 화합물인데, 이 기술을 활용해서 테라피용·두피 관리용 제품을 생산하고 있다. 티씨케이는 반도체, 태양광, LCD 제품 생산공정에 필요한 흑연 소재 소모품을 생산하는 기업이다. 국내 시장점유율 1위 기업이며, 신제품 Sic-Ring을 세계 최초로 개발했다. 더존비즈온은 중소기업용 회계프로그램 시장을 70% 이상 장

악했고, 이를 기반으로하는 클라우드 사업에 선제적으로 투자해서 사업역량을 키우고 있다.

② **산업적 특성** : 3개 기업은 자신들이 속한 산업에서 강력한 시장지배자라는 공통점을 갖고 있다. 또한 이들 기업은 스스로 연구개발을 통해 시장을 만들어간다. 케어젠은 모발 관리와 치료를 하는 헤어케어 개발에 펩타이드 기술과 히알루론산 물질을 결합한 신제품을 만들어냈다. 티씨케이는 진일보한 반도체 소모품을 선보였고, 더존비즈온은 클라우드와 기존 사업을 결합시키면서 사업영역 확대를 도모하고 있다. 기존 시장에 안주하지 않고 시장을 스스로 만들어가는 기업들이라고 할 수 있다.

③ **비용구조** : 회사별 매출원가율과 판관비율 분석을 통해 경쟁력을 확인해보자. 케어젠 영업이익률을 보면 2009년 36%에서 2015년 56%로 높아졌다. 무려 20% 포인트 상승이다. 이 기간에 매출원가율은 크게 개선되지 않았지만 판관비율이 40%대에서 20%대로 낮아졌다. 매출이 증가하면서 고정비 효과가 본격적으로 빛을 발한 것이다. 판관비가 매출증가에 따라 증가하는 이유는 변동비로 인한 것이며, 고정비 절대규모도 증가하기 때문이다. 케어젠은 매출원가율이 애초부터 낮은 기업이라는 점에 주목해야 한다. 원가율이 높은 기업은 영업이익률이 높아지는데 한계가 있다. 고정비가 일정 규모 존재하기 마련이고 이를 줄이는 것은 쉽지 않다. 케어젠 영업이익률이 국내 최고 수준인 이유는 탁월한 원가경쟁력을 바탕으로 매출을 성장시켰기 때문이다. 매출이 증가하면서 고정비 효과가 빛을 발하는 선순환이 이루어지고 있다.

원가경쟁력 → 매출증가 기여 → 판관비율 하락 → 영업이익률 상승 → 경쟁력 강화케어젠은 펩타이드 기술을 확보하면서 이를 응용한 고마진 제품 파이프라인을 확대해나가는 기업이다. 경쟁력 유지의 관건은 경쟁업체들이 과연 케어젠 수준의 펩타이드 기술을 확보할 수 있느냐에 있다. 경제적 해자는 경쟁기업과 기술격차를 유지할 수 있어야 유지된다.

〈도표 2-53〉을 보자. 티씨케이는 2008년부터 매출액이 지속적으로 증가해왔다. 2012~2013년의 역성장은 전방산업인 태양광과 LCD, 반도체 산업이 부진했기 때문이다. 매출이 증가세로 돌아서는 2014년부터 이익률이 다시 높아지고 있다. 비용구조를 보면 판관비 절대규모가 크지 않기 때문에 매출액 규모에 따라 원가율 변동성이 큰 편이다. 장치산업이어서 고정비가 차지하는 비중이 높은 기업이다.

티씨케이는 삼성전자나 SK하이닉스 같은 대기업을 상대로 영업을 하기 때문에 소매업이나 서비스업처럼 판관비율이 높지 않다. 판관비율은 15% 전후에서 꾸준히 관리되고 있다. 반면에 매출원가율은 고정비 효과로 인해 매출액 규모에 좌우된다. 티씨

[도표 2-53] **비용구조와 영업이익률 추이 : 티씨케이**

(단위 : 억 원)

	2008	2009	2010	2011	2012	2013	2014	2015
매출액	310	334	511	594	488	351	452	619
매출원가	183	211	324	368	334	250	311	374
판관비	55	58	62	67	74	66	71	85
영업이익	72	65	125	159	80	35	70	160
매출원가율	59%	63%	63%	62%	68%	71%	69%	60%
판관비율	18%	17%	12%	11%	15%	19%	16%	14%
영업이익률	23%	19%	24%	27%	16%	10%	15%	26%

(단위 : 억 원)

	2010	2011	2012	2013	2014	2015
매출액	1,174	1,156	1,249	1,296	1,364	1,577
매출원가	504	554	586	630	669	688
판관비	365	426	422	482	490	600
영업이익	305	176	241	184	205	289
매출원가율	43%	48%	47%	49%	49%	44%
판관비율	31%	37%	34%	37%	36%	38%
영업이익률	26%	15%	19%	14%	15%	18%

케이의 경제적 해자는 시장지배력을 만들어내는 기술력에 있다. 고정비형 산업이기 때문에 전방산업 경기동향도 이익률에 영향을 미치는 변수이다. 티씨케이는 전방산업 부진을 신제품 개발로 타개하면서 매출을 증가시켰고, 이로 인해 고정비 효과를 누리면서 영업이익률이 상승하는 기업이다.

〈도표 2-54〉의 더존비즈온은 매출원가율과 판관비율이 크게 차이가 나지 않는 비용구조를 갖고 있다. 이 회사는 중소기업을 상대로 회계프로그램을 팔고, 이를 유지 및 관리하기 위한 직원이 필요하기 때문에 인건비 비중이 높은 편이다. 유무형자산 비중도 높은 편이어서 감가상각비가 많다. 인건비와 감가상각비는 대표적인 고정비용이다. 클라우드 사업을 강화하면서 대규모 투자를 단행했다. 이로 인해 감가상각비가 증가하면서 이익률이 일시적으로 낮아졌지만, 투자에 따른 매출증가 효과가 본격적으로 나타나기 시작하자 영업이익률이 상승추세로 돌아섰다. 고정비 효과가 발휘되기 시작한 것이다.

더존비즈온은 강력한 시장지배력을 확보하고 있고 평균적으로 영업이익률 20% 수준은 유지해온 기업이다. 중소기업용 회계프로그램 시장이 포화상태가 되면서 매출이 정체되자, 이를 타개하기 위해 클라우드 사업에 진출하면서 활로를 모색하고 있다. 향후 더존비즈온 영업성과는 신규사업인 클라우드 매출성장 가능성과 감가상각비 감소에 따른 판관비율 하락에 달려 있다.

영업레버리지 vs 재무레버리지

💰 영업레버리지 개념

기업의 비용은 고정비와 변동비로 구성된다. 고정비 비중이 클 경우 변동비가 큰 기업보다 손익분기점에 도달해야 할 매출액이 높다. 고정비형 기업은 손익분기점을 넘어설 경우 이익증가 속도가 가파르다. 이는 고정비가 지렛대 효과를 발휘하기 때문인데, 이것을 영업레버리지라고 한다. 〈도표 2-55〉를 보면 매출이 10% 변동하는데 고정비가 영업레버리지로 작용하면서 영업이익이 300%씩 변동된다.

고정비를 구성하는 항목 중에는 인건비와 감가상각비가 가장 큰 비중을 차지한다. 제조업의 경우 설비투자가 많을수록 감가상각비가 증가하게 된다. 고정비인 감가상각비는 매출이 늘거나 줄어도 크게 변화하지 않는다. 고정비용이 전체 제조원가에서 차지하는 비중이 높아질 때 영업레버리지가 높아진다. 설비투자 후에 매출이 증가해서 매출액 대비 고정비율이 낮아지면 영업레버리지는 회사 실적에 긍정적으로 작용하지만, 경기가 침체되어 매출이 부진하면 고정비 부담 때문에 실적이 크게 악화된다. 때문에 영업레버리지는 양날의 칼이다.

[도표 2-55] 매출액 10% 변동에 따른 영업레버리지 효과

항목	10% 감소	현재	10% 증가
매출액	450	500	550
(-)고정비	290	290	290
(-)변동비	180	200	220
영업이익	-20	10	40

←————— 300% 감소   300% 증가 —————→

고정비가 큰 기업은 매출액이 조금만 변해도 영업이익 변동성이 크다. 이를 고정비에 의한 영업레버리지 효과라고 한다. 고정비 비중이 큰 기업이 매출액 성장성이 높을 때, 고정비율이 낮아지면서 순이익이 크게 증가하게 된다. 경기호황기에 진입할 때 중후장대 산업이 영업레버리지 효과를 통해 이익을 크게 증대시킨다. 경기침체기에는 반대로 작동한다. 따라서 고정비형 기업의 실적은 경기순환과 밀접하게 관련되어 있기 때문에 경기민감주라고 부르기도 한다.

💰 재무레버리지 개념

기업이 설비투자에 필요한 자금조달을 한다고 생각해보자. 우선 현금성자산 등 사내에 보유한 자금으로 투자를 충당하겠지만, 그래도 부족할 경우 차입이나 회사채 발행, 유상증자를 해야 한다. 타인자본 조달이냐 자기자본 조달이냐 문제에 봉착하면서 조달비용 문제를 따지게 된다. 가중평균자본비용에서 검토했듯이 자기자본 조달비용이 타인자본 조달비용보다 더 높기 때문에 경영자 입장에서는 타인자본 조달을 선호하는 경향이 있다.

[도표 2-56] 영업이익 변동에 따른 재무레버리지 효과

항목	40% 감소	현재	40% 증가
영업이익	60	100	140
이자	20	20	20
세전이익(EBT)	40	80	120
법인세	20	40	60
세후순이익	20	40	60

← 50% 감소   50% 증가 →

기업이 타인자본 조달로 자금확보를 결정했을 경우를 생각해보자. 유이자 부채가 증가하게 되면 이자비용이 증가하게 되고 이는 고정 재무비용 증가를 의미하는데, 이를 재무레버리지라고 한다. 재무레버리지가 상승할 경우 순이익 변동성 역시 높아진다. 설비투자를 통해 매출이 확대되면서 이자비용을 넘어서는 수익을 달성할 경우 순이익 증가 속도가 빠르다. 하지만 설비투자 후에도 매출성장성이 지지부진할 경우 고정비용인 이자비용 부담이 가중되어 이익감소 속도를 가파르게 하는 지렛대 작용을 한다.

영업이익 변동에 따라 순이익이 비례적으로 변동하지 않고 재무레버리지가 작동해서 변동성이 커지게 된다. 이자비용이 클수록 재무레버리지 효과는 커진다. 고정 재무비용이 이익변동성을 확대시키는 역할을 한다. 〈도표 2-56〉을 보면 영업이익 변동폭보다 세후순이익 변동폭이 더 크게 나타나는 것은 재무레버리지 때문이다.

기업은 설비투자를 통해 경쟁력을 강화하면서 성장을 도모한다. 이때 감가상각비와 이자비용이 동시에 증가하기 때문에 영업레버리지와 재무레버리지도 동시에 높아지면서 이익변동성이 커진다. 설비투자 후에 투자한 비용을 상쇄하고도 남을 정도로

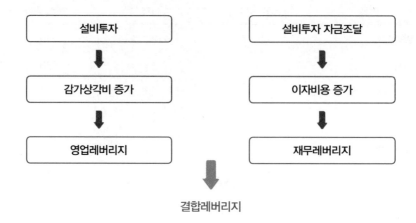

[도표 2-57] 고정자산 투자에 따른 레버리지 효과

설비투자 → 감가상각비 증가 → 영업레버리지

설비투자 자금조달 → 이자비용 증가 → 재무레버리지

결합레버리지

매출이 증가할 때는 레버리지 효과가 긍정적으로 작동할 것이지만, 설비투자 후에 매출이 지지부진할 경우에는 손실폭이 커지게 된다. 따라서 설비투자를 많이 하는 기업을 분석할 때는 고정비용인 감가상각비와 이자비용이 회사 이익에 미칠 영향을 분석해야 한다.

다시 말하지만 레버리지는 양날의 칼이다. 레버리지는 경기호황기 때는 이익증가를 가속화시키지만, 경기가 불황으로 접어들면 이익감소를 가속화시킨다. 지렛대가 양방향으로 작동하면서 이익변동성을 확대시키는 것이다. 이때 긍정적인 레버리지 효과가 나타날 가능성이 높은 기업을 찾는 것이 투자자가 할 일이다. 설비투자가 반드시 성공한다는 보장이 없기 때문에 대규모 설비투자를 하는 기업은 레버리지 효과를 철저히 분석해야 한다.

지분법 : 재무제표에 어떤 영향을 주는가?

💰 지분법이란 무엇인가?

지분법을 이해하기 위해서는 관계기업, 종속기업, 연결대상 등에 대한 이해가 필요하다. 기업은 필요에 의해 혹은 자산운용 차원에서 타기업 지분을 취득하는데, 보유지분을 성격에 따라 3가지로 분류할 수 있다.

- **투자유가증권** : 시세차익을 목적으로 하는 보유
- **관계기업 투자** : 20% 이상 지분을 보유하면서 중대한 영향력을 행사할 경우
- **연결대상** : 50% 이상 지분을 갖고 있거나 실질적인 지배력을 행사하는 경우

지분법은 20% 이상 지분을 보유하고 있거나 20% 미만 지분을 보유하지만 피투자회사에 중대한 영향력을 행사할 경우, 지분법 개념에 입각해서 재무제표에 반영하는 것을 말한다. 실질적인 지배력을 행사한다면 지분법이 아닌 연결대상이다. 이는 재무상태표에서 비유동자산 항목 중 '관계기업 투자'를 보면 알 수 있다. 관계기업 투자 세부

내용은 사업보고서 주석사항에서 볼 수 있다.

여기서 중요한 것은 지분법이 적용될 경우 회사 재무제표에 변화가 있다는 점이다. 영업이익 못지않게 지분법 손익이 당기순이익에 큰 영향을 주는 기업도 있다. 음식료 회사인 동서의 경우가 대표적이다. 동서는 동서식품 지분 50%를 보유하고 있으며, 공동투자 목적이라서 관계기업으로 분류된다. 동서의 영업이익보다 관계기업인 동서식품의 지분법 이익이 더 크다. 재무제표에서 지분법 이익은 다음과 같이 계상

[도표 2-58] **손익계산서의 지분법 이익 : 동서**

(단위 : 원)

	제41기	제40기	제39기
매출	509,394,171,661	502,655,538,188	470,368,827,245
매출원가	420,385,632,623	409,777,968,152	383,022,548,766
매출총이익	89,008,539,038	92,877,570,036	87,346,278,479
판매비	11,951,383,011	12,409,924,502	10,824,898,808
일반관리비	28,214,765,764	26,321,626,315	25,561,033,300
영업이익	48,842,390,263	54,146,019,219	50,960,346,371
금융이익	11,106,155,094	13,307,493,984	13,479,828,056
금융원가	199,937,462	115,290,837	31,919,306
지분법투자이익	93,677,930,361	92,010,901,642	93,289,841,044
기타영업외이익	6,403,019,155	6,334,928,524	5,347,345,285
기타영업외비용	3,832,782,135	2,034,699,586	2,647,129,717
법인세비용차감전순이익	155,996,775,276	163,649,352,946	160,398,311,733
법인세비용	31,030,371,372	32,635,809,566	33,908,223,869
당기순이익	124,966,403,904	131,013,543,380	126,490,087,864

한다.

- **손익계산서** : 피투자회사 이익에 투자지분율을 곱해서 지분법 투자이익으로 계상한다. 지분법 투자손익은 평가손익이어서 미실현된 손익에 해당된다. 따라서 법인세법상 손·익금 대상이 아니다. 법인세 신고시 지분법손익은 익금불산입 또는 손금불산입 세무조정을 해야 한다.
- **재무상태표** : 피투자회사 순자산가치 변화에 따른 조정이 필요하다. 배당금을 지급받았을 경우 피투자회사에 대한 투자액을 그만큼 차감해줘야 한다. 피투자회사 이익잉여금에서 배당금이 빠져나갔기 때문에 자산가치가 감소한 것이다.
- **현금흐름표** : 지분법 투자이익은 회계상 평가이익일 뿐이며 현금이 유입되지 않는다. 따라서 영업현금흐름에서 이를 차감해야 한다. 피투자회사가 배당금을 지급했다면 현금흐름 유입이다.

🝰 사업보고서에서 지분법 보는 법

동서의 사업보고서를 통해 지분법을 이해해보자. 동서가 투자한 관계회사를 알려면 사업보고서에서 '계열사 등에 관한 사항'란을 보면 된다. 〈도표 2-59〉를 보자. 동서는 동서식품에 4,500만 원을 최초로 투자한 이후에 지속적으로 투자금액을 늘렸고, 현재는 2,908억 원을 투자한 상태임을 알 수 있다. 2015년 결산에서 기초와 기말 잔액이 같다는 것은 2015년에 동서가 동서식품의 지분을 추가로 취득하거나 처분하지 않았음을 의미한다. 동서가 동서식품에 투자한 금액을 장부가격으로 기재하고 있다.

그런데 동서의 자산란에서 '관계기업투자'는 투자금액과 다르게 회계처리한다. 피투자회사인 동서식품의 순자산가치가 변동하면 지분법에 따라 조정을 해줘야 한다.

[도표 2-59] **타법인출자 현황 : 동서**

(단위 : 천원, 주, %)

법인명	최초취득금액	기초잔액			증가(감소)			기말잔액			최근사업연도 재무현황	
		수량	지분율	장부 가액	취득(처분)		평가손익	수량	지분율	장부가액	총자산	당기순손익
					수량	금액						
동서식품(주)	45,000	17,200,000	50.00	290,859,106	–	–	–	17,200,000	50.00	290,859,106	1,084,647,412	170,336,714
동서유지(주)	400,000	480,000	48.00	48,392,968	–	–	–	480,000	48.00	48,392,968	95,017,800	15,624,659
동서물산(주)	61,600	187,500	62.50	14,112,177	–	–	–	187,500	62.50	14,112,177	64,318,913	9,010,458
(주)성제개발	1,600,000	430,904	43.09	5,931,512	–	–	–	430,904	43.09	5,931,512	10,939,980	657,878
(주)대성기계	5,000	144,000	48.00	1,293,134	–	–	–	144,000	48.00	1,293,134	9,834,811	2,604,405
동서실업유한공사	92,940	–	100.00	2,117,961	–	744,763	–	–	100.00	1,373,198	1,929,051	211,585
한국파렛트풀(주)	10,000	34,114	1.73	473,640	–	–	–	34,114	1.73	473,640	496,981,793	25,990,122
동서음료(주)	34,000	10,200	17.00	51,000	–	–	–	10,200	17.00	51,000	3,565,394	365,008
		–	–	363,231,498	–	744,763	–	–	–	362,486,735	–	–

• 2015년 12월 31일 기준

동서식품은 매년 사업을 통해 이익을 낸다. 이익의 발생은 곧 순자산가치의 증가를 의미하고 이를 지분법에 반영해야 한다. 이렇게 반영된 관계회사 지분법은 뒤에 나오는 〈도표 2-60〉과 같다. 이는 동서가 지금까지 동서식품에 2,908억 원을 투자했는데 현재 지분법에 따른 자산가치는 5,257억 원이라는 의미이다. 동서식품이 꾸준히 이익을 내면서 순자산가치를 높여왔기 때문이다. 동서식품을 청산할 경우 동서에게 돌아올 청산가치는 5,257억 원이다. 동서는 동서식품을 보유함으로서 매년 배당을 꾸준히 받고 있으며, 동시에 투자자산 가치도 매년 높아지고 있음을 의미한다.

그렇다면 관계기업 투자주식을 지분법이라는 평가방식으로 회계처리하는 이유는 무엇인가? 이는 피투자회사를 시장가치(=공정가치)대로 평가하는 것보다 순자산가치로 평가하는 것이 기업의 본질가치를 더 잘 나타내준다고 보기 때문이다. 그런데 시장가치와 순자산가치 간에 괴리감이 클 경우도 있다. 이때는 주석사항을 통해 시장가치를 별도로 표시해준다. 지분법 투자와 관련해서는 다음 사항을 중점적으로 보면 된다.

① 지분법 투자 내역은 재무상태표 비유동자산 항목의 '관계기업투자'에 나온다.
② 손익계산서에서는 지분법 투자 이익 혹은 손실을 영업외손익으로 계상한다.
③ 지분법 손익은 서류상 손익일 뿐이며 현금이 오가지 않는 비현금손익이다. 현금흐름표에서 이를 반영해야 한다.
④ 지분법 자산은 피투자회사 순자산가치 변동에 따라 변동된다.
⑤ 지분법 순자산가치와 시장가치 사이에 괴리가 큰 경우도 있다.

💰 지분법 변동 사례

지분율이 20% 이상이면서 연결대상이 아니지만 중대한 영향력을 행사할 수 있는 자회사는 지분법 대상이다. 피투자회사 경영실적에 따라 투자회사는 지분법 손익을 계상해야 하며, 배당을 받을 경우에는 재무상태표도 변동시켜야 한다. 피투자회사 실적이 변할 때 투자회사의 재무제표에 어떤 영향을 미치는지 살펴보자. 먼저 관계기업에 얼마나 투자했는지를 알기 위해서는 재무상태표 비유동자산 항목을 보면 된다.

동서의 경우 지분법 투자규모가 비유동자산의 대부분을 차지하고 있다. 지분법 이익이 동서에 미치는 영향이 상당한 것이다. 동서의 투자회사들 실적이 변할 경우 재무제표에 어떤 변화가 있는지 살펴볼 필요가 있다.

피투자회사 실적변화에 따른 투자회사의 ① 손익계산서 변화, ② 현금흐름표 변화, ③ 재무상태표 변화를 확인해보자. 동서의 가장 큰 투자회사인 동서식품을 대상으로 해서 지분법을 회계처리하는 과정을 알아보자.

우선 지분법의 기본개념은 피투자회사 순자산가치가 변화한 부분을 투자회사가 반

[도표 2-60] 관계회사 지분법 자산 변화 : 동서

(단위 : 원)

	제41기	제40기	제39기
자산			
유동자산	626,190,376,312	582,148,754,538	539,322,773,740
현금및현금성자산	36,311,091,099	53,044,899,934	97,720,157,806
단기금융상품	432,000,000,000	385,500,000,000	293,000,000,000
당기손익인식금융자산	2,930,208,000	0	0
만기보유금융자산	65,008,365,000	60,070,860,000	68,024,170,000
매출채권및기타채권	59,551,054,522	56,634,704,830	53,603,473,093
기타유동자산	155,855,066	170,507,496	467,067,226
재고자산	30,233,802,625	26,727,782,278	26,507,905,615
비유동자산	630,179,026,786	593,614,434,101	573,462,206,907
장기금융상품	12,500,000	12,500,000	12,500,000
매도가능금융자산	473,640,000	473,640,000	3,345,892,095
만기보유금융자산	151,050,000	146,990,000	181,795,000
관계기업및공동기업투자	525,772,998,030	492,890,173,838	466,389,668,947
장기매출채권및기타채권	120,849,000	120,849,000	141,949,000
기타비유동자산	1,712,399	805,176	1,247,041
유형자산	80,933,470,612	76,825,715,897	80,054,165,648
무형자산	2,090,503,335	2,444,953,322	2,549,673,158
투자부동산	20,622,303,410	20,698,806,868	20,785,316,018
자산총계	1,256,369,403,098	1,175,763,188,639	1,112,784,980,647

피투자회사 손익계산서와 재무상태표 I

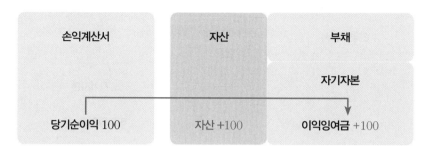

투자회사 손익계산서와 재무상태표 I

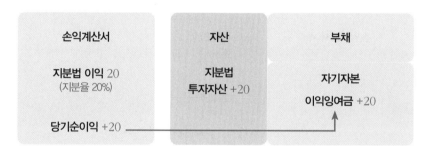

영해주는 것이라고 이해하면 된다. 피투자회사가 100억 원 이익을 내고 투자회사의 지분율이 20%일 때, 지분법 이익을 20억 원을 손익계산서에 계상한다. 이때 재무상태표는 이익잉여금 20억 원이 증가하는 효과가 있다. 피투자회사 순자산가치가 100억 원 증가했고, 증가분의 20%가 투자회사 순자산가치 증가로 연결되는 것이다(〈도표 2-61〉, 〈도표 2-62〉).

〈도표 2-63〉처럼 피투자회사가 배당을 실시했을 경우를 생각해보자. 당해연도 배당성향이 50%였고, 배당금은 50억 원이었다. 피투자회사 순자산가치는 배당한 금액만큼 줄어든다. 투자회사의 변화를 보면 배당금을 10억 원 수령했으니 현금이 10억 원이 증가한다. 한편 피투자회사 순자산가치가 배당실시 금액인 50억 원 만큼 줄었으니

[도표 2-63] **피투자회사 손익계산서와 재무상태표 II**

[도표 2-64] **투자회사 손익계산서와 재무상태표 II**

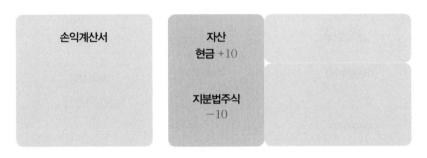

투자회사도 피투자회사의 순자산가치 감소분을 반영해서 〈도표 2-64〉처럼 회계처리
해야 한다.

🪙 동서의 지분법 사례

동서식품이 배당을 실시하면 재무상태표에 현금증가로 처리하고, 동시에 지분법에
서 배당금 받은 액수만큼 감액시킨다. 이 부분은 사업보고서 주석란에 상세하게 나온
다. 〈도표 2-65〉를 보면 배당금 560억 원을 수령했기 때문에 장부가액에서 이를 차감

[도표 2-65] **지분법 장부가액 조정내역 : 동서**

(단위 : 천 원)

구분	법인명	기초	배당금수령	지분법투자 이익	(부의)지분법 자본변동	(부의)지분법 이익잉여금	기말
공동기업	동서식품㈜	428,577,561	(56,000,000)	85,012,098	243,043	940,625	458,773,327
관계기업	동서유지㈜	58,251,520	(5,280,000)	7,449,391	–	(22,089)	60,398,822
관계기업	㈜성제개발	5,949,395	(215,452)	134,537	97,114	4,482	5,970,076
관계기업	㈜대성기계	–	(720,000)	1,019,488	162,271	–	461,759
관계기업	동서음료㈜	111,698	(5,100)	62,416	–	–	169,014
합계		492,890,174	(62,220,552)	93,677,930	502,428	923,018	525,772,998

[도표 2-66] **현금흐름표에서 배당금 수입과 지분법 이익 : 동서**

(단위 : 원)

	제41기	제40기	제39기
영업활동으로 인한 현금흐름	109,312,076,308	94,691,135,484	107,925,348,589
영업활동에서 창출된 현금흐름	63,300,724,528	46,864,154,540	62,980,902,147
당기순이익	124,966,403,904	131,013,543,380	126,490,087,864
조정	(61,665,679,376)	(84,149,388,840)	(63,509,185,717)
이자수익 수취	11,311,429,158	11,877,712,661	12,037,296,346
이자비용 지급	(856,203)	0	0
배당금 수취	62,288,780,000	62,156,506,000	62,185,349,000
법인세 납부	(27,588,001,175)	(26,207,237,717)	(29,278,198,904)

[도표 2-67] **영업활동현금흐름 조정내역 : 동서**

(단위 : 천 원)

구분	당기	전기
조정:		
현금유출이 없는 비용 등의 가산	40,743,605	41,549,054
이자비용	856	–
재고자산평가손실	595,916	272,076
유형자산감가상각비	5,894,265	5,788,091
투자부동산감가상각비	76,504	86,509
무형자산상각비	215,573	196,242
무형자산손상차손	508,695	34,333
법인세비용	31,030,371	32,635,810
퇴직급여	2,175,609	2,144,507
외화환산손실	59,299	9,622
유형자산처분손실	116,725	381,864
당기손익인식금융자산평가손실	69,792	–
현금유입이 없는 수익 등의 차감	(104,749,743)	(106,138,384)
이자수익	(10,891,224)	(13,090,899)
지분법이익	(93,677,930)	(92,010,902)
외화환산이익	(77,955)	(30,092)
유형자산처분이익	(34,406)	(916,455)
무형자산처분이익	–	(1,618)
매도가능금융자산처분이익	–	(20,190)

했다.

동서는 동서식품 순자산가치가 변하거나 동서식품으로부터 배당을 받았을 때 장부가치를 조정해야 한다. 이때 핵심은 배당금 수령액만큼 장부가치를 차감해야 한다는 것이다. 지분법 이익증가분은 더한다. (부의)지분법 자본변동은 동서식품 자본가치가 기타포괄손익누계나 당기순이익 외에 이익잉여금 변동에 따른 변화 때문에 발생한다.

현금흐름표에도 변화가 있다. 피투자회사로부터 배당금을 수령했을 경우 영업활동현금흐름에 플러스 요인이다. 지분법 이익은 장부상 이익이기 때문에 영업활동현금흐름에서 마이너스 요인이다. 〈도표 2-66〉의 조정항목을 보면 지분법 이익을 차감하는 내용이 나온다. 조정항목 상세내역이 〈도표 2-67〉이다. 배당금은 현금유입이다. 지분법 이익은 서류상 이익일 뿐이어서 현금이 유입되지 않았으니 간접법 현금흐름표에서는 조정난을 통해 차감한다.

한편 지분법상에 계상된 피투자회사의 장부가액과 시가는 다르다. 만일 피투자회사가 상장되어있다면 장부가액과 시장가치는 차이가 있다. 따라서 이 차이만큼 투자회사의 실질적 가치가 증가하거나 줄어든다. 예를 들어 피투자회사 장부가치가 100억 원이라는 의미는 피투자회사 순자산가치를 말하는 것이며, 시장가치는 이와 다를 수 있다. 투자회사의 지분법 이익에 기록된 장부가치와 시장에서 형성되는 가치를 비교해볼 필요가 있다.

대손충당금 설정 : 왜 설정하는가?

💰 대손충당금 설정 의미

기업이 외상매출을 하면 매출채권을 자산으로 보유하게 된다. 그런데 매출채권을 회수할 수 없는 상황이 발생하는데 이를 대손이라고 한다. 받을 수 없는 금액이 확정되면 금액에 해당하는 만큼 매출채권을 차감하고, 손익계산서에 비용처리를 하게 된다. 이처럼 대손이 발생할 시점에 회계처리를 할 경우 수익비용대응 원칙을 왜곡하는 상황이 발생하게 된다. 왜냐하면 수익은 거래가 발생한 시점에 인식했는데 대손이 그 이후에 발생할 경우, 비용처리가 매출발생 시점과 일치하지 않게 되기 때문이다. 이를 방지하기 위해 매출채권 규모 등을 감안해 대손예상액을 추정하고 매년 비용으로 계상하는데, 이를 대손충당금 설정이라고 한다. 대손충당금은 매출채권 차감계정이어서 대손충당금을 설정하는 만큼 매출채권이 감소한다.

일반적 상거래에서 발생한 매출채권에 대한 대손상각비는 판매비와 관리비로 처리하고 단기대여금, 미수금, 미수수익 등 채권에 대한 대손상각비는 영업외비용으로 처리한다. 〈도표 2-68〉을 보면 삼성전자 47기 매출채권은 25조 1,680억 원이다. 이 금액

[도표 2-68] 매출채권 : 삼성전자

(단위 : 백만 원)

	제41기	제40기	제39기
자산			
유동자산	124,814,725	115,146,026	110,760,271
현금및현금성자산	22,636,744	16,840,766	16,284,780
단기금융상품	44,228,800	41,689,776	36,722,702
단기매도가능금융자산	4,627,530	3,286,798	1,488,527
매출채권	25,168,026	24,694,610	24,988,532
미수금	3,352,663	3,539,875	2,887,402
선급금	1,706,003	1,989,470	1,928,188
선급비용	3,170,632	3,346,593	2,472,950
재고자산	18,811,794	17,317,504	19,134,868
기타유동자산	1,035,460	1,795,143	2,135,589
매각예정분류자산	77,073	645,491	2,716,733

[도표 2-69] 대손충당금 내역 : 삼성전자

(단위 : 백만 원)

구분	당기말		전기말	
	매출채권	미수금	매출채권	미수금
채권액	25,520,385	3,585,895	25,008,013	3,559,111
차감: 대손충당금	(326,861)	(49,291)	(277,788)	(9,894)
소 계	25,193,524	3,536,604	24,730,225	3,549,217
차감: 장기 채권	(25,498)	(183,941)	(35,615)	(9,342)
유동항목	25,168,026	3,352,663	24,694,610	3,539,875

은 대손충당금을 차감한 금액이다. 구체적인 차감금액 내용은 〈도표 2-69〉처럼 사업보고서 주석사항에 나온다. 〈도표 2-69〉를 보면 삼성전자는 매출채권 255조 2,038억 원 중에서 회수가 어렵다고 판단하는 금액인 3,268억 원을 대손충당금으로 설정했다.

🏦 대손충당금 설정 방식

충당금 설정은 원칙적으로 매출 건별로 회수가능성을 따져야 하나, 번거롭기도 하고 큰 실익이 없기 때문에 회수하지 못한 기간별로 구분해서 처리한다. 이를 연령 분석법이라고 하며, 가장 많이 사용한다. 대손예상액 계산방법은 다음과 같다.

① **매출액비례법** : 외상매출액의 일정비율을 대손액으로 추정
② **채권잔액비례법** : 외상매출금 기말잔액에 대손추정율을 곱하여 대손충당금 기말잔액을 추정
③ **연령분석법** : 각각의 매출채권을 경과일수에 따라 몇 개의 집단으로 분류하고, 각 집단에 대하여 상이한 대손율을 적용하여 대손액을 추정
④ **대손실적률법** : 최근의 대손실적률에 따라 대손예상액을 추정
⑤ **현금흐름할인법** : 예상현금흐름액이 장기간에 걸쳐 발생하는 채권에 대하여 채권·채무조정회계를 원용하여 대손예상액을 추정

삼성전자의 경우 매출채권 구분은 〈도표 2-70〉과 같다. 판관비에 계상되는 대손상각비는 전기말 대손충당금에서 당기말 대손충당금 차이다. 대손충당금 중에서 회수가능성이 없는 것으로 확정될 경우 장부에서 지워버리는데, 이를 제각이라고 한다. 해당 금액만큼 매출채권과 대손충당금에서 동시에 차감해버린다. 대손충당금 환입은 전기에 설정한 대손충당금이 당기에 설정한 대손충당금보다 많을 경우에 그 차액을 환

[도표 2-70] **매출채권 구분 : 삼성전자**

(단위 : 백만 원)

구분	당기말	전기말
연체되지 않은 채권	26,052,236	25,271,779
소 계	26,052,236	25,271,779
연체되었으나 손상되지 않은 채권(*1) :		
31일 이하	1,986,756	2,333,812
소 계	1,986,756	2,333,812
손상채권(*2) :		
31일 초과 90일 이하	405,310	378,242
90일 초과	661,978	583,291
소 계	1,067,288	961,533
합계	29,106,280	28,567,124

(*1) 연결회사는 31일 이하 연체된 매출채권 및 미수금은 손상된 것으로 간주하지 않습니다.

입한다. 판관비에 부(-) 금액으로 계상하기 때문에 실질적인 이익증가이다.

대손충당금은 매출규모에 비례한다. 매출채권이 크게 증가했음에도 대손충당금 설정비율이 낮아졌을 경우, 비용처리를 과소계상한 것은 아닌지 의심해야 한다. 대손충당금은 대손확정시점 이전에 대손예상액을 회사에서 임의로 추정하여 계상하는 것이므로, 추정의 적정성에 대한 객관적인 입증이 어렵다. 이로 인해 대손충당금 설정이 손익조정 목적으로 악용될 소지가 있다. 예를 들어 경영실적이 악화된 기업이고 실질적으로 채권회수가 불가능하게 되었음에도 불구하고 해당 채권에 대한 대손처리는 물론, 대손충당금조차 설정하지 않는 회사가 있다고 하자. 이런 회사는 부실을 은폐할 의도가 있다고 봐야 한다. 이와 반대로 업종평균에 비해 대손충당금 설정비율을 높게 책정할 경우에는 보수적으로 회계처리를 한 것이다.

이자보상배율 : 금융비용 부담능력

이자보상배율이란 무엇인가?

이자비용은 유이자 부채를 보유하고 있기 때문에 매년 비용으로 지출되는 이자를 말한다. 이자비용은 영업외비용으로 회계처리한다. 영업이익에 비해 이자비용이 많은 회사는 지속적인 설비투자가 필요하기 때문에 자본적 지출 부담이 큰 회사일 가능성이 높다. 이자보상배율은 이자비용의 몇 배에 해당하는 영업이익을 내는지를 통해 회사의 금융비용 부담능력을 보는 지표이다. 영업이익이 100억 원이고 이자비용이 10억 원일 경우, 이자보상배율은 10배이다. 이자보상배율이 1이라는 의미는 영업이익으로 이자만 감당할 수 있다는 것이다. 기업은 이자를 낸 뒤에도 설비투자를 하거나 주주들에게 배당을 해야 하기 때문에, 이자보상배율은 높을수록 좋으며 최소한 6배 이상이 적정하다.

이자보상배율 = 영업이익 ÷ 이자비용

유이자 부채	사채, 장단기차입급
무이자 부채	매입채무, 선수금, 예수금, 미지급비용, 미지급법인세, 각종 충당부채

　부채에는 이자를 내는 부채와 내지 않는 부채가 있다(〈도표 2-71〉). 이자비용은 사채와 금융기관 장단기 차입금에서 발생하는데, 손익계산서에서 금융원가로 표기되기도 한다. 영업활동을 통해 벌어들인 이익으로 이자비용조차 감당하기 버거워 하는 기업이라면 투자에 신중을 기해야 한다. 이자비용은 기업이 타인자본을 통해 자금조달을 하면서 발생한다. 재무상태가 좋지 않은 기업의 경우 이자비용 부담이 높다. 이자비용은 주주들에게 배당하기에 앞서 변제해야만 하는 것이기 때문에 이자보상배율이 낮을 경우 주주들에 대한 배당재원이 줄어들고, 주주들의 신뢰성을 잃게 된다.

　2010년을 기점으로 해서 한국 경제는 저성장 기조가 정착할 조짐을 보이고 있다. 고령화에 따른 생산가능인구도 줄어들기 시작하고, 중국이 한국의 핵심 제조업과 본격적으로 경쟁하면서 시장을 잠식해가고 있다. 일본의 사례에서 알 수 있듯 성장률이 낮은 경제에서는 기업들이 생존을 위해 매우 치열한 경쟁을 하기 때문에 영업이익률이 낮아지는 경향이 있다. 한계기업이 속출하고 이자보상배율이 1배를 넘지 못하는 경우도 많다. 저성장기에는 통상적으로 저금리 체제가 수반됨에도 불구하고, 이자부담을 이겨내지 못할 만큼 이익률이 낮은 기업이 속출한다. 부채 의존적 자본조달 구조를 갖는 기업에 투자할 때는 신중해야 하며, 자기자본비율이 높은 회사가 저성장 시대에 생존에 유리하다.

💰 이자비용을 통한 절세효과

부채 위주로 자본조달을 한 기업과 부채 없이 자기자본만 갖고 무차입 경영하는 기업이 있다고 상정하자. 부채 의존적 기업은 무차입 기업보다 세전 순이익이 작아지고 법인세도 적게 낸다. 똑같은 영업이이익을 내더라도 부채에 의존하는 기업은 타인자본에 대한 비용을 납세 전에 지불하기 때문에 이자의 절세효과를 볼 수 있다. 부채가 반드시 나쁘다고 볼 수 없다는 논리이다.

재무회계학에서는 자본조달 비용을 연구한 결과 자기자본보다 타인자본이 조달비용이 낮다는 결론을 내렸다. 자기자본에 대한 비용인 배당은 이익이 나지 않으면 주지 않아도 된다는 인식 때문에 자기자본에 대한 비용을 과소평가하는 경우가 있다. 그러나 배당금을 주지 않으면 투자자들은 떠나고 주가가 하락하며 기업의 신인도가 추락하게 된다. 이렇게 되면 타인자본 조달비용이 상승하게 된다. 그러므로 자기자본과 타인자본의 적절한 비중을 유지하는 것이 중요하다. 기업의 자금조달 비용은 가중평균 자본비용^{WACC}을 통해 자본조달의 효율성을 파악할 수 있다.

부채비율이 높으면 이자비용으로 나가는 돈이 많아지고, 경기침체기에 이익이 줄어들면 부담이 가중되기 때문에 부채비율이 낮은 기업이 좋다. 그런데 부채비율이 높지만 회사에 현금이 많은 기업도 있다. 이런 기업은 현금으로 부채를 다 갚는 것이 좋지 않을까 생각하겠지만, 일상적인 경비지출과 운전자본을 확보하고 있어야 하기 때문에 회사는 일정 현금을 갖고 있어야 한다. 순부채는 회사의 보유현금과 총 차입금을 비교해서 실질적인 부채가 얼마인지를 나타내는 지표이다. 차입금보다 보유현금이 많으면 순부채가 마이너스가 되는데, 이런 기업이 좋은 것은 말할 필요가 없다. 또 유이자 부채에서 현금성자산을 차감해서 순부채를 보기도 한다. 순부채가 마이너스라는 의미는 차입금을 전부 갚더라도 회사에 현금이 남는 기업을 말한다. 재무구조가 탄탄한 기업의 전형적인 모습이다.

$$순부채 = 총차입금 - 현금 및 단기예금$$

(총차입금 = 단기차입금+장기차입금+유동성장기부채+사채)

🪙 국내 조선업 이자부담 문제

조선업종을 통해 국내기업의 이자부담 문제를 살펴보자. 〈도표 2-72〉는 대우조선
해양의 안정성 지표이다. 유동비율은 가장 중요한 안정성 지표인데, 2011년 말 80%밖
에 되지 않는다. 일 년 안에 갚아야 할 부채가 일 년 내에 현금화 가능한 유동자산보다
많다. 단기 유동성이 이미 2012년부터 나빠졌다. 백화점 같이 현금결제가 많은 유통업
체가 아닌 이상 유동비율은 100% 이상이어야 안심할 수 있다. 유동비율이 100% 이하
인 기업은 유동성 부족분을 차입이나 유상증자를 통해 조달해야 한다. 대우조선해양

[도표 2-72] 안정성 지표 : 대우조선해양

(단위 : %)

구분	2011/12	2012/12	2013/12	2014/12	2015/12
부채비율	270.05	254	352.19	529.51	4,265.82
유동부채비율	211.45	179.45	243.36	369.8	3,598.60
비유동부채비율	58.6	74.55	108.84	159.7	667.22
순부채비율	84.41	111.68	166.64	254.01	1,833.42
유동비율	80.02	87.62	99.32	96.41	69.55
당좌비율	72.12	72.95	86.72	77.85	56.15
이자보상배율	9.27	3.14	−5.04	−5.47	−30.8
금융비용부담률	0.85	1.1	1.04	0.88	0.64
자본유보율	374.53	385.43	312.16	228.46	−75.92

[도표 2-73] **이자보상배율 : 현대중공업**

(단위 : %)

구분	2011/12	2012/12	2013/12	2014/12	2015/12
부채비율	169.58	162.91	179.59	220.85	220.88
유동부채비율	140.24	116.62	139.34	166.5	148.79
비유동부채비율	29.34	44.6	40.25	54.35	72.09
순부채비율	40.65	60.6	60.19	67.99	68.88
유동비율	90.53	115.66	110.33	107.83	117.85
당좌비율	65.12	87.33	87.21	86.81	98.37
이자보상배율	15.81	5.11	2.48	−12.73	−6.82
금융비용부담률	0.54	0.71	0.6	0.49	0.49
자본유보율	4,341.90	4,528.25	4,579.58	4,047.69	3,669.39

은 사채와 장단기 차입금을 늘려서 부족분을 메웠고, 이로 인해 부채비율이 급증하기 시작했다. 2011년 270%인 부채비율이 2015년 말에는 4,000%를 넘어섰다.

이자보상배율도 마찬가지다. 이자비용의 몇 배 영업이익을 냈느냐를 나타내는 이 지표에서 대우조선해양은 2011년에 9.27배였다. 국내 상장사 평균이 6배 수준임을 감안하면 2011년에 이자를 충분히 감당할 만큼 영업이익을 냈다고 할 수 있다. 그런데 일 년 후인 2012년에는 3.14배로 급격히 낮아졌고, 2013년부터는 영업적자를 기록했다. 영업이익으로 이자를 줄 수 없기 때문에 보유현금을 축내거나, 추가 차입을 통해 이자비용을 충당해야 한다. 영업이익이 적자로 돌아서기 전에 이미 이자 감당 능력이 크게 줄어들고 있음을 알 수 있는데, 이를 통해 위험을 감지해야 한다.

현대중공업도 대우조선 못지 않게 어려움에 봉착해 있다. 〈도표 2-73〉을 보자. 2014~2015년에 영업적자를 기록했다. 자산매각 등을 통해 유동비율을 높이기는 했지만 부채비율은 낮아지지 않고 있다. 이자보상배율이 5배 이상으로 높아질 때까지는 위기가 현재진행형이라고 판단하고 보수적으로 접근해야 한다. 현대중공업은 자회사 및 비영업용 자산매각 등으로 유동성을 확보하면서 동시에 인력감축을 통해 비용을 줄이는 전략을 추진해야 한다.

조선업은 불황을 보는 시각에 따라 전략을 달리 해야 할 것이다. 불황이 구조적이라고 판단되면 고정비용을 줄여야 한다. 과감하게 적자사업 부문을 축소하고 몸집을 줄여야 살아남는다. 일정기간 버티면 조선업 경기가 살아날 수 있다고 판단한다면 비영업용 자산을 매각해야 한다. 물론 그때까지 버틸만한 자금력을 확보할 수 있는지가 관건이다.

제 3 부

좋은 주식 고르는 법
_ 현금흐름표

현금흐름이란 무엇인가?

기업은 자본을 조달해서 운용하는 주체이며, 기업의 목적은 영리추구이다. 재무상
태표는 기업의 자본조달과 운용내역을 일목요연하게 알려주고, 손익계산서는 경영을
통한 성과를 보여준다. 투자자들은 재무상태표와 손익계산서를 통해 자금조달의 내
용, 자금의 사용처, 일정기간 영업성과를 확인할 수 있다.

손익계산서를 보자. 맨 밑에 순이익 항목이 있다. 투자자들이 순이익을 중요시하는
것은 당연하다. 기업은 이익을 내야만 하고 그래야 영속성을 보장받기 때문이다. 이
익을 내지 못하는 기업은 퇴출될 수밖에 없다. 그런데 손익계산서에서 순이익은 회계
상 이익일 뿐이라는 점을 상기해야 한다. 일 년간 매출 1,000억 원, 순이익 100억 원을
기록한 기업이 있다고 가정하자. 이 기업이 일 년간 영업을 통해 100억 원의 이익을 낸
것은 맞지만, 그렇다고 회사에 현금이 100억 원 증가한 것은 아니다. '순이익＝현금'은
아닌 것이다.

예컨대 매출액 1,000억 원 중에 외상매출이 200억 원 포함되어 있다고 가정하자. 영

[도표 3-1] **현금흐름의 구분**

구분	현금유입	현금유출
영업활동 현금흐름	· 현금판매 및 매출채권 회수 · 선수금, 선수수익의 수입	· 상품매입 및 매입채무 지급 · 종업원에 대한 급여지급 · 재화 · 용역 공급자에 대한 지출 · 법인세 납부
투자활동 현금흐름	· 대여금 회수 · 금융자산 처분 · 유무형자산 처분 · 이자 및 배당금 수입*	· 대여금 대여 · 금융자산 취득 · 유무형자산 취득
재무활동 현금흐름	· 차입금 차입 · 사채의 발행 · 주식(자기주식 포함)의 발행 · 주주의 현금증여	· 차입금 상환 · 사채의 상환 · 유상감자 · 자기주식 취득 · 이자 및 배당금 지급*

＊영업활동현금흐름으로도 분류 가능

업을 하다 보면 외상매출을 하지 않을 수 없다. 그렇다면 이 기업은 일 년간 영업을 통해 회사에 현금을 얼마나 유입시켰을까? 현금이 회사 내에 유입되기는커녕 100억 원의 현금이 유출되었다. 이익을 내고도 회사 내부에는 현금이 오히려 줄어들게 된 것이다. 순이익이 나는데도 불구하고 회사에 현금이 없어 흑자도산을 하는 것은 현금유출입과 관련이 있다.

손익계산서에서 기업의 영업성과를 살펴보는 것도 중요하지만, 동시에 이익의 질적 측면을 중요하게 봐야 하는 이유가 여기에 있다. 손익계산서에 표기된 순이익이 과연 현금유입을 동반한 이익인가?

[도표 3-2] **현금흐름표 : 삼성전자**

(단위 : 억원)

구분	2011/12	2012/12	2013/12	2014/12	2015/12
영업활동으로인한 현금흐름	229,179.00	379,728.10	467,074.40	369,753.90	400,617.60
당기순이익	137,590.40	238,452.90	304,747.60	233,943.60	190,601.40
법인세비용차감전 계속사업이익					
현금유출이없는비용 등가산	210,712.20	261,753.20	285,002.10	286,015.10	352,420.70
현금유입이없는수익 등차감	46,205.90	34,157.60	46,953.80	62,777.50	56,311.00
영업활동으로인한자 산부채변동(운전자 본변동)	−40,573.50	−57,779.50	−13,132.50	−38,371.40	−46,820.30
투자활동으로인한 현금흐름	−211,125.60	−313,215.50	−447,470.20	−328,064.10	−271,677.90
투자활동현금유입액	34,568.20	8,528.60	21,073.70	46,962.00	74,010.70
투자활동현금유출액	245,693.80	321,744.10	468,543.90	375,026.00	345,688.60
재무활동으로인한현 금흐름	31,097.30	−18,645.10	−41,370.30	−30,571.10	−65,735.10
재무활동현금유입액	54,269.70	19,507.30	3,426.10	36,017.10	33,979.20
재무활동현금유출액	14,426.30	25,501.00	32,299.70	44,249.20	68,418.90
환율변동효과	−147.2	−6,870.50	−3,300.70	−5,558.90	−5,244.90
현금및현금성자산의 증가	49,003.40	40,997.00	−25,066.80	5,559.90	57,959.80
기초현금및현금성 자산	97,914.20	146,917.60	187,914.60	162,847.80	168,407.70
기말현금및현금성 자산	146,917.60	187,914.60	162,847.80	168,407.70	226,367.44

💰 영업을 통해 현금이 얼마나 유입되었을까?

기업에게 현금은 사람으로 치면 혈액과 같다. 혈액이 부족하면 사람이 죽듯이, 현금이 고갈되면 기업은 망한다. 일시적으로 적자가 나는 것은 상관없지만 지속적으로 적자가 나면 현금이 고갈되고 결국 도산할 수밖에 없다. 기업이 얼마나 현금을 보유하고 있고, 매년 얼마나 현금을 유입시키는지는 경영자나 투자자, 채권자에게 중요한 정보이다.

영업을 잘해서 순이익을 많이 내는 것도 중요하지만 이에 못지않게 기업의 현금창출 능력도 중요하다. 현금흐름표는 일정기간 기업에 현금이 얼마나 유입되었고, 유출되었는지를 일목요연하게 나타내준다. 기업은 영업활동, 투자활동, 재무활동을 한다. 현금흐름표는 기업의 3가지 활동 측면에서 현금의 유출입을 보여준다.

〈도표 3-2〉는 간접법으로 작성된 삼성전자 현금흐름표이다. 3가지 기업활동별로 현금흐름을 표시하고 있다. 마이너스는 현금의 유출을 의미한다. 괄호로 현금유출을 표기하기도 한다. 2015년의 경우를 보면 영업활동을 통해 40조 617억 원의 현금이 삼성전자에 유입되었다. 당기순이익 19조 601억 원보다 더 많은 현금이 영업활동을 통해 유입되었다. 투자활동을 통한 유출액은 27조 1,677억 원이고, 재무활동을 통해서 6조 5,735억 원이 유출되었다.

세부적인 항목을 봐야겠지만 이 현금흐름표를 통해서 알 수 있는 것은 삼성전자가 2015년 한 해동안 영업활동을 통해 40조 원 가량 현금을 창출해냈고, 투자활동에서는 27조 원을, 재무활동에는 6조 원을 사용했다는 것이다. 환율 변동효과를 감안해서 계산하면 한 해 동안 삼성전자에 현금이 5조 7,959억 원 증가했다. 당기순이익이 19조 원이었지만 회사에 실제로 유입된 현금의 증가액은 5조 7,959억 원이었다.

2013년을 보자. 삼성전자는 당기순이익을 30조 4,000억 원을 냈지만 그해에 현금성 자산은 2조 5,066억 원 감소했다. 투자활동에 44조 7,000억 원을 집행했기 때문이다. 〈도표 3-2〉 현금흐름표 맨 밑에 있는 '기말현금및현금성자산' 항목과 〈도표 3-3〉 재

[도표 3-3] **재무상태표 : 삼성전자**

(단위 : 백만 원)

	제41기	제40기	제39기
자산			
유동자산	124,814,725	115,146,026	110,760,271
현금및현금성자산	22,636,744	16,840,766	16,284,780
단기금융상품	44,228,800	41,689,776	36,722,702
단기매도가능금융자산	4,627,530	3,286,798	1,488,527
매출채권	25,168,026	24,694,610	24,988,532
미수금	3,352,663	3,539,875	2,887,402
선급금	1,706,003	1,989,470	1,928,188
선급비용	3,170,632	3,346,593	2,472,950
재고자산	18,811,794	17,317,504	19,134,868
기타유동자산	1,035,460	1,795,143	2,135,589
매각예정분류자산	77,073	645,491	2,716,733
비유동자산	117,364,796	115,276,932	103,314,747
장기매도가능금융자산	8,332,480	12,667,509	6,238,380
관계기업 및 공동기업 투자	5,276,348	5,232,461	6,422,292
유형자산	86,477,110	80,872,950	75,496,388
무형자산	5,396,311	4,785,473	3,980,600
장기선급비용	4,294,401	4,857,126	3,465,783
이연법인세자산	5,589,108	4,526,595	4,621,780
기타비유동자산	1,999,038	2,334,818	3,089,524
자산총계	242,179,521	230,422,958	214,075,018

무상태표 상단의 '현금및현금성자산' 항목을 보자. 두 항목의 숫자가 일치한다.

💰 현금흐름표가 말해주는 것들

현금흐름Cash Flow이라는 단어를 보자. 말 그대로 '현금의 흐름'이다. 기업의 3가지 활동을 중심으로 현금이 들어오는지, 나가는지를 알려준다. 이 표를 통해 영업활동으로 얼마나 현금이 들어오고 나갔는지를 알 수 있다. 설비투자를 통해 유출된 금액도 알 수 있다. 재무활동현금흐름에서는 차입을 얼마나 했는지, 빚을 갚았는지, 배당금을 얼마나 지출했는지 알 수 있다.

손익계산서의 이익과 현금흐름표의 영업현금흐름을 비교해보면 순이익의 질적 측면을 평가할 수 있다. 손익계산서에서 이익을 많이 냈더라도 영업현금흐름이 크지 않다면 이익의 질은 좋지 않은 것이다.

영업활동을 통해 창출된 현금으로 기업은 투자활동을 집행할 수 있다. 투자재원을 내부에서 조달할 수 있는 능력이 있는지를 현금흐름표가 알려준다. 영업활동에서 창출된 현금흐름이 투자활동에 필요한 현금을 충당하고도 남아야만 주주들에게 배당도 할 수 있고, 차입금 상환이나 이자지출이 가능하다. 현금흐름표는 이러한 정보를 제공한다. 영업활동현금흐름이 지속적으로 좋은 기업이 미래도 밝다. 손익계산서에 나오는 이익만으로는 회사의 현금 과부족을 파악하기가 쉽지 않다. 감가상각비나 운전자본의 흐름을 파악해서 미래의 현금창출 능력을 예측할 수 있다.

투자활동현금흐름을 통해서는 기업의 속성 파악이 가능하다. 설비투자를 통해 지속적으로 자금이 유출되는 기업인지 여부를 확인할 수 있다. 영업활동과 투자활동을 비교해보면 앞으로 기업이 조달해야 할 자금의 규모를 예측할 수 있다.

SECTION 37 현금흐름표 작성 : 간접법 VS 직접법

💰 직접법 현금흐름표

현금흐름표 작성법은 직접법과 간접법으로 나눌 수 있다. 직접법에 의하여 현금흐름표를 작성할 때는 현금을 수반하여 발생한 수익 또는 비용항목을 총액으로 표시한다. 현금유입액은 원천별로, 현금유출액은 용도별로 분류하여 표시한다. 〈도표 3-4〉에서 표시한 부분은 직접법과 간접법이 동일하다. 영업현금흐름만 계산방식이 다르다(〈도표 3-5〉). 직접법은 영업활동을 통한 현금의 유입을 원천별로 분류해서 기록하고, 현금유출은 용도별로 분류하기 때문에 어떤 용도로 현금이 나가고 들어왔는지 알 수 있다.

직접법에서 요구되는 현금유입 및 현금유출 정보는 회계장부에서 바로 확인되지 않는다. 왜냐하면 손익계산서와 재무상태표 자료는 발생주의에 따라 작성된 것이기 때문에 현금주의 관점에서 작성되는 현금흐름표와 맞지 않는다. 그러므로 직접법으로 영업현금흐름을 계산하려면 현금계정에 속한 분개를 일일이 분석해야 한다. 매우 번거로운 일이어서 회계처리 비용이 증가한다. 또한 직접법으로 작성된 현금흐름에는

[도표 3-4] **현금흐름표 예시 : 직접법**

과목	당기	전기
	금액	금액
Ⅰ. **영업활동으로 인한 현금흐름**		
가. 매출 등 수익활동으로부터 유입액		
나. 매입 및 종업원에 대한 유출액		
다. 이자수익유입액		
Ⅱ. **투자활동으로 인한 현금흐름**		
1. 투자활동으로 인한 현금유입액		
가. 유가증권의 처분		
나. 장기성예금의 감소		
다. 토지의 처분		
2. 투자활동으로 인한 현금유출액		
가. 현금의 단기대여		
나. 유가증권의 취득		
다. 토지의 취득		
Ⅲ. **재무활동으로 인한 현금흐름**		
1. 재무활동으로 인한 현금유입액		
가. 단기차입금의 차입		
나. 사채의 발행		
다. 보통주의 발행		
2. 재무활동으로 인한 현금유출액		
가. 단기차입금의 상환		
나. 사채의 상환		
다. 유상감자		
Ⅳ. **현금의 증가(감소)(Ⅰ+Ⅱ+Ⅲ)**		
Ⅴ. **기초의 현금**		
Ⅵ. **기말의 현금**		

많은 영업 관련 정보가 들어 있기 때문에 회사 기밀이 외부에 노출될 수 있다. 현행 한국 회계기준으로는 어느 것을 선택해도 무방하나, 대부분 기업들이 간접법 현금흐름표 작성을 선호한다.

[도표 3-5] 직접법 현금흐름표와 간접법 현금흐름표 차이

① 직접법 현금흐름표

과목	제○(당)기	제○(전)기
	금액	금액
I. 영업활동으로 인한 현금흐름	×××	×××
가. 매출 등 수익활동으로부터 유입액		
나. 매입 및 종업원에 대한 유출액		
다. 이자수익 유입액		
라. 배당금수익 유입액		
마. 이자비용 유출액		
바. 법인세 등 유출액		
사. …………		

② 간접법 현금흐름표

과목	제○(당)기	제○(전)기
	금액	금액
I. 영업활동으로 인한 현금흐름	×××	×××
1. 당기순이익(손실)		
2. 현금의 유출이 없는 비용 등의 가산		
가. 감가상각비		
나. 퇴직급여		
다. …………		
3. 현금의 유입이 없는 수익 등의 차감		
가. 사채상환이익		
나. …………		
4. 영업활동으로 인한 자산 · 부채의 변동		
가. 재고자산의 감소(증가)		
나. 매출채권의 감소(증가)		
다. 이연법인세차의 감소(증가)		
라. 매입채무의 증가(감소)		
마. 미지급법인세의 증가(감소)		
바. 이연법인세대의 증가(감소)		
사. …………		

🏦 간접법 현금흐름표

앞에서도 말했듯이 간접법으로 작성하는 현금흐름표는 영업활동현금흐름 부분만 직접법과 다르다. 당기순이익에서 시작해서 현금의 유출이 없는 비용 등을 가산하고 현금의 유입이 없는 수익 등을 차감하며, 영업활동으로 인한 자산·부채의 변동을 가감하여 표시한다. 간접법 현금흐름표는 일일이 계정과목별로 찾아서 분류하는 번거로움 없이 손익계산서 당기순이익에서부터 시작한다. 당기순이익에는 현금유입이 없는 수익과 현금유출이 없는 비용이 계상되어 있기 때문에 이와 관련된 항목들을 더하거나 빼주는 조정이 필요하다. 예를 들어 외상매출금이 증가했다면 이는 현금유입이 없는 수익이므로 영업활동현금흐름에서 차감하는 식이다.

또한 영업활동에 관계되는 자산과 부채의 변동을 가감해야 한다. 예를 들어 재고자산이 증가한 것은 그만큼 회사에서 자금이 유출된 것으로 볼 수 있다. 이자수취나 배

[도표 3-6] 간접법 현금흐름표

(단위 : 백만 원)

구분	제47기	제46기
영업활동현금흐름	40,061,761	36,975,389
영업에서 창출된 현금흐름	43,989,083	41,880,987
당기순이익	19,060,144	23,394,358
조정	29,610,971	22,323,765
영업활동으로 인한 자산부채의 변동	(4,682,032)	(3,837,136)
이자의 수취	2,151,741	1,555,373
이자의 지급	(748,256)	(463,740)
배당금 수입	266,369	1,495,658
법인세 납부액	(5,597,176)	(7,492,889)

당금 수입은 더하고, 이자지급과 법인세 납부는 차감한다.

현금흐름표는 대부분 간접법으로 작성되었기 때문에 투자자들은 이 방식으로 현금흐름표를 보는 법에 익숙해야 한다. 간접법 현금흐름표도 장점이 있다. 손익계산서의 당기순이익은 발생주의 기준으로 작성되었는데, 간접법에서 영업활동현금흐름 금액과 비교를 통해 순이익의 질적 측면을 파악할 수 있다. 영업활동현금흐름과 순이익이 차이가 많이 날 경우 분식회계 가능성을 의심해야 한다. 또 다른 장점은 현금 유출입을 수반하지 않는 항목이 당기순이익에 미치는 영향을 파악할 수 있다는 것이다.

영업활동현금흐름 : 조정항목의 파악

현금흐름표 보는 법

영업활동현금흐름은 일정 기간 영업을 통해 기업이 현금을 얼마나 창출했는지를 알수 있게 해준다. 현금을 창출했다는 의미는 현금의 유입에서 유출을 뺀 결과가 플러스임을 의미한다. 회사에 현금이 순유입되었다고 보면 된다. 예컨대 영업활동을 통해 150억 원이 유입되고, 100억 원이 유출되었다면 현금의 순유입액은 50억 원이다. 이회사는 영업활동을 통해 50억 원의 현금흐름을 창출한 것이다. 영업을 통해 회사 내부로 현금을 순유입시켜야 기업활동에 지장이 없다. 영업활동을 통해 창출된 현금을 재원으로, 투자활동의 설비투자나 재무활동의 배당금 지급 혹은 차입금 상환에 사용할수 있기 때문이다. 〈도표 3-7〉 삼성전자 영업활동 현금흐름표를 통해 어떻게 현금흐름이 창출되었는지 살펴보자.

① 현금흐름은 3개 년도 자료를 비교해 흐름을 파악해야 한다. 삼성전자는 3년 연속 영업활동현금흐름이 플러스였다. 최근 3년간 삼성전자가 영업활동을 통해

(단위 : 백만 원)

구분	제47기	제46기	제45기
영업활동현금흐름	40,061,761	36,975,389	46,707,440
영업에서 창출된 현금흐름	43,989,083	41,880,987	52,966,351
당기순이익	19,060,144	23,394,358	30,474,764
조정	29,610,971	22,323,765	23,804,832
영업활동으로 인한 자산부채의 변동	(4,682,032)	(3,837,136)	(1,313,245)
이자의 수취	2,151,741	1,555,373	1,034,074
이자의 지급	(748,256)	(463,740)	(434,857)
배당금 수입	266,369	1,495,658	592,217
법인세 납부액	(5,597,176)	(7,492,889)	(7,450,345)

현금을 회사에 순유입시켰다는 것을 알 수 있다. 가장 최근 연도에 영업활동을 통해 40조 원 현금을 회사 내부로 유입시킨 것이다. 45기에 비해서는 6조 7,000억 원이 줄었지만 46기 36조 9,000억 원에 비해 증가했다. 양호한 현금흐름이다.

② 영업에서 창출된 현금흐름 바로 밑에 '당기순이익'이 나온다. 간접법으로 작성된 현금흐름표는 손익계산서 당기순이익에서부터 계산을 시작한다. 당기순이익은 회계상 이익이다. 순이익을 회사 내부로 들어온 현금으로 봐서는 안 되는 이유는 발생주의 관점에서 손익계산서를 작성하기 때문이다. 매출액을 발생주의 관점에서 작성한다는 의미는 매출이라는 거래가 발생될 때 수익으로 인식하는 것이다. 손익계산서는 현금거래든 외상거래든 상관없이 거래가 발생한 시점에 매출로 인식한다.

현금거래는 회사에 현금이 들어오지만 외상거래는 현금이 유입되지 않는다. 그런데 손익계산서의 순이익은 현금과 외상 여부에 상관없이 거래로 인식하고 수익으로 간주해서 나온 결과물이다. 따라서 순이익 속에는 외상거래를 통해 발생시킨 이익이 들어 있다. 외상으로 거래해도 매출이 발생하면서 순이익을 만들어내는 것이기 때문에, 순이익이 전부 현금은 아닌 것이다.

이처럼 손익계산서에는 실제 현금이 들어오지 않지만 수익이나 이익으로 계상되는 항목이 있다. 손익계산서는 단순히 회계적 이익을 기록해놓은 것이다. 반면에 현금흐름표는 실제로 회사에 들어온 현금을 중심으로 보기 때문에 회계상 이익과 현금흐름표 현금이 다르다.

〈도표 3-7〉을 보면 삼성전자 47기 당기순이익이 19조 원이었다. 2년 연속 당기순이익이 줄었지만 영업현금흐름은 전기에 비해 증가했다. 당기순이익 규모에 비해 영업현금흐름이 큰 것이 정상적이다. 만일 당기순이익보다 영업현금흐름이 작다면 왜 작은지 면밀하게 확인해야 한다. 유무형 감가상각비가 차지하는 비중이 크기 때문에 당기순이익에 감가상각비를 가산해서 영업현금흐름을 계산하면 영업현금흐름이 당기순이익보다 큰 것이 보편적이다.

③ 도표를 보면 당기순이익 아래에 '조정'항목이 나온다. 손익계산서 계정과목을 이용해서 현금유입이 없는 수익은 빼고, 현금유출이 없는 비용을 더해준다. 감가상각비가 대표적인 조정항목이다. 매출원가와 판관비 항목에 감가상각비가 계상되어 있다. 감가상각비는 설비자산 등 유형자산에 대한 비용처리이다. 감가상각비는 유형자산을 수익비용 대응의 원칙에 따라 비용처리하는 것이다. 유형자산은 매입시점에 비용처리를 하지 않고 일단 자산으로 계상해놓은 뒤에, 내용연수에 따라 비용으로 비용처리한다. 즉 유형자산에 대한 구입대금은 매입한 시점에 이미 지불한 것으로 회계처리하면서 자산으로 계상하지만, 감가상각비는 수익비용 대응 원칙에 따라 매년 비용처리한다. 감가상각비를 비용으로 처리하면 순이익을 줄이는 효과를 발생시키지만 실제로 회사에서 현금

이 나가는 것은 아니다. 비용은 유형자산을 매입할 때 이미 지불한 것으로 회계 처리했기 때문이다.

🪙 현금흐름표 조정항목

손익계산서에서 비용으로 회계처리한 부분을 현금흐름표에서 조정을 해야 하는 항목이 있다. 예를 들어보자. 퇴직급여는 종업원들 근무연수에 따라 미래에 지출해야 하는 퇴직금을 산정해서 충당금으로 적립해야 한다. 충당금으로 적립한다는 개념은 회사가 별도로 주머니를 만들어서 미래에 지출할 퇴직금을 넣어두는 것이 아니다. 회사가 미래에 지급할 퇴직금을 부채로 인식하는 것이다. 퇴직금은 미래에 종업원이 퇴직할 경우에 반드시 지불해야 할 비용이기 때문에 회사 입장에서는 부채나 마찬가지다. 따라서 퇴직급여충당금이라는 부채를 늘리면 된다. 퇴직급여를 매년 근무년수에 맞춰서 비용으로 계상하는 것이다.

〈도표 3-8〉을 보자. 왼쪽 차변에 퇴직급여가 비용으로 처리된다. 금액만큼 손익계산서 이익감소 요인이다. 오른쪽 대변에서는 부채가 증가한다. 이처럼 미래에 발생할 것으로 예상되는 퇴직금을 매년 계산해서 비용으로 처리하지만, 이때 현금이 회사 밖으로 나가지는 않는다. 대신 부채가 증가한다. 이와 같은 방식으로 비용처리를 하면 현금을 회사 내부에 남아 있게 만드는 효과가 있다. 미래의 퇴직금을 현재의 비용으로 회계처리하는 만큼 법인세를 내지 않아도 되고, 배당금도 적게 줄 수 있다. 삼성전자 조정항목은 사업보고서 주석사항에 나온다. 〈도표 3-9〉는 삼성전자 영업현금흐름 조정내역이다.

① **법인세비용** : 손익계산서 상 법인세비용은 실제로 현금이 나간 것이 아니다. 연말결산을 해야 하기 때문에 12월 말 기준으로 내야 할 법인세를 추정해서 비

[도표 3-8] **퇴직급여 100억 원을 회계처리할 때의 분개**

| 퇴직급여 100억 원 | 퇴직급여충당금 100억 원 |

[도표 3-9] **영업현금흐름 조정내역 : 삼성전자**

(단위 : 백만 원)

구분	당기	전기
1. 법인세비용	6,900,851	4,480,676
2. 금융수익	(3,339,267)	(3,094,422)
3. 금융비용	2,466,042	1,933,565
4. 퇴직급여	1,255,657	1,289,973
5. 감가상각비	19,662,541	16,910,026
6. 무형자산상각비	1,268,316	1,143,395
7. 대손상각비 등	388,792	365,681
8. 배당금수익	(183,730)	(1,436,235)
9. 지분법이익	(1,101,932)	(342,516)
10. 유형자산처분이익	(135,564)	(228,366)
11. 유형자산처분손실	161,510	222,841
12. 재고자산평가손실 등	963,637	1,354,405
13. 투자자산처분이익	(262,073)	(152,281)
14. 매각예정분류자산처분이익	(207,796)	–
15. 매각예정분류자산처분손실	–	723,869
16. 투자자산손상차손	1,890,097	111,191
17. 무형자산손상차손	284,631	65,889
18. 기타 수익, 비용	(400,741)	(1,023,926)
계	29,610,971	22,323,765

(단위 : 백만 원)

구분	제47기	제46기	제45기
영업활동현금흐름	40,061,761	36,975,389	46,707,440
영업에서 창출된 현금흐름	43,989,083	41,880,987	52,966,351
당기순이익	19,060,144	23,394,358	30,474,764
조정	29,610,971	22,323,765	23,804,832
영업활동으로 인한 자산부채의 변동	(4,682,032)	(3,837,136)	(1,313,245)
이자의 수취	2,151,741	1,555,373	1,034,074
이자의 지급	(748,256)	(463,740)	(434,857)
배당금 수입	266,369	1,495,658	592,217
법인세 납부액	(5,597,176)	(7,492,889)	(7,450,345)

용으로 계상한 것이다. 법인세는 이듬해 3월 31일까지 납부한다. 납부한 실제 법인세는 영업활동현금흐름에서 차감한다. 〈도표 3-10〉에 있는 법인세 실제 납부액 5조 5,971억 원은 47기 손익계산서에 있는 법인세 비용이 아니다. 46기 법인세를 47기 3월에 납부한 것이다. 손익계산서상 법인세는 이듬해 납부할 세금을 추산해서 비용으로 처리한 것일 뿐이다. 그리고 상법상 법인세와 세법상 법인세는 다르기 때문에 손익계산서 상에서 법인세 비용과 이듬해 법인세 납부액은 차이가 난다.

②~③ **금융수익·금융비용** : 이자수익과 이자비용을 뜻한다. 손익계산서상 이자 수익과 비용은 발생주의에 따라 기간을 계산해서 이익과 수익을 계상한다. 실 제로 받은 금액과 다르기 때문에 조정항목에서 차감해주고 실제로 유출입된 이자수익과 이자비용을 기재한다. 〈도표 3-10〉에서 이자수취, 이자지급은 실

제로 현금이 들어오고 나간 금액이다.

④~⑦ **퇴직급여 · 감가상각비 · 무형자산상각비 · 대손상각비** : 이 비용들은 실제 지출항목이 아니라 비용으로 계상하는 것이기 때문에 가산항목이다. 유무형 감가상각비가 조정항목에서 가장 큰 편이다.

⑧ **배당금수익** : 기업이 투자자산으로 타기업 주식을 보유할 경우 배당금 수익이 발생한다. 재무활동현금흐름에 넣을 수도 있고, 영업활동현금흐름에 기재할 수도 있다. 실제로 받은 배당금과 손익계산서상 배당금 수입은 다르다. 금융수익처럼 손익계산서상 배당금 수익을 차감한 후에 실제로 받은 배당금을 가산한다. 〈도표 3-10〉에서 보면 실제로 받은 배당금은 2,663억 원이고, 손익계산서상 배당금 수익은 1,837억 원이다. 실제로 받은 배당금 수입은 영업활동현금흐름에 더해주고, 손익계산서의 배당금 수익은 〈도표 3-9〉처럼 조정항목을 통해 차감한다.

⑨ **지분법이익** : 자회사 순자산가치를 평가해 지분법으로 계상한 이익이다. 자회사 순자산가치 변동을 평가해서 손익계산서 이익으로 계상했기 때문에 현금이 유입된 것은 아니다. 현금흐름표에서는 차감항목이다.

⑩~⑪ **유형자산처분이익 · 유형자산처분손실** : 유형자산을 100억 원에 구입했는데 110억 원에 처분했다고 가정하자. 회사에 현금 110억 원이 유입된다. 손익계산서에서는 유형자산처분이익이 10억 원 계상된다. 유형자산처분에 따른 현금유입은 투자활동에 속하기 때문에 영업활동에 잡힌 10억 원을 차감해야 한다.

나머지 : 무형자산손상차손, 투자자산손상차손 등은 자산손상을 입었기 때문에 손익계산서에서 비용처리한다. 그러나 이 비용은 실제로는 회사에서 현금이 지출되는 것이 아니므로 현금흐름표에서는 가산항목이다. 재고자산평가손실도 마찬가지다. 재고가치가 줄어든 만큼 손익계산서에서 비용처리하지만 회사 밖으로 현금이 유출된 것은 아니다.

운전자본 변동 : 영업활동으로 인한 자산부채 변동

💰 자산과 부채의 변동을 이해하자

앞 장에서 손익계산서 항목 중 현금을 수반하지 않는 수익과 이익, 비용과 손실을 조정해준 내역을 살펴봤다. 이제 재무상태표를 통해 영업과 관련된 자산과 부채의 변동이 현금의 유출입을 초래하는 내용에 대해 알아보자.

자산의 변동은 현금의 유출입과 관련이 있다. 대표적인 영업활동 관련 자산으로 매출채권과 재고자산이 있다. 매출채권은 외상으로 판매한 것이다. 매출채권이 전기 말에 100억 원이었는데 당기말에 80억 원이라면, 일 년 동안에 매출채권 20억 원이 현금으로 회수된 것이다. 이는 회사에 현금이 20억 원 유입되는 효과다. 반대로 매출채권이 증가할 때는 현금의 유출이라는 의미가 있다. 전기말 대비 당기말에 매출채권이 20억 원 증가했다고 할 경우 외상이라는 형태로 신용을 20억 원 추가 부여한 것이나 마찬가지다. 그만큼 회사는 자금부담을 지게 된다.

재고자산을 살펴보자. 재고자산이 감소되었다는 것은 재고자산을 외부에 팔았다는 의미와 같다. 재고자산이 감소한 만큼 현금이 회사에 유입된 것이다. 이와 같이 영업자산이 감소하는 것은 현금의 유입을 의미하므로 영업활동현금흐름 계산에 플러스를 해줘야 하며, 영업자산의 증가는 현금의 유출임으로 차감해줘야 한다.

이제 영업 관련 부채를 보자. 매입채무가 대표적인 영업부채이다. 외상으로 원재료 등을 구매할 때 이를 매입채무로 부채에 계상한다. 매입채무가 감소했다는 것은 부채를 갚았다는 것을 의미하기 때문에 현금의 유출이다. 이처럼 영업부채의 감소는 현금의 유출이기 때문에 영업현금흐름에 마이너스 요인이며, 영업부채가 증가하면 현금유입 요인이다.

자산부채 변동과 현금흐름 관계를 쉽게 이해하는 방법은 자산을 현금으로 바꾸느냐, 현금을 자산을 바꾸느냐, 하는 관점으로 보는 것이다. 예를 들어 자산을 팔면 현금이 생긴다. 자산을 판다는 것은 자산의 감소이고, 이는 현금의 유입이다. 반대로 자산을 매입하면 현금이 지출되기에 현금유출이다. 부채도 마찬가지 방식으로 이해하자. 부채를 증가시키면, 회사에 돈이 들어오게 된다. 은행에서 돈을 빌리면 부채가 증가하면서 회사에 현금이 들어온다. 부채를 상환하면 부채는 감소하고, 회사의 현금이 유출된다.

〈도표 3-12〉를 보자. 삼성전자 매출채권이 2,076억 원 감소했기 때문에 현금유입이어서 플러스 요인이다. 괄호에 (증가)라고 표기된 것은 매출채권이 증가했기 때문에 차감요인이라는 의미다. 5번의 '재고자산의 (증가)감소'를 보라. (2,616,203)이라고 되어 있다. 이는 재고자산이 증가했기 때문에 괄호를 사용한 것이다. 따라서 영업현금의

[도표 3-11] 영업 관련 자산 및 부채와 현금 유출입

영업 관련 자산	증가	➡	현금유출
	감소	➡	현금유입
영업 관련 부채	증가	➡	현금유입
	감소	➡	현금유출

영업활동으로 인한 자산 및 부채의 변동 : 삼성전자

(단위 : 백만 원)

구분	당기	전기
1. 매출채권의 감소(증가)	207,676	(177,409)
2. 미수금의 감소(증가)	206,245	(701,942)
3. 선급금의 (증가)감소	(40,938)	90,122
4. 장단기선급비용의 감소(증가)	611,089	(2,126,336)
5. 재고자산의 (증가)감소	(2,616,203)	266,961
6. 매입채무의 감소	(1,871,175)	(265,898)
7. 장단기미지급금의 증가	650,861	1,053,152
8. 선수금의 감소	(76,233)	(50,848)
9. 예수금의 감소	(163,124)	(10,687)
10. 미지급비용의 (감소)증가	(1,243,649)	1,586,212
11. 충당부채의 증가(감소)	503,661	(702,672)
12. 퇴직금의 지급	(700,205)	(407,517)
13. 사외적립자산의 감소(증가)	27,155	(3,349,052)
14. 기타	(177,192)	958,778
계	(4,682,032)	(3,837,136)

유출이기 때문에 차감표시한 것이다.

　1번부터 5번까지는 자산항목이고 6번부터 13번까지는 부채항목이다. 부채의 감소는 곧 현금의 유출, 부채의 증가는 현금유입이다. 7번 항목의 장단기미지급금이 6,508억 원 증가했다. 부채의 증가이므로 이만큼 현금이 유입된 것이다. 12번 퇴직금의 지급은 부채의 감소이다. 따라서 현금유출이다. 실제 퇴직금 지급액을 표시한 것이다.

영업활동으로 인한 자산 및 부채의 변동은 운전자본과 밀접한 관계가 있다. 운전자본은 '매출채권＋재고자산'을 의미한다. 순운전자본은 운전자본에서 매입채무를 차감한 것이다.

$$순운전자본 = 매출채권＋재고자산－매입채무$$

영업활동과 관련된 자산과 부채를 보면 순운전자본에 해당하는 항목이 대부분을 차지한다. 따라서 영업활동 관련 자산부채 변동은 순운전자본 변동으로 이해하면 된다. 운전자본이 증가한다는 것은 회사에 돈이 묶이는 것과 같다. 반면에 운전자본 감소는 그간 묶였던 운전자본을 회수하는 것이어서 현금이 회사 내로 유입되는 것이다.

💰 영업활동현금흐름에서 중요한 항목들

상장회사 사업보고서의 영업활동현금흐름은 간접법으로 작성된다. 직접법이 간접법보다 영업활동을 통한 현금흐름 정보를 더 많이 제시할 수 있지만, 작성의 번거로움과 지나친 정보유출 문제 등이 있다. 상장회사가 어느 방식을 선택할지를 결정하지만 대부분 회사들은 간접법을 선호한다. 그러므로 투자자들은 간접법 방식 현금흐름표를 숙지해야 한다.

〈도표 3-13〉을 보자. 영업활동으로 인한 현금흐름은 당기순이익, 조정, 자산부채의 변동, 이자 수취 및 지급, 배당금 수입, 법인세 납부로 구성된다. 이 중에 핵심은 영업활동에서 창출된 현금흐름이다. 이자수취, 이자지급, 배당금 수취, 법인세 납부는 이해하기가 쉽다. 이자수취, 이자지급, 배당금 수취는 투자활동이나 재무활동으로 분류되기도 하지만 영업활동에 넣는 것이 일반적이다. 영업활동현금흐름의 핵심은 당기순이익, 현금유출입이 없는 항목의 차감과 가산, 영업활동 자산부채의 변동이다. 이

영업활동으로 인한 현금흐름(간접법)

영업활동에서 창출된 현금흐름		
1.	당기순이익	
2.	**조정**	현금유입이 없는 수익과 이익의 차감
		현금유출이 없는 비용과 손실의 가산
3.	영업활동 관련 자산부채의 변동	
이자수취		
이자지급		
배당금 수취		
법인세 납부		

부분을 중심으로 현금흐름표를 분석해보자.

셀트리온 영업활동흐름 분석을 통해 현금흐름표를 읽어보자. 셀트리온은 바이오시밀러 사업을 영위하면서 막대한 연구개발비를 투입해서 신제품을 개발, 생산하고 판매하는 기업이다. 연구개발비용과 생산시설에 대규모 자금이 투입되기 때문에 고정비형 기업이다. 개발된 제품이 본격적으로 팔리기 전까지 재고자산과 매출채권 등 운전자본이 많이 필요하다. 운전자본에 묶이는 자금이 많아서 금융비용 부담이 큰 편이다. 〈도표 3-14〉를 보자. 셀트리온 영업활동현금흐름은 영업활동에서 창출된 현금흐름과 법인세 납부 2개 항목으로 구성되어 있고, 이자의 수취와 배당의 수취는 투자활동에, 이자지급은 재무활동에 넣고 있다. '영업으로부터 창출된 현금흐름'은 주석사항을 보면 세목별로 자세하게 나온다.

조정과 영업활동 관련 자산부채의 변동 내용을 기록한 〈도표 3-15〉를 보자. 셀트리온은 영업활동 관련 자산부채의 변동을 순운전자본 변동으로 기록하고 있다. '조정항목에 의한 합계' 항목을 보면 453억 원을 가산하고, '순운전자본의 변동으로 인한 합계'

[도표 3-14] **현금흐름 중요 항목들 : 셀트리온**

(단위 : 원)

	제26기 1분기	제25기 1분기	제25기	제24기
영업활동현금흐름	43,046,882,625	6,762,813,677	77,566,858,430	145,158,529,423
영업으로부터 창출된 현금	43,454,692,764	9,530,762,611	98,245,039,959	172,422,895,801
법인세납부(환급)	(407,810,139)	(2,767,948,934)	(20,678,181,529)	(28,264,366,378)
투자활동현금흐름	(32,846,232,663)	(33,447,600,456)	(166,937,621,736)	(106,337,549,776)
투자활동으로 인한 현금유입액	4,382,157,755	19,688,871,719	66,970,301,855	50,371,275,515
이자의 수취	439,760,070	436,268,210	2,100,133,186	2,396,278,168
배당의 수취	100,200,000		770,200,000	20,290,820
단기금융자산의 처분	1,086,568,500		9,725,100,000	17,321,226,617
재무활동현금흐름	(40,389,999,884)	19,145,325,474	130,426,091,492	(11,318,210,704)
재무활동으로 인한 현금유입액	51,405,862,564	69,822,711,215	393,648,814,747	282,266,110,098
단기금융부채의 증가	51,007,471,087	39,790,790,735	143,448,289,992	142,488,637,093
장기금융부채의 증가		30,000,000,000	241,000,000,000	107,400,000,000
보통주의 발행	398,391,477	31,920,480	9,200,524,755	2,377,473,005
자기주식 처분				30,000,000,000
재무활동으로 인한 현금유출액	(91,795,862,448)	(50,677,385,741)	(263,222,723,255)	(293,584,320,802)
이자의 지급	(5,552,495,303)	(10,304,032,173)	(35,237,435,954)	(36,574,509,471)
배당의 지급			(714,230)	(68,400)

에서는 136억 원을 차감했다. '영업활동으로부터 창출된 현금흐름'은 434억 원으로 전
년 동기(95억) 대비 증가했다. 셀트리온은 1분기 동안 영업활동을 통해 434억 원 현금을
창출했다.

[도표 3-15] **영업활동현금흐름 중 조정 및 순운전자본의 변동 : 셀트리온**

(단위 : 천 원)

구분	2016년 1분기	2015년 1분기
분기순이익(손실)	11,802,294	(13,978,836)
조정항목		
법인세수익	(1,406,073)	(6,050,207)
재고자산평가충당금	(795,278)	1,235,996
주식보상비용	1,005,443	977,176
감가상각비	8,253,329	7,136,367
무형자산상각비	12,734,276	12,404,145
대손상각비(환입)	9,177,110	(365,153)
기타의대손상각비(환입)	4,142	1,374
외화관련손실	1,278,682	1,918,830
외화관련이익	(2,336,272)	(1,035,344)
당기손익인식금융상품평가손실	–	53,966,176
당기손익인식금융상품처분손실	15,734,358	–
당기손익인식금융상품처분이익	(100,320)	–
지분법손익	(65,384)	339,365
사채상환손실	78,803	–
이자비용	3,753,975	8,902,300
이자수익	(1,977,710)	(2,615,294)
유형자산처분이익	(6,308)	(7,148)
무형자산처분손실	–	148,793
조정항목에 의한 합계	45,324,489	76,957,376

순운전자본의 변동 :		
매출채권	3,429,356	(28,224,295)
기타수취채권	(2,007,332)	483,925
재고자산	(3,782,358)	(20,083,740)
기타유동자산	(2,188,297)	1,788,437
기타비유동자산	15,416	(23,914)
매입채무	1,450,587	4,094,655
기타지급채무	(17,688,482)	(11,945,700)
기타유동부채	7,090,462	456,233
충당부채	8,558	6,622
순운전자본의 변동으로 인한 합계	(13,672,090)	(53,447,777)
영업으로부터 창출된 현금	43,454,693	9,530,763

조정항목 세부내용을 보자. 감가상각비·무형감가상각비와 대손상각비, 당기손익
인식금융상품처분손실의 항목이 458억 9,000만 원이다. 조정항목 합계가 453억 2,000
만 원이어서 이들 세 항목이 조정의 대부분이고, 나머지 항목은 큰 의미가 없다. 감가
상각비와 대손상각비는 손익계산서에 비용으로 계상되어 당기순이익을 줄이는 역할
을 하지만, 현금유출 비용이 아니기 때문에 현금흐름표에서는 가산항목이다. 금융상
품처분손실은 주석란에 내용이 명기되어 있지 않다. 처분손실은 회계상 손실일 뿐이
고 현금이 유출되는 것이 아니기 때문에 영업활동에서 가산해주고, 처분에 따른 현금
유입액은 투자활동에 기록한다. 유무형감가상각비는 전년동기와 비슷했지만 대손상
각비가 증가했다. 대손상각비는 매출채권 중에서 회수 가능성이 없음이 확정된 채권
을 비용으로 처리하는 항목이다. 대손상각처리는 자산이 감소하면서 당기순이익을 줄

(단위 : 백만 원)

영업활동에서 창출된 현금흐름		2016년 1분기	2015년 1분기	2015	2014
1.	당기순이익	11,802	−13,978	158,281	117,481
2.	조정	45,324	76,957	193,856	117,643
3.	영업활동 자산부채 변동	−13,672	−53,447	−253,902	−115,701
이자수취		439	436	2,100	2,396
이자지급		−5,552	−10,304	−35,237	−36,574
배당금 수취		100	−	770	20
법인세 납부		−407	−2,769	−20,678	−28,264
일반적으로 작성된 영업활동현금흐름		38,034	−3,105	45,190	111,001
셀트리온 방식 영업활동현금흐름		43,046	6,762	77,566	145,158

이지만, 현금이 유출되는 비용이 아니여서 간접법 현금흐름 가산항목이다.

영업 관련 자산부채의 변동인 순운전자본의 변동을 보자. 이 부분에서 136억 원이 유출되었다. 전년동기 534억 원 유출액에 비해 크게 줄었다. 순운전자본 감소는 바람직한 일이다. 이는 유럽시장에서 바이오시밀러 램시마 승인에 따라 매출채권을 일부 회수하고 재고자산이 감소했기 때문이다. 셀트리온은 운전자본 절대금액이 크기 때문에 영업활동현금흐름 개선을 위해 매출채권 회수와 재고자산 감소가 필요하다.

〈도표 3-14〉에서 셀트리온이 이자비용을 재무활동에 계상한 것은 영업활동현금흐름 규모를 크게 보이기 위한 고육지책으로 보인다. 일반적인 영업현금흐름표 작성 방식으로 재구성해보면 〈도표 3-16〉과 같다.

셀트리온 영업활동현금흐름표 분석을 통해 알 수 있는 것은 감가상각비와 운전자본이 크다는 것이다. 따라서 운전자본 절대규모를 낮추는 것이 중요하다. 2016년 1분기 실적을 보면 현금흐름은 전년 동기 대비 크게 개선되는 모습이다. 이는 매출채권과 재고자산 감소 등 운전자본 감소에 기인한 것이다. 영업활동 현금흐름표 분석은 감가상각비와 운전자본 규모를 파악하고, 현금흐름에 어떤 영향을 미치는지 파악하는 것이 핵심이다.

투자활동현금흐름 : 금융자산 투자활동

🏦 기업은 3가지 활동을 한다

기업은 영업활동을 통해 이익을 내기 위해 존재한다. 손익계산서는 일정 기간 기업이 얼마나 이익을 냈는지를 보여준다. 한 해 동안 결산을 해본 결과 순이익이 100억 원 발생했다면, 회사의 현금이 그 해에 100억 원 증가했다는 의미가 아니다. 현금의 유입과 순이익은 다르다. 외상매출을 했을 경우 순이익이 발생하더라도 회사에 유입되는 현금은 외상 매출액만큼 줄어든다. 영업활동에서 재고자산이 증가한 경우에도 회사의 자금사정이 나빠진다. 이익이 나도 자금관리에 문제가 생길 수 있기 때문에 기업은 적절하게 자금흐름을 통제할 필요가 있다.

자금은 기업활동의 혈액과 같은 존재다. 신체에 혈액이 원활히 순환해야 몸에 이상이 오지 않듯이 기업은 자금사정이 좋아야 한다. 현금흐름표는 기업의 자금사정이 어떻게 돌아가고 있는지를 일목요연하게 정리해서 보여준다. 현금흐름표는 손익계산서와 재무상태표를 통해 현금의 유출입을 정리한 파생적인 장부이다.

기업활동은 영업활동, 투자활동, 재무활동으로 나눌 수 있다. 그중 가장 주된 기업

[도표 3-17] **기업활동의 3가지 측면**

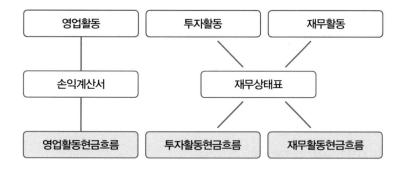

활동이 영업활동이다. 영업활동을 위해서는 투자활동이 필요하며, 영업활동과 투자활동 과정에서 자금의 과부족이 발생할 때 재무활동이 역할을 한다. 3가지 현금흐름을 통해 어느 부분에서 현금이 창출되고 사용되는지를 파악할 수 있다.

영업활동은 기업 본연의 업무를 말한다. 재무활동은 금융기관에서 자금의 차입이나 유상증자, 회사채 발행 등 재무에 관련된 활동이다. 투자활동은 설비투자 활동이나 금융자산 혹은 유가증권에 투자하는 것이다. 일반적으로 기업은 영업활동을 통해 발생한 이익의 일부를 설비투자 등에 투입한다. 설비투자에 필요한 자금이 영업활동에서 창출된 현금으로 충당하기에 부족할 경우 재무활동을 통해 자금을 조달한다.

💰 투자활동의 2가지 측면

투자활동에서 대표적인 것이 설비투자이다. 제조업의 경우 경쟁력을 유지하기 위해서는 지속적으로 설비투자를 해야 한다. 최신 설비가 나오면 구입하기도 하고, 기존 설비를 보수하기도 한다. 설비투자는 투자활동의 핵심이다.

한편 기업은 여유자금이 있을 때 금융자산에 투자하기도 한다. 영업활동을 통해 현금이 창출되면 가장 먼저 설비투자나 무형자산 투자를 한다. 유무형자산 투자는 영업에 필요한 투자이다. 이렇게 투자를 하고도 현금이 남을 경우에는 금융자산 등에 투자해서 수익을 올릴 수 있다. 현금으로 보유하고 있을 경우 기회비용이 크기 때문에 각종 유가증권이나 부동산 등에 자산을 운용한다.

[도표 3-18] **자산의 구성 : 더존비즈온**

(단위 : 원)

	제39기	제38기	제37기
자산			
유동자산	79,333,641,070	72,425,777,340	72,525,051,947
현금및현금성자산	22,549,667,658	15,364,681,880	10,534,198,424
기타금융자산	9,100,000,000	5,200,000,000	11,153,616,054
매출채권 및 기타유동채권	44,188,081,183	46,882,390,062	44,230,429,581
기타유동자산	2,718,494,367	3,479,483,609	4,575,923,741
재고자산	777,397,862	1,499,221,789	2,030,884,147
비유동자산	134,200,361,096	138,145,164,544	120,848,273,162
매도가능금융자산	4,158,009,496	4,183,187,716	4,289,135,703
유형자산	79,433,366,670	82,579,479,242	78,527,960,103
투자부동산	4,400,536,226	2,517,667,993	8,224,443,256
무형자산	36,062,492,133	40,677,039,552	24,001,077,943
기타금융자산	6,644,834,126	6,300,056,422	5,028,818,306
이연법인세자산	3,501,122,445	1,887,733,619	776,837,851
자산총계	213,534,002,166	210,570,941,884	193,373,325,109

- **영업에 필요한 투자자산** : 유형자산, 무형자산
- **비영업 관련 투자자산** : 금융자산, 매도가능금융자산, 투자부동산, 기타 금융자산 등

    재무상태표에서는 결산기말 투자자산 규모를 알려주지만 연간 얼마를 투자했는지 파악하기 위해서는 현금흐름표를 봐야 한다. 〈도표 3-19〉를 보자. 더존비즈온은 일 년간 영업활동을 통해 425억 원의 현금흐름을 창출했다. 일 년간 영업을 해서 회사 내에 현금이 이만큼 유입된 것이다. 이 자금을 갖고 투자활동을 진행했다. 〈도표 3-19〉에 음영표시된 부분이 영업과 관련된 투자활동이다. 나머지 투자활동은 영업과 관련이 없는 금융자산 투자이다. 투자활동에서 영업과 관련된 투자인지 금융자산 운용에 관련된 투자인지 구분할 필요가 있다.

    기업이 영업활동을 통해 창출한 현금으로 할 수 있는 일은 다음과 같다.

    ① 설비투자
    ② 기업인수
    ③ 금융자산 투자
    ④ 배당
    ⑤ 부채상환
    ⑥ 현금보유

    ③번의 금융자산 투자에 대해 검토해보자. 회사에 여유자금이 있다면 부채를 상환하는게 나을까, 아니면 금융자산에 운용하는 것이 나을까? 만약 부채조달금리가 5%이고, 금융자산 투자를 통해 운용수익 7%를 낼 수 있다면 부채상환보다 금융자산 투자를 하는 것이 유리하다. 금융자산 보유는 회사에서 불시에 자금이 필요할 때 금융자산을 매각해서 현금화할 수 있기 때문에 안전판 역할을 하기도 한다. 그렇다면 회사가

[도표 3-19] **투자활동 내역 : 더존비즈온**

(단위 : 원)

	제39기	제38기	제37기
영업활동현금흐름	42,594,045,360	37,610,030,851	31,720,733,824
투자활동현금흐름	(13,861,583,344)	(10,513,541,281)	(21,096,359,437)
기타금융자산의 처분	2,727,421,477	3,599,152,228	1,207,859,071
기타금융자산의 취득	(4,463,037,508)	(4,534,058,306)	(10,328,801,982)
기타금융부채의 감소	(11,100,000)	(47,500,000)	
기타금융부채의 증가	185,010,000		
매도가능금융자산의 취득	(2,541,780)	(215,864,532)	(500,000,000)
매도가능금융자산의 처분	20,357,500	209,927,057	
유형자산의 취득	(9,879,615,302)	(6,254,761,857)	(5,851,006,178)
유형자산의 처분	15,909,092	2,363,636	147,200
무형자산의 취득	(2,513,986,823)	(4,572,799,507)	(5,815,466,638)
무형자산의 처분	60,000,000	1,300,000,000	190,909,090

금융자산을 통해 얻는 수익률이 어느 정도인지 계산해볼 필요가 있다. 이때는 사업보고서 주석란을 참조해야 한다.

더존비즈온의 금융손익은 8억 3,000만 원이다. 금융자산 규모는 주석사항에 나온다. 〈도표 3-22〉를 보면 약 157억 원이다. 더존비즈온이 금융자산을 통해 얻은 수익률은 약 5.3%이다.

회사의 투자활동 내용을 재무제표를 통해 파악하기 위해서는 다음과 같이 각각의 재무제표를 참조하면 된다.

[도표 3-20] **금융수익 내역 : 더존비즈온**

(단위 : 천 원)

구분	당기	전기
이자수익	623,093	530,576
매도가능금융자산처분이익	4,930	363
배당금수익	1,692	–
외환차익	124,663	–
외화환산이익	85,018	208,536
합계	839,396	739,475

[도표 3-21] **금융원가 내역 : 더존비즈온**

(단위 : 천 원)

구분	당기	전기
이자비용	1,747,558	2,722,643
매도가능금융자산처분손실	–	507,477
외환차손	3,148	–
외화환산손실	19,997	–
합계	1,770,703	3,230,120

- **투자자산의 규모** : 재무상태표
- **연간 얼마나 투자했는가?** : 현금흐름표
- **금융자산 투자손익 내역** : 사업보고서 주석

〈도표 3-23〉을 보면 더존비즈온은 금융수익보다 금융비용이 더 큰 편이다. 이는 금

[도표 3-22] **기타금융자산 내역 : 더존비즈온**

(단위 : 천 원)

구분	당기		전기	
	유동	비유동	유동	비유동
금융상품	9,100,000	820,827	5,200,000	101,504
장기대여금	–	4,050,417	–	4,052,917
대손충당금	–	(3,100,417)	–	(2,050,417)
임차보증금	–	2,764,694	–	2,220,271
기타보증금	–	1,668,945	–	1,781,760
장기미수금	–	738,166	–	738,166
대손충당금	–	(297,799)	–	(544,145)
합계	9,100,000	6,644,833	5,200,000	6,300,056

융자산보다 부채가 더 많다는 것을 의미한다. 금융비용이 지속적으로 감소하는 것은 유이자 부채 등이 감소하고 있기 때문이다.

컴퓨터 및 주변장치 제조업체인 빅솔론은 금융자산을 적극적으로 운용하는 기업이다. 〈도표 3-24〉를 보자. 영업이익이 150억 원인데 금융수익이 118억 원이다. 제조업이지만 금융자산 운용으로 해마다 큰 이익을 내고 있다. 금융상품 규모가 680억 원이고, 금융영업손익이 80억 원이다. 금융자산 운용수익률이 11.7%이며, 당기순이익률이 23.1%로 높은 편이다. 금융자산 운용을 적극적으로 하는 기업이다.

[도표 3-23] 손익계산서 : 더존비즈온

(단위 : 원)

	제39기	제38기	제37기
매출액	157,733,505,694	136,381,212,452	129,601,816,295
매출원가	68,759,907,219	66,877,686,925	63,042,620,260
매출총이익	88,973,598,475	69,503,525,527	66,559,196,035
판매비와관리비	59,984,293,160	48,977,060,469	48,202,545,619
영업이익(손실)	28,989,305,315	20,526,465,058	18,356,650,416
기타수익	161,398,531	925,033,587	248,720,332
기타비용	3,977,052,422	6,912,833,150	3,504,769,048
금융수익	839,395,345	739,475,250	780,290,521
금융비용	1,770,703,360	3,230,119,542	3,636,515,395
법인세비용차감전순이익(손실)	24,242,343,409	12,048,021,203	12,244,376,826
법인세비용	2,561,462,291	1,107,451,456	(1,459,073,135)
당기순이익(손실)	21,680,881,118	10,940,569,747	13,703,449,961
기타포괄손익	(640,177,554)	(1,286,246,784)	308,405,316
총포괄손익	21,040,703,564	9,654,322,963	14,011,855,277
당기순이익(손실)의 귀속			
지배기업의 소유주에게 귀속되는 당기순이익(손실)	21,374,147,169	10,777,909,659	13,464,449,029
비지배지분에 귀속되는 당기순이익(손실)	306,733,949	162,660,088	239,000,932

[도표 3-24] **금융수익 : 빅솔론**

(단위 : 원)

	제15기	제14기	제13기
매출액	83,861,116,630	78,856,301,692	83,988,189,423
매출원가	53,696,071,802	52,675,524,824	54,613,512,051
매출총이익	30,165,044,828	26,180,776,868	29,374,677,372
금융업영업수익	789,076,653		
금융업영업비용	830,507,540		
판매비와관리비	15,117,606,508	13,226,101,592	14,323,916,698
영업이익	15,006,007,433	12,954,675,276	15,050,760,674
기타영업수익	2,006,123,095	1,404,465,837	1,186,770,828
기타영업비용	1,557,277,557	1,348,148,128	818,908,395
금융수익	11,883,060,624	6,288,693,855	6,614,665,480
금융비용	3,806,209,379	3,584,634,475	1,746,932,393
법인세비용차감전순이익	23,531,704,216	15,715,052,365	20,286,356,194
법인세비용	4,101,793,258	2,787,888,780	3,283,636,206
당기순이익	19,429,910,958	12,927,163,585	17,002,719,988

투자활동현금흐름 :
설비투자와 감가상각

ⓦ 기업의 설비투자와 감가상각 문제

기업의 목적은 영속성에 있고 투자는 영속성 확보차원에서 반드시 필요한 기업활동이다. 투자활동은 여러 가지가 있다. 능력 있는 종업원을 확보하는 것도 투자의 일종이다. 스톡옵션을 주고서라도 유능한 인재를 구하는데, 이때 스톡옵션도 일종의 투자이다. 최신 설비를 들여오거나 낡은 설비를 보수하는 행위도 투자다. 일반적으로 제조업에서 투자활동을 말할 때는 땅을 사고, 건물을 짓고, 설비를 들여오는 행위를 지칭하며, 재무제표에서 투자활동 내용을 파악할 수 있다.

〈도표 3-25〉를 보자. 티씨케이는 총자산이 1,034억 원인데, 이 중에 유형자산 규모가 450억 원이다. 총자산에서 유형자산이 차지하는 규모가 큰 편이다. 회사는 지난 일년간 얼마를 투자했을까? 단순하게 일 년 전 유형자산 392억 원에서 21기의 450억 원을 뺀 수치인 58억 원을 투자했다고 생각해서는 안 된다. 자산항목에 기재된 수치는 감가상각비를 공제한 금액이기 때문에 이를 감안해줘야 한다. 연간 투자규모를 파악하기 위해서는 현금흐름표를 봐야 한다.

[도표 3-25] **유동자산에서 가용 현금성자산 : 티씨케이**

(단위 : 원)

	제21기	제20기	제19기
자산			
유동자산	57,057,592,392	43,738,723,578	34,441,484,293
현금및현금성자산	9,016,445,609	6,802,815,827	3,228,533,596
당기손익인식금융자산	24,715,434	16,546,947	12,328,000
만기보유금융자산	0	126,272,249	0
매출채권	7,344,665,546	9,747,255,645	6,189,270,346
기타유동금융자산	31,147,228,132	15,263,521,316	11,232,781,519
기타유동자산	196,739,975	485,805,422	264,420,683
재고자산	9,327,797,696	11,296,506,172	13,514,150,149
매각예정비유동자산	0	5,662,552,162	0
비유동자산	46,346,685,370	41,663,802,557	49,651,737,771
기타비유동금융자산	595,138,444	1,589,744,483	1,952,722,203
유형자산	45,060,482,598	39,282,356,440	46,793,796,545
무형자산	691,064,328	791,701,634	905,219,023
자산총계	103,404,277,762	91,065,078,297	84,093,222,064

〈도표 3-26〉을 보면 티씨케이는 지난 해 회사는 유형자산 투자를 116억 원 집행했다. 투자활동현금흐름에서 괄호 표시는 현금의 유출을 의미한다. 설비투자를 했기 때문에 현금이 유출된 것이다. 유형자산을 처분하면 회사에 현금이 들어오는 것으로 표시했다. 회사가 지난해 투자한 유형자산 116억 원의 내역이 궁금하면 주석사항을 보면 나온다(〈도표 3-27〉). 회사는 일 년간 116억 원을 설비투자했지만 재무상태표에는 유

(단위 : 원)

	제21기	제20기	제19기
영업활동현금흐름	23,193,470,945	11,860,125,586	10,727,943,670
영업으로부터 창출된 현금흐름	27,437,032,872	12,830,771,456	13,184,255,865
이자수취	537,042,574	458,953,041	197,799,123
배당금수취	100,500	0	0
배당금지급	(1,401,000,000)	(408,625,000)	(1,401,000,000)
법인세납부(환급)	(3,379,705,001)	(1,020,973,911)	(1,253,111,318)
투자활동현금흐름	(20,983,098,328)	(8,286,328,054)	(12,645,704,714)
단기금융상품의 처분	19,329,082,380	0	0
단기금융상품의 취득	(34,000,000,000)	(4,000,000,000)	(11,000,000,000)
단기대여금의 감소	154,896,820	150,609,900	154,522,900
장기금융상품의 처분	344,322,693	0	0
장기금융상품의 취득	(36,864,000)	(57,666,600)	(72,010,272)
만기보유금융자산의 처분	127,590,000	0	1,482,706
유형자산의 처분	167,297,363	7,861,585	84,229,317
유형자산의 취득	(11,603,607,534)	(4,811,768,529)	(1,735,156,482)
무형자산의 취득	(9,138,470)	(48,041,100)	(51,954,500)
장기대여금의 감소	62,401,800	62,313,000	113,975,500
장기대여금의 증가	(356,000,000)	(183,000,000)	(206,000,000)
보증금의 감소	25,200,000	304,460,000	123,050,000
보증금의 증가	(21,708,900)	(24,680,000)	(11,800,000)
정부보조금의 수취	126,553,891	462,500,167	40,237,054
당기손익인식금융자산의 처분	122,961,095	0	0

유형자산 내역 : 티씨케이

(단위 : 천 원)

당기	토지	건물	구축물	기계장치	차량운반구	공구와기구	비품	건설중인자산	합계
기초 순장부금액	8,085,356	10,039,497	178,496	17,892,822	51,346	587,475	371,670	2,075,694	39,282,356
취득	5	–	–	12,153	21,759	3,699	139,405	11,394,175	11,571,196
처분	–	(130,427)	–	(222,633)	(22,720)	(1,144)	(5,038)	–	(381,962)
대체	46,737	960,457	1,335,442	6,828,662	21,760	172,451	135,097	(9,594,615)	(94,009)
감가상각비	–	(298,202)	(77,460)	(4,521,775)	(24,351)	(105,460)	(280,021)	–	(5,307,269)
손상차손(*)	–	–	–	(85,637)	–	(13,979)	(8,021)	–	(107,637)
기타증감	–	–	–	–	–	–	142,408	–	142,408
매각예정으로대체(*)	–	–	–	(44,600)	–	–	–	–	(44,600)
기말 순장부금액	8,132,098	10,571,325	1,436,478	19,858,992	47,794	643,042	495,500	3,875,254	45,060,483

형자산 규모가 이만큼 증가하지 않은 것으로 나오는 이유는 감가상각비로 53억 원을 비용처리했기 때문이다. 실질적인 신규투자는 115억 원을 집행한 것이다.

투자자들이 설비투자에 관심을 가져야 하는 이유는 자금조달과 이익변동을 파악하기 위해서이다.

① 투자에 필요한 자금을 어떻게 조달할 것인가?
② 감가상각비는 어떻게 변하는가?

자금조달 문제는 다른 장에서 살펴보기로 하고, 이번 장에서는 설비투자와 감가상각비 관계를 알아보자. 유형자산 투자는 기업의 영속성을 위해 필요한 행위지만, 유형

[도표 3-28] **유형자산의 취득과 감가상각비**

(단위 : 천 원)

	토지	유형자산	합계
기초장부가액	80	312	392
취득		115	115
처분		−3	−3
대체		−0.9	−0.9
기말 장부가액	81	369	450
감가상각비		53	

[도표 3-29] **유형자산의 감가상각 처리(정액법)**

구분	추정 내용연수
건물	40년
구축물	10년
기계장치	8년
차량운반구	5년
공구와기구	10년
비품	5년

자산이 증가하면 이를 감가상각비를 통해 비용으로 처리해야 한다. 유형자산은 자산이지만 내용연수에 맞게 나눠서 비용처리되어야 하기 때문에 '자산'이면서 '이연된 비용'이다. 유형자산이 많으면 자산가치^{BPS}가 높게 계산되기 때문에 긍정적으로 볼 수도 있지만, 미래에 상각처리해야 할 비용이라는 점을 인식해야 한다. 간단히 말해 '유형자산=잠재적 비용'이다.

설비투자를 많이 한 기업은 감가상각비가 증가하기 때문에 영업이익 감소요인이 된다. 〈도표 3-28〉처럼 감가상각비 변화를 추정하는 것이 필요하다. 토지는 감가상각 항목이 아니다. 이를 제외한 유형자산 규모는 기초 312억 원에서 기말 369억 원으로 증가했다. 감가상각비는 53억 원이었다. 유형자산 평균 내용연수를 6.4년으로 보는 회계처리라고 할 수 있다. 기업들은 유형자산 회계처리 기준을 〈도표 3-29〉처럼 사업보고서에 명기해놓고 있다. 평균 내용연수와 실제 회계처리를 비교해볼 때 보수적인 회계처리를 한 것으로 추정된다. 유형자산은 원가에서 감가상각누계액과 손상차손누계액을 차감하여 표시된다. 역사적 원가는 자산의 취득에 직접적으로 관련된 지출을 포함한다. 〈도표 3-29〉를 보면 토지를 제외한 자산은 취득원가에서 잔존가치를 제외하고, 추정 경제적 내용연수에 걸쳐 정액법으로 상각하고 있다.

유형자산과 현금흐름 관계는 다음과 같다.

① 기업은 영속성을 위해 투자를 집행한다.

② 설비투자는 내용연수에 맞게 매년 비용으로 처리해야 한다. 따라서 유형자산 투자는 감가상각비 증가요인이며, 동시에 이익감소 원인이지만 현금유출은 아니다.

③ 유형자산 규모가 크다는 것은 회사의 공신력에는 긍정적인 요인이 될 수 있지만 '이연된 비용'이라는 관점에서 볼 때 향후에 이익을 감소시키는 요인이다.

④ 유형자산 규모는 재무상태표 자산항목에 나오며, 한 해 동안 유형자산 투자 규모를 파악하려면 사업보고서 주석사항을 봐야 한다.

⑤ 감가상각비 규모는 사업보고서 주석사항에 나온다. 유형자산 규모를 통해 감가상각비를 추정할 수 있다.

잉여현금흐름 : 어떻게 파악하나?

잉여현금흐름의 이해

투자에서 잉여현금흐름은 매우 중요한 개념이기 때문에 정확하게 이해하는 것이 필요하다. 순이익은 일정 기간 동안 회사에서 벌어들인 이익이다. 손익계산서는 발생주의 회계원칙으로 작성되기 때문에 계산상의 이익일 뿐이다. 외상매출을 생각해보면 이해가 쉬울 것이다. 외상매출도 수익이기 때문에 순이익 증가에 기여를 한다. 그러나 외상으로 판매한 금액은 회사에 돈이 들어오지 않는다. 따라서 순이익이 그대로 회사에 현금으로 남아 있지 않다. 매출을 많이 하고 순이익이 나는 기업이 자금난을 겪는 상황이 발생하는 경우는 이런 이유 때문이다. 그래서 현금흐름을 살펴봐야 하는 것이다.

현금흐름은 말 그대로 현금의 유출입 관점에서 자금상황을 파악해보는 것이다. 회사자금 과부족 문제는 현금흐름과 관련이 있다. 영업을 통해 최종적으로 회사에 현금이 유입되었는가 유출되었는가를 파악하고 있어야 장래를 위한 설비투자를 계획할 수 있으며, 자금조달 여부를 결정할 수 있기 때문이다.

잉여현금흐름은 기업 본연의 업무인 영업활동으로 현금을 얼마나 창출할 수 있는지 보여주는 지표이다. 현금흐름표에서 영업활동과 투자활동을 통한 자금의 유출입을 보면 잉여현금흐름을 파악할 수 있다. 잉여현금흐름은 자유현금흐름^{FCF, Free Cash Flow}이라고도 한다. 잉여현금흐름은 2가지 방식으로 계산할 수 있다.

① 재무상태표와 손익계산서를 통한 계산

잉여현금흐름 = 순이익＋감가상각비－(설비투자＋운전자본 증가)

② 현금흐름표를 통한 계산

잉여현금흐름 = 영업활동현금흐름＋이자비용－설비투자

잉여현금흐름은 영업활동으로 창출된 현금흐름에서 사업을 유지하기 위해 설비투자를 하고, 운전자본의 증가를 감안하고도 남는 현금을 말한다. 자본적 지출은 회사의 미래를 위한 투자이다. 기업이 자본적 지출을 등한시하면 경쟁력을 상실하고 결국 도태된다. 회사가 영속적으로 성장하기 위해서는 지속적으로 자본투자를 해야 하고, 이는 필수적인 활동이다. 운전자본은 영업활동을 위해 필요한 재고자산의 보유와 외상매출을 위해 필요하다. 회사의 외형이 커지게 되면 운전자본도 이에 비례해서 증가하는 경향이 있다.

잉여현금흐름이 플러스라는 의미는 영업활동을 통해 창출한 현금에서 자본적 지출과 운전자본 증가를 차감하고도 회사에 자금이 남는다는 것이다. 이 자금으로 이자비용을 지출하거나 배당금을 주기도 한다. 그러고도 최종적으로 남는 자금은 회사에 유보되면서 재무구조를 건전하게 만든다. 잉여현금흐름이 존재한다는 것은 설비투자에 필요한 자금을 외부에서 조달하거나 유상증자 등을 통해 조달할 필요가 없다는 뜻이기도 하다. 회사 내부에서 창출된 영업활동현금흐름으로 투자가 가능하기 때문이다.

재무제표를 볼 때 순이익도 중요하지만 반드시 현금흐름표를 봐야 하며, 특히 잉여현금흐름이 플러스를 유지하는지, 그 금액이 지속적으로 증가하는지를 확인해야 한다. 잉여현금흐름이 마이너스라는 것은 영업활동으로 창출한 현금흐름이 설비투자와 운전자본 증가를 충당하지 못한다는 것을 의미한다. 이는 기업이 자금난을 겪는다는 것을 의미하며, 이런 기업은 내부유보가 줄어들게 되고, 차입이나 유상증자를 할 가능성이 높은 것으로 해석해야 한다.

다만 설비투자에 큰 자금이 필요 없는 성숙기업이냐, 신생기업으로서 적극적인 설비투자를 해야 하거나, 매출이 증가하면서 운전자본이 크게 증가하는 기업이냐에 따라 구별해서 봐야 할 필요는 있다. 성장성이 높아 적극적인 설비투자가 필요하고 아울러 운전자금이 증가하는 기업이라면, 잉여현금흐름은 마이너스를 기록할 수밖에 없다. 하지만 성장성이 유지되는 한 마이너스 흐름을 부정적으로 볼 필요는 없다.

💰 잉여현금흐름 사례 : 휴메딕스

잉여현금흐름^{FCF} 자료는 포털 사이트 금융 섹션에서 검색하면 쉽게 볼 수 있다. 〈도표 3-30〉을 보면서 휴메딕스의 현금흐름을 파악해보자.

먼저 영업활동현금흐름을 파악해보자. 휴메딕스 2013~2015년 영업현금흐름은 플러스였다. 투자활동현금흐름을 보면 3개년 연속 마이너스다. 그런데 투자활동은 2가지 측면이 있음을 염두에 둬야 한다. 금융자산에 대한 투자와 유무형자산에 대한 투자이다. 투자활동현금흐름은 2가지를 모두 합산한 것으로 설비투자만 보려면 CAPEX$^{Capital\ expenditures}$를 봐야 한다. 예컨대 2015년 투자활동현금흐름이 −178억 원이다. 이 중에 설비투자는 107억 원이고, 나머지 71억 원은 금융자산 투자이다. 이 내용을 정확히 파악하려면 현금흐름표를 보면 된다.

[도표 3-30] 잉여현금흐름 : 휴메딕스

(단위 : 억 원)

주요 재무정보	2013/12	2014/12	2015/12	2016/12(E)
매출액	235	292	421	546
영업이익	75	80	140	192
세전계속사업이익	87	80	150	194
당기순이익	91	66	116	159
당기순이익(지배)	91	66	116	159
자산총계	239	592	1159	1091
부채총계	91	55	61	65
자본총계	147	536	1098	1026
영업활동현금흐름	89	69	117	123
투자활동현금흐름	−40	−95	−178	−62
재무활동현금흐름	−40	276	426	−10
CAPEX	45	8	107	32
FCF	44	61	10	91

〈도표 3-31〉을 보면 휴메딕스 설비투자는 106억 원이고 나머지는 금융자산 투자와 관련되어 있다. 영업활동현금흐름 중에서 일부를 금융자산에 투자한 것이다. 휴메딕스는 매년 설비투자를 집행하면서도 잉여현금흐름을 창출하고 있는 중이다. 휴메딕스는 유상증자를 통해 자금조달을 했는데 신규공장 건립과 연구개발비에 투입하기 위해서였다. 지속적으로 영업현금흐름을 창출하고 있지만 좀 더 과감하게 사업을 확대시키는 전략을 선택했다.

〈도표 3-32〉를 보자. 휴메딕스는 현금성자산을 약 679억 원 보유중이고, 현금화가

(단위 : 원)

	제13기	제12기	제11기
영업활동현금흐름	11,706,215,755	6,868,014,499	8,895,562,955
당기순이익(손실)	11,622,598,005	6,641,897,485	9,136,678,985
투자활동현금흐름	(17,795,793,564)	(9,487,425,460)	(3,964,328,771)
매도가능금융자산의 처분			3,603,000,000
유형자산의 처분	400,000	2,089,800	10,990,910
기타금융자산의 처분			
단기금융상품의 처분	8,500,000,000		
보증금의 감소	30,700,000	420,000	500,000
매도가능금융자산의 취득	(13,795,289,500)	(150,000,000)	(2,525,837,840)
파생상품자산의 취득	(1,330,310,000)		
단기금융상품의 취득	(250,000,000)	(8,500,000,000)	
유형자산의 취득	(10,671,859,524)	(812,536,710)	(4,533,177,721)
무형자산의 취득	(163,044,540)	(27,398,550)	(488,404,120)
보증금의 증가	(116,390,000)		(31,400,000)

가능한 매도가능금융자산도 137억 원 보유하고 있다. 매도가능금융자산 중에서 펀드 상품은 해지하면 현금화가 가능하다. 비상장주식은 환금성이 작다. 연간 현금흐름과 보유현금 등을 총체적으로 감안한 자금사정을 추정할 필요가 있다. 영업현금흐름이 123억 원 창출될 것으로 전망된다(〈도표 3-30〉). 2016년 말이 되면 휴메딕스의 가용현 금은 기존 현금성자산을 포함해서 802억 원이 될 것으로 예상된다. 이 자금으로 설비 투자를 집행하면서 연구개발비로 사용하게 된다. 2015년 7월에 밝힌 설비투자 계획을

[도표 3-32] 현금성자산 규모 : 휴메딕스

(단위 : 원)

	제13기	제12기	제11기
자산			
유동자산	82,376,376,580	50,087,398,203	13,495,931,146
현금및현금성자산	67,713,222,161	31,200,401,586	6,240,491,187
단기금융상품	252,881,240	8,500,000,000	
매출채권	11,111,079,591	7,322,431,071	4,645,575,920
기타채권	124,339,654	170,297,759	55,125,718
재고자산	3,028,787,614	2,798,193,796	2,379,520,481
유동비금융자산	146,066,320	96,073,991	175,217,840
당기법인세자산			
비유동자산	33,523,572,991	9,077,174,742	10,356,703,408
매도가능금융자산	13,711,283,609	150,000,000	
파생상품자산	1,211,080,000		
유형자산	17,775,747,764	8,351,842,979	8,759,285,948
무형자산	648,338,607	502,011,763	494,389,314
비유동기타채권	159,010,000	73,320,000	73,740,000
이연법인세자산	18,113,011		1,029,288,146
자산총계	115,899,949,571	59,164,572,945	23,852,634,554

(단위 : 원)

구분	우선순위	사용내역	금액	예정 집행시기	비고
사업다각화를 위한 전략적 투자	1	기업인수, 지분투자 등	15,000,000,000	2015년 하반기	운영자금
연구개발자금	2	임상비용 및 연구인력 확충 등	10,000,000,000	2015~2016년	운영자금
연구소 신축	3	토지 매입 비용	1,200,000,000	2016년 상반기	시설자금
		연구소 신축	8,000,000,000	2016년 하반기 2017년 상반기	
		연구장비 구입비용	4,800,000,000	2017년 상반기	
제2공장 신축	4	건물 건축비 (생산동 확장)	3,546,388,600	2017년	시설자금
합계	–	–	48,546,388,600	–	–

보면 자금이 순차적으로 들어가게 됨을 알 수 있다.

〈도표 3-33〉을 보자. 2015년 하반기부터 2017년까지 자금이 485억 원 집행된다. 2016년 말까지 휴메딕스가 유용할 수 있는 현금이 약 800억 원 정도 되고, 다음 해에도 영업현금흐름이 100억 원 이상 될 것이므로, 설비투자 자금 485억 원을 집행하고도 400억 정도 현금이 남게 된다. 선제적인 설비투자와 충분한 투자자금 확보, 가시성 높은 영업현금흐름 등을 갖추고 있는 기업이라고 할 수 있다.

[도표 3-34] **잉여현금흐름과 코스피 지수**

(p, 2012.6.30.=100)

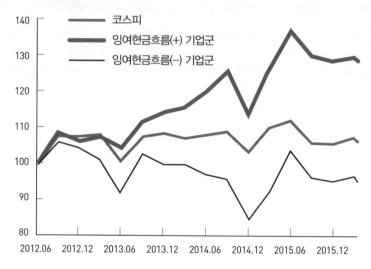

• 잉여현금흐름(+) 기업군은 28.6% 누적수익률 기록

[도표 3-35] **영업활동현금흐름과 설비투자금액의 변화에 따른 성과**

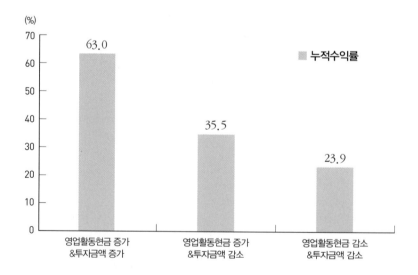

💰 잉여현금흐름과 주가수익률 상관성

당연한 말이지만 잉여현금흐름이 우수한 기업이 주가도 좋다. 잉여현금흐름이 지속적으로 증가하는 기업은 주가상승 가능성이 높다. 이런 기업은 재무건전성이 높을 뿐만 아니라 배당도 많이 줄 수 있다. 설비투자를 위해 자금차입이나 유상증자처럼 주주에게 부담이 되는 자금조달을 할 이유도 없다.

〈도표 3-34〉를 보자. 장기적으로 잉여현금흐름이 좋은 기업이 주가도 좋음을 알 수 있다. 설비투자를 영업현금흐름으로 충당하고도 남는 회사이다. 다만 대형주 중에서 노쇠한 기업은 배제해야 한다. 이런 기업은 당장은 잉여현금흐름이 좋을지 몰라도 투자할 미래가 없어서 비전이 없다. 따라서 설비투자를 활발히 하고도 현금이 남아도는 젊은 기업을 골라야 한다. 특히 영업활동현금흐름이 증가하면서 투자활동이 진행되는 기업의 투자수익률이 가장 높았다는 점을 주목해야 한다. 〈도표 3-35〉는 영업활동현금흐름과 설비투자 활동의 조합이 어떻게 주가와 상관성이 있는지를 보여준다.

재무활동현금흐름 : 잉여현금흐름과의 관계

재무활동현금흐름과 잉여현금흐름

　기업의 재무활동은 자금을 조달하거나 부채를 상환하는 일, 주주들에게 배당금 지급하는 것 등을 말한다. 차입금 이자지급도 재무활동에 넣기도 하지만 일반적으로 영업활동으로 분류한다. 영업활동에 소요되는 자금에 대한 비용이기 때문이다. 재무활동현금흐름은 잉여현금흐름과 관련이 깊다. 기업은 영업활동을 통해 현금흐름을 창출하며 동시에 투자활동을 진행한다. 만일 영업활동을 통해 창출된 현금으로 투자활동에 필요한 현금을 조달할 수 있다면, 재무활동을 통해 자금을 조달할 이유가 없다.

잉여현금흐름^{FCF}= 영업활동현금흐름 - 설비투자

　설비투자를 하고도 남을만큼 영업활동을 통해 현금을 유입시킬 수 있다면, 회사는 자금난에서 한숨을 돌리게 된다. 잉여현금흐름의 존재는 차입금을 상환하거나 주주들에게 배당하는 재원으로 사용될 수 있기 때문에 이런 기업은 재무구조가 좋아지고 신

[도표 3-36] **재무활동현금흐름 주요 항목**

현금유입
In

기업

① 당좌차월의 증가
② 차입금의 조달
③ 사채의 발행
④ 주식의 발행(유상증자)
⑤ 자기주식의 처분

현금유출
Out

① 당좌차월의 감소
② 차입금의 상환
③ 사채의 상환
④ 주식의 소각(유상감자)
⑤ 자기주식의 취득
⑥ 배당금 지급

용도가 높아진다. 잉여현금흐름을 창출하지 못하는 기업은 재무활동을 통해 자금을 조달해야 하기 때문에 차입금 증가나 유상증자를 추진할 가능성이 높다. 현금흐름표 분석에서 잉여현금흐름 분석이야말로 현금흐름표 분석의 핵심이라고 할 수 있다.

🆆 재무활동현금흐름 모범사례 : 동서, KT&G

재무활동현금흐름을 잉여현금흐름이 우수한 동서와 KT&G를 통해 공부해보자. 동서는 매년 1,000억 원 수준의 안정적인 영업활동현금흐름을 창출하고 있다. 설비투자는 100억 원 미만으로 한정되어 있다. 이로 인해 잉여현금흐름이 매년 900억 원 이상 창출되고 있다. 잉여현금흐름으로 할 수 있는 것은 무엇일까?

① 유가증권 혹은 부동산 투자
② 차입금 상환
③ 배당금 지급
④ 미래를 위한 현금보유

[도표 3-37] **현금흐름표 : 동서**

(단위 : 억 원)

	2012	2013	2014	2015
영업활동현금흐름	1,075	1,079	947	1,093
투자활동현금흐름	−42	−809	−833	−648
(설비투자)	−60	−84	−41	−102
잉여현금흐름(FCF)	1,015	995	906	991
재무활동현금흐름	−410	−486	−561	−613

[도표 3-38] **현금흐름표 : KT&G**

(단위 : 억 원)

	2012	2013	2014	2015
영업활동현금흐름	7,228	5,834	7,652	12,592
투자활동현금흐름	−8,980	−2,078	−3,429	−7,476
(설비투자)	−2,634	−1,626	−3,304	−2,102
잉여현금흐름(FCF)	4,594	4,208	4,348	10,490
재무활동현금흐름	−2,582	−3,899	−3,538	−3,810

동서는 잉여현금으로 유가증권 투자와 배당금 지급에 사용했다. 매출액 증가율은 낮지만 강력한 경제적 해자를 가진 국내 커피시장 지배자 동서식품 지분율이 50%여서 안정적인 배당수입을 확보하고 있다. 성숙기업인 동서식품은 지속적으로 창출되는 잉여현금흐름을 재원으로 고배당을 하고, 나머지는 금융상품에 투자한다. 부채비율이 10% 수준이다.

비슷한 예로 KT&G가 있다. KT&G 역시 지속적으로 잉여현금흐름을 창출하고 있다. 설비투자가 많지 않은 편이어서 매년 4,000억 원 이상의 잉여현금흐름을 만들어낸

[도표 3-39] KT&G : 10년 주가차트

[도표 3-40] 동서 : 10년 주가차트

다. 재무활동의 현금유출은 대부분 배당금이다.

KT&G와 동서는 성장성은 부족한 기업이지만 탁월한 현금흐름 창출능력을 갖고 있으며, 이를 재원으로 높은 배당성향을 보여준다. 경제적 해자를 갖고 있는 성숙기업의 전형적인 모델이다. 이런 유형의 기업은 차입금 증가나 유상증자를 통한 자금조달을 걱정할 이유가 없다. 불황기에 강한 면모를 보여주는 기업이어서 저성장기가 도래하면 배당수익률에 관심을 갖는 투자자들에게 각광을 받는다.

주식투자 이익 = 주가상승 + 배당소득

〈도표 3-39〉와 〈도표 3-40〉을 보자. 동서와 KT&G의 지난 10년간 주가상승률은 상당히 높았다. 동시에 배당수익률도 높았다. 배당금을 전부 재투자해서 복리의 마법을 노렸다고 가정할 경우 총투자수익률은 더욱 높아진다. 탁월한 잉여현금흐름을 지속적으로 확보하는 기업은 배당금과 주가상승으로 화답한다.

SECTION 44

재무활동현금흐름 : 유무상증자

💰 유상증자, 무상증자, 액면분할

유무상증자는 현재 주가가 어느 위치에 있느냐에 따라 그 효과가 달라진다. 기업이 활발한 시설투자를 한다는 것은 미래에 외형이 신장할 가능성이 높다는 것을 의미한다. 업황이 좋아서 유상증자를 통해 자금조달·설비투자를 하겠다는 것은 호재라고 할 수 있다. 다만 유통 주식수가 늘어나고 자기자본 대비 수익률이 저하되기 때문에 각종 수익성 지표는 증자 전보다 나빠진다.

그러나 장기적으로 보면 증자대금으로 시설을 확충해서 외형이 늘어날 시점이 되면 수익성이 개선된다. 결국 유상증자는 장기적인 관점이냐, 단기적인 관점이냐에 따라 투자자들이 다르게 받아들일 소지가 있다. 만약 단기투자 입장이라면, 유상증자로 주식수가 늘어나면서 주가가 하락해서 회복조짐이 더딜 것으로 판단되면 증자에 참여하지 않는 게 좋다. 반면에 회사의 미래 성장가치를 염두에 두고 장기투자를 하는 입장이라면 유상증자가 크게 문제될 것이 없다.

무상증자는 기업의 본질가치에 전혀 영향을 미치지 않는다. 유상증자는 자본금이 늘어나면서 자기자본이 확충되기 때문에 자기자본에 변화를 가져오는 반면에, 무상증자는 자본금이 늘어나더라도 자기자본에는 변동이 없다. 자기자본을 구성하는 계정과목인 자본잉여금에 있는 자금을 자본금 항목으로 이동시키는 것에 불과하다. 자금이 사내로 유입되지는 않고 단순히 자본금만 늘어난다.

무상증자와 달리 액면분할은 주식액면가를 낮추는 것이다. 액면가 5,000원짜리 주식을 액면가 500원으로 낮출 경우 발행주식수는 10배 늘어나게 된다. 무상증자를 할 경우 자본금은 증가하지만 액면분할의 경우에는 자본금 변동이 없이 발행주식수만 증가하게 된다. 액면분할의 경우는 통상적으로 주가가 높거나 유통주식수가 적을 경우에 실시한다. 액면분할을 실시하는 이유는 주식거래에 유동성 부족을 해소시키려는 데 있다. 발행주식수가 적을 경우 유통물량이 얼마 되지 않기 때문에 주가변동성이 클 경우가 많아서 기관투자자나 외국인들이 투자하기를 꺼리는 경향이 있다. 이런 종목은 안정성을 가장 우선적으로 보는 기관투자자들 입장에서는 기업가치가 좋더라도 투자하기엔 적합하지가 않다. 한편 지나치게 고가주인 경우에는 액면분할을 통해 절대주가를 낮춤으로서 투자자들의 접근성을 용이하게 할 수도 있다.

💰 워런 버핏이 무상증자나 액면분할을 하지 않는 이유

워런 버핏이 소유한 버크셔 해서웨이는 초고가 주식이다. 액면분할이나 무상증자를 하지 않았고, 매년 수익이 증가해왔기 때문에 주가가 지속적으로 상승했다. 투자자들은 버핏에게 액면분할을 하거나 무상증자를 해서 주식가격을 낮춰달라고 요구했으나 이를 수용하지 않았다. 만일 무상증자나 주식분할을 해서 주가가 낮아지면 단기매매가 증가하면서 매매회전율이 높아지고, 기업의 본질가치와 무관하게 주가가 급등락을 할 수도 있다고 본 것이다. 투자자 입장에서도 장기투자보다는 단기투자에 치중하기 때문에 매매수수료로 지불하는 비용이 많아져서 주식을 보유하는 비용이 높아진다. 우량주를 장기보유하는 가치투자자로서 버핏의 투자철학이 기업운영에도 반영되었다. 반면에 시가총액 기준으로 세계 1위 기업인 마이크로소프트는 주식분할을 자주 하는 편이다.

💰 주식소각

주식소각은 자사의 주식을 취득하여 소각하는 것으로, 발행주식수를 줄여 주당 기업가치를 높이는 방법이다. 기업의 가치는 변하지 않지만 주식수가 줄어들기 때문에 주당가치가 높아진다. 주식소각은 감자소각과 이익소각, 유상소각과 무상소각 등으로 나뉜다. 주식소각을 하면 자본항목에서 자본금 혹은 이익잉여금이 감소하기 때문에 자본총계가 줄어든다. 소각 후 자기자본이익률ROE과 주당순이익EPS도 증가한다. 주식소각은 자사주 매입보다 주가관리 효과가 좋다. 주식소각은 유통물량 부담을 줄이게 되고 자사주 매각처럼 나중에 매물화될 가능성이 없다. 다만 자기자본이 줄어들기 때문에 부채비율은 높아진다.

자본금을 줄이는 감자減資도 주식소각의 일종이다. 부실기업의 경우 재무구조를 개

[도표 3-41] **자본잠식 기업과 감자**

감자 前		1/10 감자	감자 後	
자본금	200억 원		자본금	20억 원
자본잉여금	100억 원		자본잉여금	100억 원
			감자차익	180억 원
이익잉여금	(150억 원)		이익잉여금	(150억 원)
자본총계	150억 원		**자본총계**	150억 원

선시키기 위해 감자를 하는 경우가 있다. 자본금을 줄이면서 감자에 해당하는 금액을 주주에게 지급하는 유상감자, 대금을 지급하지 않는 무상감자로 나뉜다. 감자를 할 때 감자차액이 발생하며 이는 자본잉여금 계정에 편입된다. 자본잠식된 회사가 상장폐지를 모면하기 위해 감자를 실시한다면, 유상감자는 회사의 가치를 증진시키기 위해 실시한다.

자본잠식율이 50% 이상일 경우 관리종목 지정사유가 되며, 전액 자본잠식일 경우 상장폐지 요건이 된다. 무상감자를 통해 자본잠식을 탈출하기 위해 한계기업들이 감자를 할 때 재무상태표 변화를 보자. 자본금 200억 원인 회사가 1/10 무상감자를 실시한다고 하자. 그러면 자본금은 20억 원으로 줄어들고, 감자차익은 180억 원이 발생하게 되고, 자본잉여금이 그만큼 증가한다. 감자 후에는 자본잠식을 벗어나게 된다. 〈도표 3-41〉을 보자. 자본총계가 자본금보다 작을 때 자본잠식이라고 한다. 감자 전에 자본금 200억 원, 자본총계 150억 원으로 부분 자본잠식 상태이다. 만일 1/10 감자를 실시할 경우 자본금이 20억 원으로 줄어든다. 자본총계에는 변화가 없으며, 자본잠식에서 벗어났다. 감자는 회사 재무상태는 변화가 없이 자본잠식을 벗어나기 위한 금융공학적 행위이다. 감자 후 주주들의 보유주식 수량은 감자 전에 비해 1/10로 줄어들게 된다.

💰 제3자 배정 유상증자

제3자 배정증자가 주목받는 이유는 증자와 함께 경영권이 바뀌는, M&A가 동시에 진행되기 때문이다. 인수합병M&A은 증시에서 가장 큰 호재 중 하나이다. 제3자 배정 유상증자 공시를 투자자들이 호재로 받아들여지는 경우가 있다. 하지만 부실기업의 제3자 배정은 많은 문제점을 안고 있기 때문에 투자에 신중함이 필요하다. 유상증자 방식에는 3가지가 있다.

① **주주 우선배정** : 가장 일반적인 유상증자 방식으로 기존 주주들을 상대로 신주를 배정한다.

② **제3자 배정** : 회사의 임원 · 종업원 · 거래선, M&A 대상자 등 연고관계에 있는 자에게 신주인수권을 부여하여 신주를 인수시키는 제3자 할당 방식이다.

③ **일반공모** : 불특정 일반 투자자를 대상으로 공모

　제3자 배정 유상증자는 유가증권 발행시 주간사 회사를 따로 선정할 필요가 없고 주권발행 절차도 매우 간소하다. 구주주 배정과 일반공모에서는 실권주 발생 우려가 있으나 제3자 배정은 사전협의 하에 진행하기 때문에 실권주 발생 우려가 없다. 제3자 배정 유상증자는 기존 주주의 권리를 침해할 소지가 있기 때문에 규제장치를 두고 있다. 주권상장법인 또는 협회등록법인이 제3자 배정 방식으로 신주를 발행하는 경우에는 전매가능성 때문에 비록 1인의 제3자에게 배정되어 발행되더라도 모집으로 간주되어 금감원에 유가증권 신고서를 제출하여야 한다. 다만 발행유가증권을 일 년간 인출하거나 매각하지 않겠다고 증권예탁원과 예탁계약을 체결해서 전매 제한조치를 취한 경우에는 유가증권신고서 제출의무가 면제된다.

　제3자 배정방식 유상증자는 기존 주주가 아닌 자에게 신주를 발행하는 것이어서, 발행가격이 공정하지 않을 경우에는 기업가치 희석화 및 지분율 감소에 따른 기존 주주의 피해가 발생할 수 있으므로 발행가액에 대한 제한을 두고 있다. 주주 배정 유상증자에서는 최대 30% 할인 발행이 가능하나 제3자 배정 증자에서 최대 할인율은 10%로 제한하고 있다.

　재무구조가 우량한 기업일 경우 제3자 배정 유상증자를 실시하면 기존 주주들의 반발이 크다. 경영권 방어를 위해서 제3자 배정을 추진하는데 2대 주주가 주주권익을 침해한다는 이유로 주권발행금지 가처분 신청을 낼 경우 발행이 어려워진다. 대부분 시가보다 높은 할증발행을 하기 때문에 주식발행 초과금이 유입되어 기업의 재무구조가 좋아지지만, 한편으로 지분율 하락에 따른 주주가치 희석화로 기존 주주들의 권리가

침해되는 부분이 있다.

제3자 배정 유상증자를 추진하는 기업들 대부분은 자본잠식 상태로 재무구조가 열악한 기업이 많다. 관리대상 종목으로 편입될 우려가 있거나 상장폐지에 몰릴 경우 감자 후 제3자 배정을 한다. 제3자 배정 관련주는 투자에 신중을 기해야 한다. 투자하더라도 발행가격과 현재 가격의 괴리율, 보호예수 물량의 규모, 신주 상장일 등을 면밀하게 파악하고 대비해야 한다.

현금흐름 : 유형별 분석

바람직한 현금흐름 구조

현금흐름표에서 가장 중요한 것은 영업활동에 의한 현금흐름의 지속적인 창출이다. 영업활동은 회사의 근간을 이루는 행위이다. 영업활동을 통해 지속적으로 현금흐름을 창출하는 것이야말로 기업의 영속성을 보장한다. 영업활동으로 창출한 현금흐름은 설비투자 등 투자활동과 배당금 지급 등 재무활동의 재원이 된다.

투자활동은 기업의 미래를 준비하는 행위이다. 기술개발과 설비투자를 지속적으로 해야만 미래에 수익을 가져올 확률을 높일 수 있다. 투자활동은 영업 관련 투자와 비영업 관련 투자가 있다. 비영업 관련 투자로는 주식, 채권, 관계기업 투자, 부동산투자 등을 하는 것이다. 잉여자금으로 현금을 많이 보유하는 것보다 수익성 높은 자산에 투자하거나 영업과 관련 있는 관계기업 및 자회사 지분을 사는 것은 바람직하다.

투자활동에서 현금유출은 투자성격에 따라 의미가 달라진다. 예를 들어 투자활동에서 현금유출이 많았는데 설비투자가 아닌 유가증권 투자가 그 이유였다면 해석을 달리해야 한다. 성숙기업은 설비투자보다는 유가증권 투자를 많이 하는 편이고, 이는 기업의 수익성 개선에 도움을 준다. 설비투자는 감가상각비가 발생하기 때문에 미래에 비용처리될 항목이다. 유무형자산은 기업의 미래를 기약하는 투자행위이면서 한편으로 미래에 비용으로 처리되어야 할 자산이다. 그렇기 때문에 각각의 투자성격을 이해해야 한다. 이제 막 성장하는 기업은 적극적인 설비투자를 단행해야 하기 때문에 영업활동을 통해 창출한 현금흐름보다 더 많은 투자를 하는 경우가 있는데, 이는 용인될 수 있다. 그러나 설비투자를 지속적으로 진행할 수밖에 없는 장치산업은 경기부침에 따라 감가상각비 부담이 커서 수익변동성을 높이기 때문에 보수적으로 봐야 한다.

재무활동은 자금조달과 상환 등 기업의 재무적 활동을 알려준다. 영업활동으로 설비투자를 감당할만큼 현금을 창출하지 못할 경우 재무활동을 통해 자금을 조달해야 한다. 금융기관 차입과 회사채 발행, 유상증자 등을 통해 조달이 가능한데 주주가치를 훼손시키는 유상증자나 특수채권[BW, CB] 발행 여부를 살펴야 한다. 회사 신용으로 금융기관 차입을 하는 것이 바람직하다. 가중평균자본비용을 낮게 가져가는 자금조달인지 파악해야 한다.

바람직한 현금흐름 구조는 영업활동을 통해 현금을 창출해서, 투자활동에서 필요한 설비투자 자금을 충당하고, 재무활동에서 부채를 상환하는 것이 가장 좋다. 이렇게 하고도 자금이 남는다면 유가증권 등 수익성 자산에 투자할 수 있는 것이다. 투자자들

[도표 3-42] **현금흐름 유형별 기업진단**

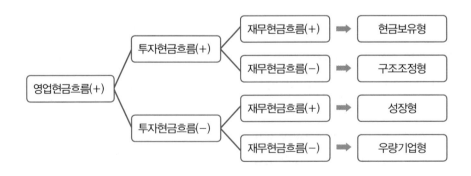

은 설비투자를 통한 경쟁력 강화와 재무구조 개선이 동시에 이루어지는 기업에 주목해야 한다.

〈도표 3-42〉의 현금흐름표 3가지 활동의 조합을 통해 기업이 어느 유형인지 파악하는 것이 가능하다. 이 도표에서 투자자들이 관심있게 봐야 할 현금흐름 유형은 성장형과 우량기업형이다. 성장형은 시간이 흐르면 우량형으로 변할 씨앗을 품고 있는 회사다. 우량형은 성숙기업에서 많이 나타난다. 추가로 투자할 곳이 마땅치 않기 때문에 배당을 많이 주거나 차입금을 상환하는 것이다. 사업구조조정형은 성공적으로 구조조정이 끝나고 난 뒤에 공략해야 한다.

현금흐름표 분석 순서

현금흐름 분석에서 가장 중요한 것은 영업활동현금흐름이 플러스인지 여부다. 영업활동이 마이너스인 기업은 투자에 신중해야 한다. 여러 번 강조하지만 기업의 존재 이유는 영업을 통한 현금창출로 영속성을 도모하는 것에 있다. 연구개발 전문기업 같이 아주 특수한 경우를 제외하고 영업활동현금흐름이 2분기 연속 마이너스인 기업은 경고등이 켜졌다고 봐야 한다.

영업활동현금흐름에서 가장 중요한 것은 3가지다. ① 당기순이익, ② 감가상각비, ③ 운전자본 증감이다. 영업활동현금흐름이 당기순이익보다 작을 경우 당기순이익의 질에 문제가 있다고 봐야 한다. 당기순이익에 현금성 이익이 적다는 것을 의미하기 때문이다. 평가이익, 지분법이익, 외환차익 등 현금유입이 없는 항목들의 변동성이 크게 나타나는 회사는 좋지 않다. 제조업의 경우 감가상각비가 존재하기 때문에 당기순이익과 감가상각비를 더한 영업현금흐름은 당기순이익보다 커야 정상이다. 여기에 운전자본 증감을 더해서 봐야 한다. 운전자본은 매출액이 증가하면 자연스럽게 증가할 수밖에 없다. 그런데 영업환경이 나빠져서 재고자산이 급증하거나 매출채권 회수가 부진할 경우 운전자본은 급증하게 된다. 따라서 운전자본이 갑자기 증가하면 그 원인이 무엇인지 추적해야 한다.

　투자활동현금흐름에서 주목할 부분을 보자.

　투자활동은 2가지로 나눌 수 있다. 첫 번째 영업활동과 관련된 투자로 설비투자나 기업인수에 따른 무형자산 투자, 개발비 등이 있다. 비영업활동 투자로는 금융자산 투자, 수익을 목적으로 하는 부동산 투자 등이 있다. 가장 중요한 투자는 기업의 경쟁력을 유지하거나 보강시켜줄 영업활동에 관련된 설비투자이다. 설비투자는 투자활동에서 가장 큰 규모를 차지한다. 성숙기업은 설비투자 규모가 작고 금융자산 투자가 많은 편이지만, 성장기업은 대체적으로 투자활동에 자금이 많이 소요되기 때문에 마이너스가 일상적이다.

　투자활동이 플러스라는 것은 기존 투자자산을 매각하는 경우다. 금융자산을 파는 경우가 많지만 공장설비를 팔기도 하고, 부동산을 팔 수도 있다. 이렇게 투자활동에서 자금을 유입시키는 것은 회사에 자금수요가 있어서 금융자산을 매각하는 것이다. 구조조정형 기업의 경우 설비자산, 금융자산, 자회사 지분 등을 팔아 자금을 마련한다. 자산이 미래의 경제적 효익을 가져다주는 것이라는 점을 감안해볼 때, 자산을 축소시킨다는 것은 미래에 회사에 유입될 현금흐름을 줄이는 행위이다. 이러한 경우는 이를 긍정적으로 볼 수 없다. 자산을 늘리는 것이 미래에 현금흐름을 더 좋게 만드는 것이라면, 이와 반대인 구조조정은 부도 가능성을 피하기 위한 생존전략일 뿐이다.

　결론적으로 투자활동에서 현금을 회수하는 기업은 부정적으로 봐야 한다. 워런 버핏이 지적한 것처럼 투자활동에 지나치게 돈이 많이 들어가고, 지속적으로 투자할 수밖에 없는 기업도 좋게 볼 수 없다. 투자적정성 문제는 영업활동현금흐름 규모와 연관해서 살펴봐야 할 것이다.

　재무활동현금흐름은 영업활동과 투자활동을 보면 자연스럽게 답이 나온다. 영업활동에서 현금을 창출한 금액에서 투자활동에 사용한 자금을 뺀 금액이 플러스이면 재무활동을 통해 자금을 조달할 이유가 없다. 반면에 투자활동 유출자금이 영업활동 유입자금보다 클 경우 부족액만큼을 재무활동을 통해 조달해야 한다. 자금을 계속 조달한다는 것은 기업의 금융비용이 부담을 가중시키거나 주주에게 부담을 주는 행위다.

영업활동현금 − 투자활동현금 = 잉여현금

잉여현금이 존재해야 차입금을 줄일 수도 있고, 주주들에게 배당을 할 수 있다. 현금흐름의 최종 귀착지는 잉여현금흐름의 창출에 있다. 이렇게 큰 틀에서 현금흐름표를 보는 관점을 확립해야 한다. 다음 〈도표 3−43〉의 현금흐름 유형별로 어떤 의미가 있는지 살펴보자.

- **유형 1 (+, +, +)** : 영업활동에서 현금을 창출하면서, 동시에 유휴설비를 매각하거나 금융자산을 매각하고, 증자나 차입금을 늘리는 경우다. 투자자산 매각을 통해 기존 사업을 줄일 수도 있는 상황이다. 신사업에 대대적인 투자를 계획하는 기업일 가능성이 높다.
- **유형 2 (+, +. −)** : 영업활동에서 현금을 창출하는 상황인데, 금융자산 매각을 통해 현금을 만들어서 차입금을 상환하거나 배당을 할 경우에 해당된다. 재무구조를 강화하는 기업이다. 혹은 주주들에 대한 배려를 강화시키는 기업일 수도 있다.
- **유형 3 (+, −, +)** : 영업활동에서 현금을 벌어들이는 상황임에도 불구하고 재무활동을 통해서 차입이나 증자로 자금을 조달하여 대규모 투자를 집행하는 경우에 해당된다. 공격적인 경영을 하는 기업이다. 미래에 대한 전망을 확신하는 성장성이 높은 기업에 해당된다.
- **유형 4 (+, −, −)** : 영업활동에서 현금을 창출해서 투자활동에 투입하고도 남

유형별	1	2	3	4	5	6	7	8
영업활동현금흐름	+	+	+	+	−	−	−	−
투자활동현금흐름	+	+	−	−	+	+	−	−
재무활동현금흐름	+	−	+	−	+	−	+	−

아서, 차입금도 갚고 배당도 하는 우량기업의 전형적인 패턴이다. 가장 이상적인 현금흐름 조합이다.

- **유형 5 (−, +, +)** : 영업활동을 통해 현금을 유입시키지 못하는 상황이므로 긴장해야 한다. 투자활동에서 금융자산이나 설비자산을 팔아서 자금을 만들고, 동시에 재무활동에서 차입금을 늘리고 있다. 자금사정이 어렵다는 것을 알 수 있다. 부실기업의 전형적인 패턴이다.

- **유형 6 (−, +, −)** : 영업활동이 부실하니 금융기관에서 차입금을 상환을 재촉하고, 투자자산을 매각해서 빚을 갚는 기업이다. 자산을 곶감 빼먹듯 팔아치우면 앞으로 영업현금흐름은 더욱 나빠지면서 재무구조가 부실해지는 악순환에 빠질 가능성이 높다. 당장 유동성 위기를 넘겨야 할 절박한 기업에서 이러한 패턴이 나타난다.

- **유형 7 (−, −, +)** : 영업활동에서 현금을 벌어들이지는 못하지만 투자가 필요한 기업이다. 재무활동에서 자금을 조달하고 있다. 신생기업이나 신제품을 개발해서 적극적으로 자금조달하여 투자하는 기업이다. 기업내용을 면밀히 살펴봐야 한다. 반드시 나쁘다고 볼 수는 없다.

- **유형 8 (−, −, −)** : 영업활동에서 돈을 만들어내지 못하고 있다. 그럼에도 불구하고 투자도 계속해야 한다. 차입금도 상환하는 것으로 봐서 기존에 벌어놓은 돈이 있음을 알 수 있다. 유형 7, 8의 경우 지금 당장은 영업활동을 통해 돈을

벌어들이지는 못하지만, 투자활동을 지속적으로 한다는 측면에서 볼 때 희망
이 있는 기업이다.

제 4 부

좋은 주식 고르는 법
_ 가치투자전략

💰 가치는 무엇을 말하는가?

기본적 분석을 공부하는 목적은 가치투자를 위한 도구로 활용하기 위함에 있다. 그렇다면 먼저 가치투자에 대해 개념 정립이 필요하다. 가치투자는 가치가 있는 기업에 대한 투자이다. 물이나 공기도 가치가 있다. 그런데 공기는 가치가 있음에도 불구하고 부존량이 풍부해서 가격이 없다. 반면에 다이아몬드의 높은 가격은 어디서 오는가? 공기와 다른 희소성 때문에 다이아몬드는 가격이 높다. 가격과 가치가 반드시 일치하지 않는다는 증거로 자주 인용되는 대목이다.

주식투자는 돈을 벌기 위함이 목적이다. 그렇기 때문에 가치가 있다는 것만으로는 투자대상이 될 수는 없다. 가치가 가격이라는 스크린을 통해서 걸러져야 하는 이유가 여기에 있다. 가격은 시장에서 매겨지는 물건에 대한 값이다. 다이아몬드는 공기처럼 사용가치가 높지 않지만 희소성이 크기 때문에 가격이 높다. 희소성이 가격결정에 주요 기준이 된다. 경제학에서도 가치가 있다고 해서 반드시 가격이 비싸지 않다고 말한다. 그렇다면 주식투자에서 가치와 가격 관계는 어떻게 설정되는가?

어떤 주식이 가치가 있다고 할 때 '가치'는 무엇을 말하는 것인가? 기준은 여러 가지다. 순자산가치 혹은 수익가치를 말하기도 하며, 성장성을 가치로 보는 투자자도 있다. 중요한 것은 모든 가치는 가격이라는 체로 걸러져야 한다는 것이다. 가치를 있는 그대로 보는 것이 아니라 가격이라는 잣대로 평가한 상대가치를 봐야 한다. 어떤 기업의 주당순이익이 5,000원이라면, 해당 기업은 한 해 동안 주당 5,000원이라는 수익가치를 창출해낸 것이다. 주식시장에서 이 기업의 수익가치는 거래되는 가격을 통해 상대가치로 변환된다. 만일 주가가 5만 원에 거래된다면 투자자들은 기업의 상대가치를 수익성 대비 10배를 부여한 것이다. 그렇다면 왜 15배는 적용하지 않는가? 여러 이유가 있을 수 있다. 만일 비슷한 사업을 하는 기업이 이익 대비 10배로 거래된다면 굳이 15배를 주면서 투자할 필요가 있을까? 10배로 거래되는 기업보다 15배로 거래되는 기업의 가치가 상대적으로 낮기 때문에 투자자들은 10배로 거래되는 기업에 투자하는 것이 합리적이라고 판단하는 것이다.

투자자들은 기업이 창출한 수익가치를 가격이라는 잣대로 상대화시켜 다른 기업의 주가와 비교한다. 비단 수익가치뿐만 아니라 자산가치나 성장가치를 비교하기도 한다. PER를 가치투자 척도로 투자하는 경우를 상정해보다. PER가 10배로 거래되는 기업이 15배로 거래되는 기업보다 저평가라고 판단하고 10배 주식을 사는 것이다. 주식을 사는 사람이 많아지면 PER는 15배 수준으로 오르게 된다. 이때 15배로 거래되는 다른 주식과 비교해서 가치측면에서 차이가 없어졌기 때문에 주식을 팔아서 이익을 얻는다. 가치투자의 핵심은 가치에 비해 가격이 저평가된 기업의 주식을 사서, 가치가 적정평가 이상으로 주가가 오를 때 매도해서 이익을 취하는 행위이다. 가치투자 절차를 정리하면 이렇다. 가치투자를 하기 위해서는 우선 기업의 가치를 정확하게 측정해야 하고, 그다음에 시장에서 거래되는 가격과 비교해서 저평가 여부를 확인할 수 있어야 한다.

💰 가격의 체로 거르는 가치

기업의 가치와 시장의 주가를 통해 가치평가를 해보자.

A기업은 현재 주당 수익가치가 5,000원이고 시장가격은 5만 원이다. 가장 일반적인 가치평가 지표인 PER는 10배이다. 기업이 일 년 동안 벌어들이는 수익가치의 10배로 시장가격이 형성되는 것이다. 수익가치의 10배를 지불하는 행위는 과연 적정한 것인가? 이에 대한 답은 없다. 투자자들이 그 배수만큼 가격을 지불할 용의가 있기 때문에 형성되는 것일 뿐이다. 투자자들이 10배수가 아니라 7배수만큼만 지불하겠다고 할 수도 있는데, 그때 가격은 35,000원으로 하락한다. 주당 수익가치가 변하지 않았음에도 불구하고 투자자들이 지불할 용의가 바뀌면 주가는 변동한다.

A회사가 실적이 좋아지면서 주당순이익이 5,000원에서 5,500원이 되었다. 이때 투자자들은 예전처럼 주당 수익가치의 10배수를 지불할 것인가? 그럴 용의가 있다면 주가는 55,000원이 될 것이다. 기업의 가치가 증가하면 주가도 오르게 된 것이다. 그러나 투자자들이 기업의 가치상승에도 불구하고 가격을 추가로 높일 용의가 없을 경우에는 계속 5만 원에 거래될 것이다. 다음 해에 이 기업의 주당순이익이 6,000원으로 증가했다. 회사가 2년 연속 실적이 좋아진 것이다. 과연 A기업의 주가는 어느 수준이 적정한 것인가? 2년 연속 실적이 좋아졌음에도 불구하고 투자자들은 계속 5만 원 지불의사를 고집할 것인가? 아니면 기업의 실적이 호전된 것을 보고 새로운 투자자들이 나서서 6만 원을 지불할 가능성은 없을까?

가치투자의 출발은 기업의 가치와 가격이 의미 있는 상관성을 갖고 있다는 믿음에서 시작된다. 기업의 가치가 증가하면 주가도 상승한다는 확신을 갖는 투자자가 가치투자자이다. 그러나 이러한 믿음은 100% 확실한 확률에 기반하는 것이 아니다. 시장에서는 기업의 가치가 증가함에도 불구하고 주가는 하락하는 경우가 비일비재하다. 가치투자자는 이러한 가치와 가격의 괴리는 장기적으로 보면 일시적 현상일 뿐이며, 종래에는 기업의 주가가 가치를 반영한다고 믿는다. 앙드레 코스톨라니가 비유한 주인과 강아지 관계를 생각해보라. 강아지 목걸이를 쥐고 산보할 때 강아지는 주인을 앞서거니 뒷서거니 하지만 주인을 중심으로 움직인다. 주인이 가치라면 강아지는 가격이다. 가치투자자들은 주당순이익이 5,000원에서 6,000원으로 증가할 때 이를 반영해서 결국은 주가가 상승할 확률이 높다고 판단하는 것이다.

　기업의 가치를 시장에서 형성되는 가격과 상대적인 비교를 통해 투자판단을 하는 사람이 가치투자자이다. 시장가격은 무수한 참여자들에 의해 결정된다. 그런데 소액의 개인투자자들이 가격의 변동을 좌우하기 힘들기 때문에 가격은 투자자 입장에서 독립변수일 뿐이다. 시가총액이 5,000억 원인 주식을 개인투자자가 시세를 좌우하기는 어렵다. 조지 소로스는 군중들이 한 방향으로 몰릴 경우 가격을 변동시킬 수 있는 힘을 갖고 있다는 점에 주목했다. 변화된 가격은 군중들의 생각을 바꾸게 되고, 생각이 바뀐 군중은 다시 가격변동에 영향력을 행사한다. 이러한 일련의 과정을 재귀적이라고 표현했다. 그러나 개인과 군중은 다르다. 단 한 명의 개인투자자는 시장에서 형성되는 가격을 받아들일 수밖에 없는 수동적 존재일 뿐이다.

🏦 능동적 투자자

　기업의 가치를 계산하고 이를 가격과 비교해서 저평가 여부를 판별하는 일을 통해 가치투자자는 능동적 투자자로 거듭날 수 있다. 가격은 절대 다수의 군중들이 만들어 낸 수치이지만 기업이 가치를 만들어내며, 가치와 가격을 비교하는 일은 가치투자자들이 할 일이다. 가치투자자는 기업의 가치와 비교해서 현재 가격을 받아들일 수도 있고, 받아들이지 않을 수도 있다. 군중들이 만들어낸 가격을 받아들일지 말지는 전적으로 개인의 자유의지에 달려 있다. 가치투자자는 시장가격을 수용하는 수동적 투자자가 아니라 스스로 가치와 가격의 비교를 통해 투자판단을 내리는 능동적 투자자이다.

　가치와 가격을 비교하는 행위를 통해 투자결정을 내리는 사람을 가치투자자라고 할 때, 가치를 어떻게 계산하는가 하는 문제와 함께 가격 대비 가치 비율에 대한 평가 문제가 대두된다. 가치지표는 여러 가지가 있다. 주당순이익과 가격을 비교하는 것은 PER 지표이며 가장 일반적이고 많이 사용한다. 주당 장부가치를 가격과 비교하는 PBR 지표를 통해 주가의 적정성을 평가할 수도 있다. 만일 성장성을 중시하는 가치투자자가 있다면 PER와 주당순이익 증가율을 대비해서 보는 PEG 배율을 통해 가치평가를 할 수 있다. 이렇게 다양한 가치평가 지표가 있고 투자자들은 어떤 지표를 선택하느냐에 따라 수익성, 내재가치, 성장성에 근거한 가치투자를 도모하게 된다.

또 하나 중요한 것은 이렇게 나온 지표에 대한 해석의 문제이다. PER 10배라는 숫자는 투자자들에게 주식을 사야 하는지 팔아야 하는지 판단을 내려주지는 않는다. 그런데 시장 전체 평균 PER가 15배인 상황이라는 수치와 비교할 경우, 이는 시장평균에 비해 저평가라는 결론이 나온다. 업종평균과 경쟁사의 가치지표도 평가기준이 된다. 예를 들어 A와 B 기업은 같은 업종 내에서 경쟁관계에 있는 회사이다. A사 PER는 10배, B사는 6배, 시장 전체 PER는 15배인 상황이라면 A기업에 대한 평가를 어떻게 내릴 것인가? 한 기업의 역사적 PER 수준도 일정한 밴드를 이루면서 움직인다. 이러한 역사적 PER의 고점과 저점 역시 가치평가의 기준이 된다. 이처럼 기업의 가치지표는 경쟁사, 업종, 시장 전체, 역사적 수준 등과 비교를 통해 투자판단 지표로 활용할 수 있다.

SECTION 47
PER 신화는 어떻게 만들어졌나?

💰 PER는 무엇을 말해주는가?

단기투자자든 장기투자자든 가장 중요시하는 지표는 PER^{주가수익비율}가 아닐까? 증권사 분석자료를 보면 대부분 PER를 통해 밸류에이션을 논한다. PBR도 거론되지만 PER에 비할 바가 아니다. PER가 50배인 종목이라면 고평가라고 판단하고 매매를 꺼리는 경향이 있다. PER가 5배 이하라면 기업내용에 상관없이 저평가라고 판단해서 호의적으로 받아들이기도 한다. 왜 PER를 신주단지 같은 가치지표로 활용하는가? 이것은 위대한 가치투자자들이 PER를 중요하다고 말했기 때문이다. PER 신화는 가치투자를 지향하는 일군의 투자자들에 의해 만들어졌다. 물론 이들은 큰돈을 벌었다. 그러나 가치투자자들만 돈을 번 것은 아닐 터이다. 시장에는 기술적 분석에 입각한 투자자들도 있고 모멘텀 투자자들도 있다. 기술적 분석을 중시하는 단기투자자라면 PER를 크게 중요시하지 않는다.

PER는 투자자의 정체성 문제와 연결되는 부분이 있다. 단기매매자일 경우 PER를 금과옥조처럼 여기지 않아도 되지만, 가치투자를 지향한다면 PER를 심각하게 고려해야 한다. 모멘텀 투자자 윌리엄 오닐의 경우를 보자. 오닐은 좋은 주식이 모멘텀이 왔을 때 공략한다. 오닐이 기술적 분석만 중시하는 투자자가 아닌 이유는 '좋은 기업'이 모멘텀이 왔을 때 주식을 매매하고, '부실기업'이 모멘텀이 왔을 때는 매매하지 않기 때문이다. 오닐의 PER에 대한 입장은 크게 봐서 '무시하라'이다. PER에 구속당하지 말라는 것이다.

$$PER = 시가총액 \div 순이익$$

A라는 주식의 시가총액이 1,000억 원이고, 순이익이 100억 원인 기업의 PER는 10배이다. PER는 시장에서 기업을 평가할 때 순이익의 몇 배에 거래되느냐를 의미한다. 시가총액은 시장에서 매기는 기업의 가치라고 이해할 수 있다. 순이익이 100억 원인 기업을 1,000억 원을 지불할 가치가 있다고 보는 것이다. 그런데 이와 유사한 이익을 내는 B기업이 2,000억 시가총액을 형성하고 있다고 하자. 그럼 A기업과 B기업 중 어느 기업을 선호할 것인가? 여기서 가치투자자들의 PER에 대한 판단이 시작된다.

시가총액 의미를 이렇게 생각해볼 수 있다. 시장에서 해당 기업 주식 전체를 현재가격으로 매입할 경우 드는 비용이 시가총액이다. 즉 시장가격으로 지분을 100% 사들일 때 필요한 금액이다. 순이익은 매년 창출해내는 기업의 이익이다. 매년 100억 원씩 순이익이 나는 기업을 1,000억 원 시가총액에 지분을 100% 인수했을 경우, 기업인수에 투입한 돈을 10년 만에 순이익으로 뽑아낸다는 말로 이해해도 된다. PER가 5배라면 인수에 투입한 자금을 5년 만에 뽑아내는 것이다. 만약 PER가 100배라면 기업을 인수해서 100년 동안 경영해야 투입한 돈을 건지게 된다. 가치투자자라면 이런 고PER 종목에 손이 가겠는가? 가치투자자들은 이런 개념으로 주식에 접근한다. 과거에 버블이 있었을 때는 PER 500배인 기업이 부지기수였다. 이런 기업은 중세시대에 주식을 샀다면 500년이 지난 2000년대에 투자자금을 회수한다는 뜻이다.

PER는 앞의 계산식에서 보듯 시가총액을 순이익으로 할인한 것이다. 따라서 기업의 재무상태를 반영하지 않는다. 부실주와 초우량주가 오로지 순이익이라는 항목으로 비교될 뿐이다. 부채비율이 300%인 기업과 30%인 기업이 단지 순이익이라는 항목을 기준으로 평면적으로 비교될 뿐이다. PER는 기업의 재무상태를 전혀 반영하지 못한다. 한국시장의 평균 PER가 10배라는 것은 상장기업 전체 시가총액과 순이익을 기준으로 계산한 것이다.

그렇다면 단지 시장평균 PER보다 낮은 주식에 투자하는 것이 합리적인 결정일까? 영업이익률이 20%인 기업과 영업이익률이 5%인 기업이 있다고 하자. 타인자본 비중이 높을 경우 이익의 절대규모를 키울 수 있다. 이렇게 이익규모를 키우는 기업이 좋을까? 금리가 올라갈 경우에 문제가 없는가? 영업이익률이 20% 이상으로 높고, 부채비율이 낮은 기업이 높은 PER를 부여받는다면 이것은 불합리한 것인가?

또 하나 생각해볼 문제가 있다.

PER를 계산할 때 분자인 시가총액을 생각해보자. 시가총액이 감소하면 PER가 낮아진다. 순이익이 증가하지 않아도 주가가 하락하면 저PER가 된다. 이런 주식은 투자하기에 좋은가? 주가가 하락해서 저PER가 되는 기업을 사는 것이 항상 바람직한가? 물건 가격이 비싸면 비싼 이유가 분명히 있다. 윌리엄 오닐은 말한다. "주가수익비율이 가장 낮은 기업은 대개 제일 나쁜 실적을 내고 있으며, 그래서 주가수익비율이 가장 낮은 수준에 팔리고 있는 것이다."

결론적으로 PER는 기업의 재무상태와 상관없이 오로지 이익을 얼마나 창출하는지를 보는 지표다. 이익과 무관하게 주가가 크게 하락하면 저PER가 된다는 사실을 기억해야 한다. 더불어 경기민감주는 시장에서 PER 수준을 대체적으로 낮게 적용받는다는 점도 알아야 한다. 경기에 따라 실적이 들쑥날쑥 하는 기업과 경기와 무관하게 꾸준히 이익을 내는 기업을 시장은 다르게 평가한다.

PER를 계산할 때 과거실적을 사용할 것인가, 아니면 향후 12개월 후 예상실적에 근거한 PER를 사용할 것인가? 이에 대해 가치투자자와 성장주 투자자 입장이 다를 것이다. 만일 가치투자자라면 현재 장부가격 대비 PER를 볼 것이므로 확정된 실적에 근거한 수치를 사용할 것이다. 반면에 성장주 투자자들은 과거실적보다는 미래 성장성에 초점을 맞추기 때문에 일 년 후 실적이 PER에 반영되는 것을 선호한다. 절대적인 PER 수준도 중요하지만 업종별 PER 수준이 다르기 때문에 업종 내에서 개별기업 PER를 비교해보는 것이 바람직하다. 추이도 살펴봐야 한다. 현재 PER가 과거부터 낮아지는지, 높아지는 추세인지도 살펴야 한다.

PER 지표가 이러한 장단점을 갖고 있지만 많은 투자자들이 PER를 보면서 투자에 참고하기 때문에 도외시해서는 안 된다. 특히 장기투자자들에게 PER 지표는 매우 유용한 지표이다. 제레미 시겔이 미국 증시에서 장기적인 투자수익률을 PER 지표와 연관해서 조사한 바에 따르면, 주식의 연평균 수익률은 PER의 역수와 비슷한 것으로 나타났다. PER 배수가 5라면 투자수익률은 20%라는 의미인데, 제레미 시겔이 조사한 결과 1871년 이후 미국의 평균 PER은 14.45배였고, 이를 역수로 취하면 연평균 투자수익률이 약 6.9%로 나타났다. 실제로 이 기간 동안 미국 주식의 연평균 수익률은 6.7%로 계산되었다. 장기적으로 보면 주가는 이익의 함수임을 알 수 있다.

그렇다면 PER와 EPS는 어떤 관계일까? 이것은 어떤 기업이 가치가 있다고 할 경우 가격과 수익가치를 비교한다는 것을 의미한다. 바로 '주가＝EPS×PER'이다. 이 등식이 의미하는 바는 '주가는 주당순이익EPS에 몇 배를 지불할 용의가 있느냐'라는 문제로 환원된다. 현재 주가가 1만 원이고 EPS가 1,000원이라면, 투자자는 EPS의 10배를 지불할 용의가 있음을 의미한다. EPS가 2,000원으로 증가할 경우에는 주가는 2만 원이 될 수 있다. 그렇다면 주가상승을 위해서는 EPS나 PER 중에 하나 혹은 둘 다 상승해야 한다.

EPS는 기업의 실적으로 계산되기 때문에 객관적 변수이지만, PER는 투자자가 주당순이익에 대해 지불할 용의를 의미하므로 주관적 변수라고 할 수 있다. 따라서 주가는 주관적·객관적 변수의 조합이라고 할 수 있다. 만약 객관적 변수인 실적에 비해 터무니없이 높은 PER 배수를 지불했다면 주가가 과대평가되었다고 할 수 있다. 투자자들이 이성을 잃고 흥분할 때 PER 배수는 천정부지로 솟구친다.

EPS가 증가하고 PER도 상승하면 주가의 상승압력은 높아진다. 회사의 실적이 좋아져서 EPS가 증가하면, 투자자들은 기업의 미래를 밝게 보면서 그 주식에 대해 지불할 용의가 있는 PER 수준을 이전보다 높이게 된다. EPS 증가와 PER 적용 수준이 높아질 경우 주가는 상승한다.

🏦 PER를 어떻게 활용할 것인가?

PER는 일정 범위 내에서 등락한다. PER 움직임을 밴드차원으로 이해할 수 있다. PER 궤적을 보면 평균 회귀 성향을 발견할 수 있다. 이는 PER가 높아지면 합리적 투자자들이 더 이상 주식을 매수하지 않거나 그 주식을 매도하기 때문에 PER가 하락하는 것이다. 반대로 PER가 낮아지면 장기적으로 주가에 미치는 영향력은 PER보다 EPS

[도표 4-1] 12M FWD PER 밴드차트 : 현대백화점

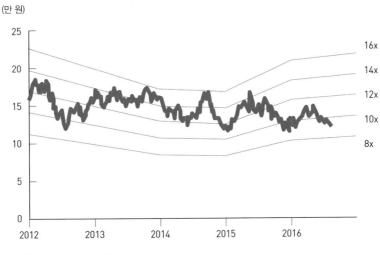

• 자료 : Quantwise, 신한금융투자

가 더 크다. 이러한 관점에서 PER가 역사적으로 어떤 범위를 두고 움직이는지를 봐야 한다. 투자아이디어를 얻기 위해 PER 밴드를 활용하는 것이다.

역사적으로 형성되어 온 PER 수준을 추적하는 차트를 통해 최고 PER, 최저 PER 수준을 알 수 있다. 만일 역사적 최고 PER 수준에 위치할 경우에는 상승보다는 하락 쪽에 무게감을 갖고 투자전략을 짤 수 있다. 또 하나는 미래이익이 증가할 것으로 예상되는 경우 PER 밴드는 우상향한다는 점이다. 이때 예상 PER 수준은 낮아지게 된다.

PER은 일정한 밴드 내에서 움직이는 경향이 있다. 무한정 높아지지 못하며, 아무리 비인기 종목이라고 해도 낮아지는데 한계가 있다. 이러한 PER 움직임의 특성을 투자에 참고자료로 활용할 수 있다. 〈도표 4-1〉을 보면 현대백화점의 5년간 PER 수준은 8배에서 16배 사이에서 움직였다. 밴드의 상단인 16배에 이르면 더 이상 높아지지 않고 저항을 받았다. 현대백화점 PER 상단을 16배로 설정하고 투자전략을 수립할 수 있다.

역사적 벨류에이션이 중요한 것은 기업별로 PER가 등락하는 수준이 있기 때문이다. 장기적으로 보면 PER 배수의 상하단과 평균치를 알 수 있다. PER의 장기 평균치를 정상적인 수준의 벨류에이션이라고 할 경우 평균 PER에서 크게 낮아진 종목을 찾아서 저평가가 해소될 때까지 기다리는 전략이 가치투자인 것이다. 적정한 PER를 역사적인 평균치로 보는 투자방식이다. 다만 일정한 기간에 걸쳐 사업내용이 중대한 변화가 있을 때는 역사적 벨류에이션의 유용성이 떨어진다는 점을 명심해야 한다. PER 지표에 대한 모멘텀 투자자들의 평가는 다소 냉정하다. 오닐의 경우가 대표적이다.

윌리엄 오닐은 다음과 같이 말했다. "대부분의 투자자가 종목분석을 할 때 가장 중요한 요소라고 생각하는 것이 PER^{주가수익비율}일 것이다. 당신도 그렇다면 꿈에서 깨어나기 바란다." 그가 이 말을 자신 있게 하는 것은 역사적 분석을 통해서 확실한 통계자료를 손에 쥐고 있었기 때문이다. 오닐은 역사상 최고의 수익률을 기록한 500개 종목을 면밀하게 분석해서 다음과 같이 결론을 내렸다.

"우리가 1880년대까지 거슬러 올라가 조사한 최고의 주식에 관한 연구 결과

밝혀낸 사실은 PER는 주가 움직임과 전혀 관련이 없는 요인이며, 특히 그 주식을 살 것인가 팔 것인가를 결정하는 데도 아무 상관이 없다는 점이다. PER보다 훨씬 더 결정적인 요소는 EPS 증가율이다. 어떤 종목의 PER가 낮다고 해서, 혹은 현재의 PER가 사상 최저치라고 해서 그 주식이 저평가됐다고 말하는 것은 정말 어처구니없는 발상이다. 정말로 중요하게 고려해야 할 것은 EPS 증가율이 눈에 띌 정도로 늘어나고 있는지 혹은 줄어들고 있는지 여부다."

이어서 역사적으로 최고 기업들의 PER 수준에 대해 언급한다.

"1953~1985년 사이 최고의 투자수익률을 기록한 종목들이 본격적인 주가상승을 앞두고 기록한 평균 PER는 20이었다(이때 다우지수 평균 PER는 15). 이들 최고 주식은 주가상승과 함께 PER도 125% 높아져 45배에 달했다. 1990~1995년에도 시장 주도 종목의 PER는 대세상승을 앞두고 평균 36배에 달했지만, 그후 주가상승과 함께 80을 넘어서기도 했다. 장부가치를 보고 매수했다면 이런 엄청난 투자수익을 놓치고 말았을 것이다."

"PER가 25~50배에 이르거나 심지어 그보다 훨씬 더 높은 주식을 과감하게 매수하지 않는다면 당연히 이 같은 최고의 주식을 놓쳐버릴 것"이라고 오닐은 말한다. 그리고 낮은 PER는 순이익 증가가 막바지에 다다랐을 때 나타나는 효과라고 말했다. 높은 PER는 주로 강세시장에서 나타나고 낮은 PER는 약세시장의 산물이다. 오닐이 모멘텀 투자자라는 사실을 기억하자. 그는 현재의 PER 수준을 중요시하지 않고 EPS 증가율을 더 중요하게 생각했다. 그러나 가치투자를 지향한다면 PER를 대하는 관점이 오닐과 달라야 한다.

존 프라이스John Price는《워런 버핏처럼 가치평가 활용하는 법》에서 PER 지표를 활용하는 법에 대해 다음과 같이 조언하고 있다.

첫째, 역대 PER 수준을 확인해야 한다. 최소한 10년 혹은 한 번의 완전한 경제주기를 거치는 동안 회사가 기록한 최저, 최고, 평균 PER 수준을 확인하는 것이 중요하다. 매수는 역대 PER 수준에서 하위수준일 때만 하는 것이 좋다. 그렇지 않으면 이익이 증가해도 PER가 하락해서 그 효과를 상쇄할 수 있다. 역사적 PER 밴드를 확인하라는 이야기다.

둘째, 경쟁사와 PER를 비교하라. 더불어 경쟁회사의 PER를 동일업종 혹은 시장 전체 평균 PER와 비교해볼 필요도 있다. 이때 재무상태 등을 전반적으로 고려해야 한다.

셋째, PER가 높을 때는 매수에 신중해야 한다. PER가 높은 회사는 대체적으로 이익증가율이 높은 성장주인 경우가 많다. 그런데 이런 회사는 이익증가율이 주춤하거나 사소한 악재가 터지거나 전체 경제가 어려워지면 주가가 크게 하락할 수 있다. 성장주 투자에서 높은 변동성을 조심해야 한다.

넷째, '이익수익률 = 1/PER'이다. PER의 역수다. 따라서 '이익수익률 = EPS/주가'이다. 벤저민 그레이엄은 이익수익률을 "기존 사업실적을 계속 유지한다고 할 경우, 그 회사가 매년 벌어들일 것으로 예상되는 이익"이라고 정의했다. 투자자들은 은행에 예금을 하거나 국채를 살 때 수익률과 주식에 투자했을 때 얻을 수 있는 수익률을 비교한다. 최소 이익수익률 이하로 떨어질 경우 투자유인은 감소할 것이다. EPS가 증가할 경우 이익수익률은 높아진다.

SECTION 48
PER와 PBR의 동행은 어떤 의미가 있나?

💰 PER와 PBR 관계

투자자라면 주식을 고를 때 가장 먼저 떠올리는 것이 PER이다. 가치투자라고 하면 PER라는 고정관념에 사로잡혀 있다고 해도 과언이 아니어서, 가히 PER 혁명이라고 할 수 있다. 가치투자라는 말은 벤저민 그레이엄의 《증권분석》이 출간되면서부터 시작되었다. 가치투자의 창시자 그레이엄이 중요시한 것은 PBR였다. 자산가치를 투자 판단의 기준으로 본 것이다. 그레이엄은 주당순자산가치보다 낮은 종목을 찾아서 매수한 뒤에 주가가 순자산가치에 접근하면 매도해서 이익을 취하는 것을 가치투자로 정의했다.

워런 버핏도 그레이엄의 기법을 따랐고 가치투자의 본격적인 시대가 열렸다. 버핏은 그레이엄의 기법을 한 단계 더 발전시켜 기업의 이익창출 능력을 가치투자에 도입한 것이다. 버핏은 기업이 미래에 창출할 수 있는 현금흐름을 현재가치로 할인해서 주가와 비교했다. 저평가 여부는 미래 현금흐름의 현재가치와 주가의 대비를 통해 드러난다. 여기서 미래 현금흐름의 현재가치는 수익창출 능력이고 이를 중요시한 버핏이 가치투자의 새로운 시대를 열게 된다. 즉 버핏은 미래의 이익흐름과 현재 주가를 비교해서 저평가 여부를 따졌고, 이 기법을 통해 좋은 성과를 거두었다. 그리고 PER는 신화가 되었다.

PER는 이익과 관련되기 때문에 손익계산서를 봐야 하고, PBR은 재무상태표와 관련이 있다. 그런데 손익계산서와 재무상태표는 순이익으로 연결된다. 손익계산서의 순이익은 재무상태표의 이익잉여금 항목으로 계상되기 때문이다. 당기순이익이 100억 원이 나면 배당을 주고 나머지가 이익잉여금에 누적된다. 때문에 이익이 증가하면 회사의 자산가치가 높아진다. 수익가치와 자산가치가 서로 연결되어 있어서 수익가치가 높은 기업은 자산가치도 높아진다.

이익이 전년도에 비해 많이 나면서 주가가 그대로라고 가정할 때, PER는 낮아진다. 그리고 이익이 재무상태표 이익잉여금 항목으로 계상되기 때문에 회사의 순자산(자기자본)은 증가하고, 이로 인해 PBR은 낮아진다. 따라서 이익이 증가할 때 PER와 PBR이 동시에 낮아지는 것이다. 결국 PER와 PBR은 서로 밀접하게 연관되어 있음을 알 수 있다. 수익가치와 자산가치는 장기적으로 동행한다.

기업의 재무상태는 회사마다 다르기 마련이다. 두 회사 이익이 100억 원으로 똑같고 PER가 동일하다고 가정하자. 두 회사 시가총액은 같아야 할까? 재무상태를 감안하지

[도표 4-2] **재무제표에서 수익가치와 자산가치의 연결**

손익계산서	재무상태표	
매출액	자산	부채
		자기자본
영업이익		자본금
		자본잉여금
당기순이익 ⇒		이익잉여금

않아도 될까? 순자산가치에 차이가 있어도 이익이 같다는 이유만으로 두 회사의 시가
총액이 같다는 것은 용인될 수 있을까?

🄦 수익가치 증가는 순자산가치 증가

　PER를 중시하느냐 PBR을 중시하느냐를 놓고 갑론을박하는 것은 큰 의미가 없다.
PER와 PBR은 서로 손을 잡고 있기 때문이다. 다만 재무상태가 다르기 때문에 비슷한
이익을 냈다고 해서 시가총액이 같지는 않다. 〈도표 4-3〉 두 회사 중에 어느 회사가
저평가되었는지 생각해보자. PER는 같아도 자산가치 지표인 PBR이 낮은 B사가 저평
가 되었다고 할 수 있다.

　많은 투자자들이 수익가치인 PER 지표만 맹신하여 자산가치를 따지지 않는 경향이
있다. 그러나 이는 기업의 가치에 대한 올바른 판단이 아니다. 이익창출은 자산의 크
기와 관련되기 때문에 부채를 많이 사용해서 이익을 늘리는 전략이 가능하다. 이때 재
무상태는 부실해진다. 이익이 많이 난다고 해도 재무상태가 악화될 경우에는 수익가
치 증가를 마냥 좋게 볼 수 없다.

[도표 4-3] **수익은 같지만 자산가치가 다를 경우**

	A사	B사
당기순이익	100억 원	100억 원
자기자본	300억 원	400억 원
시가총액	1,000억 원	1,000억 원
PER	10배	10배
PBR	3.3배	2.5배

(단위 : 원, %, %p, 배)

항목	2011/12	2012/12	2013/12	2014/12	2015/12	전년대비
EPS	9,350	11,346	45,425	13,787	15,737	15,737
BPS	35,878	43,564	49,379	60,950	72,756	19
CPS	8,695	12,373	15,033	25,379	25,979	2
SPS	44,077	37,373	55,349	83,685	98,631	18
PER	22.41	19.87	15.94	51.64	41.81	−19.04
PBR	5.84	5.18	14.66	11.68	9.04	−22.58
PCR	24.1	18.22	48.16	28.05	25.33	−9.72
PSR	4.75	6.03	13.08	8.51	6.67	−21.59

또 하나 감안해야 할 것은 현금흐름이다. 〈도표 4-3〉에서 두 기업을 수익가치와 자산가치만 갖고 비교할 때는 B사가 A사보다 저평가라고 할 수 있다. 그러나 현금흐름표를 보지 않고서 속단할 수 없다. B사가 A사에 비해 현금흐름이 좋지 않을 경우에는 어떤 판단을 내릴 것인가? B사는 외상매출 비중이 높은 영업을 하고, A사는 외상매출이 없이 영업을 했을 경우를 생각해보라. B사의 영업현금흐름은 A사에 비해 좋지 않기 때문에 장부상 이익이 나더라도 자금사정은 나빠질 수 있다. 주당 현금흐름을 PCR로 나타낸다. 가치투자자는 수익가치, 자산가치, 현금흐름가치의 지표인 PER, PBR, PCR, 3가지를 종합해서 봐야 한다.

PEG를 어떻게 활용할 것인가?

가치투자의 삼색 스펙트럼

가치투자는 벤저민 그레이엄처럼 기업의 내재가치를 중심으로 하는 평가지표를 사용할 수도 있고, 기업의 수익가치를 중시하거나 성장가치를 활용할 수도 있다. 이들 각각이 사용하는 가치지표도 다를 수밖에 없다. 가치투자 변천사를 잠시 둘러보자. 1934년 출간된 벤저민 그레이엄의《증권분석》은 가치투자 시대를 연 책이다. 대공황의 여진이 계속되는 와중에 그레이엄이 가치투자를 위한 핵심지표로 제시한 것이 자산가치였다. 순자산가치를 투자의 척도로 삼은 것이다. 그레이엄은 언제든지 기업이 도산할 수 있는 시절에 청산가치보다 훨씬 낮은 가격에 거래되는 종목을 고르는 것만이 안전마진을 확보할 수 있는 길이라고 판단한 것이다.

벤저민 그레이엄에게 배운 버핏 역시 순자산가치를 토대로 주식투자를 시작했다. 버핏이 본격적인 투자를 시작한 시대는 미국 제조업의 황금기였고, 전 세계적으로도 성장의 시대였다. 기업은 증가하는 소비로 아우성치면서 성장했다. 우량주를 장기투자해야 돈을 버는 시기였기 때문에 버핏은 투자의 중심을 자산가치에서 수익가치로 옮기면서 스승 그레이엄과 차별점을 드러냈다.

한편 성장성에 주목하는 일군의 투자자들이 등장했다. 가치가 성장하는 기업이 큰 이익을 가져다주었기 때문이다. 성장의 시대에 수익성 지표인 PER가 중요시되는 것은 대부분 기업이 성장성이 높기 때문에 성장성은 희소가치가 없고, 대신 수익가치가 차별점으로 등장하기 때문이다. 그러나 시대가 변했고, 지금은 저성장 시대여서 성장성이 높은 주식이 귀한 대접을 받는 시대가 되었다. 성장주 찾기가 어려운 때에 성장성 핵심지표인 PEG가 새롭게 조명받는 이유가 여기에 있다.

가치투자의 외연은 지속적으로 확장되고 있다. 내재가치에서 수익가치로, 다시 성장가치로 관심지표가 이동하고 있다. 그런데 이들 가치는 서로 연결되어 있다는 사실에 주목해야 한다. 성장가치가 높은 기업은 수익가치가 높고, 더불어 내재가치도 높인다. 어느 측면을 보느냐 문제일 뿐이다. 어떤 투자지표가 시대적 현실을 잘 담아내는지에 따라 투자자들의 지표 활용도 역시 달라지게 된다. 부도가 속출하는 시대에는 투자자들 관심사가 청산가치가 우량한 종목에 있는 것은 당연하며, 고도성장기에는 수익성이 높은 기업이 부각되기 마련이다. 지금처럼 저성장의 시대에는 성장성이 높은 종목을 투자자들이 선호한다.

① 내재가치 중시

내재가치 중시는 광범위한 의미에서 가치가 저평가된 종목에 투자하는 경우를 말한다. 기업의 장부가치BPS를 주가와 대비해서 투자적정성을 따진다. 그런데 내재가치를 장부가치로만 계산할 수 있는 것은 아니다. 기업의 미래현금흐름을 추정하고 이를 현재가치로 할인해서 주가와 비교할 수도 있다. 이렇게 계산된 가치지표가 현재 주가보다 30% 이상 높게 나올 경우 주식을 매수하는 전략이다. 확정된 내재가치를 사용할 것인가, 미래의 내재가치 추정자료를 쓸 것인가에 따라 내재가치 투자도 큰 차이가 있다. 현재 내재가치가 저평가이지만 미래에 실적이 부진할 가능성이 높다면 현재의 내재가치는 설득력이 떨어지게 된다.

② 수익성 중시

버핏은 좋은 기업이라면 다소 비싸게 주고 매입하더라도 장기적으로 현금흐름을 창출할 수 있다면 큰 문제가 없다고 했다. 좋은 기업은 경제적 해자가 막강하고 미래의 현금흐름이 안정적이고 자본구조가 탄탄한 기업이다. 버핏이 코카콜라를 매입할 당시에 시장에서는 가치보다 비싸게 매입했다는 의견이 있었지만 개의치 않았다. 코카콜라의 장기적인 수익성을 높게 평가한 것이다. 미래에 꾸준히 수익을 내줄 기업이라면 복리의 마법을 취할 수 있다고 보는 가치투자이다. 수익성은 PER, EV/EBITDA, ROE 지표 등을 중시한다.

③ 성장성 중시

성장성은 시장에서 가장 뜨거운 이슈다. 기업이 성장할 경우 수익이나 내재가치가 동시에 성장하기 마련이다. 기업의 총체적인 가치가 성장하는 것이다. 성장성이 높은 기업에 대한 가치평가를 어떻게 할 것인가? 현재 PER가 30배인 기업이 있는데 주당순이익 증가율이 40% 증가할 것으로 예상된다면, 성장성을 믿고 투자할 수 있을까? PER보다 성장율이 더 높을 경우 성장성을 중시하는 가치투자자들은 주식을 매입한다. 이때 참고할 수 있는 지표가 PEG 비율이다. 다만 성장성이 높다고 해도 지나치게 높은 PER 기업은 배제해야 한다. 성장성이 조금만 낮아져도 주가변동성이 크기 때문이다.

PEG를 활용하는 법

PEG란 PER를 EPS주당순이익 증가율로 나눈 것이다. PER가 10배이고 예상 EPS 증가율이 10%이면 PEG는 1이다.

$$PEG = PER \div EPS\ 증가율$$

PER가 낮거나 EPS 증가율이 클수록 PEG는 작아진다. 이 때문에 PEG는 '저평가된 상태에서 성장성이 높은' 주식을 고르는 지표로 활용된다. PER 지표가 현재의 수익성과 주가를 대비하는 지표라면, PEG는 미래의 성장성을 통해 주가상승 가능성을 가늠해보는 지표라고 할 수 있다. 현재 PER 수준이 높더라도 향후 성장전망이 좋다면 지금의 고PER 수준은 용인될 수 있다는 논리이다. 성장주의 경우 고PER가 일반적인데, 이에 대한 투자근거를 제시해주는 것이 PEG 지표이다.

기업의 가치평가지표는 3가지가 대표적이다.

① 수익가치 : PER^{Price Earnings Ratio}

① 수익가치 : PER$^{Price Earnings Ratio}$
② 자산가치 : PBR$^{Price Book value Ratio}$
③ 성장가치 : PEG$^{Price Earnings to Growth}$

PEG는 수익가치인 PER를 이익증가율로 나눴기 때문에 성장가치와 수익가치를 동시에 참조하는 지표이다. PEG를 통해 수익가치가 높은 기업이 성장성이 있는지 여부를 알 수 있다. 지금 수익가치가 있는 기업이더라도 미래에 성장성이 부진할 것으로 전망된다면 투자할 때 신중을 기해야 한다. 반대로 지금 수익가치가 다소 미흡하더라도 미래의 성장가치가 높게 평가되는 기업이라면 투자를 적극적으로 검토해야 한다.

PER만을 절대적으로 신봉한다면 함정에 빠질 수 있다. 부도 일보 직전인 회사를 예로 들어보자. 이런 주식은 주가가 바닥을 헤매기 때문에 PER는 매우 낮다. 실적은 꾸준히 유지되지만 성장성이 없는 주식도 비인기주여서 PER가 장기적으로 낮은 수준에 머무는 경향이 있다. 이런 주식은 현재도 미래도 저PER주로 남을 가능성이 높다.

주식이 미래의 꿈을 먹고 자란다는 점을 생각해보자. 공표되는 PER는 과거의 실적으로 계산된다. 따라서 과거실적은 투자에 참조는 될지언정 미래의 실적 전망치를 감안해서 주가를 보지 않는다면 투자에서 큰 실수를 범할 수 있다. 미래를 예측하고 미래의 전망을 반영하는데 있어서 PEG는 PER를 보완한다. 그렇다면 과거실적으로 계

[도표 4-5] 저PEG 종목과 코스피 상승률 추이

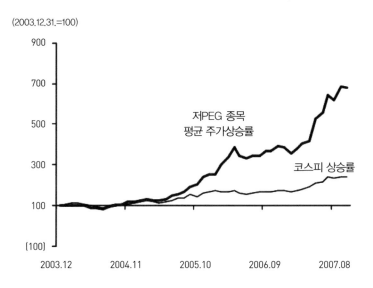

산된 PER가 미래를 반영하지 못하는 단점은 어떻게 개선할 수 있는가? 바로 미래 예상실적을 근거로 한 '예상 PER'를 계산하면 된다. 올해 예상되는 EPS로 현재 주가를 할인해보면 된다. 그렇게 계산된 예상 PER가 과거실적으로 계산된 '지금의 PER'보다 상당히 낮게 나온다면 적극적으로 매수를 고려해야 한다. 주가가 실적의 거울이라는 것을 믿는 기본적 분석가의 입장이라면 말이다.

기업의 실적증가율에 비해 주가상승률이 더디다면, 그 종목은 저평가되었다고 볼수 있다. 이를 쉽게 알아낼 수 있는 지표가 바로 PEG이다. 기업 성장가치를 포함한 지표인 PEG는 향후 실적 전망치 대비 PER를 5년 평균 EPS 증가율로 나눠서 계산한다. 꼭 5년 평균으로 나눌 필요는 없다. 당장 내년 순이익 증가율로 나눠서 내년에 PER가 얼마나 낮아지는지를 봐도 된다. 장기적인 흐름을 보기 위해 향후 몇 년간 순이익 증가율 평균을 사용하기도 한다.

PEG는 PER를 예상 순이익 증가율로 할인했기 때문에 만일 이익이 늘어날 것으로 예상된다면 PEG는 낮아진다. 따라서 PEG가 낮은 종목은 향후 수익성이 크게 개선될 가능성이 높은 종목이다. 성장성을 중시하는 가치투자자라면 모름지기 PEG를 중요하게 활용해야 한다. PEG가 1보다 작으면 EPS 증가율보다 주가상승률이 낮아 앞으로 이익성장 가능성이 좋은 기업이고, '장기투자' 매력이 높다는 것을 의미한다. 통상적으로 PEG가 0.5 미만이면 투자 매력도가 높은 종목으로 평가된다.

💰 PEG 활용 주의사항

현역시절 경이적인 수익률을 기록했고, 은퇴 후에도 유명세를 잃지 않았던 월가의 전설적인 펀드매니저 피터 린치도 고성장 주식을 고르는 기준으로 PEG를 활용했다. 그는 PEG가 0.5 미만이면 매수하기 좋은 종목으로 생각했고, 값이 1.5 정도만 되어도 괜찮은 투자대상으로 여겼다. 저서《전설로 떠나는 월가의 영웅》에 다음과 같은 구절이 있다.

"공정하게 평가된 회사의 PER은 회사의 성장률과 같다. 여기서 성장률은 이익성장률을 말한다. 코카콜라의 PER이 15배라면 회사가 연 15%로 성장하리라 기대된다는 뜻이다. 그러나 PER이 성장률보다 낮다면 그 주식은 헐값인 셈이다. 예컨대 연 성장률이 12%인 회사가 PER이 6이라면 이 주식은 아주 매력적이다. 반면 성장률이 연 6%인 회사의 PER이 12라면, 이 주식은 매력이 없어서 주가하락이 예상된다. 일반적으로 PER이 성장률의 절반이라면 매우 유망하며 성장률의 2배라면 매우 불리하다. 나는 펀드에 편입할 종목을 분석할 때 항상 이 기준을 사용한다.

조금 더 복잡한 공식을 사용하면 배당까지 감안해서 이익성장률을 구할 수 있다. 장기성장률(예를 들어 12%)을 구하고, 배당수익률(예를 들어 3%)을 더한 뒤, PER(예를 들어 10배)을 이 값으로 나누어 주면 된다. 즉 '10/(12 + 3) = 0.67' 값^{PEG} ^{ratio}이 1보다 크면 부실하고 0.67이라면 양호한 정도겠지만, 우리가 진정으로 찾는 것은 0.5 이하인 주식이다. 성장률이 15%, 배당수익률이 3%, PER이 6인 회사는 무려 0.33이 나온다."

성장성이 없는 회사에 PEG 지표를 사용하는 것은 적절치 못하다. 성숙 대기업의 경우 성장 기회가 낮기 때문에 배당소득을 중심으로 기업가치를 평가해야 한다. 이런 성숙기업에 PEG 지표를 들이대면 안 된다. 성장률은 추정치를 사용하는데, 성장률은 미래의 상황에 따라 변동된다. 시장 여건, 기업의 성장정책에 대한 자질, 투자자들의 과장된 선전 등에 따라 미래의 성장률은 변할 수 있다. 우리는 관습적으로 PEG 1이 적정치라고 하지만, 이를 지나치게 교조적으로 해석하면 안 된다. 성장률 추정치가 잘 맞지 않는다는 점을 감안해야 한다.

PEG는 단순성과 편리성이 있지만 몇 가지 사항을 고려해야 한다. 첫째, PEG에 사용되는 기업의 성장률은 경제 전반의 성장률을 감안하지 않고 있다. 때문에 그 기업이 속한 산업과 전체 경제의 평균 PEG와 비교해봐야 한다. 그래야만 기업이 경쟁력이 있는지 비교적 정확한 감각을 갖게 된다. 경제가 고성장기에 있을 때 낮은 PEG 기업은 썩 매력적인 투자대상은 아니다. 많은 주식이 낮은 PEG 상태에 있기 때문이다. 반대로 경제성장률이 저하되거나 침체기에 높은 PEG가 부정적인 것은 아니다.

경제성장률과 비교해서 꾸준하고 안정적인 성장률을 유지하면서 고PEG인 주식이 짧은 기간의 높은 성장률로 인해 저PEG가 된 기업보다 때로는 더 매력적인 주식일 수 있다. 경제성장률보다 지속적으로 높은 성장률을 보이는 기업은 고수익성을 기록하는 기업일 가능성이 높다. 그러나 경제가 변동성이 있기 때문에 만일 성장이 정체될 경우 이런 성장 주식은 형편없는 취급을 받을 수 있다. 마지막으로 투기적이고 위험도가 높은 주식은 가격이 낮기 때문에 저PER 주식이 되는 수가 있다. PEG 계산에서는 이런 부분이 감안되지 않는다. 미래의 성장성이 의심스럽기 때문에 아주 짧은 기간에만 저 PEG 주식이 될 수 있는 기업은 투자에 신중해야 한다.

PEG 비율은 내재가치를 나타내지 않을 뿐더러 배당금도 고려하지 않는다. PEG가 높더라도 배당수익률이 높다면 매력적인 투자대상일 수 있다.

역발상 투자자로 유명한 앤서니 볼턴^{Anthony Bolton}의 경우 PEG의 활용에 대해 소극적 견해를 보였다. 가치가 저평가된 주식을 찾아내는 투자자답게 성장성보다는 밸류에이션을 우선시하기 때문에 성장성 지표인 PEG에 대해 낮은 평가를 내렸다.

"PEG는 가치투자자보다는 성장주 투자자의 영역이다. 이 지표에 따르면 다음과 같은 주장이 가능해진다. 연간 주당순이익 성장률이 5%이고, PER 5배인 주식 A와 연간 주당순이익 성장율 10%이고 PER 10배인 주식 B, 그리고 연간 주당순이익 성장율이 20%이고 PER 20배인 주식 C가 모두 같은 PEG를 갖게 돼 똑같이 매력적이라는 것이다. 이건 정말 이치에 닿지 않는 주장으로 보인다. 만일 그렇다면 나는 '날마다' 주당순이익이 5%씩 성장하는 PER 5배인 주식을 선택할 것이다."

• 이익이 성장하는 주식에 주목하라!

　성장주의 개념부터 이해하자. 매출액과 순이익이 성장하는 기업의 주식이 성장주이다. 코스피 평균 성장률을 조금 능가한다고 성장주가 아니다. 시장평균을 상당히 넘어서는 성장을 지속적으로 해야 한다. 외형 성장 없이는 이익만 성장한다면 문제가 있다. 외형과 이익이 동시에 성장해야 한다.

　삼성전자가 성장주인지 생각해보자. 삼성전자가 속한 사업영역인 IT분야는 분명 성장산업이다. 그러나 삼성전자를 성장주 범주에 넣을 수는 없다. 몸집이 이미 항공모함이 되어서 한 해의 성장규모가 두드러지지 않기 때문이다. 따라서 성장주가 되기 위한 기본요건은 시가총액이 작아야 한다. 그래야 성장률이 높아질 소지가 있다. 기업의 몸집이 작은 시기는 기업공개 초기가 될 것이다. 지나치게 비대해진 코끼리는 더 성장하기 힘들다.

　저평가된 주식을 찾아내는 리트머스 지표는 PER, PSR, PBR, PDR 등 다양하게 거론된다. 이들 지표에서 'P'는 'Price'이다. 수익이나 자산가치, 매출액, 배당 등을 현재 주가와 비교해서 고평가 혹은 저평가 여부를 따지는 것이다. 가격이야말로 절대적인 영향력을 행사하는 것이다. 가치투자에서는 '가치가 있는 기업'을 발굴해야 하는데, 이는 절대적인 이익규모가 중요한 것이 아니라 주가와 비교해서 나타나는 상대가치 측면을 더 중요시하는 것이다. 아무리 기업의 이익이 많이 나도 주가가 턱없이 높아서 PER 배수가 40을 기록하고 있다면, 이 주식은 가치투자 대상이 아니다. 가치투자의 핵심은 주가와 가치관계에 있다.

　반면에 성장주 투자는 가치투자와 어떤 변별점을 갖는가? 성장주는 매출과 이익이 급격하게 늘어나는 주식이다. 따라서 시장의 관심을 한 몸에 받을 수밖에 없는 인기 주식이다. 인기가 높으니 주가가 높을 수밖에 없고, PER 배수 역시 고공행진을 하는 것이다. 가치투자 교과서는 저PER주를 찾으라고 말한다. 그런데 성장주는 대부분 고PER주인 경우가 태반이니 성장주와 가치주 투자는 상당한 간극이 있다.

• 성장주 투자와 가치주 투자가 만나는 지점

성장주가 앞으로 몇 년 동안 지속적으로 30% 이상씩 이익이 증가한다고 가정해 보자. 이익증가에도 불구하고 주가가 오르지 않고 정체되어 있다면 이 기업의 PER는 매년 30%씩 낮아진다. 3년이 가기 전에 이러한 성장주 PER 배수는 절반 아래로 낮아지면서 저PER주가 된다. 그렇다면 성장주 투자는 미래의 이익전망을 중요시하는 투자방법론이며, 가치주 투자는 현재의 이익에 충실한 투자방식이라는 이야기가 된다.

가치투자자가 과거이익에만 연연한다고 생각하면 "나는 바보"라고 선언하는 것과 같다. 가치투자는 현재 이익 대비 주가가 낮은 기업을 지칭한다고 하더라도 기업의 가치가 성장하지 않고 정체될 운명에 처한 주식을 가치투자 대상이라고 말할 수 없다. 미래의 이익성장 가능성이 미약하다는 것은 지금 이익규모가 크다고 한들 투자자들에게 지속적으로 외면당할 확률이 높고, 이로 인해 영원히 저PER주로 남을 가능성이 높은 것이다. 어느 정도 성장이 담보되어야만 좋은 가치투자 대상이 될 수 있다. 가치투자자들도 미래의 이익성장을 보지 않을 수 없다.

그렇다면 성장주 투자와 가치주 투자를 상반되게 보지말고 서로 보완할 수 있는 부분이 많다고 해야 한다. 성장주와 가치주는 이웃사촌인 셈이다. 가치주 투자가 성장주 투자에 비해 좀 더 보수적인 투자방식인 것이 분명하다. 통계적인 검증을 통해 논리적인 지지를 얻는 부분인데, 가치투자는 리스크를 줄이면서 수익성을 가장 높이 가져갈 수 있는 투자방식이라는 것은 확실하다.

성장주 투자는 홈런을 노리며 배트를 길게 잡기 때문에 삼진 또한 수없이 당한다. 왕년의 홈런타자들이 삼진아웃도 가장 많이 당했다는 불명예 타이틀도 함께 갖고 있는 것처럼 말이다. 《내일의 스타벅스를 찾아라》의 저자 마이클 모^{Michael Moe}는 "홈런타자를 찾아내려면 삼진아웃이 아니라 홈런 갯수를 세야 한다!"고 말했다. 다시 말하지만 성장주 투자는 상당히 큰 리스크를 감당해야 한다. 성장주가 성장동력을 상실할 때 주가는 나락으로 곤두박질친다. 자전거가 달리지 않을 때 넘어지는 것과 마찬가지다. 삼진아웃을 두려워하는 투자자는 PER 배수가 높은 성장주에 손을 대지 않는 것이 좋다.

마이클 모가 조언하는 것처럼 성장주 투자에서 리스크를 최소화한다면 이것이야말로 최고의 선택이 아닐 수 없다. 즉 '성장주+가치주' 투자를 하는 것이다. 이익 가치가 성장하는 기업을 싸게 사는 것, 이보다 더 좋은 투자가 있을까?

• 워런 버핏이 보는 가치의 성장

"우리 의견은 가치투자와 성장투자는 구분할 수 없다는 것입니다. 성장성을 무시하든 중시하든 간에, 그리고 성장성이 가치에 긍정적인 영향을 미치든 부정적 영향을 미치든 간에, 가치를 계산할 때는 항상 성장성을 고려해야 합니다. 또한 우리가 볼 때 가치투자자란 말은 사실상 불필요한 말입니다. '지불한 가격을 정당화해주는 가치'를 추구하지 않는 투자는 투자가 아니기 때문입니다. 투자는 당연히 지불한 가격 이상의 가치를 추구하는 것이어야 합니다. 매수가보다 훨씬 높은 가격에 팔 목적으로 계산된 내재가치보다 상당히 높은 가격에 매수하는 것은 투자가 아니라 투기입니다. 투기가 불법적이거나 비도덕적인 것은 아니지만, 우리의 견해로 볼 때 경제적으로 돈을 벌어주는 것도 아닙니다."

PBR을 어떻게 활용할 것인가?

💰 PBR = 주가 ÷ 주당순자산

　기업의 가치를 평가하는데 있어서 PER와 함께 전통적으로 많이 활용하는 지표가 PBR이다. PBR은 주가와 순자산가치를 비교하는 지표다. 현재 주가가 1만원이고 주당 장부가치(순자산가치)가 12,000원이라면 주가는 기업의 순자산가치보다 더 낮게 거래되는 것이다. 순자산은 기업의 총자산에서 부채를 뺀 것이고, 이를 발행 주식수로 나누면 주당순자산BPS, Book-value Per Share을 구할 수 있다. PBR이 1보다 크면 주가가 자산가치보다 고평가됐고, PBR이 1보다 낮으면 주가가 자산가치보다 저평가된 것으로 본다. 주가가 순자산가치에도 미치지 못한다는 의미는 주식시장에서 거래되는 가격이 기업의 실물자산가치보다 못하다는 것이다.

　PBR이 가치투자 지표로 떠오른 것은 벤저민 그레이엄 때문이다. 주식을 청산했을 때 순자산가치와 현재의 시장가치를 비교해서 주가가 시장가치보다 낮은 주식을 사라는 것이 가치투자 이론을 정립한 그레이엄 투자철학의 핵심이다. 모든 사유는 시대적 영향을 받고 태어나기 마련이다. 벤저민 그레이엄이 활동하던 시절은 대공황의 터널

[도표 4-6] **PBR에 따른 수익률**

(단위 : 배, %)

그룹	평균 PBR	연평균 수익률
1	0.29	34.03
2	0.44	24.41
3	0.57	23.77
4	0.71	18.93
5	0.87	13.00
6	1.07	8.14
7	1.32	2.55
8	1.72	−1.37
9	2.63	−9.68
10	4.59	−27.95

- 자료 : 한국경제(문병로), 〈PER 50배 · PBR 7배에 베팅…승률 17% '룰렛게임' 하는 셈〉, 2011.10.27
- 기간 : 2001년 4월~2011년 3월

에서 막 빠져나오던 때여서 기업도산의 악몽이 여전히 투자자들의 뇌리에 남아 있었다. 설사 부도가 나서 기업을 청산하더라도 자산가치가 현재 주가보다 높아야만 안심할 수 있다는 논리는 정당했다. 안전마진이라는 개념은 이러한 상황에서 나올 수밖에 없었다.

2000년대 현재는 유동성이 풍부하고 지속적으로 금리가 하락하고 있다. 기업들 자금사정이 나아진 상황이어서 자산가치보다 그 기업이 얼마나 이익을 내주느냐를 보는 수익가치가 중요시되는 시대로 변했다. 그렇다고 PBR 지표가 쓸모없어졌다는 말은 아니다. 예컨대 적자기업은 수익가치로 평가할 수 없고 자산가치로 평가해야 한다. 시장 전체를 평가할 때나 국가 간 비교에서도 PBR 지표가 활용된다.

성장성이 높은 기업의 경우 높은 PBR이 용인되곤 한다. 이는 성장주에 고PER가 용인되는 것과 비슷하다. 성장주 투자자들은 미래에 높은 수익이 예상될 경우 PBR이나 PER가 낮아질 것이라는 점을 염두에 두고 미리 프리미엄을 주고 주식을 사는 셈이다. 그러나 성장성이 둔화될 경우 이러한 성장주의 높은 PBR 지표는 위험한 신호로 바뀌게 된다는 점을 유념해야 한다.

장기적인 관점에서 볼 때 한국 증시 전체의 PBR 배수가 1 이상에서 형성되었다. PBR이 1배 이하에서 거래될 때 시장이 바닥국면이라는 주장은 대체적으로 맞다. 거시적으로 시장을 볼 때 PBR 지표는 참조할 만하다. 〈도표 4-6〉은 서울대 문병로 교수가 상장사 전체를 PBR 지표 기준으로 10개 그룹으로 나눠서 10년간 연평균 수익률을 검증해본 것이다. PBR 지표가 가장 낮은 그룹 주식들이 수익률이 당연히 높았고, PBR이 4배 이상되는 그룹은 연평균 −27%였다. PBR 지표가 투자수익률과 유의미한 상관성을 갖고 있음을 알 수 있다.

💰 주가는 장기적으로 자산가치에 반응한다

지속적으로 이익을 내는 기업의 주가가 정체될 때가 있다. 예를 들어 경제적 해자가 있는 기업인데 매출이 정체되는 경우를 생각해보자. 그렇게 되면 수익성은 유지되기에 이익은 일정하게 발생함에도 불구하고, 성장성이 부족하다는 이유만으로 주가가 저평가된 상태가 지속되기도 한다. 이런 유형의 기업으로 KT&G를 들 수 있다. 〈도표 4-7〉에서 최근 5년간 주당순자산가치의 변화를 살펴보자.

주당순이익과 주당배당금은 5년간 의미 있는 증가가 없었다. 변한 것은 주당 장부가치로 BPS는 5년간 29%가 증가했다. 이익률이 높게 유지되더라도 성장성이 미진할 경우 주가는 비인기주로 분류되곤 한다. 그런데 이런 기업은 수익성이 유지되는 한 순자산가치가 꾸준히 증가하게 되고, 시간이 지나면 이러한 가치증가는 주가상승으로

[도표 4-7] KT&G : 주당지표

(단위 : %)

항목	2011/12	2012/12	2013/12	2014/12	2015/12
EPS	5,944	5,376	4,157	6,013	7,544
BPS	38,077	40,436	41,898	44,723	49,290
DPS	3,200	3,200	3,200	3,400	3,400
현금배당수익률	3.93	3.96	4.30	4.47	3.25
현금배당성향	49.31	54.59	70.60	51.85	41.35

[도표 4-8] KT&G : 10년 주가차트

[도표 4-9] **자본총계와 주가의 상대적 흐름**

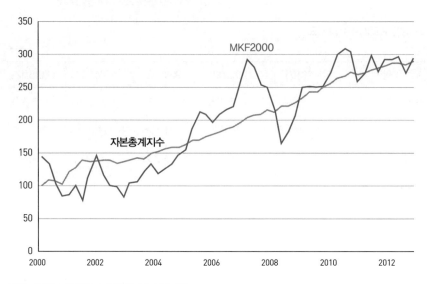

• 자료 : 문병로, 《문병로 교수의 메트릭 스튜디오》

[도표 4-10] **코스피 자본총계와 시가총액**

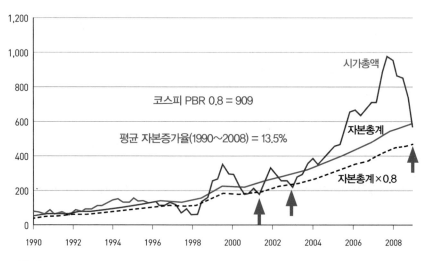

• 자료 : Quantiwise

보상을 받을 확률이 높아진다. KT&G는 연간 4%를 넘나드는 높은 배당수익률을 보여 줬기 때문에 5년간 배당금만 모아도 20%가 넘는다. 같은 기간 동안 순자산가치는 29% 증가했다. 배당금과 순자산가치를 감안한 주주가치는 50% 정도 증가한 셈이다. 결론 적으로 자산가치가 지속적으로 높아지는 기업이 성장성 부족으로 외면받을 때 투자 의 호기일 수 있다. KT&G는 2010~2015년간 꾸준히 이익을 내면서 높은 배당을 했음 에도 불구하고 주가는 박스권 내에서 움직였다(〈도표 4-8〉). 2015년부터는 자산가치가 주가에 반영되는 모습이다.

순자산가치가 증가한다는 것은 곧 자본총계의 증가를 의미한다. 〈도표 4-9〉를 보자. 문병로 교수가 자본총계지수를 상장기업 전체를 대상으로 해서 종합지수 산정방식으로 지수화했다. 주가와 자본총계 증가의 상관성을 통계적으로 검증한 것을 보면 주가의 상 승은 자본가치 상승과 밀접한 상관성을 갖는 것을 확인할 수 있다. 기업이 이익을 내 서 이를 이익잉여금으로 축적하면 자본총계가 증가하게 되는데, 단기적으로는 이러한 부분이 주가에 반영되지 않을지라도 장기적으로는 주주가치가 높아지기 때문에 결국 주가가 상승할 가능성이 높다.

또한 〈도표 4-10〉을 보면 알 수 있듯이, 코스피 시가총액과 자본총계는 비슷한 궤 적을 그리면서 우상향한다. 일시적으로 시가총액이 자본총계를 크게 벗어나기도 하지 만 다시 자본총계 곡선으로 회귀한다. 자본총계는 BPS와 관련이 있고 이는 주가변동 성에 영향을 미친다.

워런 버핏은
왜 ROE를 중시하나?

💰 버핏이 EPS보다 ROE를 중요시한 이유

다음은 PER를 구하는 공식이다.

$$PER = 주가 \div 주당순이익$$

PER는 주가 대비 이익 배율Price earning ratio이다. 분모와 분자에 똑같이 발행주식수를 곱하면 이렇다.

$$PER = 시가총액 \div 당기순이익$$

이는 'PER는 시가총액이 당기순이익의 몇 배인가?'라는 의미와 같다. 시가총액이 1,000억 원이고 당기순이익이 100억 원이면 PER는 10배이다. PER는 재무상태를 감안하지 않고 단순히 시가총액 대비 이익규모를 비교한다.

벤저민 그레이엄은 가치투자를 담배꽁초와 비유한다. 담배꽁초는 몇 모금 빨면 다시 버려야 한다. 그레이엄의 가치투자는 주가보다 저평가된 기업을 찾아서 적정평가가 될 때까지 보유하는 전략이다. PBR이 낮은(담배꽁초 같이 몇 모금 빨 수 있는 상태) 주식을 사서 적정가격으로 주가가 오르면(담배꽁초를 다 빨아버리면) 파는(담배꽁초를 버리는) 기법이다. 이때 주목할 것은 자산가치가 현재 주가보다 저평가되었느냐 여부이다. 워런 버핏도 처음에는 이런 식으로 투자를 하다가 투자철학이 변하게 된다. 자산가치보다는 수익가치를 중요시하기 시작한 것이다. 꾸준히 이익을 내는 기업을 장기적으로 보유할 때 이익이 더 많이 날 수 있다고 버핏은 판단했다. 필립 피셔의 영향도 컸다.

벤저민 그레이엄이 기업의 장부가치를 중시한 투자를 한 이유는 1930년대 대공황 후유증을 겪고 난 뒤에 투자자들이 부도위험에 대해 극도로 예민해졌기 때문이다. 가장 좋은 것은 부도가 나지 않는 기업에 투자하는 것이고, 설령 부도가 나더라도 투자 원금을 보전하기 위해서는 청산가치보다 낮게 거래되는 주식을 찾아야 했다. 그래서 그레이엄은 수익가치보다 자산가치를 중요시했다. 하지만 버핏이 본격적으로 투자를 시작한 시기는 팍스 아메리카나 시대가 열리는 즈음이었고 성장의 시대였다. 부도위험보다는 수익성에 초점을 맞춰야 하는 시대가 도래한 것이다. 워런 버핏은 기업가치는 미래현금흐름을 얼마나 창출할 수 있느냐에 달려 있다고 봤다. 미래현금흐름을 현재가치로 할인해서 주가와 비교하는 투자기업이 등장하기 시작했다.

🟤 수익의 척도, EPS와 ROE

버핏은 수익성 지표로 주당순이익EPS보다는 자기자본이익률ROE를 중시했다. PER를 계산할 때는 EPS를 분모로 넣는다는 점을 감안해볼 때 버핏이 PER를 중시하지 않았음을 간접적으로 확인할 수 있는 대목이다. 그렇다면 왜 가치투자자들이 신주단치처럼 소중하게 취급하는 PER를 탐탁치 않게 여긴 것일까? EPS와 ROE 관계를 표를 통

항목	순이익	자본금	자기자본	EPS	ROE	PER
1년차	100억 원	50억 원	1,000억 원	1,000원	10%	10배
2년차	110억 원	50억 원	1,110억 원	1,100원	9.9%	9배

• 액면가 500원/주가 1만 원/배당금 없음

해 이를 이해해보자.

〈도표 4-11〉을 보면 해당 기업은 순이익이 100억 원에서 110억 원으로 10% 증가했다. EPS만 보면 10% 증가했으니 나쁘지 않다. PER 역시 낮아졌다. 그런데 ROE를 보면 10%에서 9.9%로 낮아졌다. ROE는 주주들이 출자한 돈에 대한 이익률이어서 주주 입장에서는 중요시할 수밖에 없는 지표이다. ROE가 낮아진다는 것은 주주들의 투자 수익률이 낮아지는 것을 의미한다. 이익이 증가했음에도 불구하고 ROE가 낮아졌다면 주주입장에서 어떻게 평가해야 할까? 버핏은 이런 기업을 좋지 않다고 봤다. 〈도표 4-11〉의 회사는 이익의 절대규모는 증가시켰지만 자기자본을 수익성 있게 운용하지는 못했다. 2년차 자기자본이 1,110억 원이어서 ROE를 10% 유지하기 위해서는 이익은 111억 원이 되어야 한다.

ROE가 유지되거나 증가하는 것은 쉽지 않다. 왜냐하면 자기자본이 계속 증가하기 때문이다. 도표에서는 ROE를 10%로 상정했지만 버핏은 ROE가 매년 20% 정도를 유지하는 기업이 최상이라고 했다. 그러면 ROE가 매년 20%씩 유지되기 위해 요구되는 이익증가 규모는 어느 정도일까? 추정해보자.

〈도표 4-12〉를 보자. ROE 20%를 유지하기 위해서는 2년차에 20억 원 이익이 증가하면 가능했지만 3년차에는 24억 원 이익이 증가되어야 하고, 또 4년차에는 전년보다 29억 원 이익이 증가되어야 한다. 이렇게 계산해보면 5년차에는 무려 시작연도에 비해 2배 규모의 순이익을 내야 ROE가 20% 유지된다. ROE를 지속적으로 높게 유지한다는

[도표 4-12] **ROE 20% 유지를 위한 순이익 규모**

연차	순이익	자기자본	ROE	전년대비 순익증가
1년차	100	500	20%	–
2년차	120	600	20%	20
3년차	144	720	20%	24
4년차	173	864	20%	29
5년차	207	1,037	20%	35
6년차	249	1,244	20%	41
7년차	299	1,493	20%	50
8년차	358	1,792	20%	60
9년차	430	2,150	20%	72
10년차	516	2,580	20%	86

것이 얼마나 까다로운 조건인지 알 수 있다.

ROE를 꾸준히 20%를 유지할 경우 주주들의 자산가치는 4년 만에 2배로 증가한다. 이익이 증가한다는 것만으로 버핏이 좋아하지 않은 이유는 주주입장에서는 투자수익률을 보기 때문이다. 만일 기업이 ROE를 높게 유지할 자신이 없다면 주주에게 이익을 배당으로 돌려주는 것이 낫다. 배당을 하면 자기자본 증가를 저지할 수 있기 때문에 ROE를 유지할 수 있다. 미국에서는 높은 배당성향과 함께 자사주를 적극적으로 매입하기 때문에 높은 ROE 유지가 가능하다. 버핏이 PER보다 ROE를 더 중요하게 생각한 이유가 여기에 있다.

그렇다면 한국에서 ROE는 어떤 움직임을 보일까? 〈도표 4–13〉의 코스피와 시장 ROE 추이를 보자. ROE 추이와 코스피 지수를 보면 2011년까지는 상관성이 높았다.

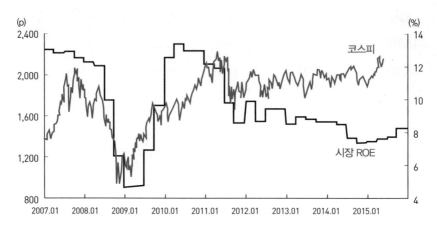

• ROE는 과거 4개 분기 실적 기준, 2015년 데이터는 추정치

그런데 2012년부터 ROE는 낮아지는 추세에 있다. 한국 증시가 박스피를 벗어나는 못
하는 이유가 ROE 부진에 있는 것은 아닐지 생각해봐야 한다. 장기투자자들은 영업이
익률 20% 이상인 상태에서 ROE도 20% 이상 꾸준히 유지되는 기업이 얼마나 대단한
기업인지 인식해야 한다. 이런 기업은 단기간의 주가 부침에 일희일비할 이유가 없다.
워런 버핏은 이런 기업을 찾아서 장기보유했고 큰 수익을 거뒀다.

SECTION 52 위험자산을 어떻게 다룰 것인가?

💰 위험자산 VS 안전자산

자산이 안전하다는 것은 무슨 의미일까? 예컨대 부동산의 자산으로서 안전성은 어느 정도일까? 부동산은 위험자산일까, 안전자산일까? 위험자산의 '위험'은 무엇을 의미하는지 생각해볼 필요가 있다. 위험을 크게 3가지로 구분할 수 있다.

① 채무불이행 위험
② 시장가격 변동위험
③ 실질가치 변동위험

시장가격 변동위험과 인플레이션이나 디플레이션에 따른 실질가치 변동위험은 모든 자산에 적용되는 위험이다. 부동산도 시장가격이 변동하며 인플레이션이나 디플레이션에 따른 가치변동 위험이 있다. 주식이나 채권도 마찬가지다. 채무불이행 위험은 채권의 경우 발행자가 만기에 원리금을 상환하지 못하는 위험이다. 주식의 경우는 부도가 발행했을 경우라고 할 수 있다. 결국 3가지 위험에서 자유로운 자산은 없다. 모든 자산은 위험을 갖고 있다.

일반적으로 투자에서 안전자산이라고 할 때는 ①번의 채무불이행 가능성이 낮은 자산을 말한다. 미국 정부가 발행하는 국채가 전 세계에서 가장 안전한 자산으로 분류되는 이유는 채무불이행 가능성이 낮기 때문이다. 한국 정부가 발행하는 국채는 미국 국채보다 안전자산 등급이 낮지만 안전자산으로 간주한다. 이것은 한국정부가 부도날 확률이 낮기 때문이다. 주식은 당연히 위험자산이다. 주식은 채무불이행 가능성이 높고, 매일 주가가 변동되며, 물가에 따라 실질자산가치가 변동되기 때문이다.

💰 기대수익률이란 무엇인가?

투자자가 채권에 투자할 때 기대하는 수익률이 있다. 예컨대 미국채 만기 1년물 수익률이 0.6%라고 하자. 이는 국채 매수자와 매도가 상호합의한 가격이다. 매수자 입장에서는 0.6% 수익률을 만족하고 받아들인 것이다. 이 말은 0.6% 정도를 기대한다는 이야기다. 더 높으면 좋겠지만 이 정도 기대하는 것만으로도 매수를 하는 것이다. 그렇다면 주식투자에서 기대하는 수익률은 무엇일까? PER를 생각해보자.

$$PER = 주가 \div 주당순이익$$

PER가 10배에 거래된다고 할 경우 이것은 무엇을 의미하는가? 주가가 1만 원이고, 주당순이익이 1,000원일 때 PER는 10배이다. 투자자들은 기업이 주당 1,000원의 이익을 낼 경우 주당이익의 10배를 주고 주식을 살 용의가 있다는 것을 말한다. 만일 회사가 주당 2,000원의 이익을 낼 때, 투자자들은 2만 원을 낼 용의가 있을 것이다. 즉 PER는 주식을 매수할 때 이익 대비 몇 배수를 지불하느냐 하는 문제로 환원할 수 있다. 이는 채권투자도 마찬가지이다.

$$채권수익률 = 이자 \div 채권가격$$

$$주식수익률 = 이익 \div 주가$$

　주식수익률은 PER 역수로 볼 수 있다. 이렇게 생각해보자. 내가 1만 원에 주식을 샀는데, 그 기업이 일 년간 이익을 낸 금액이 1,000원이다. 내가 주식을 사는 이유는 기업이 사업을 해서 나에게 이익을 남겨줄 것을 바라는 것이다. 기업이 이익을 내줄 것으로 '기대'하는 것이다. 기대하기 때문에 1만 원을 투자했고, 기업은 1,000원의 이익을 냈다. 따라서 내가 기대하는 수익률은 10%이다. 20%를 기대한다면 나는 주식을 사지 않을 것이다. 기대수익률이 20%라는 것은 PER가 5배라는 의미다. 기대수익률이 높아질 때 PER는 낮아진다.

$$PER = 1 \div 주주 \ 기대수익률$$

　많은 주식이 있고 각각은 PER가 다르기 때문에 기대수익률이 다르다. 그렇다면 주식의 기대수익률은 어떻게 결정되는가? 자본자산가격결정모형CAPM, Capital Asset Pricing Model에서 주주의 기대수익률을 어떻게 정의하는지 알아보자.

$$주주 \ 기대수익률 = 무위험자산수익률 + 위험프리미엄$$

　무위험자산수익률은 앞서 말한 안전자산인 국채수익률이라고 간주하자. 위험프리미엄이란 무엇인가?

$$위험프리미엄 = 체계적 \ 위험 \times 주식시장 \ 위험프리미엄$$

① 총 위험 = 체계적 위험＋비체계적 위험

주식투자에서 위험은 분산투자로 회피 가능한 위험과 불가능한 위험으로 나눌 수 있는데, 분산투자로 제거할 수 없는 위험을 체계적 위험systematic risk이라고 한다. 이는 시장 전체 변동성이다. 경기변동이나 이자율, 인플레이션, 환율, 정치사회적 환경변화 등 거시적인 변수 등에서 오는 위험은 주식을 분산해도 회피할 수 없다. 체계적 위험을 줄이기 위해서는 현금비중을 높이는 수밖에 없다.

비체계적 위험은 분산투자를 통해 줄일 수 있는 위험이다. 한 종목만 투자할 경우 위험이 높다. 이때 분산투자를 통해 위험을 줄일 수 있는데, 인덱스 펀드가 대표적이다. 인덱스 펀드는 시장수익률과 동일하다. 분산과 위험 정도를 차트로 나타내면 〈도표 4-14〉와 같다.

그렇다면 개별종목을 투자할 경우 체계적 위험을 어떻게 측정할 수 있는가? 체계적 위험측정 지표를 베타(β)라고 하는데, 기업의 주가수익률이 시장 전체 수익율 변동에

[도표 4-14] **포트폴리오 위험**

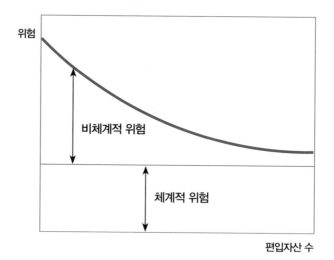

얼마나 민감하게 반응하는가를 나타낸다. 시장이 10% 올랐는데 A기업 주가가 10% 올랐다면 베타는 1이다. 시장이 10% 올랐는데 B기업 주가가 5% 올랐다면 베타는 0.5이다. 이를 보면 B기업이 시장 전체 움직임에 비해 덜 민감한 편이다. B기업은 A기업에 비해 변동성이 작기 때문에 체계적 위험이 작다고 할 수 있다. 만일 시장이 10% 움직이는데 C기업이 30% 움직였다면 베타는 3이다. 변동성이 큰 성장주는 베타값이 높다. 대형주는 대체적으로 베타값이 낮기 때문에 안전하다고 한다. 변동성이 위험이라고 정의할 경우에 그렇다는 이야기인데, 버핏은 이와 달리 변동성은 위험이 아니라고 말 말한다. 주식시장의 변동성은 미스터 마켓의 조울증에 따라 언제든지 단기적으로 큰 진폭을 나타낼 수 있기 때문에 이러한 단기 변동성을 무시해야 한다고 주장했다. 버핏에게 위험은 변동성이 아니라 부도 리스크이다.

② 주식시장 위험프리미엄 = 시장수익률－무위험자산수익률

시장수익률을 종합주가지수 상승률이라고 해보자. 시장수익률에서 무위험자산수익률인 국채수익률을 빼면, 주식시장 위험프리미엄이다. 종합지수가 10% 올랐고 국채수익률이 2%라면, 시장 위험프리미엄은 8%이다. 주식시장 위험프리미엄에 체계적 위험 지표인 베타값을 곱한다는 것은 변동성을 감안해주는 것이다. 주식투자자들은 위험자산에 투자하기 때문에 안전자산 투자에 상승하는 투자수익률에 더하여 위험프리미엄을 감안해서 목표수익률을 설정해야 한다. 예를 들어 A라는 기업에 투자할 때 위험프리미엄을 추정해보자. 현재 국채수익률은 2%이고, 종합지수 상승률은 8%이다. A기업의 베타는 1.5 배이다.

$$\text{A기업 기대수익률} = 2\% + 1.5 \times (8\% - 2\%)$$
$$= 11\%$$

A기업에 대한 투자자는 주식을 투자할 때 기대수익률이 최소한 11% 이상 되어야만

투자유인이 생긴다고 생각하는 것이다. 그렇다면 A기업의 투자자는 PER가 9.09배일 때 주식을 사야 한다(PER = 1/11%).

자본자산가격 결정모형 : CAPM 기본원리는 위험과 기대수익률 보상관계

$$\text{CAPM} : E(R_i) = R_f + \beta_i [E(R_m) - R_f]$$

- $E(R_i)$: 자산 i의 기대수익률 혹은 요구수익률
- R_f : 무위험수익률
- β_i : 자산 i의 베타계수
- $E(R_m)$: 시장포트폴리오의 기대수익률

요구수익률의 결정은 β위험과 무위험수익률인 R_f, 그리고 시장위험에 대한 보상인 시장위험프리미엄 $[E(R_m)-R_f]$으로 결정된다.

기대수익률이 높다면 PER는 낮다. 기대수익률이 높다는 것은 그 기업이 위험하기 때문에 위험프리미엄을 높게 받아야 한다는 것이다. 따라서 이런 기업은 PER가 낮다. 대형 가치주는 중소형 성장주에 비해 PER가 낮다. 성장주는 미래에 대한 성장 기대감 때문에 PER가 높은 편이다. 성장주는 앞으로 매출액이나 이익 성장성이 높다고 전망되는 기업이라서 투자자들은 리스크가 작다고 보는 것이다. 이를 근거로 위험프리미엄을 적게 매기게 되고, PER는 매우 높게 나타난다. 현대차 PER는 6배이고, 아모레퍼시픽 PER는 40배 수준에서 형성되어 있는 이유는 무엇일까? 시장이 현대차가 아모레퍼시픽보다 더 위험하다고 보고, 현대차에 위험프리미엄을 더 많이 요구하는 것이다.

왜 미래현금흐름을 할인하는가?

🪙 미래현금흐름을 어떻게 현재가치로 만드는가?

주가는 미래현금흐름의 현재가치라고 한다. 이러한 관점에는 2가지 중요한 검토사항이 있다.

① 미래현금흐름
② 할인율

미래현금흐름이란 기업이 미래에 창출해낼 것으로 예상되는 현금이다. 더 단순하게 말해서 기업이 미래에 벌어들일 가능성이 있는 이익이라고 상정하자. 기업은 현금흐름을 창출하는 존재다. 주가를 알려면 미래의 현금흐름에 대한 예상이 필요하다. 투자자들이 주식을 사는 이유는 그 기업이 영업활동을 통해 창출할 현금흐름이 있다고 예측하기 때문이다.

또 하나는 할인율이다. 화폐의 시간가치 개념을 생각해보자. 오늘 1만 원을 받는 것과 일 년 후에 1만원을 받을 수 있는 것 중 하나를 선택하라고 한다면, 당신은 어느 쪽을 선택할 것인가? 명목가치 1만 원은 같지만 일 년이라는 시간이 개입되어 있다. 이렇게 비유해보자. 자전거를 오늘 1만 원에 샀다. 창고에 그대로 뒀다가 1년 후에 중고시장에 내놓고 1만 원을 받겠다고 하면 그 자전거는 팔릴까? 자전거의 가치는 시간이라는 흐름 앞에서 줄어들었기 때문에 팔기가 쉽지 않을 것이다.

이렇게 생각해보자. 오늘 1만 원어치 소비하는 것과 참았다가 일 년 후에 1만 원어치 소비하는 것은 효용이 같은가? 명목금액으로 소비액은 같다. 그러나 일 년을 참는데서 오는 대가가 없다면 바보가 아닌 이상 지금 소비하는 것이 효용 측면에서는 낫다. 결국 오늘 1만 원은 1년 후 1만 원의 가치보다 더 낫다는 결론이 나온다. 1만 원을 예금하면 은행은 1년 후에 이자 300원을 붙여서 원리금 10,300원을 준다. 3%의 이자율이다. 그러면 은행은 왜 300원을 이자로 주는 것인가?

오늘 1만 원의 가치는 1년 후 10,300원의 가치와 같다라고 할 수 있다. 여기서 3%를 생각해보자. 일 년간 소비하지 않고 참은 대가로 은행이 나에게 3%를 더 얹어준 것으로 가정하자. 1년 후 10,300원은 지금 1만 원 가치와 동일한 것이다. 이렇게 일 년 후에 가치를 지금 가치와 동일하게 만드는 것이 바로 할인율이다. 미래의 10,300원은 현재가치로 계산할 때 동일한 10,300원이 아니라 가치를 깎아버려야 하는 것이다. 깎아내리는 비율이 할인율이라고 생각하자. 미래가치와 현재가치의 관계를 식으로 표현하면 다음과 같다.

$$PV = FV \div (1+r)$$
$$10,000 = 10,300 \div (1+3\%)$$

(PV=현재가치, FV=미래가치)

이 계산식에서 'r'이 바로 할인율이다. 미래가치를 현재가치와 동일하게 만들어주는 비율이다. 가치투자자들은 주가를 미래현금흐름의 현재가치라고 정의한다. 가치투자

과정을 간단히 정리하면 이렇다. ① 기업이 미래에 얼마나 현금흐름을 창출할 수 있는가를 계산해서, ② 그렇게 창출될 것으로 예상되는 미래가치를 특정 할인율을 적용해서 현재가치로 변환시킨다. ③ 변환된 현재가치와 지금 주가를 비교해보고, 주가보다 현재가치가 더 높다면 주식을 산다. 그렇다면 가치투자자는 2가지 작업을 해야 한다. 첫째, 기업이 미래에 창출할 수 있는 현금흐름을 추정해야 한다. 둘째, 미래에 벌어들이는 이익을 현재가치로 할인하는데 쓰는 할인율 'r'을 얼마로 적용할 것인지 결정해야 한다.

이익추정은 일 년만 하는 것이 아니라 10년 혹은 영구히 해야 한다. 분기실적 추정도 어려운데, 일 년 혹은 10년 후의 실적을 추정하는 것은 쉽지 않다. 그럼에도 불구하고 기업은 영속성이 생명이기 때문에 영구하게 현금흐름을 추정해야 한다. 또 할인율을 결정하는 것도 난제다. 할인율을 얼마로 적용하느냐에 따라 현재가치는 크게 변한다. 할인율을 10%라고 할 경우 일 년 후 11,000원이어야 현재가치로 10,000원이다. 할인율을 낮게 잡아서 3%라고 해서 일 년 후 10,300원이면 현재가치가 10,000원이다. 그렇다면 할인율을 정하는 기준은 무엇인가? 기업의 미래에 이익을 추정하는 것과 할인율을 얼마로 정할지는 어려운 문제이고, 가치투자자들이 가치평가를 하는데 가장 큰 고민거리이다.

SECTION 54 현금흐름할인은 왜 필요한가?

💰 기업의 가치를 측정하기 위한 현금흐름할인

기업을 자산가치로 보는 사람은 주당순자산가치라는 지표를 중요시할 것이다. 어떤 투자자는 수익가치를 중심으로 보거나, 배당을 얼마나 주는지를 기업가치의 핵심이라고도 한다. 기업의 가치는 미래현금흐름을 현재가치로 할인한 것이다라고 정의할 경우, 이는 기업이 미래에 창출할 수 있는 현금흐름을 기업가치로 보는 것이다. 기업가치 평가모형으로 널리 알려진 것이 현금흐름할인^{DCF, Discounted cash flow} 모형이다. 이 모형에서는 현금흐름과 할인의 개념이 중요하다.

① **현금흐름** : 잉여현금흐름^{free cash flow}이다. 잉여현금흐름은 영업활동을 통해 창출되는 현금흐름에서 설비투자 같은 회사 경쟁력 유지를 위해 필수적인 투자액을 뺀 나머지이다.

잉여현금흐름 = 영업활동현금흐름 − 투자금액

② 할인 : 매년 창출되는 잉여현금흐름을 특정한 할인율을 적용해서 현재가치로 변환해야 한다. 이때 사용하는 할인율은 가중평균자본비용^{WACC}이다. WACC 란 채권자와 주주들에게 조달한 자금의 가중평균비용이다. 잉여현금흐름을 만들어내기 위해서는 자기자본과 타인자본을 모두 사용하기 때문에 가중평균자본비용을 할인율로 사용한다.

💰 현금흐름할인 모형

잉여현금흐름을 가중평균자본비용으로 할인한 현재가치의 의미에 대해 생각해보자. 기업이 영업활동을 통해 벌어들인 현금에서 설비투자를 뺀 것이 잉여현금흐름이다. 이때 잉여현금흐름은 채권자에 대한 비용이 지불된 것이기 때문에 자기자본에게 분배될 현금흐름이다. 기업의 활동을 간단히 요약하면 영업현금흐름을 통해 돈을 벌어들이고, 투자활동을 통해 설비투자 등을 하며, 이렇게 하고 남은 돈을 재무활동을 통해 주주들에게 분배하는 것이다. 미래현금흐름을 현재가치로 환산하는 계산식은 다음과 같다.

$$PV = \frac{CF}{(1+r)^1} + \frac{CF}{(1+r)^2} + \frac{CF}{(1+r)^3} + \cdots + \frac{CF}{(1+r)^n}$$

(PV = 현재가치 / CF = 현금흐름 / r = WACC / n = 기간)

기업은 영속성이 생명이다. 따라서 앞의 식은 무한대로 확장된다. 'n = 무한대'로 할 경우 계산식은 다음과 같이 바뀐다.

$$기업가치 = \sum_{t=1}^{n} \frac{CF_t}{(1+WACC)}$$

(CF$_t$ = t이기에 기대되는 미래현금흐름)

이렇게 측정된 기업가치에는 금융자산과 금융부채가 고려되어 있지 않다. 따라서 순금융부채를 더해서 최종적으로 주주가치를 계산해내야 한다. 유통주식수로 기업가치를 나누면 주당 기업가치가 산출된다. 현금흐름할인 방식으로 추정된 기업가치보다 주가가 낮을 경우 시장에서 이 기업은 저평가된 것으로 판단할 수 있다.

하지만 이러한 현금흐름할인 모형은 미래 영업현금흐름을 추정할 때 정확성의 문제가 있다. 예측기간이 길면 정확성은 떨어지기 마련이다. 일 년 앞을 내다보기도 힘든데 10년의 현금흐름을 추정한다. 과연 이렇게 계산된 수치를 신뢰할 수 있을까? 또 다른 문제점은 잉여현금흐름을 할인한다는 점이다. 앞에서도 봤듯이 '잉여현금흐름=영업현금흐름-투자금액'이다. 만일 투자를 적극적으로 하는 기업이 있다면 잉여현금흐름이 작아지고 현재가치가 볼품없게 된다. 미래를 위한 투자가 단기적으로는 기업의 현재가치를 낮추는 경향이 있다.

순자산가치의 의미는 무엇인가?

💰 자산가치를 어떻게 계산할 것인가?

기업이 청산될 때를 생각해보자. 자산을 모두 매각하여 현금화해버린 후에는 우선 부채를 변제해야 한다. 이후에 남는 몫을 주주들이 나눠가진다. 청산할 때 자산은 시장가격으로 매각될 것이다. 그런데 재무상태표에 기재된 자산은 장부가격이며, PBR을 계산할 때는 장부가격으로 한다. 따라서 기업이 청산할 때 확정되는 순자산가치 NAV와 PBR을 계산할 때 자산가치는 다를 수 밖에 없다.

$$PBR = 시가총액 \div 자기자본$$

PBR이 1배보다 낮다는 것은 기업의 자기자본 가치에 비해 시장에서 거래되는 가치가 낮다는 것을 의미한다. 투자분석 자료를 보면 시장 전체 PBR이 1배 이하로 거래될 때가 주식시장이 저점을 형성한다면서 매수의견을 내는 경우가 있다. 장부가격보다 못하게 시장평가가 이뤄지는 것은 그만큼 주가가 많이 하락했다는 지표로 해석하는 것이다.

　그런데 여기서 생각해볼 문제가 기업을 청산할 경우 재고자산이나 매출채권, 유형자산, 무형자산 가치를 장부가치대로 회수할 수 있느냐는 것이다. 이 문제에 대해 벤저민 그레이엄은 회의적이었다. 청산할 때 실제 시장가치는 회계장부에 적혀 있는 장부가치보다 못하다고 본 것인데, 이는 타당한 지적이다. 예를 들어 기계장치를 처분할 때 최악의 경우 고철 가격 밖에 받지 못할 것이므로 장부가치로 회수되지 않는다. 유형자산은 장부가치보다 크게 할인해서 다시 계산해야 한다. 매출채권 회수도 쉽지 않고 재고자산도 제값을 받기 어렵다. 이런 부분을 감안해서 자산가치를 다시 계산해야한다.

🏦 벤저민 그레이엄의 순자산가치 계산법

　그레이엄은 유동자산 가치투자Current Asset Investing 관점에서 주식을 골랐다. 유동성 자산에 비해 가치가 크게 저평가된 주식을 선호하는 이유는 주가가 순운전자본 가치보다 낮게 거래되는 주식에 투자하는 것이 안전마진을 확보하는 것이라고 봤기 때문이다. 그레이엄의 자산가치 계산방법은 PBR을 장부가치 토대로 단순하게 계산하는

[도표 4-15] **자산의 종류와 장부가격 청산비율**

자산의 종류	장부가격 청산비율
현금 및 주식	100%
외상매출금	80%
재고자산	66%
고정자산 및 기타자산	15%

	2015	2016E	2017F	2018F
매출액	9,968	10,617	11,193	11,725
증감률	1.0	6.5	5.4	4.8
영업이익	1,138	1,462	1,654	1,760
영업이익률	11.4	13.8	14.8	15.0
(지배지분)순이익	944	1,190	1,364	1,453
EPS	5,446	6,873	7,885	8,402
증감률	11.7	26.2	14.7	6.6
PER	13.0	9.9	8.6	8.1
PBR	1.0	0.9	0.8	0.7
EV/EBITDA	9.2	7.1	6.3	6.0
ROE	7.5	8.8	9.4	9.2
부채비율	36.2	34.4	32.6	30.8
순차입금	669	477	331	294

방식에서 벗어났다. 그는 회계장부에 기록된 가치를 믿지 않고 자신의 판단대로 자산을 할인해 자산가치를 계산했다. 외상매출 채권은 원래 장부가치의 80% 정도로 계산했다. 또한 기업이 청산할 경우 재고자산은 장부가치의 66% 가치밖에 없다고 판단했다. 고정자산은 장부가격의 15% 정도밖에 회수할 수 없다고 간주했다. 이렇게 장부가치를 다시 계산할 경우 자산가치는 크게 할인될 수밖에 없다. 재무상태표에 나오는 장부가격에 근거해 계산된 PBR은 그레이엄 방식으로 계산할 경우 크게 고평가된 것이라고 할 수 있다.

[도표 4-17] **순자산가치 계산 : LG**

구분	내역	
투자자산가치(A, 십억 원)	자사주 및 상장/비상장 자회사와 투자유가증권의 합계	22,296.9
－LG전자	33.7%, 시장가 적용	3,509.5
－LG화학	33.5%, 시장가 적용	7,099.1
－LG유플러스	36.0%, 시장가 적용	1,723.3
－LG생활건강	34.0%, 시장가 적용	5,416.5
－LG CNS	85.0%, OTC가격 적용	2,381.6
－서브원	100%, 2016E EBITDA에 EV/EBITDA 6배 적용	554.6
－LG실트론	51.0%, 장부가 적용	239.6
－기타	상장사는 시장가, 비상장사는 50% 초과지분은 EV/EBITDA 6배 적용 50% 이하 지분은 장부가 적용	1,372.8
유형자산가치(B, 십억 원)	임대수입에 대한 DCF(WACC 11.5%, 영구성장률 3.5%)	1,138.1
무형자산가치(C, 십억 원)	브랜드로열티 수입에 대한 DCF(WACC 11.5%, 영구성장률 3.5%)	2,033.4
기업가치(D = A+B+C, 십억 원)		25,468.4
순차입금(E, 십억 원)	이자성부채 － 현금자산(4Q15말, IFRS 별도기준)	(283.8)
NAV(F = D－E, 십억 원)		25,752.2
주식수(G, 백만 주)	보통주와 우선주 합계	175.9
주당 NAV(H = F/G, 원)		146,426
현재주가(원)		68,000
할인율(%)		53.6
목표주가(원)	**주당 NAV에 45%의 할인율 적용**	79,000

• 투자유가증권의 가치는 4월 8일 종가 기준
• 자료 : NH투자증권 리서치센터

　　이와 반대로 장부가치가 시장가치보다 낮게 기재된 경우도 있다. 회사에서 주식을 보유하고 있을 경우 장부가격대로 자산가치를 평가하여 회계처리한다. 그런데 상장주식일 경우 시장가치는 자산가치보다 훨씬 높게 거래되는 경우가 많다. 이때는 PBR보다 시장가격으로 청산할 때 가치인 순자산가치가 장부가치보다 더 크게 될 것이다.

〈도표 4-16〉을 살펴보자. 2015년 말 기준 LG PBR이 1배 수준이다. 장부가치로 계산할 경우 LG의 시장가치는 자산가치를 적정하게 반영했다고 볼 수 있다. 그런데 투자자산가치는 장부가치로 계상되어 있기 때문에, 이를 시장가치로 계산해서 순자산가치를 다시 작성해야만 시장가치를 정확히 반영하는 자산가치가 나온다. 이렇게 계산해 본 결과 LG의 주당순자산가치는 〈도표 4-17〉에서 보듯 146,426원이다. LG 자산가치는 장부가치와 순자간가치 사이에 큰 괴리가 있음을 알 수 있다.

리스크란 무엇인가?

💰 리스크에 대한 정의

투자자들은 어떤 종목을 고를 때 나름대로 리스크를 추정하면서 동시에 투자수익률을 가늠해본다. 높은 이익률을 얻기 위해서는 반드시 높은 리스크를 짊어져야 한다는 말은 옳은 걸까? 투자자들이 상식적으로 알고 있는 리스크에 대한 지식에 대해 점검해보자. 리스크에 대한 확실한 인식과 제어 없이는 장기적으로 꾸준히 수익을 얻기 힘들다는 사실을 명심해야 한다. 리스크 풀린 투자는 브레이크 없는 차를 운전하는 것처럼 위험하다.

투자는 미래를 상대하는 일이지만, 투자자는 미래를 확실하게 알지 못한다. 막연하게 추측할 뿐이다. 미래에 어떤 일이 일어날 것으로 추정하고 투자를 했는데 그와 반대되는 일이 일어나기도 한다. 이것이 리스크다. 주식투자 리스크와 관련해서 4가지 경우를 생각해보자.

이익이 증가하면 주가가 오른다는 것이 주식시장의 일반적 통념이다. 경험적으로 볼 때도 주가상승으로 이어질 확률이 높다. 그러나 확률이 높다고 반드시 그렇게 되는

사례	예상	결과	주가	판단
A	이익증가	이익증가	상승	당연
B			하락	황당
C		이익감소	하락	예측 실패
D			상승	운 좋은 바보

것은 아니다. 투자자들은 확률이 높은 쪽을 선호하기 때문에 이익이 증가할 것으로 예상되는 주식을 샀다고 가정하자. 그리고 그때 실제로 확인된 실적과 주가의 관계를 살펴보자. 4명의 투자자가 이익이 증가할 것으로 예상하고 주식을 산 각각의 결과가 〈도표 4-18〉에 나왔다.

A는 이익이 증가할 것으로 예상하고 주식을 매입했다. 실제 결과도 이익증가로 나왔고 주가가 상승했다. A는 과연 매매를 잘한 것일까? A의 투자판단에는 주가는 이익을 반영한다는 생각이 들어 있다. 그런데 B는 어떤가? 이익이 예상대로 증가했음에도 불구하고 주가는 하락했다. 이런 경우는 비일비재하다. B가 처한 리스크는 무엇인가?

이번에는 C의 경우를 보자. 이익이 증가할 것으로 보고 주식을 샀는데 이익이 감소했으니 예측이 틀렸다. 주가는 실적을 반영해서 하락했다고 생각하면 되는가? D의 경우를 보면 실적이 주가에 반영된다는 말을 쉽게 할 수 없을 것이다. 이익이 감소했음에도 불구하고 주가가 상승했기 때문이다. 〈도표 4-18〉에서 보듯 이익이 증가해도 주가가 하락할 수 있고, 이익이 감소해도 주가가 오르기도 한다. 그렇다면 이익을 기준으로 주가를 판단할 수 없는 것일까? 여기서 2가지를 생각해야 한다.

① 주가를 움직이는 요인은 무수히 많다.
② 어떤 요인에 의해 주가가 움직이는지 우리는 정확히 알 수 없다.

4명의 투자자는 이익이 증가하면 주가가 오를 것으로 예상했지만 4가지 경우의 수가 나왔고, 이익의 증가나 감소와 무관하게 주가가 하락하기도 했고 오르기도 했다. 그렇다면 이들 각각의 리스크는 무엇인가?

A는 자신의 예상대로 주가가 이익에 반응했고, 자신의 예측이 맞았기 때문에 돈을 벌었다. A의 신념은 굳어졌고 다음 종목도 이런 논리에 입각해서 종목을 고르고 투자를 진행할 것이다. A는 계속 돈을 벌 수 있을까? 리스크는 없는 것인가? 그러나 시장에서 B 경우가 나오지 말라는 법이 없다! 이익이 주가를 움직이는 중요한 요인은 될지언정 반드시 그런 것은 아니다. 9·11 테러나 2008년 금융위기 같은 사건이 일어나면 이익에 상관없이 주가가 하락한다.

이익이 증가할 것을 예상해 오래전부터 시장이 이를 반영해서 주가가 올랐는데, 정작 실적이 발표될 때 주가가 하락하는 경우도 있다. A의 리스크는 이익으로 주가의 모든 것을 설명할 수 있다고 맹목적으로 믿는 것일지도 모른다. C의 리스크도 A와 동일하다. C도 A처럼 이익이 주가를 설명해준다고 믿기 때문에 주가하락을 자신의 예측 실패 탓으로 돌릴 것이다. A와 C는 동일한 믿음의 소유자이다.

이번에는 이익이 증가했는데 주가가 하락한 B와 이익이 감소했는데 주가가 오른 D의 경우를 보자. B는 예상이 맞았음에도 불구하고 돈을 잃고, D는 예상이 틀렸는데도 돈을 벌었다. B는 이익증가에 대한 예측은 맞았지만 주가는 하락했기 때문에 황당하거나 허탈한 기분이 들 것이다. 이익이 감소했음에도 불구하고 주가가 오른 D는 비록 자신의 예측이 틀렸지만 주가가 예상 밖으로 올라서 가슴을 쓸어내릴 것이다. 이들의 리스크는 무엇일까?

주가가 반드시 이익과 정^{正}의 상관관계를 갖고 반응하는 것은 아니다. 예측이 틀렸음에도 주식시장에서는 돈을 벌기도 한다. 그렇다면 이익이 감소했지만 주가는 올라서 돈을 번 D는 단순하게 돈을 벌었다는 이유만으로 리스크 없는 투자를 한 것이라고 판단할 수 있는가? 일반적으로 투자를 해서 돈을 벌었는가, 잃었는가라는 결과에만 집중하는 경우에는 투자를 통해 감수해야 할 리스크에 대해 평가하지 않는다. 하지만 안전한 경로로 돈을 벌었는지, 위험을 감수했는지 평가가 없다면 다음번 투자에 대해 낙관할 수 없다. D는 예측이 실패했음에도 불구하고 우연히 찾아온 행운 때문에 돈을 벌었지만, 이를 자신의 실력으로 믿고 계속 배팅을 하게 될 가능성이 높다. 리스크를 무시하는 D는 지속적으로 돈을 벌 수 있을까? 그렇지 않을 확률이 더 높다.

🦬 리스크란 무엇인가?

앞의 사례에서 볼 수 있듯이 미래를 예측할 때 리스크는 주관적이고, 보이지 않으며, 계량화될 수 없다는 점을 인식해야 한다. 하워드 막스는 리스크는 주식투자자들에게 아주 중요한 문제이며, 이에 대한 명쾌한 입장을 확립해야만 장기적으로 돈을 벌 수 있다고 했다.

우선 리스크와 수익의 관계부터 보자. "하이 리스크(고위험) 하이 리턴(고수익)"이라는 말이 있다. 보통 투자자들은 리스크를 많이 감수하면 고수익을 얻을 수 있다고 생각한다. 여기서 두 관계를 등식^{equal}이라는 일반적 통념을 차트로 표시하면 〈도표 4-19〉와 같다. 이 도표는 수익을 많이 내기 위해서는 높은 리스크를 감내해야 하는 것으로 이해된다. 하워드 막스는 이러한 차트가 투자자들을 잘못된 판단으로 인도한다고 《투자에 대한 생각》에서 말했다. 경기가 호황일 때 모든 사람들이 리스크가 높은 투자일수록 수익도 높다는 말을 듣지만, 리스크가 높을수록 수익을 많이 보장하는 것은 절대 아니다. 위험한 투자일수록 수익도 확실하다면, 이미 그것은 확실한 투자이지 위험한 투자가 아니기 때문이다. 자본을 유치하기 위해 큰 수익에 대한 전망, 약속, 기대감을 제공하는 것에 불과하다.

쉽게 말해 하이 리스크가 하이 리턴을 확실하게 보장해준다면, 이것은 확실하게 돈을 버는 것이지 위험이 아니다. 높은 리스크를 부담했더라도 하이 리턴이 실제 현실이 된다는 보장이 반드시 성립하지 않는다. 현실이 될 수도 있고 되지 않을 수도 있는 것

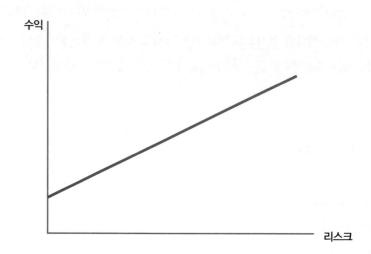

• 자료 : 하워드 막스, 《투자에 대한 생각》

이다. 100% 확실하다면 그것은 리스크가 아닌 것이다. 그래서 하워드 막스는 리스크와 수익의 관계를 〈도표 4-20〉처럼 정의한다.

도표를 보면 리스크가 클수록 투자결과는 불확실해지는 모습을 나타낸다. 수익의 확률분포가 더 넓어지는 것이다. 오른쪽 끝의 A를 보라. 매우 높은 리스크를 짊어진 투자자는 큰 이익을 얻을 수도 있지만 큰 손실이 날 수도 있다. 이익이 발생할 수 있는 확률 분포에서 중앙점이 높은 수위에 있다는 것을 의미할 뿐이다. 기대수익의 증가 가능성, 수익의 하락 가능성, 경우에 따른 손실 가능성을 포함해야 하기 때문이다. 리스크가 증가함에 따라 수익에 대한 불확실성과 손실 가능성이 증폭한다는 것을 잘 알 수 있다.

[도표 4-20] **리스크와 수익의 관계 Ⅱ**

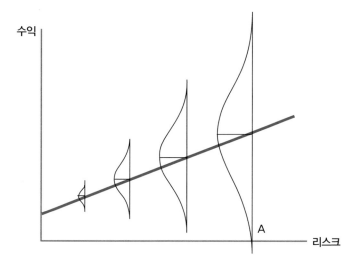

• 자료 : 하워드 막스, 《투자에 대한 생각》

🅦 변동성은 리스크인가?

재무이론에서는 리스크를 변동성이라고 정의하지만, 이는 편의적으로 그렇게 한 것이다. 객관적이며, 과거를 통해 확인 가능하며, 미래에 대해 추정 가능한 '수치'를 계산해낼 필요성이 있었기 때문에 리스크를 변동성이라고 정의한 것이다. 그러나 다른 유형의 리스크는 수치로 표현할 수 없다는 것이 문제다. 재무이론에서는 변동성이 크면 더 많은 수익을 요구한다고 말한다. 실제로 시장에서는 변동성이 클 가능성이 높으니 투자하지 않겠다고 하지는 않는다. 변동성을 리스크로 받아들이기보다는 돈을 잃을지도 모르지만, 상승 잠재력도 확인해야 한다는 논리가 더 강조된다. 차라리 리스크는 절대적으로 돈을 잃을 가능성이라고 보는 것이 합리적이다.

리스크를 투자자본의 영구손실 가능성이라고 정의하였지만, 이외에도 리스크는 다양하다. 욕구가 충족되지 못하는 것이 리스크일 수도 있다. 4% 수익률이 필요한데 6%를 실현했다면 이는 예상 밖의 높은 수익률이다. 그런데 연금으로 생활하는 노년층의 경우 8% 수익이 필요한데 6%라는 현실수익률은 심각한 리스크이다. 리스크는 절대적이고 객관적인 것이 아니라 상대적이고 주관적인 측면이 있다. 워런 버핏은 2000년 IT 버블이 한창일 때 기술주 투자에 동참하지 않았다. 실적이 수반되지 않는 주가폭등을 리스크라고 보고 이러한 위험을 감수하지 않았기 때문이다. 그 시기의 버핏은 수익이 나지 않았고, 그는 저조한 수익률을 달갑게 받아들였다.

하워드 막스는 리스크에 대해 다음과 같이 결론을 내렸다.

① 리스크 평가는 견해상의 문제일 뿐이며 추정은 추정일 뿐이다. ② 리스크를 판단하는 계량적 기준은 존재하지 않는다. ③ 리스크는 믿을 수 없는 것이다. 또한 리스크에 대한 하워드 막스의 생각은 다음과 같이 정리할 수 있다.

리스크는 미래에만 존재하며 미래에는 어떤 일이 생길지 확실히 알 수 없다. 과거의 확실성을 믿고서 이를 토대로 미래를 예측할 수는 없다. 과거가 미래에 똑같이 되풀이된다고 할 수도 없다. 이를 주식시장에 적용하면 과거에 어떤 조건에서 주가가 올랐고 현재에서 조건이 비슷하다고 해도, 주가가 과거처럼 오르지 않는 것처럼 말이다. 이러한 관점에서 블랙스완Black Swan(극단적으로 예외적이어서 발생 가능성이 극히 낮지만, 발생하면 엄청난 충격과 파급효과를 가져오는 사건을 가리키는 용어)이나 팻테일 리스크fat tail risk(예측할 수 없는 이례적이고 극단적인 변동성이 자주 나타나는 현상)도 생각해야 한다. 투자자들은 미래가 과거와 같은 패턴으로 반복되기를 기대하며 변화에 대한 가능성을 과소평가하고, 최악의 상황을 대비한다. 하지만 실제로는 현실과 상상을 뛰어넘는 최악의 일들이 벌어지기도 한다. 파산확률이 낮아도 어느 날 갑자기 시장에서 퇴출되는 것처럼 말이다. 이러한 것들이 리스크이다.

💰 리스크에 대한 인식

리스크란 미래에 어떤 결과가 발생할 것인지, 그리고 원치 않는 결과가 나왔을 때 손실 가능성이 얼마가 될지 불확실하다는 것을 의미한다. 리스크를 인식하는 것이 중요한 이유는 리스크를 제어할 필요가 있고, 이를 위한 선행조건이기 때문이다. 그렇지만 리스크를 인식하는 것은 무척 어렵다.

먼저 리스크가 생기는 원인을 생각해보자. 리스크는 투자한 주식이 리스크가 낮다거나 완전히 사라졌다고 믿는 순간 발생한다. 가격과 가치 사이의 관계를 무시하면서 이러한 일들이 발생한다. 리스크가 크다는 것은 가격이 가치에 비해 비싸게 거래된다는 뜻이다. 비싼 가격을 피하지 않고 수용할 때 리스크가 발생한다. 위험을 수용하려면 위험에 대한 보상을 요구해야 하는데, 리스크가 낮다고 오판하면서 위험프리미엄에 대한 요구를 낮춰버린다. 이는 리스크를 인지하는 자신의 능력을 과대평가하는 반면 리스크를 회피하기 위한 필요조건은 과소평가하기 때문이다.

리스크를 자산에 얼마를 지불하느냐 하는 가격의 문제로 환원해서 볼 때, 우량자산이 위험할 수도 있고 비우량자산조차 안전할 수 있다. 자산에 대한 적극적인 관심과 호평이 커진다면 잠재수익은 감소하고 리스크는 증가한다. 가장 좋은 리스크 인식 방법은 가격과 가치에 대한 관계를 정확히 인식하는 일이다. 시장이 활황일 때 투자자들은 흥분해서 이러한 관계를 무시하고 리스크에 대한 프리미엄을 요구하지 않는다. 시장이 침체기에 들어서면 리스크가 매우 낮음에도 불구하고 매수를 꺼린다. 가치투자자들이 역발상을 요구하는 이유가 여기에 있다. PER가 높다는 것은 이익이라는 가치에 비해 높게 매겨진 가격을 투자자들이 수용하는 것을 의미한다. 이런 상황에서 특정 종목에 대한 비중을 높게 가져갈 경우 리스크도 급격하게 높아진다. 가치에 비해 가격을 높게 매입하지 않는 것이 리스크 인식의 시작이다.

보유한 주식이 급등하거나 급락하는 경우를 생각해보자. 주가가 크게 오르면 투자자들은 높아진 PER 수준을 보면서 리스크에 대해 걱정해야 하는데 정작 리스크를 도외시한다. 반대로 주가가 하락하면 리스크는 낮아지고 가장 좋은 투자시기가 되었음에도 불구하고 공포에 빠져 저가에 팔아치운다. 이는 시장가격 등락에만 주목하면서 오로지 흥분과 공포라는 감정에 휩쓸려 가격과 가치에 대한 관계를 무시하기 때문에 나타나는 현상이다. 가치투자는 감정에 대한 역발상이 될 수밖에 없다. 시장이 공포에 질려 하락할 때와 흥분의 절정에 이르렀을 때 대중의 심리를 거스를 수 있어야 진정한 가치투자가라고 할 수 있다.

🏦 리스크에 대한 제어

수익을 창출하는 능력 못지않게 리스크를 관리하는 것이 중요한 것은 장기적으로 일관성이 있는 수익률을 유지하기 위해서이다. 흔히 절대수익을 많이 내면 세간의 주목을 받지만, 리스크 관리를 잘하는 투자자는 잘 드러나지 않는다. 그러나 워런 버핏, 피터 린치 같은 훌륭한 투자자는 리스크 관리 능력이 뛰어났기 때문에 장기간에 걸쳐 성공한 것이다.

리스크 관리에 대한 보상은 후하지 않은 편이며, 경기가 좋을 때는 보상조차 주어지지 않는다. 그렇기 때문에 투자자들이 리스크 관리에 소홀한 수밖에 없는 것일지도 모른다. 순탄하게 주가가 오를 때는 리스크가 발생하지 않지만, 손실이 발생했을 때는 그 존재를 드러낸다. 중요한 것은 이익이 나서 상황이 좋은 것처럼 보이는 경우에도 리스크를 제어할 필요가 있다는 것이다. 다시 말해 손실이 발생하지 않더라도 리스크는 존재했을 수 있다는 사실이 중요하다. 손실이 없었다고 해서 포트폴리오가 안전하게 설계되었다고 장담할 수 없는 것이다. 리스크에 대한 제어는 호황 때는 눈에 보이지 않고, 보상이 없더라도 필요한 것이다. 호황과 불황은 언제 서로의 위치를 바꿀지 모른다.

〈도표 4-21〉에서 A는 통상적인 투자자들이 생각하는 리스크와 수익의 조합이다.

이 정도 리스크를 짊어질 경우에 합당한 수익이다. B는 같은 리스크를 받아들이면서 A보다 더 많은 수익을 내는 투자자이다. C는 A의 수익을 내면서 리스크는 더 적게 부담하는 투자자이다. 이 중에서 리스크 관리를 가장 잘한 투자자는 C이다.

신중하게 리스크를 관리하는 투자자는 자신이 미래에 대해 모른다는 것을 잘 알고 있다. 자신의 무지를 겸허하게 받아들이고 인정하는 것이다. 미래에 부정적인 결과가 발생할 수 있지만 그 결과가 어느 정도로 나쁠지, 발생할 확률은 어느 정도인지 알 수 없다는 것을 인정하는 투자자야말로 현명한 리스크 관리자인 것이다. 리스크는 얼마나 나쁜 것인지를 모르면서, 이를 기반으로 잘못된 결정을 할 때 발생한다.

나심 니콜라스 탈렙은 《행운에 속지 마라》에서 극단적 변동성과 손실이 드물게 나타나기 때문에 시간이 흐르면서 이러한 일들이 발생하지 않을 것으로 보는 위험을 다음과 같이 묘사했다. "현실은 러시안 룰렛보다 훨씬 더 비정하다. 첫째, 현실의 리볼버에는 여섯 개가 아니라 수백, 심지어 수천 개의 총알을 장전할 수 있는 약실이 있어서 치명적인 총알이 발사될 확률은 그리 크지 않다. 그렇기 때문에 현실의 러시안 룰렛

[도표 4-21] **리스크와 수익의 관리**

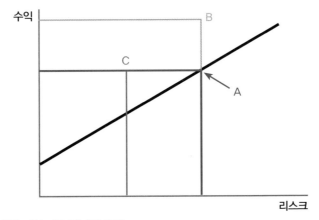

• 자료 : 하워드 막스, 《투자에 대한 생각》

참가자는 수십 번의 시도 뒤에 총에 총알이 들어 있다는 사실을 잊고, 자신이 안전하다는 착각에 빠진다. 둘째, 6분의 1 확률의 리스크를 가진 러시안 룰렛처럼 명확하고 정확한 게임과 달리, 현실에서는 총열을 관찰하지 않는다. 그러므로 투자자는 자신도 모르게 러시안 룰렛을 하면서 이를 '낮은 리스크'로 착각하게 된다."

리스크는 관리해야 할 대상이지 회피해야 할 것이 아니다. 리스크를 받아들이지 못하면 수익도 따라오지 않는다. 적정한 리스크를 받아들이면서 수익을 극대화해야 한다. 장기적으로 성공한 투자를 하기 위해서는 공격적인 투자보다 리스크 관리가 뛰어나야 한다. 한두 번은 크게 성공할 수 있지만, 그것이 장기적인 성공을 보장하지는 않는다. 실패를 얼마나 많이 했는지, 그리고 그 실패의 질이 나빴는지 등에 의해 성공이 결정된다. 리스크를 일관성 있게 잘 관리해야만 탁월한 투자자가 될 수 있는 것이다.

SECTION 57 분산투자냐 집중투자냐?

💰 달걀 바구니 딜레마

워런 버핏이 말했다. "나는 50개나 70개 주식에 한꺼번에 투자하지 못한다. 그것은 노아의 방주식 투자다. 그런 식으로는 동물원이 되고 만다. 나는 의미 있는 액수의 돈을 소수의 주식에 투자하는 것을 좋아한다. 분산투자는 무지할 경우 사용하는 보호수단이다. 자신이 뭘 하고 있는지 아는 사람에겐 의미가 없다."

분산투자와 집중투자는 매우 중요한 문제다. 이에 대해 위대한 투자자들조차 각각 다른 견해를 제시한다. 집중투자가 위험하다고 하기도 하고, 달걀을 한 바구니에 담으라고 하는 투자자도 있다. 제럴드 로브가 집중투자를 택해 성공한 반면에 피터 린치는 분산투자로 수익을 냈다. 피터 린치의 포트폴리오에는 1,400개 종목이 있었다. 그러나 그 내용을 뜯어보면 100개 종목이 전체 자산의 50%를 차지했다. 펀드자금이 크다는 점을 생각해볼 때 집중투자와 별반 다르지 않다. 《역발상 투자》의 저자 데이비드 드레먼은 20개 종목 내외에서 포트폴리오를 구성하라고 조언한다.

많은 전문가들이 최소한 10종목에 주식을 분산하라고 조언한다. 물론 이들이 목표로 하는 투자수익률은 시장지수를 이기는 것이며, 안정적인 수익률 달성을 지향한다. 일반 투자자들이 포트폴리오를 구성하지 않고 매매를 하는 가장 결정적인 이유는 높은 수익률 추구와 밀접한 관계가 있다. 개인투자자들은 펀드운용자처럼 투자자금 규모가 크지 않기 때문에 집중투자 성향이 강할 수밖에 없는데, 이 부분이 투자의 성패에 중요한 영향을 미친다.

집중투자도 위험한 측면이 있지만, 지나친 분산투자도 바람직하지는 않다. 포트폴리오에 주식이 너무 많으면 그 주식 모두를 속속들이 잘 알 수 없고, 주식을 잘 알지 못하면 의사결정에서 합리적 판단을 내리는 것이 쉽지 않다. 많은 종목을 보유할 경우 한두 종목이 잘못되었을 때 투자결정에 무관심한 경향이 있다. 따라서 적절한 종목을 보유함으로서 집중투자와 분산투자 사이에서 균형을 찾아야 한다. 딱히 몇 개의 주식을 보유하는 것이 좋다는 기준은 없지만, 개인투자자들은 20개 종목을 보유하는 것이 적당하다고 한다.

모멘텀 투자자 윌리엄 오닐의 주장을 들어보자. 오닐은 분산투자자는 한 분야도 제대로 알지 못하는 사람이 하는 투자방식이며, 높은 수익률을 지향한다면 마땅히 집중투자를 하라고 말한다. 성공하는 투자자는 수십 개 종목에서 조금씩 이익을 내기보다는 최고의 주식 한두 개로 큰 돈을 번다고 말한다. 여러 종목에서 작은 손실을 보고 몇 종목에서 크게 수익을 얻는 것이 훨씬 낫다는 것이 그의 지론이다. 물론 자금규모별로 종목 수는 달라진다.

매입방식도 중요하다. 한 종목을 편입할 때 일정기간 동안 사들이는 시간분산도 좋은 방법이다. 매수 후 주가가 상승하면 추가매수하는 전략인 피라미딩은 추천하지만, 매수 후 주가가 하락할 때 추가매수하는 물타기는 바람직하지 않다. 오닐은 처음 매입가격보다 2~3% 상승시마다 추가로 소량씩 추가매수하라고 했다. 이렇게 하면 소수 정예 종목에 집중할 수 있다. 예를 들어 어떤 주식을 2,000만 원어치 매입한다고 할 경우, 매수 타이밍이 왔을 때 절반인 1,000만 원어치를 사고 그 뒤로 주가가 상승할 때마다 나머지 1,000만 원을 조금씩 분할매수하는 방식이다.

개인투자자들은 자신의 투자역량을 생각해보고 몇 종목을 분산투자할 것인지 결정해야 한다. 집중투자를 하는 이유는 높은 수익률에 대한 기대 때문인데 예상과 달리 주가는 하락하는 경우가 있으며, 하락확률은 보유기간이 짧을수록 높아진다. 분산투자는 한두 종목이 하락하더라도 안정적인 평균수익률을 기록할 확률이 높기 때문에 리스크 관리가 가장 중요한 개인투자자들에게 반드시 필요하다. 집중투자를 할 때 그 종목에 불행이 닥쳤을 경우 원금에 큰 손실을 야기하게 되고, 심리상태가 흐트러지면서 리스크 관리를 위한 손절매 기회를 놓치기 십상이다. 워런 버핏은 집중투자자로 유명하지만 보유종목이 40개 이상이며 기업의 현금흐름에 확신을 갖고 10년 이상 장기투자한다. 이는 개인투자자들이 받아들이기 힘든 방식이다. 투자의 고수가 되기 전에는 안정적인 수익률이 최우선 목표가 되어야 하며, 이를 달성하기 위해서는 우량주에 분산투자하는 것이 필수적이다.

💰 포트폴리오 관리 문제

투자한 주식의 보유기간을 어떻게 할 것인가? 이는 투자원칙과 시장 움직임에 따라 판단해야 한다. 손해가 난 주식은 원칙에 따라 청산해야 하며, 포트폴리오는 항상 좋은 주식으로 채워야 한다. 보유종목 교체는 어떻게 해야 하는가? 예를 들어 5,000만 원을 갖고 5개 종목을 편입할 경우, 5개 종목에 일률적으로 1,000만 원씩 투자하는 것은 바람직하지 않다. 어떤 종목은 비중이 많을 것이고 어떤 종목은 5%를 보유할 수도 있다. 그런데 시장에서 정말 매력적인 종목이 나타났다면? 이때는 수익률이 가장 좋지 않은 종목을 기계적으로 청산하고 새로 나타난 매력적인 종목을 편입하는 것이 좋다. 그렇게 하면 포트폴리오가 자연스럽게 좋은 종목 위주로 구성될 것이다.

그렇다면 신용거래는 어떻게 해야 할까? 윌리엄 오닐은 처음 투자를 시작해서 2~3년 지난 뒤에나 신용을 하라고 한다. 손절매에 자신이 있다면 레버리지를 써도 좋지만 손절매를 하기 어려운 성격이라면 신용을 쓰지 말아야 한다.

《전설로 떠나는 월가의 영웅》을 보면 피터 린치는 개인투자자들이 복리로 연 12~15% 수익을 올려야 직접 투자한 보람이 있다고 했다. 그러면서 이 목표를 달성하기 위해 10종목 정도를 보유하면 마음이 편할 것이라고 했다. 종목 수가 어느 정도 되어야 하는 것은 10루타 종목을 만날 행운을 갖기 위해서이기도 하고, 보유종목이 많아지면 자금배분의 유연성이 높아지기 때문이라고 했다. 그는 성장주에 자금의 30~40% 정도를 투입했고, 10~20%는 대형 우량주, 경기순환주에 10~20%, 나머지는 턴어라운드 주식에 배분했다. 성장성이 높은 주식의 투자비중이 가장 높았다.

대형 우량주는 저위험 중수익 종목이다. 경기순환주는 경기순환 주기를 얼마나 잘 예측하느냐에 따라 저위험 고수익이 되거나 고위험 저수익 종목이 된다. 경기순환형 대형주는 리스크가 있는 종목군이다. 매입가격 대비 10배 오르는 10루타 종목은 성장주나 턴어라운드 주식에서 나온다.

피터 린치는 포트폴리오 설계는 나이에 따라 달라져야 한다고 말했다. 초기의 젊은 투자자라면, 투자수입으로 생활하는 노인투자자보다 10루타 종목을 더 적극적으로 노릴 수 있다. 젊은 투자자는 실수를 통해서 경험을 쌓음으로써 나중에 좋은 주식을 고르는 안목을 키울 수 있다. 포트폴리오 종목교체에 대해서는 각각 종목에 따라 다르게 대응하라고 말했다.

대형우량주가 40% 정도 상승했을 경우, 특별히 기대할만한 스토리가 전개되지 않는다면 매도하고 아직 오르지 않은 다른 대형주를 매입하는 것이 바람직하다. 고성장주는 이익이 계속 증가하고 확장이 이어지며 장애물이 나타나지 않는 한 계속 보유하면서 '처음 듣는 사람처럼' 스토리를 점검해야 한다.

피터 린치는 워런 버핏과 비슷한 가치투자자로서 입장을 고수했다. "좋은 주식이 가격이 내렸다면 그 가격에 주식을 팔고 다시 사지 않는 사람에게만 비극이 된다. 내 입장에서 보면 주가하락은 유망하지만 실적이 부진한 종목들을 싸게 살 수 있는 기회다. '25퍼센트 손해 보면 팔아야겠어'라는 치명적인 생각을 버리고 '25퍼센트 손해 보면 사겠어'라고 확신하지 못한다면, 그런 투자자는 주식에서 큰돈을 절대로 벌지 못한다." 버핏이 1달러 가치가 있는 주식이 70센트가 되었을 때 샀다면 50센트로 떨어지면 더 좋은 매수 기회라고 말한 바 있는데, 피터 린치도 비슷한 입장을 견지했다.

피터 린치는 우량주를 장기투자하는 스타일이라서 손절매 주문을 싫어했다. 손절매 주문은 손실을 한정하는 효과는 있지만 주식시장의 변동성이 높을 때는 손절매 가격을 언제든지 건드릴 수 있으며, 이로 인해 손실이 확정된다는 점과 손절매 주문을 내는 행위는 주식을 현재 가치보다 낮은 가격에 팔겠다고 인정하는 것이기 때문에 이를 반대했다. 이에 대해 다음과 같이 말했다. "손절매에 걸려서 자칭 신중한 투자자가 물량을 털어내고 나면 주가가 수직상승하는 현상 역시 불가사의하다. 손절매 주문에 의지해서 하락위험을 방지하는 방법도 없고, 주가상승에 대해 인위적인 목표가를 설정할 방법도 없다. 내가 '2배가 되면 팔아'라는 말 따위를 믿었다면 나는 대박종목을 단 한 번도 잡지 못했을 것이다. 원래의 스토리가 의미를 유지하는 한, 기다리면서 상황을 지켜보라. 몇 년 뒤에는 놀랄만한 실적을 거둘 것이다."

집중과 분산은 자기 자신의 위치를 스스로 판단할만큼 객관적 거리를 갖는 게 필요한데, 이는 수익률로 결정해야 한다. 지금 수익률이 좋지 않은가? 그럼 분산해야 한다. 분산해서 꾸준히 수익률을 낸다면 그때부터 서서히 집중투자로 나아가면 된다. '분산에서 집중으로' 같은 변화는 자연스럽게 이뤄져야 하며, 처음부터 집중투자를 할 경우 비싼 수업료를 낼 각오를 해야 한다.

《짐 크레이머의 영리한 투자》의 저자 짐 크레이머Jim Cramer는 "주식투자는 한마디로 분산투자다"라고 말했다. 손실로부터 투자자금을 지키려면 분산투자 밖에 없다고 한 것이다. 크레이머는 10개 종목에 분산투자할 때 위험을 효과적으로 분산하면서 수익률을 극대화할 수 있으며, 15개가 넘어가면 효과적인 관리가 어려워진다고 했다. 보유주식을 관리한다는 의미는 해당 주식에 대해 깊이 알며, 이슈를 추적할 수 있음을 의미한다. 크레이머는 산업별 분산투자를 지양하고 금, 고배당 주식, 성장 주식, 투기 주식, 글로벌 주식 등 5가지로 나눠서 분산하는 것이 좋다고 했다.

포트폴리오에서 30%는 투기적 매매에 투자하자. 그렇다고 부실한 주식을 매매하라는 것은 절대 아니다. 끼가 다분한 우량주를 저점에 사서 대박을 터뜨려야 수익률이 높아지기 때문에 그런 종목을 열심히 찾아내서 매매해야 한다는 것이다. 다만 투기를 투자로 바꾸지 말라는 것이다. 많은 투자자들이 투기적인 종목에 들어가서 손실이 났을 때 자기 합리화나 자기위안을 하면서 그 종목에 눌러앉아 버리는 경향이 많다.

체계적 위험과 비체계적 위험은 무엇이 다른가?

주식투자의 위험

집중투자 전제조건은 반드시 좋은 기업을 골라야 한다는 점이다. 이것을 명심해야 한다. 일반투자자들에게는 위험을 줄일 수 있는 분산투자가 답이다. 분산투자의 미덕은 위험의 분산에 있기 때문에 달걀을 한 바구니에 담지 말아야 한다. 그런데 분산투자가 진정 위험하지 않은 투자기법인지에 대해서는 진지하게 고민해볼 필요가 있다. 현대 투자이론에서 주식투자 위험을 이렇게 정의한다.

주식의 총위험 = 체계적 위험+비체계적 위험

- **체계적 위험 = 시장위험** : 환율, 금리, GDP 성장률처럼 시장 전체에 영향을 주는 위험으로 분산투자로도 피할 수 없다.
- **비체계적 위험 = 개별 회사의 위험** : 경영진 능력, 산업경기, 파업 등 해당 기업 고유 위험으로 분산투자로 피할 수 있다.

체계적 위험은 투자를 하는 동안 피할 수 없기 때문에 현대 투자이론에서는 비체계적 위험을 축소하는 것을 목적으로 한다. 체계적 위험을 피하려면 투자를 중단하고 현금을 보유해야 한다. 만일 비체계적 위험을 분산투자로 완벽하게 제로로 만들었다면 투자성과는 시장수익률을 따라간다. 이는 인덱스 펀드와 비슷하다. 효율적 시장가설 론자들은 기를 쓰고 연구해서 투자해봤자 시장수익률 넘어서기 힘들다며 인덱스가 대안이라고 말한다. 이들은 자신들의 이론을 정당화하기 위해 원숭이가 다트를 던져서 종목선정한 수익률과 펀드 매니저 수익률을 비교해서 실험을 한 후에 우열을 가리기 어렵다는 결론도 제출했다. 그러자 가치투자 진영에서 곧바로 반박이 나왔다. 워런 버핏이나 피터 린치, 존 템플턴, 데이비드 드레먼 등이 장기적으로 시장을 이겼다는 실증적 수치를 제시한 것이다. 이런 주장에 대해 효율적 시장론자들은 재반박한다. 성공한 투자자들은 소수의 예외적인 존재들이라는 것이다.

효율적 시장가설과 인덱스 펀드

필자는 효율적 시장가설은 맞지 않다고 본다. 효율시장 가설론자들은 인간은 이성적이고 합리적 존재라는 가정을 전제로 한다. 경제학에서 고전학파도 똑같이 인간을 이렇게 규정한다. 그러나 인간은 때때로 합리적이고 이성적일 뿐이다. 주식시장에서 어떤 상황이 되면 인간은 비이성적이고 비합리적인 광증에 휩쓸린다. 부실주가 폭등을 하고 초우량주도 단기간에 급락한다.

앙드레 코스톨라니의 비유를 보자. 강아지를 끌고 산책하면 주인에게서 멀어졌다 가까워졌다를 반복한다. 이때 강아지가 주가라고 보면 된다. 주인은 기업의 본질적 가치다. 장기적으로 주가는 기업의 본질적 가치를 중심으로 앞서거나 뒷서거나 하지만, 결국 강아지는 주인이 가는 방향으로 갈 수밖에 없다. 워런 버핏도 미스터 마켓은 조울증에 걸린 변덕쟁이라고 말했다. 주가는 조증일 때 미친 듯이 오르고 우울증일 때는 가치에 상관없이 폭락한다.

　시장은 합리적이고 이성적으로 주가가 움직일 때가 많지만, 종종 비합리적이고 비이성적인 상황으로 투자자들을 몰고 갈 때도 있다. 이때 주가는 가치에서 크게 멀어지고, 바로 이 시점이야말로 투자자들이 돈을 벌 수 있는 기회가 된다. 시장이 완벽하게 효율적이라면 투자자는 돈을 벌 기회가 없을 것이다. 내 옆에 있는 투자자들의 비이성적 행동 때문에 내가 돈을 번다는 것이다.

　효율적 시장가설론자들이 인덱스 펀드에 투자하라고 하는 이유는 투자자들은 시장을 이길 수 없다고 보기 때문이다. 인덱스 펀드에 투자한다면 굳이 개별 주식이나 시장에 대해 연구할 필요가 없다. 시장수익률에 만족하면 마음이 편할 것이다. 그러나 높은 수익률 가능성은 원천봉쇄되고, 주가지수가 오르내리는 만큼만 수익률을 취할 수 있다. 자신의 기법을 완성시켜 시장수익률을 능가하겠다는 열의를 가진 투자자들은 효율적 시장가설을 받아들이지 않고, 인덱스 펀드에 가입하지 않는다. 인덱스 펀드를 가입하는 것은 곧 효율적 시장가설에 대해 동의하는 것이나 마찬가지이기 때문이다. 주식을 공부하고 기법을 연마해서 투자를 한다는 의지를 갖고 있다면 인덱스 펀드는 답이 아니다.

🪙 위험과 베타

　앞에서 체계적 위험은 피할 수 없고, 비체계적 위험의 존재야말로 투자자들이 수익을 낼 수 있는 기반이라는 사실을 확인했다. 비체계적 위험 때문에 투자자들이 비이성적이고 비합리적으로 행동할 때, 자신은 이성적이고 합리적으로 사고하면서 수익을 챙겨야 한다. 포트폴리오 이론에서는 상승장에서 베타계수가 높은 종목이 투자수익률이 높다고 한다. 베타계수가 높은 종목은 다른 종목보다 주가 변동폭이 크다. 그래서 상승국면에서는 주가 상승폭이 크고, 하락국면에서는 주가 하락폭이 크다. 결론적으로 주가가 상승국면에 있다면 베타계수가 높은 종목에 투자하는 것이 유리하다.

삼성전자 베타가 1이라는 말은 시장이 10% 오를 때 삼성전자가 10% 오르고, 시장이 10% 하락하면 삼성전자도 10% 하락하는 것을 의미한다. 또 베타가 1.5라는 것은 시장이 10% 올랐을 때 삼성전자는 15% 올랐다는 이야기가 된다. 베타는 개별종목의 시장에 대한 민감성이라고 이해하면 된다. 그래서 포트폴리오를 짜서 분산투자를 하면 위험을 낮출 수 있다는 말은 베타를 1에 근접하게 가져가겠다는 것과 동일하다. 시장 변동성 이외에 기업의 내재적 위험인 비체계적 위험을 제거하겠다는 것이다.

그런데 포트폴리오를 구성한다고 이러한 위험의 제거가 가능할까? 포트폴리오 베타라는 것은 보유 종목의 평균 베타라는 말과 같다. 그러면 포트폴리오 베타와 종목 수는 어떤 관계를 가질까?

포트폴리오 베타 = A종목 베타 × A종목 비중 + B종목 베타 × B종목 비중
+ C종목 베타 × C종목 비중……

포트폴리오 베타는 종목 수와 관계가 있을까? 계산에서 보듯이 큰 관계가 없다. 종목별 비중과 관계가 있기 때문이다. 삼성전자 1종목으로 이루어진 포트폴리오 베타가 바이오종목 10개로 구성된 베타보다 낮을 가능성도 있다. 따라서 분산투자가 집중투자보다 베타가 낮다고 말하는 것은 편견이다. 또 집중투자가 분산투자보다 항상 위험하다는 말도 어폐가 있다. 50종목으로 분산해놓았을 때 시장 전체가 하락하면 어차피 시장수익률 정도는 손실이 날 수밖에 없다. 또한 한 종목만 갖고 있다고 해도 시장 전체 하락폭보다 덜 빠질 수도 있다.

시장수익률에 만족할 수 없는 투자자라면 인덱스 펀드의 기반이 되는 효율적 시장가설에 대해 명백한 입장을 갖고 있어야 한다. 또한 분산투자와 집중투자는 비체계적 위험을 어떻게 보느냐와 관련이 있다. 포트폴리오를 구성하더라도 비체계적 위험을 완벽히 제거하는 것은 쉽지 않다. 역설적인 것은 비체계적 위험의 존재야말로 이성적

인 투자자들이 수익을 낼 수 있는 토양이라는 것이다. 비체계적 위험에 대한 군중들의 신경질적인 인식이 비이성적 주가를 만들어낼 때, 이성적 투자자는 이를 기회로 활용해 수익을 만들어냄을 잊지 말아야 한다.

SECTION 59
ROE는 어떤 지표인가?

💰 ROE는 왜 중요한가?

이익률 지표인 자기자본이익률^{ROE}을 살펴보는 것은 주식투자자에게 중요하다. 주주들은 자신이 투자한 돈을 회사에서 매년 얼마나 높은 수익률로 올려주는가에 관심을 갖는다. 주식에 투자하면 기업은 주주들의 자본을 토대로 영업을 해서 이익을 내고, 이 중 일부는 배당을 하며, 남은 이익은 이익잉여금으로 축적된다. 자기자본이 커진다는 것은 곧 주주가치가 증가한다는 것을 의미한다.

기업이 자금조달을 해서 영업을 한 결과 이익이 발생한다. 투자자들은 자신이 투자한 돈이 얼마나 이익을 만들어내는지를 주목하며, 이때 이익률이 바로 ROE이다. ROE가 구성되는 과정은 자본조달에서 자기자본과 타인자본 구성비율(재무레버리지), 총자산이 매출을 얼마나 일으키는 정도(총자본회전율), 매출이 얼마만큼 순이익을 만들어내는가(매출액순이익)에 따라 결정된다. 이를 듀퐁분석$^{Dopont\ analysis}$이라고 한다. 1920년대에 화학업체 듀퐁에 근무하던 전기공학자 출신 도널드슨 브라운이 고안하여 재무분석 기법으로 처음 사용하면서 붙여진 이름이다. 재무레버리지는 자본조달의 안정성을

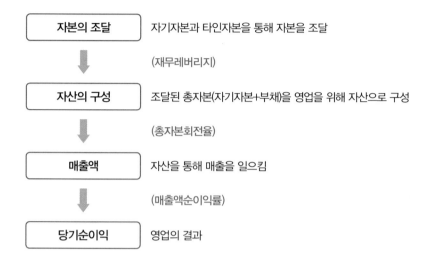

(ROE = 재무레버리지×총자본회전율×매출액순이익률)

나타내며, 총자산회전율은 자산이용 효율성을, 매출액순이익률은 영업효율성을 나타
낸다.

🏦 ROE를 만드는 3가지 지표

　기업의 전체적인 사업효율성을 따질 때 가장 중요한 지표가 바로 ROE이다. 〈도표
4-22〉에서 ROE가 만들어지는 과정을 보자. 이 과정에서 3가지 중요 지표가 필요하
다. 재무레버리지, 총자본회전율, 매출액순이익률이다.
　첫 번째, 재무레버리지(타인자본÷자기자본)를 보자. 기업은 사업을 위해 자본을 조달
해야 한다. 자기자본과 타인자본을 통해 총자본을 구성한다. 레버리지 비율은 자기자

[도표 4-23] ROE와 레버리지 비율

레버리지	100%	➡	140%
자기자본	50억 원		50억 원
타인자본	50억 원		70억 원
(총자본회전율 100%)			
매출액	100억 원		120억 원
(순이익률 10%)			
순이익	10억 원		12억 원
ROE	20%	➡	24%

본 대비 타인자본을 얼마나 많이 사용했는지를 말한다. 주주들이 출자한 자본보다 타인자본을 많이 쓸 경우 ROE는 상승하는 경향이 있다. 타인자본이 ROE에 지렛대 효과를 가져온다. 예를 들어보자. 자기자본 50억 원, 타인자본 50억 원으로 자본을 조달했다. 총자산(=총자본)이 100억 원이며, 매출액도 100억 원이다. 총자산회전율이 1이며, 당기순이익률이 10%인 기업이다. 현재 이자율이 3%이다. 기업은 영업을 확대할 시기라고 판단해서 자금을 조달하려고 한다. 이때 타인자본을 사용하는 것이 ROE를 높이는 데 도움이 된다. 차입금 이자 3%만 내면 되고, 이 자금을 통해 10%의 순이익률을 달성할 수 있기 때문이다. 자본조달 금리보다 자산운용 이익률이 높다.

〈도표 4-23〉을 보자. 레버리지 비율이 100%에서 140%로 높아지자 ROE가 20%에서 24%로 높아졌다. 기업이 자기자본보다 타인자본을 더 많이 쓰게 되면 ROE는 높아진다. 그렇다고 부채비율을 계속 높이면 재무구조가 부실화되어 경기가 침체기에 들어서게 되고, 고정비인 차입금 비용이 가중되면서 이익률이 하락하게 된다. 그러므로 레버리지 비율은 적정한 선에서 통제되어야 한다.

두 번째, 총자본회전율(매출액÷총자본)이다. 자본을 조달한 기업은 총자산을 구성해서 영업을 한다. 총자산을 매출로 바꾸는 과정이 바로 총자산회전율이다. 만일 총자산이 100억 원이고, 이를 토대로 영업을 해서 매출액을 100억 원을 만들어냈다면 총자산회전율은 100%이다. 그런데 총자산 100억 원을 갖고 매출액 200억 원을 만들어냈다면 회전율은 200%가 된다. 기업 입장에서는 자산을 효율적으로 사용해서 많은 매출액을 만들어내는 것이 당연히 좋다. 자본조달 비용이 적게 들기 때문이다.

부채비율이 낮고 자기자본이 커서 총자산회전율이 낮은 경우도 있다. 지속적으로 현금흐름을 창출하기 때문에 자기자본이 비대해지고, 회사는 수익률이 낮은 금융상품을 잔뜩 사는 경우가 있는데, 이때 ROE가 낮아지는 경향이 있다. 이런 기업은 자기자본을 줄이는 고배당 정책을 통해 ROE를 높일 수 있다.

마지막으로 세 번째, 매출액순이익률(순이익÷매출액)이 있다. 이 지표는 영업을 얼마나 효율적으로 했는지를 나타내는 지표다.

ROE와 PBR은 어떤 관계인가?

💰 PBR = ROE × PER

ROE는 자기자본이익률이다. 자기자본은 순자산과 같은 개념이며, 재무상태표에 기록된 순자산이 얼마나 많은 순이익을 냈는지를 나타낸다. 순자산은 주주들 몫이기 때문에 주주들이 기업에 투자한 돈이 얼마나 많은 이익을 냈는지를 알 수 있는 지표로 해석해도 된다. ROE가 20%라면 주주들 몫이 일 년간 20% 증가했음을 의미한다. 반면에 은행에 100만 원을 예금했는데 일 년 후에 이자를 3만 원 받았을 경우 예금자 수익률은 3%이다. 기업에 투자하는 것과 은행에 예금하는 것이 어떻게 다른가? 이는 위험 프리미엄과 관련된 기대수익률에 대한 이해가 있어야 한다.

어떤 곳에 투자해도 수익률 비교는 가능하다. 다만 위험이나 환금성 등에서 차이가 나고, 이 부분이 수익률과 연관된다는 점이 다르다. ROE가 20%인 기업에 투자할 수 있는 상황에서 이자가 3% 밖에 되지 않음에도 불구하고 예금을 선호하는 것은 투자행위가 단순하게 이익률 기준만으로 결정되지 않음을 보여준다. 금리가 낮음에도 은행에 예금하는 것은 원금의 안정성에 프리미엄을 주기 때문이다.

기업에 투자하는 행위, 즉 주식을 사는 것은 위험을 등에 업는 것이다. 그래서 투자자 입장에서 위험에 대한 보상을 요구할 수밖에 없다. 투자자는 ROE를 통해 투자적정성을 판단한다. ROE는 주주 입장에서 기업의 이익을 평가하는 가장 핵심적인 지표이다. ROE는 PER, PBR과 연결되어 있다. PER는 기업의 수익가치 척도이고, PBR은 자산가치 척도이다. ROE는 수익가치와 자산가치 모두와 연결되는 지표이다. 이 지표들의 관계는 〈도표 4-24〉와 같다. PBR은 ROE와 PER을 통해 결정된다. 도표를 보면 ROE가 높아지면 PBR이 높아진다는 것을 알 수 있다. 반대로 ROE가 하락하는 기업은 PBR이 낮아진다. 보통 시장에서는 저PER 주식에 투자하는 것이 고PER 주식보다 좋다고 한다. ROE가 높아진다는 것는 순이익이 많이 난다는 것이며, 이는 PER를 낮추게 된다.

다시 도표를 보자. 순이익이 10억 원에서 20억 원으로 증가할 때 ROE가 10%에서 20%로 높아진다. 이러한 이익증가에도 주가가 움직이지 않는다면 PER는 30배에서 15

[도표 4-24] ROE · PER · PBR의 관계

$$\underset{\substack{\text{PBR} \\ \dfrac{\text{시가총액}}{\text{순자산}}}}{} = \underset{\substack{\text{ROE} \\ \dfrac{\text{순이익}}{\text{순자산}}}}{} \times \underset{\substack{\text{PER} \\ \dfrac{\text{시가총액}}{\text{순이익}}}}{}$$

		순이익 증가		30% 주가상승
순자산	100억 원	100억 원		100억 원
순이익	10억 원 ➡	20억 원		20억 원
시가총액	300억 원	300억 원		390억 원
ROE	10%	20%		20%
PER	30	15		19.5
PBR	3	3	➡	3.9

배로 낮아진다. 이때 이익이 증가하면 주가가 오를 것이라고 예상해서 투자자들이 몰려든다고 가정하자. 전년대비 순이익이 100% 증가했다는 말을 듣고 투자자들이 매수세를 집결시켜서 30% 주가가 올랐다. PER와 PBR을 보라. PBR이 3.9배로 높아졌다. ROE가 10%에서 20%로 높아지자 PBR이 3배에서 3.9배로 높아진 것이다. ROE와 PBR이 정(正)의 상관관계임을 알 수 있다. 투자자 입장에서 볼 때 ROE는 가장 중요한 지표이다. 투자한 돈에 대한 수익률이기 때문이다. ROE가 상승하면 주식투자 수익률에 좋은 것이다.

그렇다면 PBR은 주식수익률에 어떤 영향을 끼치는가?

기업의 수익창출능력이 하락해서 ROE가 낮아지면 PBR도 낮아진다. 그런데 주가 하락 속도가 이익하락 속도보다 가팔라서 시가총액이 크게 줄어드는 경우가 발생하는 경우, 저PBR 현상이 나타난다. 주가가 이익하락에 예민하게 반응하는 것이다. 이런 경우의 기업이 어려움을 이겨내고 다시 수익력을 회복하면 주가가 제자리를 찾아가기 때문에 저PBR 주식이 투자 유망하다고 해석해야 한다.

하지만 산업 트렌드가 변해 사양산업에 속하기 때문에 주가가 속락해서 PBR이 낮은 주식이 되었다면 어떤 판단을 내려야 하는가? 과연 이전에 수익력을 회복할 가능성이 있는가? 결국 저PBR 주식이 투자 유망하다는 의미는 경기순환형 기업들이 불황기에 지나치게 주가가 많이 빠질 경우에 국한해서 적용해야 한다. 해당 기업이 사양산업에 속한 것인지, 단순히 경기순환적인 문제인지를 분석할 필요가 있다. 모든 저PBR 주식이 좋은 것은 아니다. 가장 이상적이고 좋은 투자대상은 PBR이 낮은 상태에 있고, 동시에 ROE 또한 높은 기업이 될 것이다.

SECTION 61 ROE와 스노우볼 관계는 무엇을 의미하는가?

🔸 스노우볼 효과와 ROE

주먹만한 눈덩이를 굴리다보면 크기가 점점 커져서 나중엔 혼자 힘으로 밀 수 없을 정도가 된다. 눈덩이가 시간을 통해 자신의 크기를 키우는 것, 이것이 바로 스노우볼 효과이다. 주식투자에서 스노우볼 효과는 ROE와 관련이 있다. 투자자들이 기업의 수익성을 분석할 때 가장 많이 보는 지표가 영업이익률과 자기자본이익률인 ROE이다. 영업이익률은 경제적 해자와 관련이 있다. 기업은 영속적으로 존재해야 하기 때문에 지속적으로 영업이익률이 높아야 한다.

그러나 영업이익률이 높다고 반드시 주주가치 지표인 ROE가 높은 것은 아니다. 기업은 영업을 위해 주주자본과 타인자본을 통해 자금을 조달한다. 영업이익률은 자본의 조달이 어떤 방식으로 이뤄졌는지에 관계없이 매출액을 통해 얼마나 영업이익을 발생시켰는지를 판단한다. 타인자본을 많이 사용하는 기업은 레버리지 효과를 통해 주주가치를 높일 수 있다. 그런데 레버리지를 통한 ROE 증가 전략은 부채비율을 높이게 되고, 고정비인 이자비용 상승문제가 발생하면서 불황기에 어려움에 처할 소지가 있다. 부채비율이 높은 기업이 영업이익률이 높다고 하더라도 금융비용이 커지면 순이익 변동성을 확대시키게 된다.

주주 입장에서 이익률을 생각해보자. 영업이익이 증가한다는 것은 곧 자기자본 항목에서 이익잉여금 증가를 의미한다. 주주가치가 증가하는 것이다. 주주들에게 최종적으로 중요한 것은 주주가치 증가이다. 주주들은 기업이 회사를 운영해서 매년 어느 정도 ROE를 달성하느냐에 관심이 있다. 자신들이 투자한 기업의 자기자본 가치가 매년 높은 ROE를 달성하는 것을 선호한다. 영업이익률이 주주가치 증대에 원천적인 중요성이 있지만, 최종적인 주주가치를 대표하는 이익률은 ROE이다.

🅦 복리의 마술, 워런 버핏의 스노우볼

기업은 영업을 통해 자기자본 증가를 목표로 하며, 높은 자기자본 이익률을 매년 기록한다면 더없이 좋다. 장기투자자들에게 ROE가 중요한 이유는 복리의 마술 때문이다. 기업의 ROE가 매년 20%를 유지할 경우 주주가치는 어떻게 증식되는지 살펴보자.

기업의 자기자본이 100이라고 가정하자. 기업은 자기자본 및 타인자본을 조달해서 영업을 하고, 순이익이 나면 배당금을 지급하고, 그 뒤에 이익잉여금을 적립한다. 자기자본의 증식 차원에서 이익률을 보자. ROE가 20%라는 의미는 자기자본 100을 투입해서 순이익 20을 기록했다는 것이다. 주주들이 배당을 받고 남은 이익은 자본잉여금으로 적립되어서 주주가치 증가에 기여한다. ROE를 매년 20% 유지하기 위해서는 첫 해엔 20이라는 이익이 필요하지만, 두 번째 해에는 이익이 24가 되어야 한다. 첫 해의 이익 20이 자기자본에 누적되기 때문이다. 〈도표 4-25〉를 보면 자기자본이 매년 누적되기 때문에 이익 역시 증가해야만 ROE가 유지됨을 알 수 있다. 편의상 순이익이 나면 전액 이익잉여금으로 계상된다고 가정했다.

ROE 20%를 유지하기 위해서는 매년 순이익증가율이 20% 이상 유지되어야 한다.

[도표 4-25] ROE 20% 유지를 위한 연간이익 규모

	자기자본 (기초 자기자본 + 이익증가)	연간이익 (ROE 20%)
기준연도	100	20
1년차	120	24
2년차	144	29
3년차	173	35
4년차	207	41
5년차	249	50
6년차	299	60
7년차	358	72
8년차	430	86
9년차	516	103
10년차	619	124

하지만 이것은 쉽지 않다. ROE 20%를 4년간 유지하려는 목표를 세웠다면 해당 기업은 4년간 순이익 절대규모를 2배 이상 증가시켜야 한다. 결국 복리의 마술을 부려야만 ROE 20%가 유지될 수 있음을 알 수 있다. 이처럼 이익성장률이 꾸준하지 않을 경우 ROE 20%가 유지되지 못한다. 매년 ROE 20%를 유지해주는 기업이 있다면, 10년 후에 주주가치는 100에서 619로 증가한다. 복리로 자기자본이 증식되기 때문에 10년 동안 원금의 6배 규모로 주주가치가 불어나게 된다.

이처럼 ROE가 높은 기업은 자기자본이 증가하기 때문에 내부 유보자금만으로 회사에서 필요한 자금을 조달한다. 그런데 자기자본이 지나치게 비대해질 경우 이익증가 속도가 느려지면 ROE가 저하된다. ROE 하락을 막기 위해 배당금을 늘려서 자기자본

규모 증가세를 누그러뜨리는 것도 하나의 방법이다.

　기업이 일정한 ROE를 높게 유지하지 못하는 것은 자본을 효율적으로 활용하지 못하고 있음을 의미하기 때문에 시장에서는 이를 부정적으로 받아들인다. 영업이익률이 높은 상태를 유지함에도 불구하고 ROE가 낮다면 매출액 대비 자본규모가 커서 자본회전율이 낮기 때문이다. 이와 같은 기업은 현금성자산이나 금융상품을 많이 보유하고 있는 경우가 태반이다. 이익률을 높일 수 있는 사업이 없을 경우 차라리 주주에게 배당을 해 이익을 환원하는 것이 ROE를 높게 유지하고, 주주를 배려하는 경영이 될 것이다.

　워런 버핏은 스노우볼 효과를 낼 수 있는 기업에 투자하라고 했다. 스노우볼은 처음엔 크기가 작지만 시간이 흐를수록 눈덩이가 커진다. 어떤 기업이 주주들에게 투자가치를 스노우볼처럼 만들어줄 수 있는 기업인지를 판단하려면 ROE를 봐야 한다. 버핏이 복리의 마법을 말하는 것은 ROE가 지속적으로 높은 기업에 투자하라는 것과 동의어이다. 이런 기업을 골라서 장기투자하면 복리의 마법을 얻게 된다. 배당을 재투자하면 효과는 배가 된다. 버핏은 ROE를 15% 이상에서 꾸준히 유지하는 기업이 있다면 투자할만한 기업이라고 했다. 회사의 규모에 따라서 ROE 수준이 다를 수밖에 없다. 중소기업 ROE가 40% 정도로 높을 수도 있지만, 시가총액이 큰 기업은 매년 ROE를 15% 정도를 유지하기가 쉽지 않다. 강력한 시장 지배자가 아니면 어려운 일이다.

EV/EBITDA 지표는 무엇인가?

💰 EV/EBITDA와 PER의 차이점

EV/EBITDA는 투자자들에게 중요한 가치투자 지표로 활용된다. 이 지표를 이해하기 위해 EV와 EBITDA의 의미를 알아보자.

> EV^{Enterprise Value}
>
> =시가총액(주주지분)+순차입금(채권자지분)
>
> =시가총액+이자지급성 장단기차입금−현금 및 현금등가물, 유가증권 등

EV는 기업을 증권시장에서 M&A한다고 했을 때 드는 비용을 의미한다. 인수자가 주주지분과 채권자지분을 모두 인수한다고 가정하자. 주주지분은 시장에서 거래되는 주식을 100% 시가로 인수할 때 드는 비용이기 때문에 시가총액이다. 그런데 지분을 100% 인수했다고 해도 피인수회사가 채권자에게 빚을 지고 있기 때문에 이를 갚아야 한다. 따라서 채권자에 대해 지불해야 할 비용을 감안해야 한다.

[도표 4-26] 손익계산서 구조

매출액			
	(−)	매출원가	(감가상각비)
	(−)	판관비	(감가상각비)
영업이익			
	(−)	금융비용	(이자)
	(−)	세금	(세금)
당기순이익			

한편 회사 내부에 현금성자산이 있기 때문에 그 돈을 갖고 채권자 빚을 갚으면 된다. 정리하면 기업을 통채로 인수하는 비용은 시장가격으로 100% 주식을 매입한 후에 채권자들에 갚아야 할 빚을 더하면 된다. 채권자에 갚아야 할 빚에서 회사가 보유하고 있는 현금성자산을 뺀 것을 순차입금이라고 한다. 최종적으로 기업인수에 필요한 금액은 시가총액에 순차입금을 더한 것이다.

EBITDA는 '세전·이자지급전이익' 혹은 '법인세 이자 감가상각비 차감 전 영업이익'을 말한다. 〈도표 4-26〉 손익계산서 구조를 통해 EBITDA 개념을 이해해보자.

$$EBITDA = 영업이익 + 감가상각비$$

EBITDA는 'Earnings Before Interest, Tax, Depreciation and Amortization'의 약자이다. 이자, 세금, 감가상각비를 공제하기 전의 이익을 의미한다. 이자와 세금을 공제하기 전 이익은 영업이익을 의미한다. 여기에 감가상각비를 빼기 전 이익이라고 하면 이는 영업이익에 감가상각비를 더해주면 된다. 이 지표는 무슨 의미가 있을까? 왜 영업이익이 아니라 굳이 감가상각비를 감안해서 새로운 지표인 EBITDA를 만들었을까?

영업이익은 영업활동을 통한 이익창출력이다. 감가상각비는 기업의 영속성을 위해 이익의 일부를 헐어서 비용으로 떨어내면서 그만큼 사내에 유보시키는 것이다. 만약 기업을 영속적 주체로 보지 않는다면 굳이 감가상각을 할 필요는 없다. 기계의 내용연수 만큼만 사용하다가 수명을 다하면 그때 기업 문을 닫으면 된다. 그러나 기업의 목적은 영속적 존재를 추구하는 것이다. 그렇기 때문에 지금 돈을 벌면 미래에 투자를 위해 대비해야 한다. 이익의 일부를 감가상각을 통해 사내에 유보시키는 이유가 여기에 있다.

감가상각비는 손익계산서에서 비용으로 계상하지만, 이는 장부상 비용처리일 뿐 현금이 회사 밖으로 나가는 것은 아니다. 감가상각비만큼 이익이 줄어들지만 그렇다고 회사의 현금흐름에 마이너스 요인이 되는 것은 아니다. 감가상각비만큼 영업이익이 줄어들지만 실질적인 영업활동을 통한 현금흐름 창출능력에는 영향을 주지 않는 것이다. 그래서 EBITDA는 영업활동현금흐름과 크게 다르지 않다.

기업을 M&A하는 입장에서는 바로 이러한 본질적인 영업이익 창출능력을 보는 것이다. 인수한 기업의 영업활동을 통한 현금창출 능력이 어느 정도인지를 EV/EBITDA를 통해 계산한다. EV/EBITDA가 5배라고 한다면, 이것은 기업을 인수한 후 5년간 운영을 해서 영업활동현금흐름을 모으면 기업인수 비용과 같다는 뜻이다.

정리해보자. EV는 기업 매수자가 기업을 매수할 때 지불해야 하는 금액을 뜻하며, 우선주를 포함한 시가총액에 순부채를 더한 것이다. 즉 EV는 타인자본의 몫을 포함하여 기업을 통째로 인수할 때 필요한 비용이다. EBITDA는 이자비용, 법인세비용, 감가상각비용을 공제하기 전의 이익을 뜻한다. 기업이 자기자본과 타인자본(부채)을 이용하여 어느 정도의 현금흐름을 창출할 수 있는지를 나타내는 지표라는 이야기다. EV/EBITDA는 기업가치가 영업활동에서 얻은 이익의 몇 배인가를 나타낸다. 즉 주주지분 뿐만 아니라 채권자지분 모두 인수했을 때, 기업의 영업현금흐름으로 몇 년 만에 투자원금을 회수할 수 있는지를 알려주는 지표이다. 따라서 이 수치가 낮을수록 기업인수자 입장에서는 M&A에 투입된 자금을 영업현금흐름을 통해 빨리 회수할 수 있다는 뜻이다.

그렇다면 EV/EBITDA가 낮아지기 위한 조건은 무엇일까? 우선 시장에서 거래되는 주가가 낮으면서 순차입금이 적고, 영업현금흐름이 좋아야 한다. 달리 말하면 영업력과 재무구조가 좋음에도 주가가 낮은 종목이어야 한다. 이와 같은 개념의 EV/EBITDA는 PER와 달리 감가상각방법, 법인세, 금융비용, 특별손익의 영향을 받지 않기 때문에 국제 비교지표로 적합하다. PER와 EV/EBITDA를 비교해보자.

$$PER = 시가총액 \div 당기순이익$$

PER는 시가총액을 당기순이익으로 나눈 것이다. EBITDA는 주주자본과 타인자본을 모두 사용해서 거둔 이익이다. 반면에 당기순이익은 오로지 주주자본만 가지고 달성한 이익을 표시한다. 당기순이익은 타인자본에 지불하는 이자비용을 공제한 이익이다. 쉽게 정리하면 PER는 자기자본만 갖고 낸 이익으로 시가총액을 나눈 것이다. EV/EBITDA와 PER의 차이점은 두 가지로 요약된다.

① 기업가치를 주주자본만으로 보느냐? 주주자본과 타인자본을 함께 보느냐?
② 이익을 회계적 이익인 당기순이익으로 보느냐? 아니면 실질적 이익인 현금흐름으로 보느냐?

💰 EV/EBITDA와 PER의 공통점

결국 두 지표 모두 해당 기업을 인수 혹은 매수했을 때 기업이 어느 정도 이익을 창출하는가를 나타내는 지표로 이해하면 된다. 타인자본을 사용하느냐, 자기자본만 갖고 이익을 창출하느냐 차이일 뿐이다. PER가 높고 EV/EBITDA가 낮다면, 기업의 규모에 비해 부채가 작고 감가상각비가 큰 기업일 가능성이 높다. 금융권으로부터 부채를 많이 사용하지 않고 자기자본 비중이 많은 기업이 대규모 투자를 통해 감가상각비 지출이 클 경우에 해당된다.

반대로 PER는 낮은데 EV/EBITDA가 높은 경우가 있다. 이는 타인자본을 끌어들여 사업을 하는, 레버리지를 크게 사용하는 기업일 가능성이 높다. 부채가 많은 기업은 업황이 좋을 경우에 재무레버리지 효과를 통해 이익을 크게 낼 수 있지만, 업황이 나빠지면 고정비인 이자비용과 감가상각비로 인해 실적이 나빠질 가능성이 높다. PER와 EV/EBITDA는 주가가 저평가된 정도를 알려주는 지표이나 미묘한 차이점이 있다. EV/EBITDA가 시장평균에 비해 지나치게 낮은 기업은 투자할만한 대상이므로 주목할 필요가 있다.

환율과 주식시장은 어떻게 연계되어 있나?

💰 환율의 중요성

환율은 금리와 함께 주식투자에서 관심을 가져야 할 지표이다. 세계 경제의 글로벌화는 완성되었고, 한 나라에서 발생한 경제문제는 곧바로 다른 나라에 영향을 미친다. 미국의 경제문제는 곧바로 한국증시 투자자들에게 피부로 와닿는 시대이다. 한국시장에 투자하면서 미국과 중국, 유럽, 일본의 경제동향과 정책에 귀를 기울여야 한다.

예를 들어보자. 중국의 성장률이 예상보다 낮게 나왔다는 뉴스는 대중국 수출비중이 높은 한국 기업들의 주가하락으로 연결된다. 일본이 엔화약세 정책을 추진하면 일본으로 수출하는 우리나라 기업들의 수익성이 악화된다. 외국인이 우리 증시에서 차지하는 비중이 시가총액 기준으로 30%를 넘기 때문에 이들의 매매동향도 중요하다. 외국인들은 환차손익 리스크를 짊어지고 한국증시에 투자하기 때문에 환율에 민감하게 반응한다. 글로벌화된 시대에 세계 경제는 환율로 긴밀하게 연결되어 있다. 환율에 대한 이해 없이는 글로벌 경제의 흐름을 파악하기 어려울 뿐만 아니라 종목에 대한 투자판단에서도 난관에 부딪힐 수 있다.

[도표 4-27] **환율의 영향**

환율은 화폐 간 교환비율이다. 달러당 1,000원에 교환되던 원화가 1,100원으로 교환되었다면 원화가치는 달러 대비 10% 떨어진 것이다. 미국제품을 수입하는 입장에서 볼 때 예전엔 1,000원을 지불하면 1달러를 바꿀 수 있었는데 환율이 10% 상승했기 때문에 이제는 1,100원이 든다. 이를 원화가치가 떨어졌다고 해서 원화절하라고 한다. 한국의 수입업자는 부담이 커지게 되고, 수출업자 입장에서는 반대가 된다. 미국에 1달러를 수출하고 수출대금을 원화로 환전하면, 예전엔 1,000원을 받았지만 원달러 환율이 1,100원이 되었기 때문에 같은 수량을 수출해도 100원을 추가로 받게 된다. 원화절하가 될 경우 내수기업은 외국에서 원재료를 사다가 국내에서 제조해서 판매하기 때문에 수익성이 악화되는 반면에, 수출업자들은 가격경쟁력이 강화되어 해외시장 점유율을 높일 수 있다. 이처럼 환율의 변화는 내수주에 투자해야 할지, 수출비중이 높은 기업에 투자해야 할지를 결정하는데 참고해야 할 중요한 지표다.

원화절상이 진행되면 수출업자는 채산성이 하락하는 것을 막기 위해 수출단가를 높일 수 있다. 그러나 일본 등 해외시장에서 경쟁하는 업체에게 시장을 빼앗길 위험이 크기 때문에 마음대로 수출단가를 높이지는 못한다. 최악인 상황은 원화절상과 엔화 약세가 동시에 진행될 경우이다. 일본 기업의 경쟁력이 강화되지만 동시에 한국 기업의 경쟁력은 약화되는 조합을 의미하기 때문이다.

〈도표 4-28〉을 보자. 최근 30년간 두 번에 걸친 단기간 환율상승이 있었는데, 1997년 외환위기와 2008년 리먼사태에 따른 글로벌 금융위기 때였다. 통화가치가 높아진다는 것은 국가신뢰도가 높아지고, 기업의 경쟁력이 높은 상태에 있음을 의미한다. 통화가치가 낮아지면 이와 반대의 일이 일어난다.

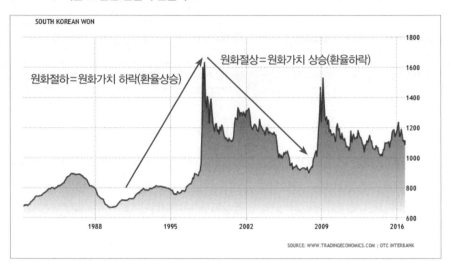

글로벌 교역이 증대되면서 각국은 수출을 독려하기 위해 자국 통화가치를 떨어뜨리려는 경향이 있다. 그런데 모든 나라가 자국 통화가치를 떨어뜨리려고 할 경우 이러한 통화전쟁은 소모전이 될 가능성이 높다. 환율은 통화 간 교환비율인데 서로 경쟁적으로 통화가치를 떨어뜨리면 환율은 변동이 없게 된다. 통화전쟁은 보호무역주의로 연결될 수 있는데, 한국처럼 수출비중이 높은 나라에 타격이 될 수 있다. 세계 경기가 침체되고 교역량이 줄어들면 대외교역의존도가 높은 나라일수록 곤경에 처하게 된다. 내수 비중이 낮은 국가는 글로벌 경기침체에 따라 큰 영향을 받는다.

미국과 일본, 중국 등 한국과 밀접한 통상관계를 갖고 있는 나라의 통화정책도 원달러 환율에 영향을 미치기 때문에 주목해야 한다. 리먼 사태로 금융위기가 발발하자 미국은 양적완화를 통해 통화를 대량으로 시중에 풀었다. 동시에 미국 연방준비은행에서 경제를 활성화시키기 위해 저금리 정책도 실시했다. 이렇게 미국에서 풀린 저금리 자금이 한국과 신흥국으로 쏟아져 들어오면서 해당 국가의 주식과 채권가격이 상승했다. 한국으로 달러화가 대량유입되었기 때문에 자연스럽게 원화가치가 높아지게 되었다. 경제학에서 말하는 수요와 공급의 법칙이 외환시장에도 적용된 것이다. 풍부해진 달러 대비 원화가치는 상승할 수밖에 없었다. 한국에 유입된 글로벌 자금은 주식과 채권에 투자해서 자산가치 상승이익과 함께 원달러 환율하락으로 환차익까지 얻게 되었다. 미국의 양적완화 기간 중 신흥국의 높은 주가상승은 글로벌 자금유입과 함께 환율변화를 동시에 수반하였다.

저금리 정책과 양적완화를 통해 실업률을 낮추고 경제성장률이 회복되기 시작하자 미국은 양적완화를 점진적으로 축소하다가 중단하는 쪽으로 정책을 변경했다. 그러자 신흥국에 투자했던 돈이 미국으로 빠져나가면서 신흥국 주가 및 채권가격이 하락하고 통화가치가 하락했다. 한 나라의 통화정책 변화가 곧바로 다른 나라의 주식 및 채권, 환율 등에 영향을 미친 것이다.

개인투자자들도 해외펀드에 가입하거나 해외주식과 채권에 직접 투자하는 경우가 많아졌다. 가령 브라질 국채수익률이 높아서 투자했다고 생각해보자. 브라질 정부가 디폴트가 나지 않는 한 만기까지 갖고 있으면 높은 수익률을 얻을 수 있다. 그런데 글로벌 경기가 침체되면서 원자재 수요가 줄어들자 브라질 경제는 큰 타격을 입었고, 헤알화 통화가치는 일 년 만에 20% 하락하기도 했다. 브라질 국채수익률이 10% 이상으로 높았지만 브라질 화폐가치 하락에 따른 환차손 규모가 더 크기 때문에 최종적인 투자는 손실로 이어졌다.

💰 환율과 개인소비

환율상승이 소비자들에게 미치는 영향은 어떨까? 수입제품이 많은 세상이라는 점을 감안하자. 원달러 환율상승으로 미국에서 1달러로 수입한 물건 값이 1,100원에서 1,200원으로 오른다. 미국 수출업자들이 달러표시의 물건 값을 올리지 않았어도 원화표시로는 물건 값이 올랐다. 고환율 시기에는 수입물가가 상승하게 되고 소비자들은 같은 물건을 더 비싸게 사야 한다. 원재료를 수입해서 국내에서 제품을 만들어서 내국인에게 판매하는 내수기업들도 원가율 상승으로 고통을 받는다.

이제 원달러 환율이 하락하는 저환율 시기를 생각해보자. 환율이 1,100원에서 1,000원으로 낮아졌다고 하자. 앞서 말한 고환율 시기와 완전히 반대되는 상황이 전개되었다. 수출업자는 동일한 물량을 수출하고도 원화매출로 환산하면 금액이 줄어든다. 반면에 소비자들은 수입물가 하락으로 수혜를 받는다. 해외여행을 가면 상대적으로 쓸 돈이 많아져 해외여행객이 증가하게 된다. 한국은 수출비중이 큰 대기업들이 많고 무역의존도가 높은 국가다. 내수보다는 수출이 경제성장을 견인한다. 원화강세가 되면 수출기업이 타격을 받게 되기 때문에 주가에 부정적이라고 할 수 있다.

원화약세 시기에는 한국 기업들의 경쟁력이 높아져서 해외시장에서 반도체나 스마트폰, LNG선, 철강제품 등을 많이 수출하게 된다. 무역수지가 크게 개선되면서 경상수지 흑자가 커지게 된다. 이때 달러가 한국으로 쏟아져 들어온다. 환율은 한국 돈과 외국 돈의 교환비율이기 때문에 한국 돈의 양은 그대로 있고 외국 돈이 많아지게 된다. 환율도 금리변화와 똑같다. 물건이든 돈이든 많아지면 값어치가 떨어진다. 달러가 한국에서 많아지면 달러보다 원화 값어치가 높아지게 되는 저환율 시기가 온다. 그렇다면 이러한 저환율이 주식시장에 악재인가? 상황에 따라 저환율과 고환율은 다른 의미가 있다.

기업의 경쟁력이 가장 중요하다. 환율과 기업이익을 통해 살펴보자. 〈도표 4-29〉 환율과 기업이익 관계를 보자. 세로축은 환율 변화폭이며 위로 갈수록 환율이 상승하는 것이다. A국면은 고환율 시대를 의미한다. 가로축은 기업들의 이익이며, B국면은 주당순이익 증가율이 높다.

기업이익과 환율변화, 2가지 조합을 보면 환율이 어느 수준일 때 기업이익이 증가하는지 알 수 있다. 환율과 이익의 분포도 회귀선이 우하향하고 있다. 환율이 낮아지면 주당순이익이 증가하는 추세를 나타낸다. 그렇다면 일반적인 통념인 수출 대기업이 많은 나라에서 원화강세는 악재라는 시각이 교정되어야 하는 것일까? 이렇게 생각

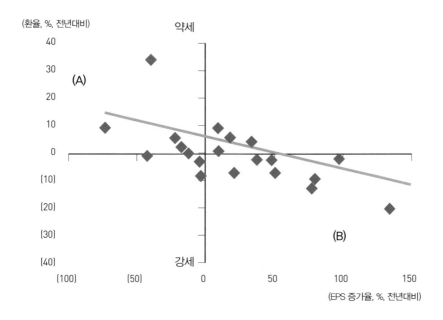

(환율, %, 전년대비)

약세

(A)

(B)

강세

(EPS 증가율, %, 전년대비)

• 1990년 이후, 확정 EPS의 연간 증가율 기준
• 자료 : Thomson Reuters, 에프엔가이드

해보자. 한국 기업들이 경쟁력이 높아져서 수출증가는 한국 기업들의 경쟁력 강화가 선행되었기 때문이고, 이로 인해 수출이 증가하면서 달러가 대규모로 유입된 결과 원화강세라는 결과가 나타난 것이다. 이러한 인과관계로 나타나는 원화강세는 주식시장에 호재로 작용한다. 그래서 일반적인 통념을 뒤집듯 원화가치 강세기에 주가가 올랐고, 원화가치 약세기에 주가가 하락하는 경향이 있었다. 따라서 수출경쟁력에 기반하지 않고 선진국의 통화정책으로 인한 원화강세가 진행될 경우에는 기업실적에 부정적인 영향을 미치게 된다.

💰 엔화 환율과 일본 경제

한국과 수출시장에서 경쟁관계에 있는 일본의 엔화 환율동향도 투자자들이 살펴야 할 주요 변수이다. 승승장구하던 일본 경제가 1985년 플라자합의 이후 급격하게 요동쳤다. 1980년대 중반에 달러당 엔화 환율이 300엔이었으나 플라자합의 후 26개월 만에 엔화가치가 60% 정도 절상되었다. 미일간 무역 불균형 해소를 위한 인위적 엔화강세 정책을 실시했고, 이를 기회로 글로벌 투기성 자금이 대거 일본으로 유입되면서 자산버블을 부채질했다. 일본 수출기업들은 엔고로 인해 채산성이 악화되면서 해외로 공장을 이전하기 시작했다. 산업공동화는 일본 내 고용감소로 이어지면서 민간소비를 축소시키는 역할을 했다. 급기야 4년 정도 이어진 광란의 자산버블이 터지고 일본경제는 잃어버린 20년이 시작되었다.

일본경제의 추락은 인위적인 엔화강세를 추진한 플라자합의가 트리거로 작용했지만 고령화에 따른 생산가능인구 감소, 베이비부머의 본격적인 은퇴 등과 맞물리면서 가속화되었다. 1990년 부동산 버블붕괴를 시작으로 장기간 경기침체기로 접어들었는데, 공교롭게도 이때부터 일본의 생산연령인구 비중이 줄어들기 시작했다. 베이비부머인 단카이團塊 세대들 은퇴가 버블붕괴와 같은 시기에 찾아온 것이다.

〈도표 4-30〉을 보면 한국의 경우도 일본과 15년의 시차를 두고 생산연령인구가 감소하고 있어 향후 경제에 미칠 파장을 주목해야 한다. 저출산과 고령화로 인해 경제활동인구가 급격히 감소하는 추세는 앞으로 우리나라 경제에 큰 부담으로 작용할 가능성이 높다. 한편 위기를 기회로 활용해야 하는 투자자들은 고령화와 관련된 산업에 주목해야 하는 근거를 여기서 찾을 수 있다.

일본정부는 20년 장기불황의 늪에서 벗어나기 위해 2013년부터 통화량을 증대시키는 정책을 추진했다. 수출을 활성화시키기 위해 엔고를 엔저 추세로 바꾸기 위한 양적완화를 단행한 것이다. 이러한 아베노믹스 추진으로 수출기업들의 채산성은 좋아졌지만 에너지 수입단가 상승으로 국내 물가상승 및 경상수지 적자라는 부정적 측면이 함

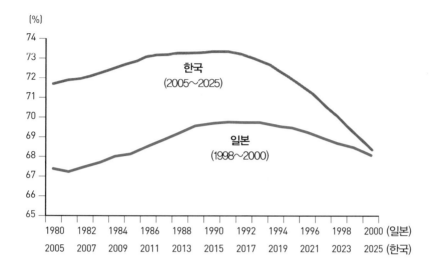

• 자료 : 한국 통계청, 일본 통계청

께 나타나면서 민간소비를 위축시키게 되었다. 이처럼 환율변화는 기업의 실적 및 경제 전반에 영향을 주기 때문에 투자자들은 환율흐름에 항상 촉각을 곤두세워야 한다.

💰 엔캐리트레이드

일본은 1990년 버블붕괴로 인해 경기침체가 이어지고 있는데, 이를 타개하기 위해 양적완화와 초저금리 정책을 지속하고 있다. 이에 글로벌 투자자들은 일본에서 저금리로 자금을 조달해 상대적으로 금리가 높은 제3국에 투자하는 금융거래를 하는데, 이를 엔캐리트레이드라고 한다. 엔캐리트레이드는 2004년부터 2008년 금융위기 직전까지 활발했다. 엔화가치가 약세를 유지하는 한 일본에서 낮은 금리로 자금을 조달해서 금리가 높은 아시아나 동유럽, 남미 등에 투자하여 환차익과 금리차익을 거둘 수 있다.

금리차가 2.5% 이상이 될 때 캐리트레이드 요건이 성립한다. 실제로 2000년대 초반 엔화자금이 한국에 대거 밀려온 적이 있다. 만약 일본의 10년물 국채수익률이 0.7%이고 브라질 국채 수익률이 12%라면, 일본에서 자금을 빌려 브라질 국채를 매수할 유인이 생기게 된다. 이때 환율도 고려요소이다. 엔화 대비 브라질 통화가치가 크게 하락할 경우, 환차손이 발생하기 때문에 브라질 통화가 엔화 대비 강세여야 캐리트레이드가 활성화된다.

엔화약세와 저금리가 유지되는 한 엔캐리트레이드 유인이 존재한다. 엔캐리트레이드가 청산되는 경우는 국제 금융시장에서 큰 위기가 발생해서 안전자산을 선호할 때이다. 1998년 롱텀캐피탈 부도사태라든가 남유럽 정부부채 위기, 아시아 금융위기 등

[도표 4-31] **엔캐리트레이드의 흐름**

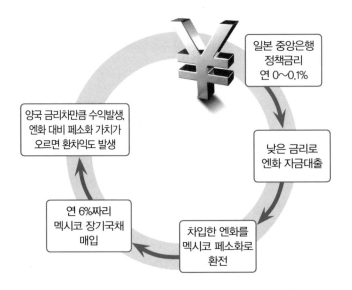

양국 금리차만큼 수익발생, 엔화 대비 페소화 가치가 오르면 환차익도 발생

일본 중앙은행 정책금리 연 0~0.1%

낮은 금리로 엔화 자금대출

연 6%짜리 멕시코 장기국채 매입

차입한 엔화를 멕시코 페소화로 환전

이 발생했을 때 안전통화인 엔화가치가 급등하기 때문에 이런 상황에서는 엔캐리트레이드에 따른 금리차보다 더 큰 환차손이 발생하기 때문에 캐리트레이드가 청산된다. 엔캐리 자금이 유입되었던 신흥국가에서 대거 자금이 유출되면, 해당 국가의 증권시장이 요동치게 된다. 이는 비단 엔화뿐만 아니다. 금리가 낮은 선진국 통화는 모두 캐리트레이드 대상이 될 수 있다. 미국과 유럽은 경기부양을 위해 초저금리를 유지하면서 양적완화를 추진해왔는데, 이 때문에 유로화와 달러가 캐리트레이드 통화로서 기능해왔다.

금리와 주식시장은 어떻게 연계되어 있나?

🔖 주가와 금리

금리는 돈의 가격이다. 자동차나 김밥을 거래하는 시장이 실물시장이고, 돈을 거래하는 시장이 금융시장이다. 돈을 빌리고 빌려 주는 과정에서 비용으로 지급하는 이자가 금리다. 자동차를 사려는 사람이 많으면 자동차 가격이 올라가듯이 돈을 빌리려는 사람이 많으면 이자율이 높아진다. 수요와 공급 법칙은 어떤 자산이든 적용된다.

주식시장은 기업의 증서인 주식이 거래되는 시장이다. 기업은 실물자산을 보유하고 있기 때문에 기업의 가치를 나타내는 주식은 실물자산이나 마찬가지다. 주식시장에서 주식을 팔면 금세 현금화가 되기 때문에 금융자산처럼 느껴지지만 주식의 본질은 실물자산이다. 등기권리증을 갖고 거래를 하는 부동산처럼 말이다.

돈의 값어치인 금리를 이해하기 위해 실물자산과의 관계를 생각해보자. 돈을 갖고 있는 이유는 여러 가지가 있겠지만 실물자산을 구입할 수 있다는 것이 가장 중요하다. 돈으로 무엇이든 살 수 있는데, 이와 같은 구매력을 갖고 있다는 것이 돈의 가장 큰 매력이다.

실물자산 가격이 올라갈 때, 즉 인플레이션이 올 때 돈을 가진 사람들은 실물자산 보유자들에 비해 상대적으로 손해를 보게 된다. 그래서 돈을 가진 사람들은 돈을 빌려줄 때 인플레이션으로 인한 손해에 대해 보상을 요구하면서 이자율을 올리게 된다. 인플레이션은 금리상승을 초래하게 되는 것이다.

주식도 마찬가지다. 주가가 상승할 것으로 예상되면 보유한 현금으로 주식을 사려고 할 것이다. 돈이 없으면 빌려서 주식을 산다. 주식을 사기 위해 돈을 빌리려는 사람이 많아지게 되고, 이때 돈에 대한 수요와 공급 법칙이 작동되기 때문에 돈의 값어치를 표시하는 이자율인 금리가 상승한다. 실물자산 가격의 상승이 진행될 때 이자율도 높아진다.

그런데 실물자산과 돈은 서로 영향을 주고 받는 관계라는 사실을 기억하자. 주가가 올라가면 금리가 올라가고, 이렇게 올라간 금리가 다시 주가에 영향을 미치게 된다. 금리가 상승할 때 기업은 어떤 영향을 받게 될까? 기업은 금융기관에서 돈을 빌려서 자금을 조달하기 때문에 금융부채를 보유함으로 금리가 올라가면 금융비용 부담이 증가하게 된다.

하나 더 생각해보자. 돈과 주식, 2가지가 있다고 전제하자. 주가는 돈으로 표시된다. 주식 수량과 돈의 수량에 따라 주가는 달라질 것이다. 돈이 많아지면 주가는 올라간다. 돈이 일정한데 주식을 많이 발행하면 주가는 낮아진다. 만일 중앙은행이 양적완화를 통해 엄청나게 많은 돈을 시장에 공급하고 이 돈이 증시로 유입된다면 주가는 상승하게 된다. 이른바 자산버블이다. 기업의 실적에 상관없이 돈의 수량이 증가하기 때문에 주가가 상승하는 경우다.

중앙은행의 가장 중요한 존재 이유는 통화가치를 안정시키는 것이다. 중앙은행은 인플레이션 파이터로서 역할을 한다. 인플레이션이 오면 화폐가치는 떨어지고 디플레이션이 오면 화폐가치는 올라가는데, 두 경우 모두 바람직하지 않다. 화폐가치는 안정적으로 유지되는 것이 가장 이상적이다.

중앙은행 역할은 화폐가치 안정과 함께 경기를 살려 고용을 증가시키는데 도움을 주는 정책을 수행하는 것이다. 미국 중앙은행인 연준은 물가안정과 고용을 화두로 삼고 있다. 중앙은행은 금리정책을 통해 경기 조절자 역할을 도모한다. 양적완화는 시중에 돈을 풀어서 이자율을 낮게 유지하는 정책으로 경기를 살리자는 목적이 있다. 그렇다면 풀린 돈은 어디로 갔을까? 돈은 수익률을 따라 흐르기 때문에 수익률이 높은 곳으로 향한다. 풀린 돈은 기업이나 가계로 흘러가서 소비와 투자로 연결되지 않고 자산시장으로 유입되어, 이른바 자산버블을 일으켰다. 부동산, 채권, 주식 가격이 크게 올랐다. 실물경제를 살리려는 연준의 의도와 다른 방향으로 나아간 것이다.

연준은 금리를 통해 자산버블을 억제하려는 정책을 쓸 수밖에 없다. 버블을 방치할 경우 대공황에서 볼 수 있듯이 버블이 붕괴된 후에 엄청난 후유증을 동반하기 때문에 좌시할 수는 없다. 그런데 금리정책이 자산버블만 잡고 실물경제에는 악영향을 주지 않도록 진행할 수 있을까? 주식이나 부동산 가격이 하락할 경우 민간소비와 기업의 투자가 위축될 수밖에 없다. 이는 자산시장과 실물시장은 서로 연결되어 있기 때문이다. 연준의 자산버블을 잡기 위해 통화정책을 실행할 경우 실물경제가 타격을 입을 가능성이 높다.

금리와 주식시장의 관계는 역사적으로 봐도 단순하지 않다. 1929년 대공황 때처럼 금리인상이 시장에 폭락을 가져온 경우도 있다. 2004년에는 중앙은행이 금리를 인상했지만, 경기가 회복되고 있다고 해석되면서 주가가 강세를 보이기도 했다. 반대로 1994년의 금리인상은 주식시장을 침체에 빠뜨렸다. 이처럼 금리인상이 버블을 야기하기도 하고 침체를 가져오기도 하는 것이다.

중요한 것은 금리인상 속도와 경제 펀더멘털 간에 관계다. 경제상황이 좋아지는 속도보다 더 빨리 금리를 인상할 경우 시장은 침체로 접어든다. 반면에 금리인상 속도가 완만하게 진행될 경우 버블이 형성되면서 주가가 치솟는다. 미국, 일본, 유럽 등이 대규모 양적완화를 통해 시중에 자금을 많이 풀었고 시중은행들은 막대한 유동성을 보유하고 있다. 금리인상 속도가 완만하게 진행될 경우 주식시장에 큰 문제가 되지 않지만, 연준이 자산을 축소하기 시작할 경우 긴축이 본격화되면서 자산시장이 혼란스러

[도표 4-32] **미국 기준금리 변동 추이**

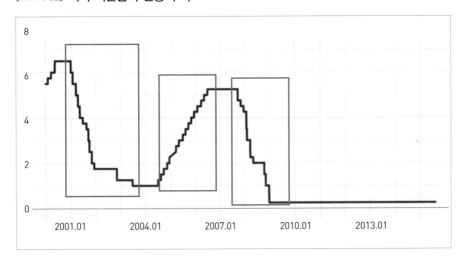

[도표 4-33] **미국 정책금리 변동과 다우지수**

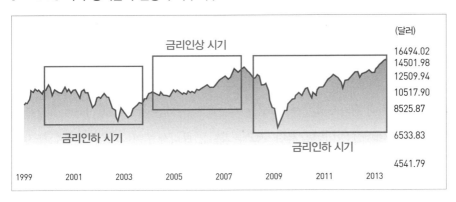

워질 것이다.

〈도표 4-32〉와 〈도표 4-33〉을 연관해서 보자. 2000년 IT버블이 꺼지자 연준은 금리를 지속적으로 인하했다. 주가는 2003년부터 오르기 시작했다. 그러자 연준이 2005년부터 금리를 인상했지만 주가는 계속 상승했다. 금리인상과 주가상승이 동행하는 시기였다. 이러한 지속적인 금리인상은 결국 2007년 서브프라임 사태를 초래하면서

버블붕괴로 연결되었다. 리먼사태가 촉발되면서 금융위기가 오자 연준은 2008년부터 금리를 급격히 낮췄고, 주가는 2009년부터 다시 상승세를 타기 시작했다. 연준의 금리정책이 주식시장에 어떻게 영향을 미치는지 구조를 파악하고 투자에 임해야 한다.

🔸 금리와 환율의 상호관계

독일의 위대한 투자자 앙드레 코스톨라니는 금리를 통해 주식시장 흐름을 간결하게 해석했다. 〈도표 4-34〉를 보자. 금리가 낮은 수준에 있을 때는 채권가격이 높을 때이며, 낮은 금리로 부동산을 매입하는 것이 좋다. 이때 주식을 사고 채권을 팔아야 한다. 저금리로 기업들이 사업을 확장할 시기이다. 경기가 좋아지면 금리가 본격적으로 상승하는 기간에는 주식투자자들이 이익을 본다. 경기가 호전되기 때문에 부동산 가격도 오르게 된다.

그러나 금리가 정점에 가까워질 때는 주식을 팔아야 한다. 금융비용이 기업의 실적을 압박하기 때문이다. 한편 금리가 정점을 찍고 하락하기 시작하면 채권을 사야 한다. 고금리일 때 채권가격이 싸기 때문이다. 채권을 매입해놓았는데 시장금리가 하락하면 채권투자자들은 이익을 본다. 코스톨라니는 금리가 주식·채권·부동산 투자에서 핵심 변수라고 진단했다.

코스톨라니의 금리와 주식 및 채권시장, 부동산의 연관성에 대한 입장은 《주식시장 흐름 읽는 법》을 쓴 우라카미 구니오와 비슷한 점이 있다. 이처럼 금리변동이 촉발하는 경기의 순환, 기업이익 변화 및 채권가격 변동을 주목해야만 투자자들은 시장에서 이익을 취할 수 있다.

오스트리아학파 루드비히 폰 미제스Ludwig von Mises는 경기변동 원인에 대해 신용팽창과 수축이 주요 원인이라고 했다. 호황기 뒤에 불황기가 이어지면서 경제 시스템이 뒤흔들리는 것은 신용팽창을 통해 시장금리를 낮추려는 시도가 되풀이되기 때문이라

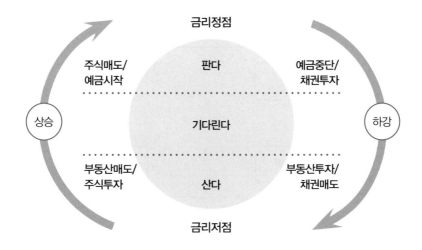

고 본 것이다. 경기순환을 이해하려면 통화, 금리, 신용의 상호관계를 면밀히 주시해야 한다. 더불어 중앙은행의 정책을 주목해야 하는데, 이는 중앙은행이 신용팽창과 수축을 결정함으로써 자원배분에 결정적인 영향을 미치기 때문이다. 미국에서는 연준의 정책 결정사항을 해석하는 연준관찰자 Fed Watcher가 활동하고 있는데, 이는 연준이 경제에 미치는 영향이 강력하다는 것을 반증한다. 투자자는 중앙은행의 통화정책과 정부의 재정정책이 어떻게 신용팽창과 수축을 초래하는지 인식하고, 이를 주식시장에서 추세전환 예측에 활용해야 한다.

　금리와 환율이 서로 영향을 주고받는 관계라는 점도 주목해야 한다. 정부가 금리를 인하할 경우, 외국인 입장에서는 국제금리와 비교해 금리가 높은 곳에 투자할 유인을 갖게 된다. 이때 한국에서 돈을 빼서 외국으로 유출하기 때문에 원화 환율은 상승하게 된다. 앞서 말한 대로 환율상승은 수출증가를 초래하면서 경상수지 흑자를 통해 국내 물가상승 압력으로 작용하게 된다. 그렇게 되면 정부에서 물가불안을 잠재우기 위해

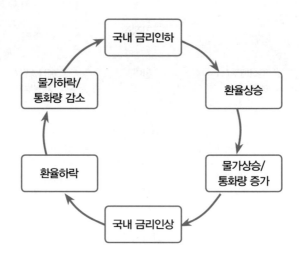

금리를 인상하고, 다시 외국인의 국내투자가 확대될 수 있다. 경상수지 흑자가 확대되고 종내에는 환율하락 압력이 발행한다. 환율이 하락(원화절상)하면 원화강세는 다시 수출부진으로 이어지면서 통화량이 감소하고 물가는 하락한다. 통화당국은 금리를 인하해서 경기활성화를 꾀한다. 〈도표 4-35〉는 상호영향을 미치는 금리정책과 환율 관계를 나타내고 있다. 금리정책에 따라 환율이 영향을 받게 되는 구조를 이해해야 한다. 환율이든 금리든 상대적인 교환가치의 개념을 이해하면서, 교환비율이 변했을 경우 경제 주체들의 행동이 어떻게 변할지를 추측해보면 쉽게 알 수 있을 것이다.

🏦 마이너스 금리 시대

양적완화 목적은 중앙은행이 시장에 유동성을 공급해서 경제를 활성화시키는 것이었다. 금리인하를 통해 디플레이션에 빠지는 경제를 활성화시키려고 했지만, 금리인하만으로 부족해 중앙은행이 유동성을 시중에 직접 공급한 정책이 양적완화이다. 양적완화는 시중은행이 보유한 국채와 모기지 채권을 중앙은행이 사들이는 것이다. 이때 시중은행은 현금을 확보하고, 시중은행의 풍부한 자금을 개인과 기업에 대출해주면 소비와 투자가 활성화될 수 있다. 만일 개인과 기업이 대출을 충분히 하지 않을 경우 시중은행은 넘치는 현금을 중앙은행에 다시 예치하게 되는데, 이를 초과지불준비금이라고 한다. 중앙은행은 초과지준에 대해 이자를 준다. 연준이 양적완화를 통해 시중은행을 매개로 기업과 가계 소비를 확대시키려고 했지만, 그 효과는 미미했다. 시중은행은 양적완화를 통해 풍부해진 현금을 연준의 초과지불준비금으로 예치한 것이다. 이는 양적완화 정책의 한계를 드러낸 것이다.

마이너스 금리는 시중은행이 중앙은행에 예치하는 자금 중에서 초과지준에 대해 마이너스 금리를 적용하면서 시작되었다. 시중은행이 대출을 하거나 위험자산 투자를 하도록 강제하는 것이다. 그간 중앙은행이 시도해온 제로금리 정책, 양적완화, 마이너스 금리라는 일련의 통화정책은 디플레이션에 빠지는 것을 막기 위한 중앙은행의 정책들이다. 이제 중앙은행이 꺼낼 수 있는 마지막 카드는 '헬리콥터 머니'이다. 헬리콥터 머니는 중앙은행이 나서서 재정정책을 집행하는 것이다. 재정정책은 원래 정부의 몫이다. 하지만 정부는 부채가 많기 때문에 중앙은행이 나서서 시장에 자금을 살포하는 것이다. 중앙은행은 발권력이 있기 때문에 이자부담이 없어서 무한정 자금투여가 가능하다. 물론 헬리콥터 머니를 하게 되면 급격한 인플레이션을 각오해야 한다.

저금리는 저물가 때문이다. 물가가 추세적으로 낮아진다는 것은 저성장 시대로 이행을 의미한다. 성장율이 낮아지기 때문에 기업들은 투자를 줄이게 되고, 개인들은 소비를 줄인다. 투자와 소비의 감소는 물가하락을 의미하고, 기업과 개인이 돈을 예전보다 덜 빌려가기 때문에 금리는 낮아지며, 이러한 악순환이 반복된다. 마이너스 금리는 예금에 패널티를 물려서라도 현금을 순환시키려는 취지에서 도입되었다.

마이너스 금리가 보편화된다면 경제 주체들의 행동양식이 크게 변할 것이다. 은행에 돈을 100만 원 예금하고 일 년 후에 찾으러 가면, 이자는커녕 원금보다 못한 98만 원을 받게 될 것이다. 그럼 예금자들이 할 수 있는 일은 무엇일까?

① 고액 현금권으로 인출해서 금고에 넣는다.
② 부동산을 사들인다.

유럽은 500유로권 지폐발행을 중단할 예정이다. 미국에서도 하버드대 로렌스 서머스 교수가 100달러권 지폐의 발행금지를 주장하고 나섰다. 개인들이 고액권을 인출하는 조치를 막겠다는 것이다. 앞으로 현금보유를 불법화하는 시대가 올 가능성도 있다. 현금인출은 마이너스 금리 취지를 무화시켜버리기 때문에, 핀테크 등을 통해 현금없이 거래가 가능한 시대를 서두르는 것이다. 핀테크는 모든 거래 정보가 전산으로 남기 때문에 정부 입장에서 적극적으로 도입을 추진하고 있다. 탈세나 불법 거래는 핀테크 시대에 얼마든지 추적이 가능하다. 현금을 집의 금고에 보관하게 되면 금고털이범들의 표적이 될 것이며, 관리비용도 만만치 않다. 차라리 은행에 패널티를 물고 거래 편리성을 택하는 것이 낫다. 마이너스 금리정책을 통해 소비확대를 이끌어낼 수 있을지는 좀 더 두고봐야 할 것 같다.

마이너스 금리 도입 이후 부동산 투자가 늘고 가격도 상승하는 경향이 있다. 부동산 가격 상승요인을 꼽자면 여러 가지가 있겠지만, 예금자들이 은행에 패널티를 낼 바에는 차라리 부동산에 투자하거나 임대수익을 추구하는 것이 낫다고 생각할 수 있다. 〈도표 4-36〉을 보자. 마이너스 금리 도입국가의 부동산 가격은 대체적으로 오름세에 있다.

마이너스 금리 시대에는 누가 수혜를 받을까? 국채금리가 마이너스 상태라는 것은 정부가 국채를 발행하면 이자를 주는 것이 아니라 거꾸로 이자를 받는 것이나 마찬가지다. 100억 원 국채를 발행하고 만기에 98억 원을 상환한다고 할 때, 마이너스 금리 시대에 정부부채는 줄어들게 된다. 마이너스 금리 최대 수혜자는 정부가 될 것이다. 또한 저축하는 사람에게서 대출받는 사람으로 부富가 이전될 것이다. 돈 있는 사람이

[도표 4-36] **마이너스 금리 도입 국가의 부동산 가격 추이**

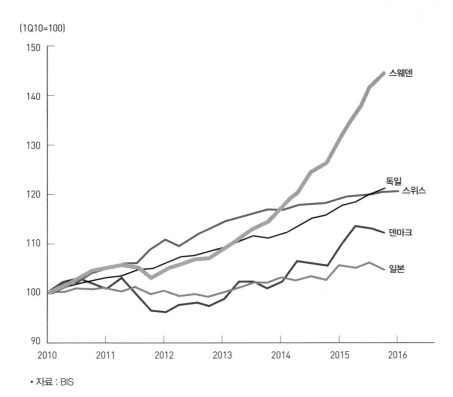

• 자료 : BIS

대출해주면서 고맙다고 이자를 주는 세상은 과연 정상인가? 유럽과 일본 등 선진국에서 최대 저축자는 노인들이다. 노인들의 부가 마이너스 금리에 의해 강제적으로 이전될 것이다.

앞으로 투자자들은 마이너스 금리 시대라는 새로운 패러다임의 도래를 고심해야 한다. 저성장 시대에서 다시 고성장 시대로 돌아가는 것은 쉽지 않고, 저성장은 고착화될 가능성이 높다. 정부는 부채를 해소해야 하고, 잉여저축을 줄여서 투자와 소비를 강제해야 할 상황이다. 마이너스 금리를 일시적인 현상으로 판단할 수 없고, 많은 나라가 마이너스 금리를 도입할 가능성이 높다.

일드갭은 어떻게 볼 것인가?

💰 어느 자산에 투자할 것인가?

주식과 채권 중에 어느 자산에 투자할 것인가? 중요한 것은 수익률 차이다. 주식과 채권의 기대수익률 차이인 일드갭^{yield gap}은 주식에 투자할 것인가, 채권에 투자할 것인지를 결정할 때 참고할 수 있는 유용한 지표이다.

일드갭 = 주식투자 수익률 − 채권수익률

주식과 채권은 상호 밀접한 관계가 있다. 주식투자 수익률은 12개월 선행 PER의 역수를 사용한다. 이는 주식에 투자한 돈에 대비해 회사에서 일 년간 이익을 얼마나 벌었는지 나타내는 지표이다. 채권수익률은 보통 3년 만기 국채수익률을 사용한다.

일드갭이 커지는 경우는 주식투자 수익률이 높아지든가, 채권수익률이 낮아질 때이다. 채권수익률인 낮아진다는 것은 채권가격 상승을 의미하므로 채권시장이 강세라는 이야기다. 채권이 매력적인 상품이어서 자금이 채권으로 몰릴 때 채권수익률은 낮

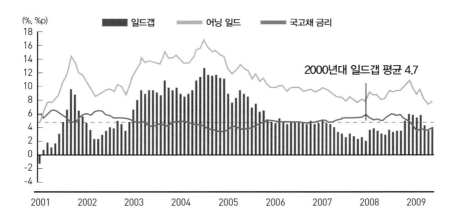

[도표 4-37] 2008년 금융위기 전후의 일드갭

(%, %p)
■ 일드갭   어닝 일드   국고채 금리

2000년대 일드갭 평균 4.7

아지고 채권가격은 상승하게 된다. 채권수익률이 낮아지면 일드갭이 벌어지게 되고 이는 주식가격이 채권에 비해 상대적으로 싸졌다는 것을 의미하기 때문에 주식투자 매력은 증가하게 된다. 이때는 주가상승이 기대되기 때문에 주식투자 비중을 늘려야 한다.

〈도표 4-37〉을 보자. 2000년대 한국 증시에서 일드갭 평균이 4.7%로 나왔다. 일드 갭이 그 이상일 경우 주가가 상승하는 경우가 많았으며 일드갭이 6% 이상으로 높았던 때는 대부분 일 년 후 주가가 상승했다는 통계가 있다. 그리고 일드갭이 4% 미만일 경 우는 채권의 상대적 매력도가 증가하면서 주가가 하락하고 채권가격이 상승한 사례가 많았다.

금융위기 직전인 2007년에는 일드갭이 2% 미만으로 내려가기도 했다. 이 당시에 주 식시장은 달아올랐고 채권은 주식에 비해 상대적으로 저평가되었던 시절이었다. 일 드갭은 주식과 채권의 수익률이 서로를 비춰주는 거울 같은 역할을 해준다. 일드갭이 상승추세일 때 주가도 상승하고, 하락추세일 때 주가는 하락했다. 2008년 금융위기 때 일드갭은 2% 포인트까지 좁혀지기도 했다. 일드갭으로 볼 때 매수기회였음을 알 수

있다.

미국의 일드갭을 보면 1960년을 전후로 채권과 주식의 시대가 나뉜다. 1960년 이전
엔 채권투자가 매력도가 높았다. 그 이후에는 미국 경제가 세계를 주도하면서 기업들
이 발전하게 되고 주식의 시대가 열렸다. 1980년대 들어서면서 인플레이션율이 높아
지고 채권수익률이 주식수익률을 앞서기 시작했고, 이러한 추세는 2000년까지 이어졌
다. 그 이후 채권수익률이 지속적으로 하락하면서 주식의 수익률이 채권수익률보다
높은 상태가 지속되고 있다.

2008년 미국 금융위기가 도래하자 연준은 제로금리 정책을 추진하면서 국채수익률
이 급락했다. 이때부터 일드갭이 크게 벌어졌고, 증시는 큰 폭의 상승세를 유지해왔
다. 반면에 1980년대 초반부터 2000년까지 국채수익률이 주식수익률을 능가했다는 것
도 흥미롭다. 연준이 금리인상을 추진할 때 일드갭은 축소되고, 이는 증시하락 요인임
을 알 수 있다.

금리인상은 기업의 자금조달 금리상승을 의미하며, 금융비용 부담도 가중된다. 이

로 인해 기업이익은 줄어들게 된다. 순이익이 감소할 경우 예상 PER는 높아지고 주식수익률은 낮아진다. 금리인상에 따라 국채수익률은 상승하기 때문에 일드갭은 줄어들게 되고, 주식은 채권보다 투자매력이 떨어지게 된다. 이러한 과정을 통해 주식시장은 조정국면에 진입하게 된다. 주식시장이 미국채 수익률에 민감하게 반응하는 이유도 일드갭으로 설명할 수 있다.

SECTION 66 좋은 주식이란 무엇인가?

좋은 주식은 좋은 회사와 좋은 주가의 교집합

    좋은 기업을 좋은 가격에 매입하면 좋은 주식이 된다. 하지만 기업 내용이 좋지 않은 주식도 좋은 주가 범주에 들어올 때가 있다. 예컨대 PBR이 0.5배 수준으로 주가가 하락했을 때를 보자. 이 기업은 자산가치 대비 저평가인 좋은 주가 수준임에 틀림없다. 그렇다면 왜 주가가 하락해서 저PBR이 되었는지 확인해봐야 한다. 실적이 나빠져서 주가가 하락했을 경우, 자산가치 대비 주가가 저평가될 수 있다. 이런 과정으로 저평가된 주식을 좋은 주식이라고 할 수 있을까? 미래의 사업가치가 불확실한데도 불구하고 자산가치가 시장가치보다 높다는 이유로 좋은 주식이라고 말하기는 애매한 구석이 있다.

    투자자들이 관심을 가져야 하는 것은 기업의 본질이 우수한 종목군이다. 이 종목군 중에서 저평가된 종목을 골라야만 좋은 주식이 된다. 좋은 주식은 좋은 회사와 좋은 주가의 교집합이다.

    《좋은 주식에 집중투자하라》에서 저자 이준혁은 좋은 주식의 조건에 대해 이야기한

[도표 4-39] **좋은 주식의 조건**

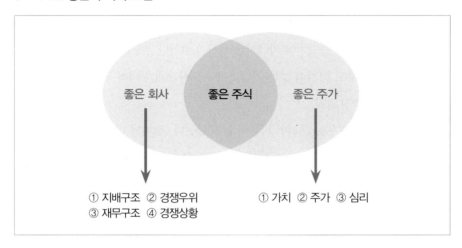

다. 좋은 회사 조건 4가지, 좋은 주가 조건 3가지를 지목한다. 좋은 주식을 찾기 위해서 좋은 기업을 물색하는데 70% 공력을 들여야 하며, 좋은 가격 조건을 연구하기 위해 나머지 30%를 투자해야 한다는 것이다. 여기서 좋은 주가를 찾는 것보다 좋은 기업을 찾는데 더 신경을 써야 하는 이유는 설령 좋은 기업을 약간 높은 가격에 샀더라도 크게 걱정할 필요가 없기 때문이다. 좋은 기업은 시간이 갈수록 가치가 계속 올라간다. 그러나 그저 그런 주식은 아주 싼 가격에 사지 않는 한 투자이익을 보는 것이 쉽지 않다. 좋은 기업과 그저 그런 기업의 차이가 여기에 있다. 특히 집중투자를 하려면 좋은 기업에 초점을 맞춰야 한다.

🏦 좋은 회사의 조건

▪ 기업 지배구조가 좋아야 한다

기업 지배구조가 좋으려면 대주주 위상과 경영철학이 중요하다. 현재 사업에 집중해야 하며, 자본구조를 바꾸지 않는 기업이어야 한다. 대주주가 지나치게 주가변동에 예민하게 반응하는 것은 바람직하지 않다. 경영진이 중요한 이유는 대리인 비용문제를 일으키기 때문이다. 경영진이 지나치게 자신의 이익만 추구하는 기업도 피해야 한다. 대주주가 무능하고 비전이 없는 기업이거나 노사관계가 나빠 지속적으로 문제를 일으키는 기업도 좋지 않다.

대주주가 CEO인 경우는 대리인 비용이 들지 않는다. 하지만 대주주 지분율이 너무 작아도 기업인수합병 대상이 되어 경영에 전념할 수 없기 때문에 대주주가 30% 이상 지분율 보유하는 것이 좋다. 대주주가 인재에 대한 욕심이 많아서 내부승진으로 CEO를 배출하는 기업도 좋은 기업에 속한다. 특히 코스닥에 투자할 때는 대주주나 CEO 자질이 중요하다. 코스닥은 지분율이 낮고 실적이 좋지 않을 경우 횡령이나 배임 가능성이 높기 때문이다. 대주주 지분율이 낮을 경우 특수사채$^{CB, BW}$ 발행을 통해 지분율을 높이려는 시도를 할 수도 있다. 제3자 배정이 잦은 기업도 배제해야 한다.

▪ 경쟁 우위에 있는 기업이어야 한다

기업의 경쟁력이 높다는 것은 경제적 해자를 보유하고 있다는 말과 같다. 제품과 서비스에서 독과점적 시장점유율을 갖고 있거나 브랜드 경쟁력이 빼어나야 한다. 특허 보유 여부도 중요하다. 기술적 공법상 우위로 인해 해자를 갖고 있어도 좋은 기업이다. 높은 전환비용도 경제적 해자를 구성한다. 규모의 경제, 진입장벽 같은 경제적 해자에 해당하는 항목이 많을수록 좋다.

▪ 뛰어난 재무적 성과가 있어야 한다

영업이익률은 가장 중요한 지표이다. 상장기업 평균이익률의 2배 이상이거나 20% 이상인 기업이라면 좋다. 음식료 같은 소비재 업종의 경우 영업이익률이 10% 이하인 기업들이 많은데, 이들 기업은 안정적인 매출지표가 중요하기 때문에 시장점유율이 높은 기업을 골라야 한다. 원가율이 낮은 회사야말로 원천적인 경쟁력을 확보한 회사이다. 판관비를 효율적으로 관리하는 것은 경영자의 몫인데, 뛰어난 마케팅 조직을 갖고 있거나 브랜드 가치가 높으면 관리비용이 적게 든다. 부채비율이 낮아서 이자비용을 최소화해야 하며, ROE가 높아야 한다. 마지막으로 현금흐름이 좋은 기업이어야 한다. 재무적 성과가 빼어난 기업을 계량적으로 찾는다면 영업이익률과 ROE가 동시에 높은 종목을 선정하면 된다.

■ 좋은 경쟁상황을 만나야 한다

마이클 포터는 회사의 가치를 결정하는 경쟁의 5가지 요소를 꼽았다. ① 기존 기업과 경쟁, ② 잠재적 진입기업, ③ 공급자, ④ 구매자, ⑤ 대체재 존재이다. 경쟁상황은 회사가 스스로 만들어낼 수 없는 부분도 있고, 노력하면 개선할 수 있는 부분도 있다. 경쟁은 강도가 낮을수록 좋다. 대체재를 배제하거나, 공급자와 협상력을 확대하는 일, 잠재적 진입기업을 배제하는 것 등은 모두 경제적 해자와 관련된다. 좋은 경쟁환경은 곧 경제적 해자 존재 여부와 관련이 있다.

결론적으로 좋은 기업은 기업 지배구조가 좋고, 경제적 해자를 갖추고 있어서 이익률이 높은 기업이다. 이런 기업은 자신에게 유리한 방향으로 경쟁상황을 개선할 수 있는 힘을 갖게 된다.

경제적 해자란 무엇인가?

💰 워런 버핏의 경제적 해자

경제적 해자Economic moat는 워런 버핏이 버크셔 해서웨이 연례보고서에서 언급하면서 널리 알려진 개념이다. 이후 팻 도시Pet Dorsey의 《경제적 해자》가 출간되었다. 해자埃子, moats는 중세시대에 적의 침입을 막기 위해 성 둘레에 파놓은 연못을 말한다. 해자가 있으면 성을 방어할 때 침략자들보다 유리하게 된다. 마찬가지로 경제적 해자는 기업이 신규 참여자들에 대해 진입장벽을 구축해 경쟁우위를 지속적으로 유지하게 해준다. 신규 참여자들을 배제한다는 것은 지속적으로 높은 이윤을 창출하기 위한 조건이다.

기업들이 경제적 해자를 확보하려고 기를 쓰는 이유는 높은 이익률을 확보하기 위해서이다. 어떤 회사가 신제품을 개발해서 높은 이익률을 내고 있으면 소문이 금세 퍼지고 다른 회사들이 시장진입을 시도할 것이다. 기존 기업은 신규 진입을 막아내지 못하면 높은 이익률을 유지할 수 없기 때문에 후발주자들이 참여하기 어렵도록 바리케이트를 쳐야 한다. 그렇다면 신규 진입자들을 막아낼 수 있는 경제적 해자는 어떤 것이 있을까?

투자자들이 일일이 개별 종목들을 분석해서 경제적 해자를 가진 기업을 찾아내는 것이 어렵다. 이러한 번거로움 때문에 이익률 지표를 통해 경제적 해자 여부를 추정하게 된다. 예를 들어 영업이익률을 지속적으로 높게 유지하는 기업을 경제적 해자가 존재할 가능성이 높다고 추정할 수 있다.

팻 도시는 자신의 저서에서 가짜 해자를 조심하라고 말한다. 해자처럼 보이지만 따져보면 해자가 아닌 것이다. 팻 도시는 이를 실체가 없는 해자라고 정의했다. 예를 들어 뛰어난 신제품을 생산한다고 해서 반드시 해자가 있다고 할 수는 없다. 신제품 효과는 일시적인 경우가 많다. 크라이슬러가 미니밴 출시로 큰 성공을 거두자 다른 기업들도 뒤따라서 비슷한 미니밴을 내놨다. 경쟁이 격화되면서 크라이슬러 이익률이 하락했다. 크리스피 크림이나 에탄올도 비슷한 과정을 겪었다.

시장점유율이 높은 기업이 경제적 해자가 있는지도 의심해봐야 한다. 일반적으로 시장점유율이 높은 회사는 해자를 갖고 있는 경향이 있지만 모든 기업이 그렇지는 않다. 코닥, IBM, 넷스케이프, GM 등은 초기에 막강한 시장점유율을 갖고 있었다. 그러나 사업환경과 경제구조가 변하면서 시장 자체가 축소되거나 없어져버리는 경우도 있었다. 새로운 공법을 들고 나온 기업에 의해 시장이 일거에 잠식당해버리기도 한다. 코닥은 필름카메라 생산에서 추종을 불허하는 강자였지만 디지털카메라 시대가 오자 필름을 쓰던 카메라 시장 자체가 사라져 버렸다. 높은 시장점유율이 중요한 것이 아니라, 높은 시장점유율을 지속적으로 유지할 수 있는지 여부가 중요하다.

비용통제를 잘해서 경영효율성이 높다고 이를 해자로 속단하기는 어렵다. 비용절감을 잘해서 살아남은 회사의 경우에는 그 회사가 속한 산업 자체가 경쟁이 치열하다는 것을 반증하는 것일 수도 있다. 경영진의 능력은 생각보다 중요하지 않다. 장기적인 경쟁력은 사업의 구조적인 측면에서 비롯되어야 한다. 경쟁이 치열한 자동차 산업의 경우 아무리 유능한 경영자를 영입한다고 해도 이익률 제고에는 한계가 있다. 해자가 있지만 평범한 경영진이 경영하는 기업이 부정적 성과를 달성할 확률은 잭 웰치 같은 유명한 CEO가 경영하는 해자가 없는 회사보다 훨씬 낫다. 구조적으로 경쟁력을 확보한 회사는 바보 경영자라도 이익을 낸다. 인기 있는 경영자가 사임할 때 주가가 폭락하는 소위 CEO 리스크는 기업의 구조적 취약성을 반증해준다. 언론에 자주 나오는 스타성 최고경영자에 의존하는 기업은 투자에 신중해야 한다.

🪙 진정한 해자

팻 도시가 《경제적 해자》에서 제시한 진정한 해자의 조건은 4가지다. 첫째 무형자산, 둘째 고객 전환비용, 셋째 네트워크 효과, 넷째 원가우위이다.

■ 무형자산

경제적 해자 역할을 하는 무형자산은 눈에 보이지 않는 진입 방해물이다. 물리적인 실체는 없으나 브랜드 파워, 강력한 판매망, 특허나 사업권처럼 기업경쟁력의 핵심을 이루는 자산을 의미한다. 이러한 무형자산은 기업의 지속적인 성장을 담보한다.

산업구조가 고도화될수록 브랜드 가치는 더욱 중요해진다. 후발업체와 제품을 차별화할 수 있으며, 부가가치를 극대화할 수 있다. 강력한 브랜드는 소비자에게 제품의 소비를 통한 가치를 부여하면서 만족감을 높여준다. 그렇기 때문에 경쟁사에 비해 높은 가격으로 제품을 판매할 수 있으며, 높은 마진율 확보가 가능하다. 브랜드 가치가 높아서 높은 이익률을 내고 있는 아스피린의 경우를 보자. 아스피린 성분은 이미 화학적으로 밝혀졌고, 아스피린과 같은 종류의 진통제는 무수히 많이 나와 있지만 소비자들은 유독 아스피린만 찾는다. 아스피린이 브랜드 가치로서 탁월한 명성을 쌓았기 때문이다. 아모레퍼시픽의 설화수나 동서식품의 맥심커피, 에스원의 세콤, 코카콜라, 애플의 아이폰, 할리데이비슨 같은 상표는 그 자체만으로도 소비욕구를 자극하는 강력한 브랜드 파워가 있다.

세계적인 신용평가회사 무디스의 가치는 탄탄한 명성과 강력한 시장지배력에 있다. 무디스가 평가하는 것만으로도 권위가 있다. 무디스가 기업이나 국가의 신용등급을 조정할 경우 기업의 자본조달비용이나 국가의 신뢰도에 즉시 영향을 미치게 된다. 글로벌 신용평가 시장은 3대 기업이 장악하고 있고, 신규진입 자체가 쉽지 않은 구조로 정착해버렸다.

판매망도 무형자산이다. 편의점은 소비자 접근성이 핵심인데, 선발업체가 목 좋은 곳을 장악해버릴 경우 후발업체들은 선발업체를 따라잡기 위해 대규모 비용과 시간이 소요된다. 이는 영화관의 경우도 마찬가지다. 정부가 특허를 통해 일정기간 제품생산을 보호해주거나 라이선스를 부여받을 경우도 경제적 해자가 있는 무형자산을 확보한 것이다. 강원랜드는 내국인 카지노 라이선스를 갖고 있기 때문에 타기업이 진출을 할 수 없는 상황이어서 독점적 영업이 가능하다. 담배, 항공사업, 방위산업 등도 라이선스와 관련이 있다.

▪ 고객전환비용

사람들은 거래하는 은행을 자주 바꾸지 않는다. 다른 은행으로 거래처를 전환해도 크게 이득이 없고 오히려 불편하기 때문이다. 아파트 관리비 등 고정적으로 빠져나가는 자동이체를 다 바꿔야 한다. 사는 곳이나 직장에서 가까운 곳에 있는 은행을 선호하고, 한 번 거래를 트면 계속 이용하는 경향이 있다. 신용카드도 마찬가지다.

오라클이나 더존비즈온 같은 소프트웨어 회사의 제품 역시 전환비용이 있다. 더존비즈온 회계프로그램을 사용해서 이 제품에 익숙해져 있을 경우, 더존비즈온보다 더 나은 회계프로그램이 나오더라도 기존 더존비즈온 프로그램에 익숙한 사람들은 단순히 가격 등을 이유로 타회사 제품으로 바꾸지 않는다. 이미 더존비즈온 프로그램으로 과거 회계자료를 누적시켜놓고 있어서 새로운 회계 프로그램을 도입하게 되면 성가신 일이 많기 때문이다. 전환을 통한 이득이 상당하지 않고서는 선뜻 바꾸지 않는다.

▪ 네트워크 효과

신용카드 회사는 가맹점 숫자가 중요하다. 소비자들은 가맹점을 많이 확보한 카드를 갖고 싶어한다. 가맹점의 네트워크 효과라고 한다. 미국의 경우도 몇 개의 신용카드 회사가 시장을 과점하고 있다. 택배회사의 강점도 네트워크에 좌우된다. 고객이 택배를 이용하는 것이 편리해야 하는데, 택배 출장소 네트워크가 많을수록 편리성은 높아진다. 카지노 사업, 여행사 역시 네트워크 효과가 있다. 보안회사인 에스원은 거미줄 같은 네크워크를 갖추고 있다.

마이크로소프트의 엑셀은 전 세계 모든 기업과 개인이 사용하면서 네트워크를 형성했다. 서로 엑셀 파일로 작성된 문서를 사용자들끼리 공유하면서 대중화되었다. 엑셀과 비슷한 제품이 무료로 나온 적이 있지만 이내 사라졌다. 이유는 단순하다. 엑셀처럼 네트워크를 형성하지 못했기 때문이다.

플랫폼 기업인 네이버는 지식검색 서비스를 통해 시장을 선점했다. 검색광고, 블로그, SNS, 네이버페이, 음악스트리밍 사업 등은 검색포털 플랫폼이 있기 때문에 가능한 서비스이다. 네이버 같은 플랫폼 기업은 이용자 숫자가 중요하다. 이용자가 많을수록 강력한 네트워크가 구축된다. 한 번 구축된 네트워크는 강력한 생태계를 만들어내기 때문에 신규 사업자가 쉽게 시장에 진입하지 못한다. 메신저 서비스의 경우 선점효과를 통한 네트워크 효과는 극대화된다. 한국에서 카카오톡이나 일본의 라인, 중국의 위챗, 미국의 왓츠앱 등이 대표적인 시장선점 사례이다.

▪ 원가우위

경쟁사보다 원가를 낮게 생산할 수 있다면 경제적 해자를 갖춘 기업이라고 할 수 있다. 원가경쟁력은 가장 중요한 해자이다. 원가가 경쟁사보다 낮다는 것은 마진율이 높다는 것과 같다. 마진율이 경쟁사보다 10% 높은 기업이 시장점유율을 높이기 위해서 가격을 10% 할인판매할 수 있다. 이렇게 가격을 낮춰 경쟁사와 동일한 마진율을 확보하면서 경쟁사를 궁지로 내몰거나 퇴출시킬 수 있다.

구분	현재 비용구조				10% 판매단가 하락
	매출원가율	판관비율	영업이익률		영업이익률
A사 : 경쟁력 있는 회사	50%	20%	30%		20%
B사 : 보통 회사	60%	25%	15%		5%
C사 : 경쟁력 열위 회사	64%	28%	8%		−2%

[도표 4-41] 경제적 해자 기업을 찾는 과정

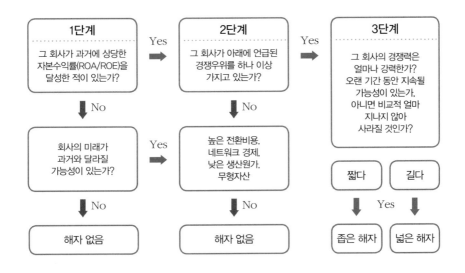

원가경쟁력이 경제적 해자의 꽃이다. 〈도표 4-40〉 같은 비용구조를 갖춘 3개의 기업이 시장에 있다. 원가경쟁력이 있는 기업인 A사가 판매단가를 10% 인하했을 때, 영업이익률 변화를 보자. 보통 경쟁력을 지닌 B사는 영업이익률이 크게 축소된다. C사는 적자가 발생한다. 계속 적자가 날 경우 C사는 퇴출되고, C사의 시장점유율을 A사와 B사가 나눠가진다. 이익률이 높은 A사가 풍부한 현금흐름을 바탕으로 마케팅 활동을 할 수 있기 때문에 B사보다 훨씬 유리한 입장에 있고, 시장을 더 많이 빼앗아 올 수 있다.

경제적 해자 유무를 판별하려고 개별 종목 전부를 하나씩 기업내용을 조사할 수는 없다. 영업이익률, ROE 등이 높은 회사를 찾아서, 그 기업이 어떤 경제적 해자를 갖추고 있는지 확인해봐야 한다. 〈도표 4-41〉을 참고하면 이해가 쉬울 것이다.

워런 버핏의 가치투자전략이란?

💰 워런 버핏 VS 벤저민 그레이엄

무릇 이론은 시대의 자식이다. 벤저민 그레이엄이 가치투자 이론을 정립하면서 투자자들은 기업의 지불능력에 초점을 맞추기 시작했다. 안전마진 개념이 이를 대표한다. 그레이엄이 활발하게 활동했던 20세기 전반은 기업의 생존 자체가 관심사였다. 그래서 경제적 위기에 부딪혔을 때 이를 극복하고 살아남을 수 있는 능력이야말로 기업이 갖춰야 할 최고의 조건이었다. 그때 당시에는 장기투자에 관심이 없었다. 그레이엄의 최대 관심은 주가가 기업의 내재가치에 비해 싼지 비싼지를 판별하는 것이었다. 즉가격이 분석의 핵심이었다. 가치에 비해 주가가 쌀 때 안전마진을 확보한 가격으로 매입해서, 적정가격이 올 때 매도했다. 그레이엄은 장기적으로 경쟁우위가 있는 기업보다 장부가격 대비 시장가격이 저평가된 주식을 더 중요시했다.

워런 버핏은 그레이엄의 가치투자 개념을 받아들이면서 이를 발전적으로 확장시켰다. 그레이엄의 안전마진이나 순유동자산 개념 등을 받아들이는 한편, 경제적 해자 개념을 도입해서 장기적인 투자를 실행했다. 그레이엄과 버핏이 확연히 구분되는 지점이다. 버핏의 관심은 장기적인 경쟁우위durable competitive advantage를 가진 기업을 찾는 것이었고, 이런 기업을 찾았을 때 안전마진을 확보한 적정가격에 매입하고, 경쟁우위가 훼손되지 않는 한 주식을 장기적으로 보유하는 전략을 취한 것이다. 버핏 투자전략의 핵심은 2가지로 요약된다.

① 장기적으로 경제적 해자를 유지할 수 있는 기업을 찾아내는 방법
② 경제적 해자를 가진 기업의 가치를 평가하는 방법

버핏이 주식을 매입한 후에 매도하는 경우는 3가지 경우가 발생했을 때 뿐이다. ① 장기적인 경쟁우위를 확보하게 해줄 수 있는 경제적 해자가 무너졌을 때, ② 주가가 급등해서 가치가 고평가되었을 때, ③ 보유주식보다 더 매력적인 기업을 발견했을 때이다. 버핏과 그레이엄의 투자철학 차이는 다음과 같이 요약할 수 있다.

① 그레이엄은 가치와 가격의 비교를 통해 종목을 골랐는데, 저평가 주식이 모두 주가가 상승하는 것도 아니고 심지어 파산하는 종목도 나왔다. 위험을 분산하기 위해 그레이엄은 수백 개 이상 종목에 분산투자했다. 2년 이상 주가가 오르지 않으면 매도하기도 했다. 반면에 버핏은 분산투자가 답이 아니라고 결론을 내리고 집중투자를 선택했다. 가치와 가격의 상대비교는 기업의 장기적인 생존에 필수적인 경제적 해자를 간과했다는 점을 깨달은 것이다. 이에 버핏은 종목 선택의 최우선 항목으로 경쟁우위를 지속시킬 수 있는 경제적 해자를 지목했다.
② 그레이엄의 50% 룰은 저평가된 주식을 매입한 후에 50% 이상 주가가 상승하면 기계적으로 매도하는 전략이다. 버핏은 이런 주식 중에서 기업이 지속적으로 성장할 경우, 주가가 매도가격보다 훨씬 더 높이 상승한 점에 주목해서 초우량주가 확보한 탁월한 사업성을 연구했다. 재무제표 연구를 통해 독점적인 시

장지배력을 갖춘 기업의 특징을 분석했고, 경제적 해자가 무너지지 않으면 장기적으로 보유하는 전략을 취했다.

③ 버핏은 경쟁우위가 장기간 지속되는 기업의 가치는 시간이 갈수록 계속 증가한다는 사실을 발견하면서 영구보유 개념을 정립했다. 버핏에게 경쟁우위는 자기충족적 예언self-fulfilling prophecy이었다. 경쟁우위를 믿고 투자한 결과, 실제로 수익을 낼 수 있음을 믿은 것이다. 빼어난 기업은 파산할 가능성이 적을 뿐더러 투기꾼들이 이런 기업의 주가를 낮출수록 낮은 가격에 주식을 매수하면 손실위험이 줄어든다고 봤다. 지속적으로 이익을 창출하는 기업은 언젠가는 시장의 관심을 받을 수밖에 없고, 주가는 올라가기 마련이라고 확신한 것이다. 버핏은 이익을 극대화하기 위해 리스크를 높게 가져가야 한다는 월가의 격언에 반대하며 리스크를 줄이면서 이익을 극대화할 수 있다고 주장했다.

④ 그레이엄은 저평가된 종목을 찾았지만, 버핏은 초우량기업의 경우 적절한 가격에 매수하여 장기로 보유하면 보상을 받을 수 있다고 했다. 장기보유의 이점은 세금부담을 절감시켜주기 때문에 복리의 마법을 노릴 수 있다. 장기적으로 경쟁우위를 갖는 기업은 시간이 지나면 투자자를 부자로 만들어준다고 버핏은 확신했다.

💰 버핏의 투자철학 핵심 5가지

▪ 초우량주를 골라라

장기적으로 안정적인 산업을 찾고, 해당 산업에서 지속적으로 경쟁우위를 갖춘 기업을 주목하라. 버핏 투자철학의 제1장 1절은 바로 '경쟁우위'라는 단어에서 시작된다. 경제적 해자가 없기 때문에 경쟁우위가 없는 기업은 쳐다보지 말라는 것이다. 안정적으로 꾸준히 성장하는 산업에서 강력한 경쟁우위에 있는 기업을 찾는 일이야말로 투자성공의 알파요 오메가라는 것이다. 물론 경쟁우위는 지속적으로 이어질 수 있어야 하며, 이런 조건에 부합하려면 초우량주여야 한다.

경쟁우위는 경제적 해자와 동의어이다. 경쟁자를 지속적으로 배제할 수 있는 핵심 기술을 갖고 있거나 브랜드 파워를 지닌 기업이어야만 경쟁우위가 가능하다. 이 중에서 제품의 지속성은 매우 중요하다. 코카콜라처럼 제품을 바꿀 필요가 없다면 연구개발 투자나 제조설비에 큰돈이 들어가지 않는다. 신규참여자를 배제할 수 있는 경쟁우위는 어디서 오는지 살펴보자.

경쟁우위에 있는 기업, 즉 경제적 해자가 있는 기업은 이윤율이 높다. 이윤율을 인수분해하면 다음의 공식이 되는데, 3가지 측면에서 강점을 가지면서 이윤율은 높게 유지된다. ① 시장점유율을 높게 유지한다, ② 판매량이 증가한다, ③ 판매마진율이 높다.

$$이윤 = 판매량 \times (판매가 - 생산원가)$$
$$= 시장점유율 \times 시장 총판매량 \times (판매가 - 생산원가)$$

경제적 해자가 높은 기업을 찾으려면 시장점유율, 판매량 증가율, 생산원가율을 확인하면 된다. 경제적 해자는 높은 시장점유율이라는 옷을 입고 나타난다. 또한 판매량이 꾸준히 증가하는 기업이어야 한다. 기업이 속한 산업이 사양산업이 아니어야만 매출이 안정적으로 증가한다. 판매마진은 생산원가에서 결정된다. 생산원가율이 낮은 기업은 경쟁사를 시장에서 배제할 수 있는 강력한 해자를 갖는다. 제조업체들이 기를 쓰고 생산원가를 낮추기 위해 노력하는 것은 시장점유율을 확보하기 위해서이다.

마지막으로 지속적 경쟁우위 기업을 찾아야 한다. 여기서 '지속적'이라는 것이 중요하다. 만약 경쟁우위가 지속적이지 않으면 장기투자를 할 수 없다. 해자를 갖춘 기업일지라도 사양산업에 속해 있다면 지속적 경쟁우위 기업이 되기 어렵다. 버핏은 코카콜라와 질레트를 필연적 기업이라고 하면서 'inevitable'이라는 단어를 사용했다. 20년

이 지나도 여전히 위대한 기업의 지위와 위치를 지키고 있는 것은 경쟁우위의 지속성이 있는 것이다.

▪ 이성적으로 시장을 보라

시장은 단기적으로는 투표기이고 장기적으로는 저울이다. 비효율적 시장이론으로 효율적 시장이론에 도전해야 한다. 자신의 어리석음을 인식해야 시장의 어리석음을 이용할 수 있기 때문에 항상 이성적 사고를 해야 한다.

미스터 마켓은 매일 우리 집 문 앞에 와서 주식의 가격을 제시한다. 내가 가진 주식을 팔라고 하기도 하며, 자신이 보유한 주식이 좋다면서 사라고 가격을 제시한다. 미스터 마켓은 조울증이라는 불치의 병을 앓고 있는 변덕쟁이다. 그래서 주가는 단기적으로 기업가치와 무관하게 출렁거린다. 그러나 장기적으로 볼 때 주가는 가치라는 눈금을 가진 정교한 저울이다. 주가는 단기적으로 변동성이 크지만 장기적으로는 정확히 가치를 반영한다. 따라서 가치가 변하지 않는 한 단기적으로 높은 변동성은 위험이 아니기 때문에 개의치 말 것이며, 이런 것에 신경을 쓰면서 인생을 낭비하지 말라고 했다. 워런 버핏은 단기 변동성을 무의미한 것으로 보기 때문에 매일 주가를 확인할 필요가 없다고 판단하고 컴퓨터를 책상에서 치워버렸다.

효율적 시장가설 옹호자들은 시장은 언제나 모든 정보를 반영하기 때문에 항상 효율적인 상태를 유지한다고 주장한다. 워런 버핏은 미스터 마켓의 존재를 예로 들면서 시장은 시시때때로 비효율적이라고 했고, 바로 이러한 비효율성이야말로 가치투자자들의 존립근거라고 지적했다. 버핏은 베타계수나 효율적 시장가설, 그리고 이에 기반한 포트폴리오 이론, 옵션이론 등을 배울 필요까지는 없다고 봤다. 대신 2가지를 정확히 배우라고 했다. 첫째는 기업가치를 평가하는 방법, 둘째는 시장가격을 해석하는 방법이다. 기업의 가치와 시장의 가격을 주목하는 것은 가치가 가격에 비해 현저하게 저평가된 기업을 찾기 위해서이다. 한마디로 버핏은 가치 사냥꾼이다.

버핏의 리스크에 대한 통찰도 남다르다. 시장에서는 고수익을 얻기 위해서 높은 리스크를 감내해야 한다고 말하지만, 버핏은 동의하지 않는다. 버핏은 가치를 중심으로 생각하는 투자자이다. 그는 저위험low risk 고수익high return을 노리는 투자자가 되어야 한다고 말하면서, 리스크를 과감하게 받아들이면 높은 수익률을 기대할 수 있다는 시장의 주장을 받아들이지 않았다. "60센트로 1달러 지폐를 산다면 그 리스크는 40센트로 1달러 지폐를 사는 것보다 더 크다. 그런데 후자의 기대수익률이 더 높다. 가치를 우선으로 하는 투자 포트폴리오에서 수익률의 잠재력이 클수록 리스크는 낮아진다."

워런 버핏은 자기 자신을 아는 것으로부터 출발하라고 했다. 자신의 한계와 단점을 알고 나면 내가 무엇을 해야 하는지를 알 수 있기 때문이다. 버핏은 IT기업의 사업구조에 대해 잘 알지 못하고, IT기업은 기술이 급변하기 때문에 미래의 현금흐름을 코카콜라나 질레트 등 일반 소비재 기업처럼 명쾌하게 알 수 없다고 말했다. 자신의 무지를 인정하고 더 잘 아는 분야에 투자를 집중한 것이다. "세상에서 주식을 사는 사람들 가운데 가장 어리석은 사람은 주가가 오르고 있기 때문에 산다는 사람이다."

■ 안전마진을 확보하라

안전마진은 투자의 안전과 수익을 보장한다. 초우량 기업의 주가가 하락하는 것이 투자의 좋은 기회인 것은 안전마진의 폭이 넓어지기 때문이다. 그레이엄은《증권분석》에서 안전마진에 대해 다음과 같이 말한다. "투자할 때 우리가 추구해야 할 안전성이란 절대적이거나 완벽한 것은 아니다. 안전이라는 단어가 의미하는 바는 오히려 모든 가능한 정상적이고 합리적인 상황에서 손실을 입을 가능성에 대한 방어책이다. 안전한 주식이란 나타날 가능성이 거의 없는 특별한 비상사태를 제외하고는 어떤 상황에서든 매수할 때 지불한 가격 이상의 가치를 항상 보유하는 주식을 의미한다."

버핏은 안전마진에 대해 5톤 차가 다닐 수 있게 하중이 설계된 다리가 있다면, 3톤 차가 건너야 안전하다고 비유하면서, 주식도 안전마진을 확보한 가격에 매입해야 한다고 말한다. 경쟁우위가 있는 기업이 잠시 커다란 문제가 발생해도 그 기업은 안전마진이 충분하기 때문에, 문제가 심각해도 잠시 동안일 뿐이며 기업의 경쟁우위와 수익

능력에는 영향이 없다고도 했다.

워런 버핏은 기본적으로 역발상 투자자이다. 장기적으로 안정적인 성장이 예상되고 경제적 해자가 있는 기업을 찾아서, 그 기업이 일시적 쇼크나 시장 상황으로 인해 주가가 폭락했을 때는 놓치지 않고 그 주식을 매입하기 때문이다. 대부분 일반 투자자들은 기업의 경제적 해자에 별다른 문제가 없어도 단지 주가가 하락한다는 이유만으로 주식을 낮은 가격에 팔아 치운다. 기업의 해자나 경쟁우위에 대해 깊이 연구하지 않았고 확신도 없기 때문이다. 대중들이 가치보다 매우 낮은 가격에 주식을 매도할 때 버핏은 그 주식을 샀고, 결국 버핏이 옳았다.

▪ 집중투자하라

워런 버핏의 포트폴리오는 80종목이 넘는다. 하지만 상위 10개 종목이 포트폴리오의 90%를 차지하고 있다. 버핏도 개인투자자들에게 집중투자를 권한다. 집중투자를 하려면 조건이 따라붙는다. 앞에서 열거한 원칙을 지키고, 기업과 산업을 연구하고, 장기적으로 보유할 자신이 있어야 한다. 단순히 '집중투자'라는 단어만 주목하면 버핏을 벤치마킹한다고 할 수 없다.

일반 투자자들은 20개 종목 이내에서 주식을 보유하면서 지속적으로 공부하고 경험을 통해 배워야 한다. 투자수익률이 나아지는 확신이 들 때 보유주식 수를 압축하는 것이 바람직하다. 버핏이 집중투자를 하는 이유는 간단하다. 기업을 깊이 알기 위해서는 시간을 많이 할애해야 하는데, 많은 종목을 투자할 경우 이러한 연구가 불가능하기 때문이다. 버핏은 어설프게 아는 여러 종목보다 확실하게 아는 한 종목이 더 많은 투자수익을 가져다준다고 말한다.

▪ 장기보유하라

장기보유와 단기보유는 세후 복리수익에서 큰 차이가 난다. 복리가 마법을 부리도록 하려면 장기투자를 해야 한다. 미국의 자본이득세는 34%이다. 단기매매해서 돈을 벌어도 세금으로 나가는 비율이 매우 높다. 주식을 장기투자할 경우 세금을 유예 받으면서 배당금을 재투자할 수 있고, 복리가 마술을 부리게 된다.

결론적으로 경제적 해자가 있는 초우량주를 골라서, 안전마진을 확보할 수 있는 가격에 주식을 매입하여, 장기보유하는 전략이 가장 바람직스럽다. 좋은 기업이 항상 좋은 주식이 아니라 저평가될 때 좋은 주식이 된다. 집중투자를 하고, 그 기업이 경쟁우위를 지속적으로 유지할 때까지 장기보유한다. 감정적으로 행동하지 말고 이성적으로 사고하며, 자신의 무지를 알려고 노력하며, 남들을 따라 매매하지 말고 독자적으로 생각하면서 역발상해야 한다. 이것이 버핏 투자철학의 진수이다.

📊 참고자료

• 기술주에 대한 워런 버핏의 관점

버핏은 자신이 아는 종목에 집중투자하라고 했다. 그는 과거부터 안정된 수익을 내고 있으며 사업구조가 단순하고 이해하기 쉬운 기업은 미래의 현금흐름을 확실히 예측할 수 있다고 보고, 이런 기업만 투자대상으로 삼았다. 미래의 수익을 자신 있게 측정할 수 없는 기업은 아예 기업가치를 산출하려는 시도를 하지 않았다. 마이크로소프트가 매우 역동적 기업이지만 버핏은 미래현금흐름을 구해볼 방법을 도저히 찾지 못하겠다고 고백하며 투자하지 않았다. 버핏은 잘 아는 범위the circle of competence라는 개념을 중시해서 기술집약산업에 대해서는 장기간 수익 잠재성을 예측할 만큼 충분한 지식이 없다는 점을 시인했다.

그렇다면 과연 코카콜라, 질레트 등은 미래현금흐름을 예측하기가 쉬운지 생각해볼 수 있다. 정확하게 평가하는 것은 역시 어렵다. 다만 기술주보다는 낫다고 볼 수는 있겠지만 미래의 일은 모르는 것이다. 버핏도 예측의 어려움에 대해 토로하면서 주주가치를 예측하는데 정확한 수치를 계산하기는 힘들다고 말한다. 그럼에도 버핏은 케인즈의 "나는 확실히 틀리기보다는 어렴풋하게라도 옳은 쪽을 택하겠다"

라는 말을 인용하면서 자신의 입장을 고수했다.

로버트 해그스트롬Robert G. Hagstrom이 쓴 《워런 버핏의 완벽투자기법》을 보면 이 부분에 대한 고민이 나온다. 해그스트롬은 10년이 넘게 버핏의 투자철학을 연구해왔고, 7년 동안 포트폴리오를 관리해온 경험이 있었다. 그는 버핏 방식대로 자신의 투자방식을 재구성해서 운영했지만 실적이 좋지 않았다. 그 이유는 2가지였다. 첫째, 편입 주식들의 성장성이 높지 않았다는 것이다. 둘째, 그 당시의 통신, 소프트웨어, 인터넷서비스 기업 등 기술집약적 기업의 성장성이 가파르게 진행되고 있었다. 이로 인해 버핏 유형의 주식들이 평범한 실적을 낼 확률이 다분했고 버핏조차 버크셔 해서웨이 주주들에게 과거에 성취했던 것과 같은 높은 수익률을 더 이상 기대할 수 없을 것이라고 말했다. 이때 해그스트롬은 친분이 있던 유명한 투자자 빌 밀러와 만난다.

버핏은 가치투자자로서 PER에 대한 교조적 입장에서 벗어나 있는 투자자이다. 버핏이 가치를 창출할 수 있는 원동력으로 본 것은 주주수익 및 비교적 높은 ROE를 올릴 수 있는 기업의 능력이었다. 그러나 어떤 상황에서는 저PER 기업이 현금을 소진하고 낮은 ROE를 올려서 형편없는 투자결과를 내놓기도 한다. 버핏은 저PER 기업들은 투자대상을 찾아내기 위한 좋은 집단이기는 하지만 진정으로 기업의 주가를 상승하게 만드는 것은 현금창출 능력과 높은 ROE라고 봤다.

빌 밀러는 바로 이 부분에 착안해서 버핏의 투자철학을 새롭게 해석했다. 신생 기술집약적 기업이라도 현금창출능력과 ROE가 좋다면 과감하게 투자한 것이다. 빌 밀러가 3,000%의 이익을 낸 델컴퓨터를 투자할 당시 PER가 6배였고, ROE가 40%였다. 다른 투자자들이 PER가 12배 수준이 되자 매도해서 수익을 챙겼지만 빌 밀러는 계속 보유했다. 빌 밀러가 델컴퓨터를 팔지 않은 이유는 사업구조를 연구해본 결과 ROE가 더 높아질 가능성이 있다고 판단하고 내재가치가 급격히 상승할 것으로 예측했기 때문이며, PER 40배 수준에서도 보유를 고집했다. 그 뒤로도 아메리칸 온라인, 노키아, 넷슨텔통신, 아마존 등에 투자해서 엄청난 수익을 올렸다.

빌 밀러가 투자를 할 때 핵심적인 사항으로 꼽은 것은 사업모델이었다. 가치를 창출할 수 있는 부분이 무엇이며, 현금은 어떤 방식으로 창출되며, 향후 성장률과 ROE은 어느 정도일지 파악할 수 있어야 한다는 것이다. 빌 밀러의 분석은 기업이 창출하는 미래현금흐름의 할인된 현재가치를 기준으로 해서 그 기업이 어느 정도 가치를 지니고 있는지에 대한 중요성을 상기시킨다. 그렇다면 빌 밀러와 워런 버핏의 관점은 투자기업만 다를 뿐 접근방식은 동일하다고 할 수 있다. 빌 밀러는 세계경제에서 급속하게 두각을 나타내고 있는 새로운 흐름에 버핏의 관점을 적용한 것이다.

해그스트롬은 더 이상 버핏이 매입했던 주식만을 투자대상으로 고집할 필요가 없다고 말한다. 신생 기술집약기업들이 분명 버핏이 매입했던 음료수, 면도기, 카펫, 사탕, 가구회사 등보다 수익예측이 훨씬 까다로운 것은 사실이다. 그러나 '예측이 어렵다'고 해서 '분석이 불가능하다'는 것은 아니다. 기술집약적 기업의 수익은 소비재 기업들의 수익보다 변동성이 훨씬 높지만 사업구조를 면밀하게 분석할 수 있다면 내재가치의 범위를 판단할 수 있게 된다. 이때 버핏의 투자방식을 적용해서 주가가 내재가치에 비해 낮은 수준일 때 매입하면 되는 것이다. 해그스트롬의 결론은 이렇다.

"버핏을 무조건 추종하는 사람들이 잘 모르고 있는 사실은 기술집약적 기업들을 제대로 분석을 함으로써 획득하게 되는 보상은 그 기업들과 관련된 위험에 비해 크다는 것이다. 각각의 주식에 대한 기업 자체의 분석을 해서 기업가치를 평가하고, 기업과 관련된 위험으로부터 보호하기 위해 매입가격에 있어 커다란 안전마진을 요구하면 되는 것이다. 투자자들이 명심해야만 하는 중요한 점은 버핏의 투자 접근방식은 업종을 불문하고 모든 종류의 기업에 적용이 가능하다는 것이다. 또한 기업의 규모나 국적과도 상관없이 적용이 가능한 것이다."

마법공식을 어떻게 활용할 것인가?

마법공식 집행 절차

마법공식을 통해 널리 알려진 조엘 그린블라트는 사모투자회사 고담 캐피털의 설립자이면서 경영자이다. 그는 1985년 회사를 창립한 후 2005년까지 약 20년간 연간 40%의 수익률을 올렸으며, 이러한 경이적인 수익률은 마법공식에 기반한 투자운용의 결과물이었다. 마법공식은 2가지 지표를 갖고 종목을 기계적으로 선정해서 매매하기 때문에 단순하면서 명쾌하다. 그가 쓴 《주식시장을 이기는 작은 책》에 마법공식이 자세히 나와 있다. 2가지 지표는 자본수익률과 이익수익률이다. 기업실적이 발표되면 이 2가지 수익률로 점수를 매긴 후에 최고 점수를 받은 종목을 선정해서 투자하는 기법이다. 마법공식은 다음과 같은 단계로 활용하면 된다.

① 자신의 투자규모를 확정한다.
② 최초 1년간은 마법공식으로 계산된 최고종목을 매월 한 종목씩 편입한다.
③ 2년째부터는 최저수익률을 보이는 종목을 매도한 후, 그 자금으로 마법공식을 돌

려 최고종목으로 선정된 1위 주식을 매수하는 교체매매를 실행한다.

④ 앞의 순서를 반복한다.

⑤ 배당은 재투자한다.

[도표 4-42] **마법공식의 적용**

연차	차수	매수금액	누적투자액
1년차 매매	1차 매수	5,000,000	5,000,000
	2차 매수	5,000,000	10,000,000
	3차 매수	5,000,000	15,000,000
	4차 매수	5,000,000	20,000,000
	5차 매수	5,000,000	25,000,000
	6차 매수	5,000,000	30,000,000
	7차 매수	5,000,000	35,000,000
	8차 매수	5,000,000	40,000,000
	9차 매수	5,000,000	45,000,000
	10차 매수	5,000,000	50,000,000
	11차 매수	5,000,000	55,000,000
	12차 매수	5,000,000	60,000,000
2년차 매매	13차 매수	12종목 중 최저 수익률을 보이는 종목 매도 후 교체매매	
	14차 매수	13차와 같은 방식으로 1종목 교체매매	
	15차 매수	같은 방식으로 1종목 교체매매	

• 1년간 총 6,000만 원 매수

🪙 마법공식에 필요한 수익률

　마법공식으로 투자종목을 선정하는 방식은 간단하다. 우선 자본수익률 1~50위까지 계산하고, 이익수익률 1~50위까지 계산한다. 그다음 수익별로 점수를 준다. 예를 들어 자본수익률 1위, 이익수익률 5위 기업이라면 합산점수는 6점이다. 자본수익률 3위, 이익수익률 2위라면 합산점수는 5위이다. 이렇게 점수를 매긴 후 랭킹에서 최저점수를 받은 기업이 최고주식이다. 매월 이 종목을 편입한다. 이렇게 나온 랭킹에서 상위 20개 종목에 분산투자하고, 일 년간 팔지 않는다. 연간실적이 나오면 다시 랭킹을 계산해서 수익률 하위 20%를 교체매매해 연간단위로 포트폴리오를 재조정한다. 포트폴리오는 월간, 분기, 반기, 연간 단위로 재조정할 수 있다. 이것이 마법공식이다.

■ 자본수익률이란 무엇인가?

　마법공식에 사용하는 2가지 지표 중 하나인 자본수익률은 다음과 같이 계산한다.

$$자본수익률 = EBIT ÷ 투입유형자본$$

　EBIT는 세금과 이자를 내기 전 이익이다. 즉 영업이익이라고 보면 된다. 다음과 같이 표현할 수도 있다.

$$EBIT = 당기순이익 + 법인세 + 이자$$

　그렇다면 EBITDA와 EBIT는 어떻게 다른가? EBITDA는 세금과 이자, 감가상각비를 공제하기 전의 이익이다.

$$EBITDA = 당기순이익 + 법인세 + 이자 + 감가상각비$$

[도표 4-43] **재무상태표 : 리노공업**

(단위 : 원)

	제18기 3분기말
자산	
유동자산	86,907,146,826
현금및현금성자산	22,921,444,569
매출채권	14,499,292,388
기타채권	411,763,281
기타유동금융자산	45,418,778,096
재고자산	3,305,515,115
기타자산	350,353,377
비유동자산	63,433,047,941
비유동채권	456,837,110
기타비유동금융자산	14,934,976,500
유형자산	44,680,202,985
무형자산	998,776,201
이연법인세자산	2,362,255,145
자산총계	150,340,194,767
부채	
유동부채	15,280,947,175
매입채무	1,568,540,330
기타채무	8,569,767,822
당기법인세부채	4,952,977,089

EBIT와 EBITDA는 모두 회사의 영업창출능력을 의미한다. 회사가 영업을 통해 과연 얼마나 많은 이익을 창출했는가를 나타내는 지표다. 그런데 EBITDA가 EBIT보다 범위가 더 넓은데, 감가상각비에서 차이가 난다. 감가상각비는 기업의 영속성을 담보하기 위해 매년 일정 금액을 영업으로 번 돈에서 차감해서 회사 내에 누적시키는 항목으로 해석할 수 있다. 따라서 감가상각비도 영업을 통해 번 돈이나 마찬가지다. 그런데 통상적으로 영업이익인 EBIT는 이를 공제한다. EBITDA는 EBIT와 달리 감가상각비를 공제하지 않은 상태에서 이익을 의미하기 때문에 가장 본질적인 회사의 이익지표라고 봐야 한다. 그런데 조엘 그린블라트가 EBIT를 본 것은 회사가 영속적인 존재라는 점을 염두에 둔 것이다. 자본수익률 계산에서 중요한 것은 분모인 투입유형자본인데 다음과 같다.

$$투입유형자본 = 순운전자본 + 순고정자산$$

(순운전자본 = 매출채권 + 재고자산 − 매입채무,
순고정자산 = 총유형자산 − 감가상각비)

순운전자산과 순고정자산은 영업활동에 투입된 자본이라고 정의할 수 있다. 〈도표 4-43〉 리노공업의 재무상태표를 통해 투입유형자본을 계산해보자.

■ **이익수익률이란 무엇인가?**

마법공식에 필요한 지표인 이익수익률은 다음과 같이 계산한다.

$$이익수익률 = EBIT \div EV$$

EV는 기업가치를 말하며, EBITDA는 기업이 한 해 동안 창출해낼 수 있는 영업이익을 의미한다고 했다. 따라서 이익수익률은 현재 시장에서 M&A를 한다고 가정할 경우에 필요한 비용을 기업의 영업이익창출 능력으로 나눈 것이다. 이익수익률이 20%라

(단위 : 백만 원, %, 배)

구분	제16기	제17기	제18기 3분기말
기업가치(EV)	171,677	283,989	349,812
EBITDA	26,976	31,383	33,949
EBITDA/매출액	40.84	41.72	41.54
EBITDA/금융비용	5,964.17	11,504.19	12,673.92
EV/EBITDA	6.36	9.05	10.3
EVA	16,164	18,609	0

는 의미는 기업을 시장가치대로 100% 인수할 경우 드는 비용을 회수하는데 영업이익을 5년간 누적해야 한다는 것이다. 즉 인수비용을 5년 만에 영업이익으로 회수 가능하다는 이야기다. 이익수익률이 높을수록 좋다. 그런데 조엘 그린블라트는 EBITDA 대신 EBIT를 사용했다. 기업의 영속가치를 생각해 이익을 보수적으로 바라본 것이다. 〈도표 4-44〉를 참고하면 리노공업의 이익수익률은 '300억 원÷3,498억 원=8.5%'이다.

◎ 마법공식의 활용에 대해

자본수익률은 결산자료가 나와야 계산할 수 있기 때문에 3개월 동안 변동이 없다. 반면에 이익수익률은 EV가 주가와 관련되기 때문에 매일 변한다.

마법공식 논리는 다음과 같이 요약할 수 있다. 기업이 자본을 투자해서 얼마나 효율적으로 돈을 버는가, 그리고 기업이 낸 이익을 시장에서 어떻게 평가하는가, 이 2가지가 투자에서 가장 중요하다. 2가지 수익률을 조합해서 최고주식을 찾는 것이 마법공식이다. 자본수익률은 기업의 효율적인 수익창출 능력 및 경제적 해자와 관련되는 수익률이다. 이익수익률은 증권시장에서 이익창출 능력 대비 저평가 혹은 고평가 여부를 판별한다. 2가지 수익률이 모두 좋으면 투자해야 한다. 이런 관점에서 보자면 PER, PBR, ROE, 영업이익률 등 각종 지표를 나름대로 재구성해서 활용할 수 있다. 예컨대 핵심 가치투자 지표들을 순위 매기고 이를 종합점수로 랭킹화해서 활용할 수 있다.

마법공식은 장기적으로 볼 때 마법처럼 작동된다. 그러나 최대 난관은 인내심이다. 2~3년 정도는 수익률이 나지 않을 수도 있으며, 좋은 실적을 내려면 최소 5년 이상 장기적으로 꾸준히 가야 한다. 그런데 개인투자자들에게 2년 이상 기다린다는 것은 말

[도표 4-45] **마법공식을 한국시장에 적용한 결과**

(단위 : %)

구분	마법공식	코스피
2001년	64.7	32.6
2002년	10.9	−9.5
2003년	50	29.2
2004년	25.8	10.5
2005년	87.8	54
2006년	5.5	4
2007년	28.5	32.3
2008년	−49.6	−40.7
2009년	61.3	49.7
2010년	5.8	11.3
누적수익률	654.9	257.9

• 자료 : 2001년 4월~2010년 9월, 웅진루카스 투자자문

처럼 쉽지 않다. 마법공식은 2~3년간 수익률이 마이너스가 되더라도 기다릴 수 있어야만 진면목을 발휘한다. 실제로 국내 투자자문사에서 시뮬레이션을 해본 결과 일 년에 최대 마이너스 40% 수익률이 나오기도 했다(〈도표 4-45〉). 이 부분이 마법공식을 기계적으로 실행하기 가장 어려운 점이다. 그러나 마법공식의 논리와 장기적 수익률은 부정할 수 없는 강력함이 있다.

배당금의 의미

가치투자자 존 버 윌리엄스 John Burr Williams가 다음과 같이 말했다.

"우유를 얻기 위해선 젖소를, 달걀을 얻기 위해선 암탉을, 그리고 배당을 얻
기 위해선 주식을."

주식투자에서 수익의 원천은 2가지다. 주가상승에 따른 투자수익과 배당수익이다. 혹자는 배당금을 보고 투자하느냐고 말할 수도 있으나, 장기투자자들에게 배당금의 재투자에 따른 복리효과는 대단하다. 한국은 배당수익률이 1% 수준으로 낮은 편이지만, 선진국은 3% 수준으로 높아서 배당수익률이 장기투자에 미치는 영향력이 높다. 일부 연구에 의하면 S&P 500 종목에 장기투자를 할 경우 배당금 효과가 45% 수준이라는 분석도 있다(〈도표 4-46〉). 장기투자자들은 배당효과를 중요시해야 한다.

[도표 4-46] 1990~2000년 S&P500 총 주식투자수익 원천

자본수익률(배당금 제외)	4.6%
배당수익률	5.5%
총 주식투자 수익률	10.1%
총 주식투자에서 배당금이 차지하는 비율	45%

주식시장을 역사적 관점에서 분석하기로 유명한 제러미 시겔Jeremy J. Siegel은 "1871년부터 2003년까지 주식의 실질누적수익의 97%가 배당의 재투자에서 나왔고, 단지 3%만이 자본이득에서 나왔다"고 말한다. 그는 배당이 기업의 이윤과 주가 사이에 결정적인 연결고리 구실을 한다고 진단했다. 금융이론에 의하면 자산가격은 미래현금흐름의 현재가치와 같다. 주식의 경우 현금흐름은 순이익이 아닌 배당과 동일하며, 순이익은 단지 투자자들이 받는 배당을 극대화하기 위한 수단에 불과하다.

경제가 선진화되면 성장률이 정체되고 주가상승세도 완만해진다. 이때 투자자들은 배당금에 대한 욕구가 커진다. 선진증시에서도 배당금을 많이 주는 회사의 주가가 장기적으로 좋은 경향이 있다. 한국 경제도 저성장국면에 진입하기 시작했고, 저금리시대가 보편화되면서 배당에 대한 관심이 높아지고 있다. 지금까지는 한국 기업은 배당금을 높이는데 인색했다. 하지만 순이익을 배당금으로 유출하는 대신 사내에 잉여금으로 적립하면 사내 현금이 많아지면서 ROE가 하락하게 되고 주가도 부정적 영향을 받게 된다. 워런 버핏이 말했듯 기업이 보유현금으로 새로운 투자처를 찾지 못할 경우 배당금으로 주주에게 환원하는 것이 바람직하다. 한국도 앞으로는 소액주주들과 외국인들의 배당에 대한 요구가 거세질 것으로 보인다.

회사의 주인은 주주이다. 주주는 보유지분만큼 회사의 자본에 대한 권리가 있다. 그러나 주주는 자본을 통제할 수 없다. 배당금은 통제 불가능한 회사의 계좌에서 통제 가능한 주주의 계좌로 돈을 옮기는 행위이다. 회사 입장에서는 배당을 하면 회사가 어

러워질 경우 가용자금 부족을 겪을 수 있다. 주가가 저평가되어 있지만 높은 배당수익률을 기록하는 회사라면, 주주입장에서 주가가 적정한 가격에 올 때까지 기다릴 수 있다. 높은 배당률은 배당수익을 노리는 투자자를 유인할 수 있기 때문에 지나친 주가하락을 막는 역할을 한다. 특히 배당효과는 박스권 장세에서 증폭된다. 주식투자 총수익률은 주가상승에 따른 수익률과 배당수익률의 합인데, 박스권 시장에서는 주가수익률이 낮기 때문에 배당수익률이 주식투자 총수익률에서 90%를 차지한다는 연구결과도 있다. 제레미 시겔은 약세장에서 배당금은 호민관 역할을 한다고 평가했다. 그는 "배당금을 재투자해 주식을 더 사면 약세장에서 투자자의 주식 포트폴리오 가치하락이 완화된다. 그러나 배당금으로 산 주식이 포트폴리오의 가치하락을 완화시키는 역할만 하는 것은 아니다. 주가가 반등하기 시작하면 미래의 수익도 크게 증대시킨다. 따라서 배당금은 약세장에서 보호자 역할을 하고 주가가 오르기 시작하면 '수익가속기return accelerator' 역할을 한다. 바로 이런 이유 때문에 배당금을 지급하는 주식이 가장 높은 수익률을 제공한다."

찬바람이 불면 배당투자에 대한 뉴스가 많이 나온다. 12월에 결산을 많이 하기 때문이다. 결산법인들이 한 해 영업을 통해 벌어들인 수익의 일부를 배당금으로 투자자에게 지급한다. 이것은 은행에 예금을 하면 일 년 후에 이자를 주는 것과 비슷한 개념으로 이해하면 된다. 다만 은행예금은 원금이 줄어들지는 않지만, 주가는 매일 변동된다는 점이 다르다. 은행이자와 배당금을 평면적으로 비교하는 것은 무리가 있다. 그러므로 배당투자를 하기에 앞서 알아야 할 몇 가지 중요한 개념이 있다. 우선 배당성향과 배당수익률 개념을 구분할 줄 알아야 한다.

① 배당성향 = 총 배당금 ÷ 당기순이익
② 배당수익률 = 주당 배당금 ÷ 현재 주가
　　　　　　= (주당순이익 / 주가) × (주당배당금 / 주당순이익)
　　　　　　= 이익수익률(PER 역수) × 배당성향

첫 번째, 배당성향은 기업이 낸 순이익 중에서 배당금으로 내놓는 비율을 말한다. 예를 들어 순이익 100억 원을 낸 기업이 배당금으로 20억 원을 지급했다면 이 기업의 배당성향은 20%이다. 두 번째, 배당수익률은 주가와 관계가 있다. 현재 주가가 1만 원인 회사에서 주주들에게 1주당 500원을 배당금으로 지급했다면, 이 회사의 배당수익률은 5%이다.

앞의 ②번에서 보듯 배당수익률은 이익수익률로 계산할 수도 있다. 이때 이익수익률은 PER의 역수이기 때문에 PER가 높아지면 이익수익률이 낮아지고 배당수익률 또한 낮아진다. 주가가 상승하거나 기업의 실적이 나빠질 경우 PER는 상승하게 된다. 이때 배당수익률은 하락한다. 배당수익률이 상승할 때는 기업이 이익을 많이 내서 PER가 낮아질 때이거나 배당금은 그대로 주지만 주가가 하락했을 때이다.

배당성향은 경기상황에 따라 변동한다. 경기가 침체기에 순이익은 감소하지만 기업들은 배당금을 종전처럼 유지하는 경향이 있다. 배당금을 적게 줄 경우 주주들의 반발과 시장에서 부정적 인식으로 주가가 하락할 가능성이 높기 때문에 이러한 경우에는 배당성향이 올라간다. 경기팽창기 때는 순이익증가율이 배당금증가율을 앞서게 되면서 배당성향이 낮아지는 경향이 있다.

한국거래소에 따르면 한국 기업의 평균 배당성향은 20% 수준이며, 배당수익률은 거래소 기업 기준 약 2.5% 정도 된다. 또한 배당소득세 15.4%가 원천징수되기 때문에 주주들이 손에 쥐는 실제 배당금은 이론적으로 나오는 배당수익률보다 낮다. 한편 기업이 이익을 내고 법인세를 납부함에도, 개별 주주들에게 배당소득세를 부과하니 이중과세 측면도 있다. 평균적으로 보면 은행이자율과 우량 기업 배당수익률이 비슷한 수준이다.

🪙 배당투자 종목은 어떻게 고르는가?

당연한 말이지만 투자자들은 배당수익률이 높은 기업을 선호한다. 예를 들어 주가가 1만 원인 두 회사가 있다. 두 회사의 주당 배당금액에서 차이가 난다. A사는 주당 500원을 주고, B사는 주당 200원을 준다. 그렇다면 둘 중에 어느 회사가 좋은가? 금액만 놓고 볼 때는 500원을 주는 회사가 좋다. 하지만 회사의 내용과 배당성향을 살펴봐야 한다.

배당금은 회사가 주주들에게 투자에 대해 보답하는 측면이 있다. 한편으로는 기업의 영속성을 확보하기 위해 미래에 투자해야 한다. 예를 들어 순이익이 100억 원이 나면 배당금으로 20억 원을 내놓고 80억 원을 미래를 위해 사내에 유보하는 기업이 있다. 또 다른 기업은 60억 원을 배당금으로 지급해버리고 40억 원은 사내에 유보한다. 앞으로 장기적인 측면에서 어느 기업에 점수를 더 줘야 하는가? 최근에는 주주 자본주의라는 명목으로 사내유보보다 배당에 더 많은 돈을 쓰는 경향이 있다. 클리프 에스네스^{Cliff Asness}와 로버트 아노스^{Robert Arnott}의 연구결과에 의하면 배당성향이 높은 회사일수록 이익증가율이 더 높았다고 한다.

높은 배당성향을 보이는 회사는 배당을 적게 주면서 주주 돈을 사용하는 기업과 다른 환경에서 운영된다. 높은 배당성향을 지속적으로 유지하기 위해 경영자는 모든 자금의 활용을 극대화하기 위해 노력할 것이다. 경영자에게 책임감을 부여하고 회사의 성장전망을 훼손하지 않도록 독려한다. 배당으로 사용하지 않는 현금을 막대하게 쌓아놓고 자본의 효율성을 떨어트리는 회사보다는 배당금을 많이 주는 회사가 낫다. 데이비드 드레먼도 《역발상 투자》에서 저PER-고배당주 투자전략의 우수성이 입증되었다고 말하기도 했다.

여기서 한 가지 짚고 넘어갈 것이 있다. 배당수익률이 이례적으로 높은 회사는 위험한 회사라고 봐야 한다는 견해이다.

배당수익률 = 배당금 ÷ 주가

앞의 계산식에서 배당수익률이 높아지려면 ① 배당금을 많이 주거나, ② 주가가 낮아야 한다. 물론 배당금을 많이 준다면 주주 입장에서는 좋지만, 회사 입장은 그렇지 않다. 배당성향이 높아지게 되고 사내 유보금이 쌓이지 않으면, 기업은 성장동력에 투자할 자금이 없게 된다. 주가가 낮아서 배당수익률이 높아지는 경우도 마찬가지다. 주가가 하락한다면 그 회사에 문제가 있을 수 있다. 또한 주식투자자는 오로지 배당수익을 얻기 위해서 투자하지 않는다. 주식투자자가 얻을 수 있는 총수익은 배당금과 시세차익의 합이다. 따라서 주가흐름이 나쁜 기업은 배당금을 많이 준다고 해도 투자해서는 안 된다. 실제로 고배당을 했던 주식이 이듬해 투자수익률이 썩 좋지 않은 경우가 많다. 이익을 많이 내는 회사는 배당성향이 낮아도 투자수익률은 높을 수 있다. 배당금을 5% 받고 일 년간 주가가 30% 하락하면 배당투자가 의미가 있겠는가? 그러므로 주가도 건실하게 오르면서 배당금을 꾸준히 높이는 회사야말로 진정 좋은 회사다.

찰스 칼슨의 《배당투자, 확실한 수익을 보장하는 BSD 공식》을 보면 1926년부터 최근까지 S&P500 지수가 올린 전체수익 가운데 배당금이 차지하는 비중이 무려 43%라고 한다. 무시할 수 없는 비중이다. 연말이 되면 증권사나 언론에서 배당투자의 계절이 왔다면서 천편일률적으로 배당수익률 높은 회사를 선별해서 기사를 낸다. 이때 나열된 종목을 생각 없이 투자했다가는 낭패 볼 확률이 높다. 배당수익률과 배당성향, 매년 배당금을 주는지 여부, 배당금이 조금씩이라도 올라가는지, 미래 성장성이 있는 기업인지, 지배구조 등을 살펴서 투자를 해야 한다. 배당투자에서 투자지침은 다음과 같다.

① 배당수익률이 높으면 좋지만 지나치게 높은 기업은 피하라.
② 배당성향이 60% 이상인 기업은 피하라.
③ 매년 배당금을 올려 주는 회사를 선택하라.

④ 영업이익률과 자기자본이익률^{ROE}이 높은 기업을 선택하라.

⑤ 배당금을 재투자해서 복리의 마법을 노려라.

맹목적으로 고배당 종목을 추종하는 전략은 바람직하지 않다. 분기별 배당을 많이 하는 기업의 주가흐름이 좋게 나타난 점도 고려해보자. 배당은 현금흐름이 여유가 있고 주주 중시 정책을 바탕으로 하기 때문에 배당을 꾸준히 지속적으로 주는 기업은 영업활동이 순조롭다는 것으로 이해하자.

재무제표로 좋은 주식 고르는 법

초판 1쇄 발행 2016년 11월 30일
개정판 1쇄 발행 2023년 9월 10일
개정판 2쇄 발행 2024년 1월 31일

지은이 이강연

펴낸곳 ㈜이레미디어
전화 031-908-8516(편집부), 031-919-8511(주문 및 관리)
팩스 0303-0515-8907
주소 경기도 파주시 문예로 21, 2층
홈페이지 www.iremedia.co.kr **이메일** mango@mangou.co.kr
등록 제396-2004-35호

편집 주혜란, 이병철 **표지 디자인** 유어텍스트 **본문 디자인** 박정현
마케팅 김하경 **재무총괄** 이종미 **경영지원** 김지선

ISBN 979-11-91328-97-4 (03320)

· 가격은 뒤표지에 있습니다.
· 잘못된 책은 구입하신 서점에서 교환해드립니다.
· 이 책은 투자 참고용이며, 투자 손실에 대해서는 법적 책임을 지지 않습니다.

당신의 소중한 원고를 기다립니다.
mango@mangou.co.kr